世界名山·华夏祖脉·文明标识·中央水塔

中国秦岭旅游年鉴
China Qinling Tourism Yearbook
（2021）

让 世 界 爱 上 中 国 秦 岭

陕西西北旅游文化研究院 编

西安地图出版社

图书在版编目（CIP）数据

中国秦岭旅游年鉴.2021/陕西西北旅游文化研究院编.-- 西安：西安地图出版社，2021.8
ISBN 978-7-5556-0712-0

Ⅰ.①中… Ⅱ.①陕… Ⅲ.①秦岭－旅游业发展－2021－年鉴 Ⅳ.① F592.741-54

中国版本图书馆 CIP 数据核字 (2021) 第 157605 号

著作人及著作方式：陕西西北旅游文化研究院　编
责任编辑：王　静

书　　名	中国秦岭旅游年鉴（2021）
	ZHONGGUO QINLING LÜYOU NIANJIAN(2021)

出版发行	西安地图出版社
地址邮编	西安市友谊东路 334 号　710054
印　　刷	西安奇良海德印刷有限公司
开　　本	889 mm×1194 mm　1/16
印　　张	16
字　　数	360 千字
版　　次	2021 年 8 月第 1 版　2021 年 8 月第 1 次印刷
书　　号	ISBN 978-7-5556-0712-0
审 图 号	GS（2021）5302 号
定　　价	298.00 元

版权所有　侵权必究

《中国秦岭旅游年鉴》编纂委员会

总 顾 问	李国强	国务院发展研究中心研究员、教授、博士生导师
文化顾问	肖云儒	著名文化学者、新丝路文化形象大使、《八万里丝路云和月（三卷本）》作者
文学顾问	王若冰	著名作家、诗人、秦岭文化学者
地理顾问	马耀峰	中国旅游研究院西部旅游发展研究基地首席专家、旅游管理博士点学科带头人
地质顾问	王根宝	地质专家、陕西地矿集团总工程师
旅游顾问	张 辉	文化和旅游部专家、北京交通大学现代旅游研究院院长
农史顾问	樊志民	农业农村部传统农业遗产重点实验室主任、中国农业历史博物馆馆长
遗产顾问	陈 平	国际民间艺术组织全球副主席、暨南大学文化遗产创意产业研究院院长
主　　任	吴前进	陕西省人大常委会原副主任、陕西省慈善协会会长
副 主 任	辛建伟	陕西省旅游协会会长
	王殿彬	中国地名学会副会长兼秘书长
	杨新波	陕西省发展改革委原二级巡视员
	常梦春	陕西省河南商会书记、监事长，陕西省旅游协会副会长兼旅游演艺分会会长
	王晓民	西北旅游协作区秘书长

委　　员	周树红	陕西省总工会原常务副主席
	梁远超	重庆市旅游局原副巡视员兼旅游协会秘书长
	陶利明	中国人民大学中国经济改革与发展研究院高级研究员
	杨正平	四川省广元市政协文史研究员
	李天岑	河南省南阳市作家协会名誉主席
	崔　宁	陕西省旅游设计院总规划师、陕西省旅游景区标准化技术委员会副会长
	张　燕	陕西省社会科学院文化旅游研究中心主任、三级研究员
	亢大麟	高级调查分析师、西安财经大学西安统计研究院原研究员
	杨　芳	西安体育学院运动休闲学院三级教授
	魏永平	西北农林科技大学博览园副主任
	葛安新	陕西省林业调查规划院副院长
	毛腊梅	西安地图出版社社长
	李修对	河南省南阳市民间文艺家协会副主席
	李方周	陕西地矿集团勘查开发部主任、教授级高级工程师
	韩东风	陕西西北旅游文化产业集团传播艺术顾问
	占　方	陕西西北旅游文化研究院副院长

《中国秦岭旅游年鉴（2021）》编辑部

总 编 辑 王晓民

编辑主任 杨新波

副 主 任 韩小武

主 编 占 方

执行主编 张振琪 杨 妙

责任编辑 王 静

编 辑 王耀辉 卜 婷 潘显福 李欣甜

首席摄影 陈宏伟

数字技术 西安通软软件科技有限公司

舆情调查 中国社会科学院中国舆情调查实验室

策 划 陕西西北旅游文化研究院

出 版 西安地图出版社

编纂说明

一、《中国秦岭旅游年鉴(2021)》是在秦岭山系关联省(市)文化和旅游部门共同支持下,由众多领域专家学者和社会贤达共同编纂,陕西西北旅游文化研究院主持承编的专业性旅游年鉴,力求全面、准确、系统地记述秦岭的旅游资源、景观特点、旅游发展、宣传营销等方面的年度资料性文献,逐年出版,公开发行。

二、《中国秦岭旅游年鉴(2021)》以习近平新时代中国特色社会主义思想为指导,坚持绿色生态发展目标,践行"绿水青山就是金山银山"的理念,为传播秦岭文化、发展秦岭旅游、科普秦岭知识、建设秦岭生命共同体和国际旅游目的地的愿景目标服务。

三、《中国秦岭旅游年鉴(2021)》所涉及的秦岭地理范围依据2020"丈量大秦岭"科学考察报告,由地质地理专家组与西安地图出版社、西北旅游文化研究院联合绘制,依据最新绘制的《中国秦岭旅游图》行政区划收集内容和编纂年鉴资料,存在疏漏在所难免,不妥之处将于下一年度编纂时修正。

四、《中国秦岭旅游年鉴(2021)》为秦岭旅游年鉴系列首卷,大事记的记述时限为1978年1月至2020年12月。为保持事件的完整性,个别内容可适当追溯和延伸。

五、《中国秦岭旅游年鉴(2021)》采用分类条目体,设类目、分目、条目3个层次。其中,类目8个,分目51个,条目1616个。不同层次的标题、字体、字号和版式设计有所区别。条目是记载信息的基本单位,其标题用黑体加【】。内容繁复的条目可分子目,其标题为楷体加粗。

六、《中国秦岭旅游年鉴(2021)》在对秦岭旅游资源进行梳理时,仅编纂了秦岭所拥有的世界级和国家级旅游资源类别及单体,在附录中列表说明了经评定公布的4A级及以上旅游景区名录、秦岭关联地区国家级非物质文化遗产名录。由于景区级别的可变性和非物质文化遗产的区域代表性,在名录中出现遗漏在所难免。

七、《中国秦岭旅游年鉴(2021)》对单位、机构名称等,原则上第一次出现时用全称,之后用习惯性简称。

八、本年鉴采用的内容,均由相关省、市有关部门、旅游单位、媒体报道以及公开资料梳理编纂,版权归原作者,地质地理和旅游规划资料分别由陕西地矿集团和陕西旅游设计院协助提供,经《中国秦岭旅游年鉴(2021)》编辑部编辑,编纂委员会审查,西安地图出版社审核通过并履行相关出版程序后正式出版。编辑部对所有提供编纂资料的单位、机构、个人和平台的公益支持表示诚挚的谢意!

《中国秦岭旅游年鉴》编辑部

2021年5月

秦岭和合南北，泽被天下，是我国的"中央水塔"，中华民族的祖脉、中华文化的重要象征。保护好秦岭生态环境，对确保中华民族长盛不衰、实现"两个一百年"奋斗目标、实现可持续发展具有十分重大而深远的意义。

——习近平

中国旅游名城
秦岭中心城市

宝鸡古称"陈仓",地处关中平原西部,辖4区8县和1个国家级高新技术开发区,总面积1.81万平方千米,常住人口332万,是关中平原城市群副中心城市和丝绸之路经济带重要节点城市。

宝鸡历史文化悠久,是拥有2770多年建城史的千年古邑,是华夏始祖炎帝故里,周秦文化的发祥地,素有"青铜器之乡""民间工艺美术之乡"等诸多美誉。"中国"二字最早见于宝鸡出土的青铜器何尊。"明修栈道,暗度陈仓""姜太公钓鱼,愿者上钩""周公吐哺,天下归心"等诸多历史典故就出自宝鸡。

宝鸡南依巍巍秦岭,襟千河而拥渭水,旅游资源丰富,自然风光秀美,现有A级景区48家,其中5A级景区2家,4A级景区15家。有太白山国家旅游度假区、红河谷旅游景区、青峰峡景区、通天河国家森林公园、嘉陵江源头、黄柏塬、灵官峡、紫柏山、凤凰湖等诸多秦岭品牌景区。

观周风秦韵、寻文明根脉、赏青铜吉金、游秀丽山水、品最中国美食。浪漫休闲之旅,尽在神奇宝鸡。

城市荣誉

- 全国文明城市
- 中国优秀旅游城市
- 全国技术创新示范城市
- 国家卫生城市
- 国家环保模范城市
- 中国品牌经济城市
- 国家园林城市
- 中国综合实力百强城市
- 全国绿化模范城市
- 中国金融生态城市
- 国家节水型城市
- 国家森林城市
- 中国人居环境奖
- 全国环境优美城市
- 全国创业先进城市
- 中国十大生态旅游目的地城市
- 中国传统文化休闲旅游目的地
- 最美中国文化旅游城市
- 中国最佳品质旅游胜地
- 国际(丝路)美食之都

渭水穿城而过,秦岭横贯南境,风景如诗如画,全域宜居宜游。

法门文化景区（国家5A级旅游景区）

太白山旅游景区（国家5A级旅游景区）

中华石鼓园（国家4A级旅游景区）

岐山周文化景区（国家4A级旅游景区）

九成宫景区（国家4A级旅游景区）

凤凰湖景区（国家4A级旅游景区）

关山草原景区（国家4A级旅游景区）

九龙山景区（国家4A级旅游景区）

红河谷景区（国家4A级旅游景区）

青峰峡景区（国家4A级旅游景区）

通天河国家森林公园（国家4A级旅游景区）

嘉陵江源头景区（国家3A级旅游景区）

灵官峡景区（国家3A级旅游景区）

（摄影：陈宏伟）

宝鸡市文化和旅游局　宣
咨询电话：0917-3266000

秦岭主峰地
仙境太白山

太白山是秦岭山脉的主峰，位于中国陕西省宝鸡市境内秦岭北麓，跨眉县、太白县、周至县三县。主峰拔仙台海拔3771.2米，是中国大陆境内青藏高原以东的第一高峰。秦岭山脉是我国南方与北方的天然屏障，也是长江、黄河两大水系的分水岭。

太白山是国家5A级旅游景区、国家级旅游度假区、中国温泉之乡、全国森林康养基地、国家水利风景区、国家级服务标准化试点景区、中国国家森林公园、省级重点示范镇、陕西省十佳避暑圣地。独特的地理位置和自然条件，巨大的海拔垂直落差和高耸入云的山形气势，瞬息万变的气候神姿，自古以来就以神奇、神秘、神圣、神秀、神异而著称。太白山的地质地貌、山岳冰川、源泉秀水、森林群落、天象景观、奇花异草、人文历史，构成了完整而完美的世界级生态旅游景观体系，堪称华夏山川之脉，九州自然之源，东方大美之本。"朝辞盛夏酷暑天，夜宿严冬伴雪眠。春花秋叶铺满路，四时原在一瞬间"。太白山四季皆美景，位处华夏版图中央，被地理学家称为"中国人的中央国家公园"。

| 太白山官方售票入口 | 太白山官方公众号 | 太白山官方抖音号 |

陕西·宝鸡·太白山旅游景区
咨询电话：400-698-0917

国家5A级景区——麦积山:中国四大石窟之一，东方雕塑馆 梁荷生 摄

秦岭文化旅游名城

羲皇故里
人文天水
陇上江南

天水市文旅局公众号　天水市文旅局视频号

电话:0938-**6825983**

天水市位于甘肃省东南部，地处秦岭西段、渭水中游，居祖国大陆版图几何中心、陕甘川三省要冲，总面积1.43万平方千米，总人口372万，是秦岭著名的旅游目的地城市和甘肃省"东大门"。

羲皇故里，文化璀璨。天水是"三皇"之首伏羲的诞生地，是中华民族和华夏文明的重要发祥地，有8000多年的文明史、3000多年的文字记载史和2700多年的建城史，秦人先祖在此开创早期基业，李唐王朝和赵宋王朝均以陇右天水为郡望。人文蔚起、名人辈出，是"龙城飞将"李广、"屯田大将"赵充国、三国蜀汉名将姜维、中唐宰相权德舆等杰出人物的故乡。以伏羲文化、大地湾文化、秦早期文化、麦积山石窟文化、三国古战场文化为代表的"五大文化"，共同构成了独具魅力的丰富历史文化资源。全市现有文物保护单位1807处，其中，国家级21处、省级50处、市县级399处。

陇上江南，钟灵毓秀。天水是国家历史文化名城、中国优秀旅游城市，全市现有A级旅游景区42处，其中5A级1处、4A级7处、3A级15处。伏羲庙和伏羲创画八卦的卦台山，是全球华人寻根祭祖圣地。麦积山景区是国家级风景名胜区和国家5A级旅游景区，麦积山石窟是中国四大石窟之一，被称为"东方雕塑馆"，被列入世界文化遗产名录。大地湾史前遗址是我国目前发现的新石器时代最早遗址，将中华文明史向前推进了3000年。天水四季分明，时令、气候、物候等自然节律变化明确。自然风光优美如画，山、水、林、峰、瀑、泉与美丽乡村间沉淀着丰富的历史文化，远古的传说故事值得后人永远聆听和探秘。

天水处于兰州、西安、银川、成都四个省会城市的中心，是丝绸之路经济带和关中平原城市群重要城市。公路、铁路、航空主体交通四通八达，公祭伏羲大典、麦积山论坛、李杜诗歌节等节会论坛品牌影响力闻名海内外。

大秦岭旅游名城、著名旅游目的地城市——"羲皇故里·人文天水·陇上江南"欢迎您!

人文始祖——伏羲氏 高峰 摄

洞天福地——仙人崖 安建华 摄

首卷序
PREFACE

巍巍大秦岭横亘在中国大陆中部，东西横跨甘肃、陕西、四川、重庆、湖北、河南、安徽6省1市，是长江、黄河水系分水岭，中国南北自然分界岭和中国地理重要坐标。秦岭不仅是世界名山、华夏祖脉、中华圣山、中央水塔，中华民族父亲山和中华民族文化精神的重要标识，还是中国乃至亚洲生物基因库、呵护中国大陆生态安全的重要屏障，更是承载着厚重中国历史文化、自然景观和人文景观妙趣天成、丰富多彩的旅游大观园。

关于这座有着数十亿年历史的巨大山系，古往今来的历史文献中多有记载。秦岭是华夏民族的古老家园、中华民族发展壮大的见证者、中国传统文化的孕育者和缔造者。莽莽秦岭不仅用它高大巍峨的身躯养育了中华大地万千生灵，也让古老的华夏民族生生不息，巍然屹立于世界民族之林。

秦岭被称为华夏祖脉、中华圣山，这不仅因为它是中华文明曙光升起的地方，也不仅因为它以巍峨的身姿养育了周、秦、汉、唐的绝代风华，更由于它挺立于中国大陆腹地，对中国内陆自然地理产生了重大而深远的影响。茫茫大秦岭从青藏高原东缘的洮河岸边起步，蜿蜒东进，用它宽广的山体抵挡了南下的寒风，遮蔽了北上的潮湿，"秦岭—淮河"一线是中国南北地理、

▲ 秦岭主峰太白山　　陈宏伟/摄

▲ 仙境秦岭　陈宏伟/摄

气候的天然分界线和长江、黄河两大水系的自然分水岭，秦岭以南为"南方"，属长江水系，冬季气温0℃以上，年平均降雨量为800毫米以上，土壤多酸性，种稻多食米，水流多称"江"；秦岭以北为"北方"，属黄河水系，冬季气温0℃以下，年平均降雨量为800毫米以下，土壤富钙质，种麦多食面，水流多称"河"……由于秦岭，中华大地山川起伏、万物繁荣、江山锦绣；由于秦岭，中国文化南北相融、东西互补、丰富多彩；由于秦岭，中华民族历久弥新，自强不息。

秦岭所拥有的历史、人文、自然、地理、宗教、民俗、生态、动植物等丰富资源，是中国现代旅游业发展的巨大资源宝库。从旅游启蒙、点状游览、景点初建、规划引入、林场开发、道路开建、设施配套、村镇利用、县域布局、线路包装，到文化体验、自然观光、休闲度假、产业融合，秦岭旅游经过了40余年的发展历程，旅游管理体制、机制也随着中国旅游业的改革发展日趋完善；伴随着秦岭旅游价值不断被发掘与开发，秦岭地区

▲ 世界文化遗产——麦积山　张建华/摄

各省、市逐步形成了产品多元、业态丰富、潜力巨大的产业体系和市场规模。秦岭旅游对各地社会经济发展以及各领域的综合带动作用日趋明显，蓬勃发展的旅游业已成为秦岭山系各地最主要的优先发展产业和支柱产业。

作为一座东西延绵、南北纵横的中央山脉，秦岭对中国大陆自然生态的价值和意义，一直以来被世界自然科学不同领域所关注和重视。面对这座对中国历史发展进程影响重大的人文圣山，帝王将相、文人骚客登临而感怀天下，为此留下了的诗词歌赋可谓汗牛充栋。秦岭的古老沉智、逶迤磅礴、伟岸雄壮，引发了无数令人敬畏膜拜的千古浩叹。然而，正如唐代大诗人李白所感叹的"蜀道难，难于上青天"一样，自古以来，横亘中国版图中央的莽莽秦岭山脉长期是一道无法逾越的自然屏障。南北不能相通，东西不知边际，即使后来修筑起来几条古栈道，也仅能在高山峡谷之间蜿蜒穿行，军旅行走、商贾通行，艰难备至，以至千百年来，莽莽秦岭

▲ 天柱山　　宫相恩/摄

▲ 西岳华山长空栈道　　冯春/摄

的真容，一直笼罩在浩渺的历史烟云之中，神秘、神奇而又令人遐想。

中华人民共和国成立后，特别是改革开放以来，随着贯通秦岭南北的交通事业的发展与进步，秦岭南北的社会经济交流与往来日趋活跃，秦岭的亘古沉寂才开始被打破。以1995年中国休假制度的调整为标志，蓬勃兴起的自然山水游让秦岭迎来前所未有的历史机遇。秦岭沿线各地纷纷依托得天独厚的山水资源，开发、建设、包装各类旅游景区景点。越来越多的游客被秦岭丰富多彩的自然山水和底蕴深厚的历史人文遗存所吸引，纷纷走进秦岭，享受秦岭旅游带来的身心愉悦，品味秦岭蕴含的历史文化精髓。秦岭旅游异军突起，成为旅游业由传统向现代转型发展的新亮点和经济增长点。与此同时，秦岭旅游的发展也带动了秦岭文化的传播。写秦岭、说秦岭的文艺作品，研究秦岭的机构和个人越来越多。但由于历史的局限性和不同地区、不同领域的人对秦岭的理解和认知不尽一致，甚至对秦岭山域范围的界定也各执一词。于是，站在历史的高度，从对历史和未来负责、对我们赖以生存的秦岭负责的初心出发，在秦岭山系不同地区与不同行政区域治理和自我发展的体制下，要想实现秦岭生态保护、文化传承、旅游发展和永续利用的科学衔接，实现秦岭文化由碎片化向系统化转变，推动秦岭由旅游点状特色向总体优势方向发展，引导秦岭山系各地从局部认识到共建共享秦岭生命共同体，加速秦岭旅游由国内型向国内国际双市场、双循环发展，科学有序建设秦岭国家公园和世界级旅游目的地，面对的首要问题就是要厘清现实秦岭的地理范围和地域关系，然后系统性梳理秦岭历史、文化、自然、旅游现状和内涵，形成对秦岭历史、人文、自然、山水、生态的整体认知与系列解读，并以此正本清源，以便人们能够正确、全面、理性地认识、热爱、保护并利用秦岭——这座为

人类和我们民族带来无尽福祉的伟大山岭。这便是我们策划、编纂、出版历史上首部大山旅游纪年史——《中国秦岭旅游年鉴》的初衷和愿景。

2020年4月20日，始终牵挂着秦岭生态保护工作的习近平总书记登上秦岭，在牛背梁国家级自然保护区视察。面对层峦叠嶂的秦岭风景，习近平总书记说："秦岭和合南北，泽被天下，

▲"丈量大秦岭"科考团在丹江口水库向祖国问好　赵明/摄

是我国的'中央水塔'，是中华民族的祖脉、中华文化的重要象征。保护好秦岭生态环境，对确保中华民族长盛不衰、实现'两个一百年'奋斗目标、实现可持续发展具有十分重大而深远的意义。"为了贯彻习近平总书记的讲话精神，在中国社会科学院中国舆情调查实验室、中国科学院地理研究所、中国地名研究所、中国旅游研究院西部研究基地等单位众多专家、学者的支持下，2020年5月，陕西西北旅游文化研究院主持启动了《中国秦岭旅游年鉴》的编纂筹备工作，组成了涵盖多领域专家、学者与旅游资深人士广泛参与的编纂委员会和年鉴编辑部，对编纂大纲和内容进行研讨，同时启动了以"让世界

▲"丈量大秦岭"采集秦岭江河水样展示　程玲玲/摄

认识中国秦岭"为主旨的历史上首次"丈量大秦岭"科学考察和文化传播行动的筹备工作。希望通过科学考察与实地调研，为年鉴确定秦岭地理范围，梳理秦岭文化内涵、地质关系、水文特点、旅游价值等提供科学依据。

2020年9月27日"世界旅游日"，在陕西和甘肃两省文化和旅游厅的支持下，由中国地名学会和《中国秦岭旅游年鉴》编纂委员会主办的"丈量大秦岭"科学考察和文化传播行动在甘肃天水盛大启动。来自全国的地质、地理、水文、社会、民族、考古、旅游、地名、文化、地

图信息等不同领域的专家、学者、作家，从秦岭北麓向西，踏上了史无前例的"丈量大秦岭"科学考察征程。全程10天时间，考察队围绕秦岭山域，上高原、穿戈壁、跨草原、翻高原、逾盆地，追踪秦岭水域源头，探访秦岭历史遗迹，追寻秦岭与中国大陆形成的前世今生。途中查阅史料、现场勘查、实地走访、采集水样，保护秦岭、走进秦岭。"丈量大秦岭"活动围绕秦岭东西南北边际线行程4000千米，途经5省22市59县区，被媒体誉为前无古人的"凿空

1. 丈量大秦岭科考团在甘青交界处考察（专家讲解图） 林青/摄
2. 中国科学院院士张国伟审阅秦岭旅游图 路惊涛/摄
3. 著名文化学者肖云儒为《中国秦岭旅游图》样图题记 王晓民/摄
4. 年鉴编纂委员会开启"中华秦岭大讲堂" 马凌云/摄

之旅"。行进期间，考察队相继完成了对秦岭山系发源的渭河、汉江、嘉陵江、淮河、丹江、洛河水源的探访和洮河、白龙江、丹江口，黄、渭、洛河交汇地水样采集。在此基础上，形成了近10万字的科普资料和研究成果梳理。考察活动结束后，经过近3个月的研讨和论证，2020年12月完成了《中国秦岭区域图》绘制工作；2021年1月，中国旅游史上首张《中国秦岭旅游图》蓝本基本完成；《中国秦岭旅游年鉴》首卷的编纂工作也随着"丈量大秦岭"的脚步快速推进。随着秦岭地域范围的逐渐清晰，旅游资源、旅游点位、旅游特色、旅游大事记和旅游产业规模等相关内容才得以集结。这便是随《中国秦岭旅游年鉴》首卷所发布的秦岭地图、秦岭在中国位置图、秦岭东西南北地理界址，以及秦岭旅游地理范围：东西绵延1496千米，南北宽

689千米，最宽处405千米，最窄处53千米，周长4795千米，总面积418662平方千米，秦岭山系关联陕西、甘肃、河南、湖北、四川、安徽、重庆等6省1市、32个城市、159个县（区、市）的行政区划、地理范围以及所蕴藏旅游资源的依据和来源。

作为首部为一座大山所编纂的旅游业发展纪年史，《中国秦岭旅游年鉴》首卷的编纂是一项庞大而繁杂的工程，由于旅游纪年时间跨度超过40年，旅游资源涉猎范围超过20类，各篇章内容来源需要3500家以上单位和部门支持，在没有统一协调机制、秦岭山系跨省跨地互不认知、现存行政管辖互不越界的情况下，完成首卷内容编纂遇到的难题可想而知。

在为期近10个月的编纂过程中，由编纂委员会专家、学者和陕西西北旅游文化研究院组成的编辑部，通过多种办法搜集整理资料、查阅各种文献累计超过2500万字，召开各种研讨会30余次、编纂工作推进会25次，通过《编纂信息简报》与有关方面分享信息，争取各方大力支持，尽可能做到年鉴内容的完整性、准确性和条目的广泛性。鉴于秦岭博大精深的文化内涵与浩若烟海的旅游资源，首卷年鉴在资源类仅聚焦世界级和国家级，在旅游产业规模上仅关注省、市两级。从2022年卷起将依次记录秦岭山系的A级景区、县域旅游、业态项目、古镇名村、乡村振兴、典型模式，以期形成系统化的秦岭旅游发展历史档案，推动秦岭旅游以史为鉴，可持续、高质量发展。

《中国秦岭旅游年鉴》的出版，开创了历史名山旅游以史纪年促发展的新纪元，是中国旅游史上的一件幸事，更是秦岭以现代旅游产业为纽带，完整展现山系特点、自然风貌、文化底蕴、旅游魅力的历史新起点。

《中国秦岭旅游年鉴》编纂委员会和为年鉴编纂工作提供经费支持的陕西西北旅游文化产业集团将以不忘初心、牢记使命、感恩秦岭、服务未来为己任，团结社会贤达和有识之士，争取各级各方参与和支持，用持续不断的"丈量大秦岭"大型科考、探索和传播活动，为每年一卷的《中国秦岭旅游年鉴》提供科学技术支撑，以多领域合作推动的大秦岭数据中心"抢救"秦岭文化、"活化"年鉴史料、服务旅游发展，将系统化秦岭知识科普与主题性的文化活动相结合，引导与秦岭山系相关的不同地域、部门、行业间的相互认知与产业合作，促进秦岭山系东南西北中的民众互游互访和线路延伸，让秦岭富集的资源宝库为人类创造更多福祉。

真诚希望通过《中国秦岭旅游年鉴》首卷的出版，可以为我们所倡导的共建秦岭生命共同体打开一扇窗、架起一座桥，通过专家学者和社会各界的共同努力，让世界认识中国秦岭，让世界爱上中国秦岭。

《中国秦岭旅游年鉴》编纂委员会

2021年5月

目录 CONTENTS

第一部分　秦岭旅游大事记

【综述】 …………………… 003
1978—2019 年 …………… 003
2020 年 …………………… 008

第二部分　秦岭山系概览

【综述】 …………………… 013
【地质简史】 ……………… 013
【地理范围】 ……………… 014
【气候特点】 ……………… 014
【动植物分布】 …………… 014
【历史文化】 ……………… 015
【旅游产业】 ……………… 015
【行政区划】 ……………… 015

名山秀峰

【概述】 …………………… 016
【鸟鼠山】 ………………… 016
【朱圉山】 ………………… 016
【齐寿山】 ………………… 016
【麦积山】 ………………… 016
【米仓山】 ………………… 016
【大巴山】 ………………… 016
【太白山】 ………………… 016
【终南山】 ………………… 017
【骊山】 …………………… 017
【紫柏山】 ………………… 017
【华山】 …………………… 017
【天竺山】 ………………… 017
【化龙山】 ………………… 017
【南宫山】 ………………… 017
【熊耳山】 ………………… 017
【全宝山】 ………………… 017
【小秦岭】 ………………… 017
【伏牛山】 ………………… 018

【老君山】……018
【桐柏山】……018
【武当山】……018
【大别山】……018
【大别山诸峰】……018

重要江河

【概述】……019
【汉江】……019
【嘉陵江】……019
【玉带河】……019
【沮水】……019
【漾家河】……019
【褒河】……020
【濂水河】……020
【渭水河】……020
【子午河】……020
【牧马河】……020
【池河】……020
【任河】……020
【岚河】……020
【月河】……020
【黄洋河】……020
【坝河】……021
【旬河】……021
【金钱河】……021
【丹江】……021
【唐白河】……021
【堵河】……021
【南河】……021
【北河】……021
【蛮河】……021
【浠水】……021
【蕲河】……022

【大悟河】……022
【滠水河】……022
【淮河】……022
【洪河】……022
【沙河】……022
【史河】……022
【潢河】……022
【汝河】……022
【渭河】……022
【秦祁河】……022
【咸河】……023
【榜沙河】……023
【散渡河】……023
【耤河】……023
【黑河】……023
【沣河】……023
【灞河】……023
【零河】……023
【赤水河】……023
【洛河】……023
【伊河】……024
【白龙江】……024
【白水江】……024

第三部分　秦岭旅游资源

【综述】……027

世界遗产

【概述】……027
【陕西张骞墓】……027
【甘肃麦积山石窟】……027
【河南崤函古道石壕段遗址】……028
【湖北武当山古建筑群】……028

【湖北神农架林区】 …………………… 028

国家级自然保护区

　　【概述】 ……………………………… 029

　　【大熊猫国家公园】 ………………… 029

　　【陕西黑河珍稀水生野生动物国家级自然保护区】 ………………………… 029

　　【陕西周至老县城国家级自然保护区】 029

　　【陕西周至国家级自然保护区】 …… 029

　　【陕西紫柏山国家级自然保护区】 … 029

　　【陕西黄柏塬国家级自然保护区】 … 030

　　【陕西太白山国家级自然保护区】 … 030

　　【陕西渭水河珍稀水生生物国家级自然保护区】 …………………………… 030

　　【陕西朱鹮国家级自然保护区】 …… 030

　　【陕西长青国家级自然保护区】 …… 030

　　【陕西米仓山国家级自然保护区】 … 030

　　【陕西青木川国家级自然保护区】 … 030

　　【陕西略阳珍稀水生动物国家级自然保护区】 …………………………… 030

　　【陕西桑园国家级自然保护区】 …… 031

　　【陕西摩天岭国家级自然保护区】 … 031

　　【陕西佛坪国家级自然保护区】 …… 031

　　【陕西观音山国家级自然保护区】 … 031

　　【陕西平河梁国家级自然保护区】 … 031

　　【陕西天华山国家级自然保护区】 … 031

　　【陕西化龙山国家级自然保护区】 … 031

　　【陕西武关河珍稀水生动物国家级自然保护区】 …………………………… 032

　　【陕西牛背梁国家级自然保护区】 … 032

　　【甘肃白水江国家级自然保护区】 … 032

　　【甘肃小陇山国家级自然保护区】 … 032

　　【甘肃漳县珍稀水生动物国家级自然保护区】 …………………………… 032

　　【甘肃秦州珍稀水生野生动物国家级自然保护区】 …………………………… 032

　　【河南连康山国家级自然保护区】 … 032

　　【河南小秦岭国家级自然保护区】 … 033

　　【河南伏牛山国家级自然保护区】 … 033

　　【河南鸡公山国家级自然保护区】 … 033

　　【河南宝天曼国家级自然保护区】 …… 033

　　【河南恐龙蛋化石群国家级自然保护区】 …………………………………… 033

　　【河南高乐山国家级自然保护区】 … 033

　　【河南丹江湿地国家级自然保护区】 … 033

　　【河南大别山国家级自然保护区】 … 033

　　【河南董寨国家级自然保护区】 …… 034

　　【湖北五道峡国家级自然保护区】 … 034

　　【湖北赛武当国家级自然保护区】 … 034

　　【湖北堵河源国家级自然保护区】 … 034

　　【湖北十八里长峡国家级自然保护区】 034

　　【湖北神农架国家级自然保护区】 …… 034

　　【湖北大别山国家级自然保护区】 … 034

　　【湖北龙感湖国家级自然保护区】 … 035

　　【湖北南河国家级自然保护区 】…… 035

　　【湖北青龙山恐龙蛋化石群国家级自然保护区】 …………………………… 035

　　【安徽金寨天马国家级自然保护区】… 035

　　【安徽鹞落坪国家级自然保护区】 … 035

　　【安徽古井园国家级自然保护区】 … 035

　　【四川唐家河国家级自然保护区 】… 035

　　【四川米仓山国家级自然保护区】 … 036

　　【四川白河国家级自然保护区】……… 036

　　【四川诺水河珍稀水生动物国家级自然保护区】 …………………………… 036

　　【四川花萼山国家级自然保护区】 …… 036

　　【重庆大巴山国家级自然保护区】…… 036

【重庆雪宝山国家级自然保护区】…… 036
【重庆五里坡国家级自然保护区】…… 036
【重庆阴条岭国家级自然保护区】…… 036
【秦岭国家植物园】……………………… 036

国家级风景名胜区

【概述】……………………………………… 037
【陕西华山国家级风景名胜区】…… 037
【陕西骊山国家级风景名胜区】…… 037
【陕西天台山国家级风景名胜区】… 037
【甘肃麦积山国家级风景名胜区】… 037
【河南鸡公山国家风景名胜区】…… 038
【河南桐柏山—淮源国家级风景名胜区】
　………………………………………… 038
【河南尧山国家级风景名胜区】…… 038
【湖北武当山国家级风景名胜区】… 038
【湖北大洪山国家级风景名胜区】…… 038
【湖北丹江口水库国家级风景名胜区】038
【湖北隆中国家级风景名胜区】……… 038
【安徽天柱山国家级风景名胜区】…… 038
【安徽花亭湖国家级风景名胜区】…… 039
【四川米仓山大峡谷国家级风景名胜区】
　………………………………………… 039
【四川白龙湖国家级风景名胜区】…… 039
【四川光雾山－诺水河国家级风景名胜区】
　………………………………………… 039

国家森林公园

【概述】……………………………………… 040
【陕西太白山国家森林公园】………… 040
【陕西终南山国家森林公园】………… 040
【陕西金丝大峡谷国家森林公园】…… 040
【陕西黎坪国家森林公园】　………… 040
【陕西天台山国家森林公园】　……… 040

【陕西天华山国家森林公园】………… 041
【陕西王顺山国家森林公园】………… 041
【陕西汉阴凤凰山国家森林公园】…… 041
【陕西青峰峡国家森林公园】………… 041
【陕西少华山国家森林公园】………… 041
【陕西紫柏山国家森林公园】………… 041
【陕西天竺山国家森林公园】………… 041
【陕西牛背梁国家森林公园】………… 042
【陕西洪庆山国家森林公园】………… 042
【陕西黑河国家森林公园】　………… 042
【陕西上坝河国家森林公园】………… 042
【陕西千家坪国家森林公园】………… 042
【陕西鬼谷岭国家森林公园】………… 042
【陕西太平国家森林公园】…………… 042
【陕西木王国家森林公园】…………… 042
【陕西通天河国家森林公园】………… 043
【陕西汉中天台国家森林公园】……… 043
【陕西骊山国家森林公园】　………… 043
【陕西五龙洞国家森林公园】………… 043
【陕西南宫山国家森林公园】………… 043
【陕西朱雀国家森林公园】…………… 043
【陕西嘉陵江源国家森林公园】……… 043
【陕西楼观台国家森林公园】………… 044
【甘肃麦积国家森林公园】　………… 044
【甘肃小陇山国家森林公园】………… 044
【甘肃文县天池国家森林公园】……… 044
【甘肃鸡峰山国家森林公园】………… 044
【甘肃渭河源国家森林公园】………… 044
【甘肃官鹅沟国家森林公园】………… 044
【甘肃贵清山国家森林公园】………… 045
【甘肃大峡沟国家森林公园】………… 045
【甘肃沙滩国家森林公园】…………… 045

【甘肃莲花山国家森林公园】………… 045
【河南寺山国家森林公园】………… 045
【河南亚武山国家森林公园】………… 045
【河南龙峪湾国家森林公园】………… 045
【河南甘山国家森林公园】………… 045
【河南淮河源国家森林公园】………… 045
【河南玉皇山国家森林公园】………… 046
【河南燕子山国家森林公园】………… 046
【河南石漫滩国家森林公园】………… 046
【河南大苏山国家森林公园】………… 046
【河南黄柏山国家森林公园】………… 046
【河南天池山国家森林公园】………… 046
【河南金兰山国家森林公园】………… 046
【河南铜山湖国家森林公园】………… 046
【河南南湾国家森林公园】………… 047
【河南白云山国家森林公园】………… 047
【河南薄山国家森林公园】………… 047
【河南嵖岈山国家森林公园】………… 047
【湖北鹿门寺国家森林公园】………… 047
【湖北神农架国家森林公园】………… 047
【湖北薤山国家森林公园】………… 047
【湖北沧浪山国家森林公园】………… 047
【湖北牛头山国家森林公园】………… 047
【湖北诗经源国家森林公园】………… 048
【湖北九女峰国家森林公园】………… 048
【湖北偏头山国家森林公园】………… 048
【湖北丹江口国家森林公园】………… 048
【湖北汉江瀑布群国家森林公园】…… 048
【湖北岘山国家森林公园】………… 048
【湖北千佛洞国家森林公园】………… 048
【湖北大洪山国家森林公园】………… 048
【湖北大别山国家森林公园】………… 048
【湖北五脑山国家森林公园】………… 049

【湖北素山寺国家森林公园】………… 049
【湖北虎爪山国家森林公园】………… 049
【湖北太子山国家森林公园】………… 049
【湖北双峰山国家森林公园】………… 049
【湖北吴家山国家森林公园】………… 049
【湖北红安天台山国家森林公园】…… 049
【湖北中华山国家森林公园】………… 049
【湖北三角山国家森林公园】………… 050
【湖北龙门河国家森林公园】………… 050
【湖北大口国家森林公园】………… 050
【湖北白竹园寺国家森林公园】……… 050
【安徽天堂寨国家森林公园】………… 050
【安徽万佛山国家森林公园】………… 050
【安徽天柱山国家森林公园】………… 050
【安徽大龙山国家森林公园】………… 050
【安徽妙道山国家森林公园】………… 050
【安徽石莲洞国家森林公园】………… 051
【四川米仓山国家森林公园】………… 051
【四川空山国家森林公园】………… 051
【四川宣汉国家森林公园】………… 051
【重庆小三峡国家森林公园】………… 051
【重庆红池坝国家森林公园】………… 051
【重庆雪宝山国家森林公园】………… 051
【重庆九重山国家森林公园】………… 051

世界/国家地质公园

【概述】…………………………… 052

世界地质公园

【陕西秦岭终南山世界地质公园】…… 052
【河南南阳伏牛山世界地质公园】…… 052
【湖北神农架世界地质公园】………… 052
【湖北黄冈大别山世界地质公园】…… 052
【安徽天柱山世界地质公园】………… 053
【四川光雾山—诺水河世界地质公园】 053

国家地质公园

【陕西翠华山国家地质公园】……………053
【陕西华山国家地质公园】………………053
【陕西柞水溶洞国家地质公园】…………053
【陕西商南金丝峡国家地质公园】………054
【陕西黎坪国家地质公园】………………054
【陕西岚皋南宫山国家地质公园】………054
【甘肃天水麦积山国家地质公园】………054
【甘肃宕昌官鹅沟国家地质公园】………054
【河南灵宝小秦岭国家地质公园】………054
【河南内乡宝天曼国家地质公园】………054
【河南嵖岈山国家地质公园】……………054
【河南金刚台国家地质公园】……………054
【河南汝阳恐龙国家地质公园】…………055
【河南尧山国家地质公园】………………055
【湖北神农架国家地质公园】……………055
【湖北武当山国家地质公园】……………055
【湖北郧阳区恐龙蛋化石群国家地质公园】
…………………………………………055
【湖北黄冈大别山国家地质公园】………055
【湖北远安化石群国家地质公园】………056
【安徽天柱山国家地质公园】……………056
【安徽大别山（六安）国家地质公园】…056
【四川光雾山—诺水河国家地质公园】…056
【四川大巴山国家地质公园】……………056
【四川青川地震遗迹国家地质公园】……056

国家级水利风景区

【概述】……………………………………057
【陕西翠华山国家水利风景区】…………057
【陕西太白山国家水利风景区】…………057
【陕西金龙峡国家水利风景区】…………057
【陕西嘉陵江源头国家水利风景区】……057
【陕西黄柏塬国家水利风景区】…………057

【陕西青峰峡国家水利风景区】…………057
【陕西瀛湖国家水利风景区】……………057
【陕西南沙湖国家水利风景区】…………058
【陕西飞渡峡国家水利风景区】…………058
【陕西凤堰古梯田国家水利风景区】……058
【陕西乾佑河源国家水利风景区】………058
【陕西龙驹寨国家水利风景区】…………058
【陕西丹江公园国家水利风景区】………058
【陕西金丝大峡谷国家水利风景区】……058
【陕西红寺湖国家水利风景区】…………059
【陕西石门国家水利风景区】……………059
【陕西石门水库（汉中市）国家水利风景区】……………………………………059
【陕西千层河国家水利风景区】…………059
【陕西霸渭关中文化国家水利风景区】…059
【陕西安康任河国家水利风景区】………059
【甘肃两当云屏河国家水利风景区】……059
【甘肃康县阳坝国家水利风景区】………059
【甘肃西和县晚家霞湖水利风景区】……059
【河南龙王沟国家水利风景区】…………060
【河南鸭河口水库国家水利风景区】……060
【河南陆浑湖国家水利风景区】…………060
【河南薄山湖国家水利风景区】…………060
【河南西子湖国家水利风景区】…………060
【河南香山湖国家水利风景区】…………060
【河南龙山水库国家水利风景区】………060
【河南昭平湖国家水利风景区】…………060
【河南板桥水库国家水利风景区】………060
【河南沙河水库国家水利风景区】………061
【河南鲇鱼山水库国家水利风景区】……061
【河南窄口水库国家水利风景区】………061
【河南石漫滩水库国家水利风景区】……061
【河南望花湖国家水利风景区】…………061

【河南石门湖国家水利风景区】……… 061
【河南南湾湖国家水利风景区】……… 061
【河南铜山湖水利风景区】 ………… 061
【湖北漳河国家水利风景区】………… 062
【湖北天堂湖国家水利风景区】……… 062
【湖北观音湖国家水利风景区】 …… 062
【湖北郧西天河国家水利风景区】 … 062
【湖北丹江口大坝国家水利风景区】… 062
【湖北丹江口大坝旅游区国家水利风景区】
 ……………………………………… 062
【湖北丹江口松涛国家水利风景区】… 062
【湖北英山县毕昇湖国家水利风景区】 062
【湖北钟祥市温峡湖国家水利风景区】 063
【湖北钟祥石门水库国家水利风景区】 063
【湖北远安回龙湾国家水利风景区】… 063
【湖北三道河水镜湖国家水利风景区】 063
【湖北京山惠亭湖国家水利风景区】 063
【湖北夏家寺水库国家水利风景区】… 063
【湖北明山水库国家水利风景区】…… 063
【湖北浮桥河水库国家水利风景区】… 063
【湖北白莲河水库国家水利风景区】… 063
【湖北大同水库国家水利风景区】…… 064
【湖北宜昌高岚河国家水利风景区】… 064
【湖北太和梅花谷国家水利风景区】 064
【安徽万佛湖国家水利风景区】 …… 064
【安徽佛子岭水库国家水利风景区】… 064
【安徽梅山水库国家水利风景区】…… 064
【安徽燕子河大峡谷国家水利风景区】 064
【安徽响洪甸水库国家水利风景区】… 064
【安徽横排头国家水利风景区】…… 064
【安徽淠河国家水利风景区】 ……… 065
【安徽天峡国家水利风景区】………… 065
【安徽大别山彩虹瀑布国家水利风景区】
 ……………………………………… 065
【安徽华亭湖国家水利风景区】……… 065
【安徽悠然蓝溪国家水利风景区】…… 065
【四川青川青竹江国家水利风景区】… 065
【四川南江玉湖国家水利风景区】…… 065
【重庆开州区汉丰湖景区】…………… 065

国家湿地公园
【概述】……………………………… 066
【陕西田峪河国家湿地公园】………… 066
【陕西丹江源国家湿地公园】………… 066
【陕西丹江国家湿地公园】…………… 065
【陕西洛河源国家湿地公园】………… 066
【陕西太白石头河国家湿地公园】…… 066
【陕西嘉陵江国家湿地公园】………… 066
【陕西汤峪龙源国家湿地公园】……… 066
【陕西旬河源国家湿地公园】………… 067
【陕西莲花古渡国家湿地公园】……… 067
【陕西千层河国家湿地公园】………… 067
【陕西观音河国家湿地公园】………… 067
【陕西葱滩国家湿地公园】…………… 067
【陕西牧马河国家湿地公园】………… 067
【陕西汉水源国家湿地公园】………… 067
【甘肃洮河国家湿地公园】…………… 067
【甘肃黄林沟国家湿地公园】………… 067
【甘肃梅园河国家湿地公园】………… 067
【河南陆浑湖国家湿地公园】………… 068
【河南伊河国家湿地公园】…………… 068
【河南香山湖国家湿地公园】………… 068
【河南龙山湖国家湿地公园】………… 068
【河南湍河国家湿地公园】…………… 068
【河南唐河国家湿地公园】…………… 068
【河南丹阳湖国家湿地公园】………… 068
【河南铜山湖国家湿地公园】………… 068

【湖北神农架大九湖国家湿地公园】… 068
【湖北漳河国家湿地公园】………… 069
【湖北天堂湖国家湿地公园】………… 069
【湖北白莲河国家湿地公园】………… 069
【湖北浠水策湖国家湿地公园】……… 069
【湖北金沙湖国家湿地公园】………… 069
【湖北浮桥河国家湿地公园】………… 069
【湖北赤龙湖国家湿地公园】………… 069
【湖北张家咀国家湿地公园】………… 069
【湖北徐家河国家湿地公园（试点）】 070
【湖北沮河国家湿地公园】…………… 070
【湖北万洋洲国家湿地公园】 ……… 070
【湖北谷城汉江国家湿地公园】……… 070
【湖北长寿岛国家湿地公园】 ……… 070
【湖北圣水湖国家湿地公园】………… 070
【湖北龙湖国家湿地公园】…………… 070
【湖北襄阳汉江国家湿地公园】……… 070
【湖北古南河国家湿地公园】………… 071
【湖北黄龙滩国家湿地公园】………… 071
【湖北清凉河国家湿地公园】………… 071
【湖北郧阳湖国家湿地公园（试点）】 071
【湖北泗河国家湿地公园（试点）】… 071
【湖北封江口国家湿地公园】………… 071
【湖北仙居河国家湿地公园】………… 071
【湖北莫愁湖国家湿地公园】………… 071
【湖北惠亭湖国家湿地公园】………… 071
【湖北老观湖国家湿地公园】………… 072
【安徽花亭湖国家湿地公园】………… 072
【安徽嬉子湖国家湿地公园】………… 072
【安徽潜水河国家湿地公园】………… 072
【安徽漂河国家湿地公园】…………… 072
【重庆巫山大昌湖国家湿地公园】…… 072
【重庆汉丰湖国家湿地公园】………… 072
【重庆巴山湖国家湿地公园】………… 072

全国重点文物保护单位
【概述】………………………………… 073
【陕西蓝田猿人遗址】………………… 073
【陕西水陆庵】………………………… 073
【陕西红二十五军军部旧址】………… 073
【陕西蓝田吕氏家族墓地】…………… 073
【陕西华山西岳庙】…………………… 073
【陕西大秦寺塔】……………………… 073
【陕西姜寨遗址】……………………… 074
【陕西华清宫遗址】…………………… 074
【陕西圣寿寺塔】……………………… 074
【陕西二龙塔】………………………… 074
【陕西化羊庙东岳献殿】……………… 074
【陕西敬德塔】………………………… 074
【陕西鸠摩罗什舍利塔】……………… 074
【陕西仙游寺法王塔】………………… 074
【陕西西峪遗址】……………………… 075
【陕西薄太后陵】……………………… 075
【陕西窦皇后陵】……………………… 075
【陕西老牛坡遗址】…………………… 075
【陕西灞桥遗址】……………………… 075
【陕西石鼓山墓地】…………………… 075
【陕西茹家庄遗址】…………………… 075
【陕西太公庙秦公墓】………………… 075
【陕西桥镇遗址】……………………… 075
【陕西李茂贞墓】……………………… 076
【陕西元君庙－泉护村遗址】………… 076
【陕西横阵遗址】……………………… 076
【陕西京师仓遗址】…………………… 076
【陕西南沙遗址】……………………… 076
【陕西桥上桥】………………………… 076
【陕西渭华起义旧址】………………… 076

目录 CONTENTS

【陕西弘农杨氏家族墓地】…………… 076
【陕西十二连城烽火台遗址】………… 077
【陕西潼关故城】……………………… 077
【陕西杨震家族墓地】………………… 077
【陕西褒斜道石门及其摩崖石刻】 … 077
【陕西勉县武侯墓】…………………… 077
【陕西勉县武侯祠】…………………… 077
【陕西龙岗寺遗址】…………………… 077
【陕西李家村遗址】…………………… 077
【陕西张骞墓】………………………… 078
【陕西蔡伦墓和祠】…………………… 078
【陕西开明寺塔】……………………… 078
【陕西五门堰】………………………… 078
【陕西张良庙】………………………… 078
【陕西灵岩寺摩崖】…………………… 078
【陕西何家湾遗址】…………………… 078
【陕西宝山遗址】……………………… 079
【陕西宁强羌人墓地】………………… 079
【陕西汉中东塔】……………………… 079
【陕西良马寺觉皇殿】………………… 079
【陕西智果寺】………………………… 079
【陕西青木川老街建筑群】…………… 079
【陕西青木川魏氏庄园】……………… 079
【陕西国立西北联合大学旧址】 …… 079
【陕西花石浪遗址】…………………… 080
【陕西东龙山遗址】…………………… 080
【陕西洛南盆地旧石器地点群】……… 080
【陕西紫荆遗址】……………………… 080
【陕西商洛崖墓群】…………………… 080
【陕西骡帮会馆】……………………… 080
【陕西刘家营遗址】…………………… 080
【陕西瓦房店会馆群】………………… 080
【陕西凤堰梯田】……………………… 080

【甘肃麦积山石窟】…………………… 081
【甘肃放马滩墓群】…………………… 081
【甘肃伏羲庙】………………………… 081
【甘肃胡氏古民居建筑】……………… 081
【甘肃玉泉观】………………………… 081
【甘肃后街清真寺】…………………… 081
【甘肃纪信祠】………………………… 081
【甘肃水帘洞—大像山石窟】………… 081
【甘肃毛家坪遗址】…………………… 082
【甘肃木梯寺石窟】…………………… 082
【甘肃狼叫屲遗址】…………………… 082
【甘肃圣寿寺】………………………… 082
【甘肃马家窑遗址】…………………… 082
【甘肃汪氏家族墓地】………………… 082
【甘肃寺洼遗址】……………………… 082
【甘肃灞陵桥】………………………… 082
【甘肃辛店遗址】……………………… 083
【甘肃威远楼】………………………… 083
【甘肃吴挺墓】………………………… 083
【甘肃西狭古栈道及摩崖石刻】……… 083
【甘肃大堡子山遗址及墓群】………… 083
【甘肃《新修白水路记》摩崖】……… 083
【甘肃石沟坪遗址】…………………… 083
【甘肃粟川砖塔】……………………… 083
【河南虢国墓地】……………………… 084
【河南北阳平遗址】…………………… 084
【河南庙底沟遗址】…………………… 084
【河南宝轮寺塔】……………………… 084
【河南卢氏城隍庙】…………………… 084
【河南陕县安国寺】…………………… 084
【河南庙上村地坑窑院】……………… 084
【河南范仲淹墓】……………………… 084
【河南两程故里】……………………… 084

009

【河南七里坪遗址】……084	【河南清凉寺汝官窑遗址】……088
【河南土门遗址】……085	【河南叶邑故城】……088
【河南桥北村遗址】……085	【河南望城岗冶铁遗址】……088
【河南西王村遗址】……085	【河南段店窑址】……088
【河南魏明帝高平陵】……085	【河南叶县县衙】……088
【河南程颢程颐墓】……085	【河南元次山碑】……088
【河南山陕会馆】……085	【河南小李庄遗址】……088
【河南张衡墓】……085	【河南文集遗址】……088
【河南张仲景墓及祠】……085	【河南父城遗址】……089
【河南南阳武侯祠】……085	【河南舞钢冶铁遗址群】……089
【河南内乡县衙】……085	【河南香山寺大悲观音大士塔及碑刻】……089
【河南八里岗遗址】……086	【河南豫陕鄂前后方工作委员会旧址】……089
【河南南阳知府衙门】……086	【河南中共中央中原局旧址】……089
【河南荆紫关古建筑群】……086	【河南杨台寺遗址】……089
【河南瓦房庄冶铁遗址】……086	【河南下河湾冶铁遗址】……089
【河南泗洲寺塔】……086	【河南嵖岈山卫星人民公社旧址】……089
【河南鄂城寺】……086	【河南台子寺遗址】……089
【河南仓房香严寺】……086	【湖北武当山金殿】……090
【河南福胜寺塔】……086	【湖北武当山建筑群】……090
【河南杏花山与小空山遗址】……086	【湖北紫霄宫】……090
【河南黄山遗址】……086	【湖北南岩宫】……090
【河南太子岗遗址】……087	【湖北学堂梁子遗址】……090
【河南八里桥遗址】……087	【湖北玉虚宫遗址】……090
【河南邓窑遗址】……087	【湖北"治世玄岳"牌坊】……090
【河南菩提寺】……087	【湖北饶氏庄园】……090
【河南佛沟摩崖造像】……087	【湖北慈孝沟"采皇木"摩崖】……091
【河南鄂豫皖革命根据地旧址】……087	【湖北甘氏宗祠】……091
【河南红二十五军长征出发地】……087	【湖北梅铺猿人遗址】……091
【河南邓颖超祖居】……087	【湖北黄龙洞遗址】……091
【河南中国工农红军第二十五军司令部旧址】……087	【湖北上津古城】……091
【河南永济桥】……088	【湖北七里河遗址】……091
【河南鸡公山近代建筑群】……088	【湖北高家花屋】……091
	【湖北三线航天066导弹基地旧址】……091

【湖北李时珍墓】	091
【湖北红安七里坪革命旧址】	092
【湖北董必武故居】	092
【湖北李先念故居】	092
【湖北四祖寺塔】	092
【湖北五祖寺】	092
【湖北陡山吴氏祠】	092
【湖北毛家咀遗址】	092
【湖北盘龙城遗址】	092
【湖北柏子塔】	093
【湖北雷氏祠】	093
【湖北双城塔】	093
【湖北万年台戏台】	093
【湖北毕昇墓】	093
【湖北高塔寺塔】	093
【湖北擂鼓墩古墓群】	093
【新四军第五师司令部旧址】	093
【湖北庙台子遗址】	093
【湖北安居遗址】	094
【湖北义地岗墓群】	094
【湖北草店坊城遗址】	094
【湖北广德寺多宝塔】	094
【湖北雕龙碑遗址】	094
【湖北九连墩墓群】	094
【湖北襄阳城墙】	094
【湖北襄樊码头遗址】	094
【湖北襄阳王府绿影壁】	094
【湖北襄阳"古隆中"】	095
【湖北李曾伯纪功铭】	095
【湖北邓国故址】	095
【湖北米公祠】	095
【湖北茨河承恩寺】	095
【湖北南漳山寨群】	095
【湖北安乐堰墓群】	095
【湖北凤凰咀遗址】	095
【湖北楚皇城城址】	096
【湖北郭家岗遗址】	096
【湖北霸王坟墓群】	096
【湖北三线火箭炮总装厂旧址】	096
【湖北显陵】	096
【湖北文风塔】	096
【湖北元佑宫】	096
【湖北龙王山遗址】	096
【湖北苏家垄墓群】	097
【湖北中共鄂豫边区委员会旧址】	097
【湖北新四军五师司令部旧址】	097
【湖北中原军区旧址】	097
【湖北南襄城遗址】	097
【湖北李来亨抗清遗址】	097
【安徽白崖寨】	097
【安徽野寨抗日阵亡将士公墓】	097
【安徽桐城文庙】	098
【安徽张廷玉墓】	098
【安徽法云寺塔】	098
【安徽太平塔】	098
【安徽天柱山山谷流泉摩崖石刻】	098
【安徽佛子岭水库连拱坝】	098
【安徽红二十八军重建会议旧址】	098
【安徽程端忠墓】	098
【安徽六安汉代王陵墓地】	099
【四川木门会议旧址】	099
【四川中子铺遗址】	099
【四川罗家坝遗址】	099
【四川红四方面军总医院旧址】	099
【四川红军石刻标语群】	099
【四川红四方面军总指挥部旧址】	099

【四川千佛岩石窟】……………… 099
【四川白乳溪石窟】 ……………… 099
【重庆龙骨坡遗址】……………… 099
【重庆玉米洞遗址】 ……………… 100
【重庆荆竹坝岩棺群】 …………… 100
【重庆大宁盐场遗址】…………… 100
【重庆刘伯承故居】 ……………… 100

全国红色旅游经典景区

【概述】………………………… 101
【陕西汉中市川陕革命根据地纪念馆】 101
【陕西渭南市华州区渭华起义纪念馆】 101
【陕西凤县两当起义纪念地】 ……… 101
【陕西眉县扶眉战役纪念馆】……… 101
【陕西汉中市洋县华阳红二十五军司令部旧址】………………………… 101
【陕西西乡县红二十九军军部旧址及红四方面军总后医院旧址】……… 102
【陕西安康市汉滨区牛蹄岭战役旧址】 102
【陕西商洛市商南县前坡岭战斗遗址】 102
【甘肃陇南市宕昌县哈达铺红军长征纪念馆】………………………… 102
【甘肃定西市岷县岷州会议纪念馆】… 102
【甘肃陇南市两当县两当兵变旧址】… 102
【甘肃甘南州舟曲特大山洪泥石流地质灾害纪念公园】……………… 102
【河南驻马店市确山县竹沟镇竹沟革命纪念馆】………………………… 103
【河南新县鄂豫皖苏区首府革命博物馆】………………………………… 103
【河南鄂豫皖苏区革命烈士陵园】… 103
【河南首府路和航空路革命旧址】… 103
【河南将军故里】………………… 103
【商城县金刚台红军洞群】………… 103

【河南罗山县铁铺乡红二十五军长征出发地】…………………………… 103
【河南新县箭厂河革命旧址】……… 103
【河南浉河区四望山新四军第五师师部旧址】…………………………… 104
【河南南阳市叶家大庄桐柏英雄纪念馆】………………………………… 104
【湖北黄冈市大别山红色旅游区】…… 104
【湖北大悟县宣化店谈判旧址】…… 104
【湖北大悟县新四军五师旧址】…… 104
【湖北襄阳市宜城市张自忠纪念馆】… 104
【湖北随州市曾都区新四军第五师旧址群】…………………………… 105
【安徽合肥市庐江县新四军江北指挥部旧址】…………………………… 105
【安徽安庆市岳西县红二十八军鄂豫皖边区国共和谈旧址】…………… 105
【安徽六安市舒城县新四军第四支队纪念馆】………………………… 105
【安徽六安市裕安区独山革命旧址群】 105
【安徽六安市裕安区苏家埠战役纪念园】………………………………… 105
【安徽金寨县革命烈士陵园】……… 105
【安徽红二十五军军政机构旧址】…… 106
【安徽六安市霍山县诸佛庵镇革命遗址】………………………………… 106
【安徽岳西县及金寨县红二十八军军政及重建旧址】………………… 106
【安徽安庆市太湖县刘家畈高干会议旧址】……………………………… 106
【安徽六安市金安区张家店战役纪念馆】………………………………… 106
【四川巴中市通江县红四方面军总指挥

部旧址纪念馆】 …………………… 106

【四川川陕革命根据地红军烈士陵园】 106

【四川南江县巴山游击队纪念馆】…… 107

【四川达州市万源市万源保卫战战史陈列馆】………………………………… 107

【四川旺苍县红军街】………………… 107

【四川达州市宣汉县红三十三军纪念馆】
…………………………………………… 107

【四川青川县东河口地震遗址公园】… 107

【重庆开县刘伯承故居及纪念馆】…… 107

【重庆川陕苏区城口县苏维埃政权遗址】
…………………………………………… 107

国家级旅游度假区

【概述】………………………………… 108

【陕西太白山温泉旅游度假区】……… 108

【河南尧山温泉旅游度假区】………… 108

【湖北武当太极湖旅游度假区】……… 108

国家地理标志产品和风味美食

【概述】………………………………… 109

国家地理标志产品

陕西区域城市国家地理标志产品

【西安市】……………………………… 109

【渭南市】……………………………… 109

【宝鸡市】……………………………… 109

【汉中市】……………………………… 109

【安康市】……………………………… 109

【商洛市】……………………………… 109

甘肃区域城市国家地理标志产品

【定西市】……………………………… 109

【天水市】……………………………… 110

【陇南市】……………………………… 110

【甘南藏族自治州】…………………… 110

河南区域城市国家地理标志产品

【洛阳市】……………………………… 110

【三门峡市】…………………………… 110

【南阳市】……………………………… 110

【平顶山市】…………………………… 110

【驻马店市】…………………………… 110

【信阳市】……………………………… 110

湖北区域城市国家地理标志产品

【十堰市】……………………………… 110

【襄阳市】……………………………… 110

【随州市】……………………………… 110

【荆门市】……………………………… 110

【孝感市】……………………………… 110

【黄冈市】……………………………… 110

【武汉市】……………………………… 111

【宜昌市】……………………………… 111

【神农架区】…………………………… 111

安徽区域城市国家地理标志产品

【六安市】……………………………… 111

【安庆市】……………………………… 111

【合肥市】……………………………… 111

四川区域城市国家地理标志产品

【广元市】……………………………… 111

【巴中市】……………………………… 111

【达州市】……………………………… 111

【阿坝藏族羌族自治州】……………… 111

重庆区域区县国家地理标志产品

【开州区】……………………………… 111

【巫溪县】……………………………… 111

【巫山县】……………………………… 111

【城口县】……………………………… 111

秦岭风味美食

陕西

【西安风味美食】……………………… 112

【渭南风味美食】……………… 112
【宝鸡风味美食】……………… 112
【汉中风味美食】……………… 112
【安康风味美食】……………… 112
【商洛风味美食】……………… 112
甘肃
【定西风味美食】……………… 112
【天水风味美食】……………… 112
【陇南风味美食】……………… 112
【甘南风味美食】……………… 112
河南
【洛阳风味美食】……………… 112
【三门峡风味美食】…………… 112
【南阳风味美食】……………… 112
【平顶山风味美食】…………… 112
【驻马店风味美食】…………… 113
【信阳风味美食】……………… 113
湖北
【十堰风味美食】……………… 113
【襄阳风味美食】……………… 113
【随州风味美食】……………… 113
【荆门风味美食】……………… 113
【孝感风味美食】……………… 113
【黄冈风味美食】……………… 113
【武汉风味美食】……………… 113
【宜昌风味美食】……………… 113
【神农架风味美食】…………… 113
安徽
【六安风味美食】……………… 113
【安庆风味美食】……………… 113
【合肥风味美食】……………… 113
四川
【广元风味美食】……………… 113

【巴中风味美食】……………… 113
【达州风味美食】……………… 113
【阿坝风味美食】……………… 114
重庆
【开州风味美食】……………… 114
【巫溪风味美食】……………… 114
【巫山风味美食】……………… 114
【城口风味美食】……………… 114

第四部分　秦岭旅游管理与业态发展

秦岭旅游管理
【概述】………………………… 117
【管理体制】…………………… 117
【旅游安全】…………………… 117
【旅游标准化】………………… 117
【旅游信息化】………………… 117
【典型引领】…………………… 118
【市场营销】…………………… 118
【行业协会】…………………… 118

秦岭旅游规划
【概述】………………………… 119
【秦岭山系旅游规划】………… 119

秦岭旅游业态
【概述】………………………… 121
【景区】………………………… 121
【酒店】………………………… 121
【农家乐】……………………… 121
【温泉】………………………… 121
【漂流】………………………… 122
【滑雪】………………………… 122
【民宿】………………………… 122
【营地】………………………… 122

【赛事】 122
【演艺】 122

全域旅游示范区创建

【概述】 124
秦岭关联省（市）国家全域旅游示范区创建单位与命名单位 124

第五部分 秦岭旅游交通

【综述】 129

古代栈道遗迹

【概述】 129
【武关道】 129
【库谷道】 129
【子午道】 129
【傥骆道】 130
【褒斜道】 130
【陈仓道】 130
【连云栈道】 130
【金牛道】 130
【米仓道】 131
【洋巴道】 131
【祁山道】 131
【荔枝道】 131

高速公路与国道

【概述】 132
【连霍高速】 132
【京昆高速】 132
【包茂高速】 132
【福银高速】 132
【沪陕高速】 132
【十天高速】 132
【银昆高速】 132
【太凤高速】 132
【银百高速】 132
【洛栾高速】 133
【G210 国道】 133
【G108 国道】 133
【G212 国道】 133
【G213 国道】 133
【G310 国道】 133
【G312 国道】 133
【姜眉公路】 133

火车与高铁

【概述】 133
【宝成铁路】 133
【西成高铁】 133
【西康铁路】 134
【陇海铁路】 134
【兰渝铁路】 134

民航机场

【概述】 134
【陕西汉中城固机场】 134
【陕西宝鸡太白山机场】 134
【甘肃天水麦积山机场】 134
【河南南阳机场】 134
【湖北十堰武当山机场】 134
【四川巴中恩阳机场】 135

观光索道

【概述】 135
【华山索道】 135
【太白山索道】 135
【金丝峡索道】 135
【天竺山索道】 135
【老君山索道】 135
【白云山小黄山索道】 136

【尧山索道】……………… 136
【武当山索道】……………… 136
【光雾山索道】……………… 136
【大龙窝索道】……………… 136
【天堂寨大别山索道】……… 136

第六部分 文化传播与旅游营销

【综述】……………………… 139

影视作品

【大秦岭】…………………… 139
【大秦帝国】………………… 139
【一代枭雄】………………… 139
【秦岭花开】………………… 139
【智取华山】………………… 139
【大秦赋】…………………… 140
【郎在对门唱山歌】………… 140

旅游演艺

【长恨歌】…………………… 140
【凤飞羌舞】………………… 140
【风云闯王寨】……………… 140
【道典武当】………………… 140
【12·12西安事变】………… 140
【天水千古秀】……………… 141

秦岭文学与科普

【白鹿原】…………………… 141
【云横秦岭】………………… 141
【秦岭有生灵】……………… 141
【青木川】…………………… 141
【老县城】…………………… 141
【走进大秦岭——中华民族父亲山探行】
……………………………… 141
【渭河传】…………………… 142

【寻找大秦帝国】…………… 142
【走读汉江】………………… 142
【大秦帝国】………………… 142
【秦岭镇】…………………… 142
【我的秦岭邻居】…………… 142
【秦岭七十二峪】…………… 142
【秦岭简史】………………… 142
【山本】……………………… 142
【对话】……………………… 142
【秦岭野生植物图鉴】……… 142
【地图上的秦岭】…………… 143
【秦岭昆虫志】……………… 143
【秦岭鸟类野外实习手册】… 143
【华夏龙脉·秦岭书系】…… 143
【道汇长安——秦岭古道文化地理之旅】
……………………………… 143
【天宝物华——秦岭自然地理概览】 143
【终南幽境——秦岭人文地理与宗教】143
【秦岭南坡考察手记】……… 143
【秦岭常见植物识别手册】… 143
【秦岭四库全书】…………… 144
【掌上秦岭口袋书系列】…… 144
【秦岭深处】………………… 144
【仰望太白山】……………… 144
【秦岭勉略构造带与中国大陆构造】… 144
【大秦岭纪事】……………… 144
【陕西旅游1000谜】………… 144

秦岭地方剧目

【秦腔】……………………… 144
【秦剧】……………………… 144
【陇剧】……………………… 145
【豫剧】……………………… 145
【汉剧】……………………… 145

【楚剧】……………………………………… 145
　　【川剧】……………………………………… 145
　　【徽剧】……………………………………… 145
　　【荆州花鼓戏】……………………………… 145
　　【黄梅戏】…………………………………… 146
　　【庐剧】……………………………………… 146
　　【眉户】……………………………………… 146
　　【长安道情】………………………………… 146
　　【商洛花鼓】………………………………… 146
　　【华阴老腔】………………………………… 146

秦岭旅游节会

　　【概述】……………………………………… 146
　　【华山论剑】………………………………… 147
　　【秦岭与黄河对话】………………………… 147
　　【中国秦岭生态文化旅游节】……………… 147
　　【安康龙舟节】……………………………… 147
　　【秦岭红叶节】……………………………… 147
　　【公祭伏羲大典】…………………………… 147
　　【公祭神农氏炎帝大典】…………………… 147
　　【甘南香巴拉旅游艺术节】………………… 147
　　【中国古凤州生态民俗文化旅游节】……… 147
　　【中国最美油菜花海汉中旅游文化节】…… 148
　　【宁强羌族文化旅游节】…………………… 148
　　【陕西汉文化旅游节】……………………… 148
　　【汉中（城固）柑橘旅游文化月】………… 148
　　【佛坪秦岭大熊猫文化旅游节】…………… 148
　　【留坝紫柏山登山节暨栈道漂流节】……… 148
　　【镇巴民歌文化旅游周】…………………… 148
　　【金丝峡红叶旅游节】……………………… 148
　　【中国秦岭金丝峡国际兰花节】…………… 148
　　【石泉旅游文化节】………………………… 149
　　【宁陕美食节】……………………………… 149
　　【大秦岭（宁陕）山地越野挑战赛】……… 149

　　【中国天水伏羲文化旅游节】……………… 149
　　【陇南康县乡村旅游节】…………………… 149
　　【陇南文县白马人民俗文化旅游节】……… 149
　　【中国乞巧文化旅游节】…………………… 149
　　【南阳诸葛亮文化旅游节】………………… 149
　　【老君山文化旅游节】……………………… 149
　　【伏牛山滑雪旅游节】……………………… 150
　　【武当山道教文化节】……………………… 150
　　【襄阳诸葛亮文化旅游节】………………… 150
　　【世界华人炎帝故里寻根节】……………… 150
　　【中国黄冈大别山旅游节】………………… 150
　　【大别山（六安）山水文化旅游节】……… 150

第七部分 秦岭旅游产业规模

　　【综述】……………………………………… 153

陕西省

　　西安市………………………………………… 153
　　渭南市………………………………………… 154
　　宝鸡市………………………………………… 154
　　汉中市………………………………………… 154
　　安康市………………………………………… 154
　　商洛市………………………………………… 154

甘肃省

　　定西市………………………………………… 155
　　天水市………………………………………… 155
　　陇南市………………………………………… 156
　　甘南藏族自治州……………………………… 156

河南省

　　洛阳市………………………………………… 157
　　三门峡市……………………………………… 157
　　南阳市………………………………………… 157
　　平顶山市……………………………………… 157

驻马店市 ·················· 158
信阳市 ····················· 158

湖北省

十堰市 ····················· 158
襄阳市 ····················· 159
随州市 ····················· 159
荆门市 ····················· 159
孝感市 ····················· 159
黄冈市 ····················· 159
武汉市 ····················· 160
宜昌市 ····················· 160
神农架区 ·················· 160

安徽省

六安市 ····················· 161
安庆市 ····················· 161
合肥市 ····················· 162

四川省

广元市 ····················· 162
巴中市 ····················· 162
达州市 ····················· 163
阿坝藏族羌族自治州 ········ 163

重庆市

开州区 ····················· 164
巫山县 ····················· 164
城口县 ····················· 164

第八部分 附录

中国秦岭地理范围科学考察研究报告 167
秦岭历史文化科学考察研究报告 …… 172
中华秦岭旅游科学考察与研究课题报 175
秦岭地区国家全域旅游示范区典型示范
模式 ························· 182
秦岭山系城市世界级/国家级非物质
文化遗产名录（2006—2020年）… 190
秦岭关联地区国家4A级以上旅游景区
列表 ························· 197
秦岭北麓陕西段72峪口名称及所在地
·································· 204

编后记 ···················· 205

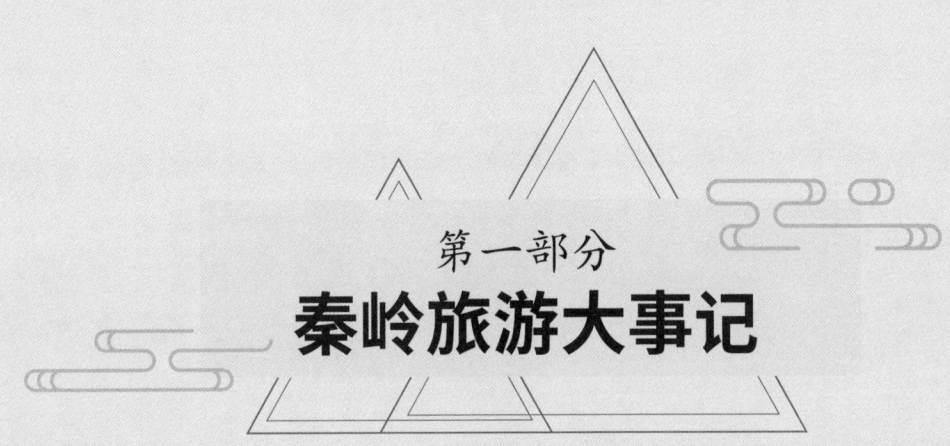

第一部分
秦岭旅游大事记

第一部分
秦岭旅游大事记

【综述】 秦岭旅游兴起于党的十一届三中全会确立的改革开放政策之后，经过40多年的发展，已经趋于成熟和繁荣，并形成了相对齐全的景观体系、服务体系、市场体系和保障机制。秦岭旅游大事记重点收录关联省（市）、地区、景区与秦岭旅游有关的重要政策、重大活动、重点项目、重要荣誉、重大市场互动项目，以及关联全局、山系的其他大事发生时间。由于首卷年鉴属于补救追记，时间跨度自1978—2020年，鉴于各地提供的资料不足，查阅史料有限，收编内容难免不够全面和广泛，但从已有大事记内容来看，已基本反映秦岭山系旅游从事业化起步到产业化发展的基本脉络。

1978—2019年

1978年12月18—22日 中国共产党第十一届三中全会确立了中国社会主义现代化建设和改革开放总方针。

1979年1月6日 邓小平发出"旅游事业大有文章可做，要突出地搞，加快地搞"的号召。

1982年11月8日 国务院颁布首批国家级风景名胜区名单，秦岭山系陕西华山风景名胜区、陕西临潼骊山风景名胜区、甘肃麦积山风景名胜区、河南鸡公山风景名胜区、湖北武当山风景名胜区、安徽天柱山风景名胜区获命名。

1988年3月22日 陕西省林业厅批准在眉县汤峪林场建立汤峪森林公园，成为陕西省秦岭首家国营林场转型森林公园的事业单位。

1991年6月10—11日 中共陕西省委书记张勃兴在宝鸡市眉县汤峪森林公园召开现场办公会，专题研究协调公园规划、建设等事项。

1991年7月7日 中共陕西省委书记张勃兴在西安主持眉县汤峪森林公园建设专题会议，副省长孙达人及省政府相关部门、宝鸡市委、市政府领导参加。

1991年8月20日 国家林业部批复，同意汤峪森林公园晋升为国家级森林公园，更名为陕西太白山国家森林公园。

1992年10月26日 第一届中国黄梅戏艺术节在安徽省安庆市举办。

1994年1月10日 国务院公布第三批国家重点风景名胜区名录，陕西省宝鸡市天台山风景名胜区获命名。

1994年12月15日 中国湖北武当山古建筑群被联合国教科文组织列入《世界文化遗产名录》。

1995年3月 国家旅游局发出《关于开展创建和评选中国优秀旅游城市活动的通知》，至2010年，全国337座城市通过验收和命名，秦岭山系关联的西安、洛阳、十堰、天水、广元等20余座城市获命名。

1996年4月10日 陕西华山北峰索道开通营运。

1999年9月18日 国务院公布了新的《全国年节及纪念日放假办法》，决定将春节、

"五一""十一"的休息时间与前后的双休日拼接，形成7天长假。

1999年10月12日　国家林业局批准"陕西太白国家森林公园"更名为"陕西太白山国家森林公园"。

1999年10月21日　陕西华山风景名胜区被中央文明办、建设部、国家旅游局授予第二批全国文明风景旅游区示范点称号。

2000年6月　陕西省首部"旅游服务热线"开通，《人民日报》等媒体新闻报道。

2000年8月18日　西（安）—（安）康铁路正式通车。

2000年10月2日　首届中国西安丝绸之路国际旅游节开幕。

2000年10月29日　包括西安野生动物园、秦岭植物园、园艺博览园在内的西安御苑工程在陕西省西安市长安区秦岭脚下举行奠基仪式。

2000年11月3日、12月12日　国家林业局、国家旅游局先后做出《关于开展向杨文洲同志学习活动的决定》，表彰太白山国家森林公园开拓者、管理处已故主任杨文洲先进事迹，国家旅游局组团在全国多地做巡回报告。

2001年1月　国家旅游局公布中国首批家4A级旅游景区。涉及秦岭范围的甘肃天水麦积山风景名胜区、陕西华山风景名胜区、临潼华清池、太白山国家森林公园、湖北武当山风景区等入围。

2001年1月8日　贯通秦岭主脊的终南山隧道开建。

2001年3月24日　鄂豫合作首趟"嵖岈号"旅游专列抵达驻马店，实现了"引客入豫"的突破性进展。

2002年4月　"跨越秦岭看陕西"大型新闻采风活动举行。

2002年4月28日　陕西省宝鸡市举办首届太白山旅游登山节。

2002年7月　陕西省金丝峡森林公园获批。

2002年5月17日　国务院公布第四批国家重点风景名胜区名单，河南省平顶山市伏牛山东麓的石人山风景区入围。

2003年7月9日　由世界自然基金会（WWF）秦岭保护与发展共进项目资助的《南太白山生态保护与旅游发展总体规划》通过专家评审。

2003年10月8日　金庸在华山北峰与天下高手"华山论剑"。

2004年1月13日　国务院公布第五批国家重点风景名胜区名单，四川省光雾山—诺水河风景名胜区、白龙湖风景名胜区入围。

2004年5月26日　由国家林业局、国家旅游局、陕西省政府主办的"关注森林、保护自然、改善环境、促进发展"第二届中国森林旅游博览会在秦岭主峰所在地宝鸡市举行。

2005年3月19日　"栾川模式"研讨会在北京钓鱼台国宾馆举行，总结推广秦岭伏牛山区域河南省洛阳市栾川县旅游发展经验，"栾川模式"成为全国县域旅游发展的典型经验之一。

2006年1月21日　安徽六安大别山革命历史博物馆开馆。

2006年4月22日　我国第一座乡土艺术馆——安庆皖江文化园建成并对外开放。

2006年4月24日　全国县域旅游经济发展论坛在河南省洛阳市栾川县举行，2006—2008年，先后连续举办三届。

2006年6月　河南省南阳伏牛山国家地质公园被联合国教科文组织列入世界地质公园。

2006年12月30日　国家体育总局与北京奥组委及11省区联合举办的"全民健身与奥运同行"2007全国群众迎新年健身登山活动——陕西宝鸡太白山分会场启动仪式举行，千名登山爱好者参与。

2007年1月20日　秦岭终南山隧道建成通车。

2007年5月　国家旅游局公布中国首批5A级旅游景区名单。全国66家5A级景区中，涉及秦岭的有甘肃省天水市麦积山风景名胜区、陕西省西安市华清池景区、重庆市巫山小三峡等。

2007年8月31日　鄂、豫、皖3省6市36县大别山红色旅游区域联合会议在安徽合肥召开。

2007年9月23日 穿越秦岭的第一条高速公路——陕西西（安）—汉（中）高速公路正式通车。

2007年9—11月 安徽旅游节在合肥市举办。

2007年11月6日 安徽省安庆市天柱山国家地质公园开园。

2008年6月2—5日 "丝绸之路"系列申报世界遗产国际协商会议在陕西省西安市召开。

2009年3月5日 陕西省岚皋特色生态旅游发展高峰论坛在国家旅游局举行。

2009年3月24日 世界银行贷款甘肃文化自然遗产保护与开发项目在麦积山风景名胜区正式启动。

2009年5月 国土资源部命名河南省伏牛山世界地质公园为全国第一批国土资源科普基地。

2009年6月3日 连接陕西省宝鸡市和甘肃省天水市的宝（鸡）—天（水）高速公路的麦积山特长隧道全线贯通。

2009年8月23日 陕西秦岭终南山地质公园被联合国教科文组织列入世界地质公园。

2009年9月26日 "人文陕西，山水秦岭"旅游形象口号在陕西第二届金秋旅游节上正式揭幕。

2009年12月28日 国务院公布第七批国家级风景名胜区名单，河南省南阳市桐柏山—淮河源风景名胜区入选。

2010年1月1日起，中央电视台（CCTV-10）《探索·发现》栏目首播由中共陕西省委宣传部等联合出品的《大秦岭》8集纪录片。

2010年1月22日 国家旅游局主办的《中国旅游报》与陕西省旅游局合作推出《聚焦秦岭》专版，此后半年共刊发24期，用20万字全方位解读秦岭风采。陕西西北旅游文化产业集团策划执行。

2010年1月30日 陕西西北旅游文化产业集团与商洛市旅游局签署城市旅游品牌包装推广协议书，3年推动全境秦岭商洛旅游突破发展。

2010年3月28日 国家高速公路网横向连接线十（堰）—天（水）高速公路开工建设，编号G7011，将连通秦岭南北天水市、陇南市、汉中市、安康市和十堰市。

2010年4月27日 秦岭生态旅游暨仙鹅湖国际论坛在陕西省商洛市举办。

2010年4月28日 第一个秦岭旅游营销大活动——"首届中国秦岭生态旅游节"在陕西省商洛市开幕。

2010年10月26日 中国黄冈大别山旅游节在湖北省黄冈举行。

2010年12月27日 中国秦岭生态旅游节在2010首届中国旅游节庆品牌峰会上获"2010年中国最具潜力的节庆品牌"。

2011年1月17日 陕西省渭南市华山风景区晋升为国家5A级旅游景区。

2011年3月4日 河南省洛阳市嵩县白云山景区、平顶山市鲁山县尧山风景名胜区晋升为国家5A级旅游景区。

2011年9月18日 安徽天柱山地质公园被联合国教科文组织列入世界地质公园。

2012年1月 河南省洛阳市栾川老君山—鸡冠洞旅游区、湖北省十堰市神农架生态旅游景区晋升为国家5A级旅游景区。

2012年8月25日 首届颍川河全国业余山地自行车邀请赛在甘肃省天水市麦积区颍川河流域举行。

2012年9月6日 安徽省六安市天堂寨景区晋升为国家5A级旅游景区。

2013年4月1日 华山西峰索道开通，结束了华山17年来只有一条索道的历史。

2013年4月25日《中华人民共和国旅游法》出台，旅游业从此走上法制化发展道路。秦岭山系旅游业开启了"以法兴旅"的新时代。

2013年5月19日 首届"秦岭与黄河对话"世界旅游日大型主题文化活动在陕西省西安市长安区境内的终南山翠华山天池畔举行。

2013年7月1日 陕西省政府印发《关于陕南突破发展的若干意见》，强调对汉中、安康、商洛3市旅游经济发展的综合指导，要求做强旅游特色，做大产业规模。

2013年7月12日 湖北省十堰市武当山风景名胜区晋升为国家5A级旅游景区。

2013年9月9日 湖北神农架国家地质公园被联合国教科文组织列入世界地质公园。

2013年10月30日 甘肃省第一部关于生态环境保护的地方性法规《甘肃省甘南藏族自治州生态环境保护条例》公布。

2014年1月1日 十（堰）—天（水）高速公路十堰段建成通车，此前安康至汉中段已于2010年12月26日通车，汉中至略阳段已于2011年12月25日通车。

2014年5月19日 陕西省宝鸡市太白山国际旅游度假区开园。著名作家王若冰所著的《仰望太白山》一书签名首发。

2014年5月19日 第二届"秦岭与黄河对话"在华山北峰举行。

2014年6月6日 中国首部国学修行剧《功夫诗·九卷》在洛阳国学剧院正式上演。

2014年6月22日 在卡塔尔多哈举行的第38届世界遗产大会上，中国、哈萨克斯坦、吉尔吉斯斯坦联合申报的"丝绸之路：长安—天山廊道路网"成功入选世界文化遗产名录。天水麦积山石窟、汉中张骞墓、三门峡市崤函古道石壕段遗址3处秦岭区域重点文物保护单位列入《世界文化遗产名录》。

2014年6月 河南省洛阳市被国家旅游局确定为第二批"全国旅游标准化示范城市"。

2014年8月1日 川、陕、甘3省毗邻城市（州）在甘肃省陇南市签署旅游合作协议，共同打造毗邻城市旅游经济圈。

2014年9月 首届西安丝绸之路国际旅游博览会在西安曲江国际会展中心举办，秦岭旅游备受关注。

2014年11月28日 河南省南阳市西峡伏牛山老界岭·恐龙遗迹园晋升为国家5A级旅游景区。

2014年12月26日 连接临夏回族自治州和甘南藏族自治州的高速公路建成通车。

2015年5月19日 第三届"秦岭与黄河对话"在韩城市司马迁祠举行。

2015年7月13日—8月10日 历史人文纪录片《麦积山石窟》在中央电视台综合频道《中华民族》栏目播出。

2015年7月27日 首届川、陕、甘区域旅游合作体创新发展试验区协作会在四川省广元市召开，提出建设川、陕、甘旅游合作体创新发展实验区，并发表《广元剑门关宣言》。

2015年8月 国家旅游局发出《关于开展"国家全域旅游示范区"创建工作的通知》，秦岭山系众多市县先后被列入创建单位名录，其中陕西省系全域创建单位之一。

2015年8月12日 陕西太白山天下索道开通运营并启动"三索联运"模式。

2015年10月9日 国家旅游局公布首批国家级旅游度假区，秦岭山系河南省尧山温泉旅游度假区、湖北武当太极湖旅游度假区获命名。

2015年10月15日 陕西商洛市金丝峡景区晋升为国家5A级旅游景区。

2015年11月 四川省旅游局更名为四川省旅游发展委员会。

2015年12月16日 陕西省旅游局牵头、金丝峡等陕豫鄂10家5A级景区成立5A级景区旅游联盟。

2016年1月 湖北省旅游局更名为湖北省旅游发展委员会。

2016年1月19日 在陕西省旅游局主办的全省旅游宣传品牌大赛中，作家王若冰《仰望太白山》图书获印刷类三等奖、《西北旅游》杂志获印刷类优秀奖、西北旅游文化研究院《父亲山对话母亲河》获影视类二等奖。

2016年3月 国务院批复甘肃省裕河省级自然保护区晋升国家级自然保护区。

2016年3月29日 四川省旅游局更名为四川省旅游发展委员会。

2016年4月18日 甘肃省旅游局更名为甘肃省旅游发展委员会。

2016年5月19日 第四届"秦岭与黄河对话"在秦岭主峰太白山景区举行。

2016年5月 西北旅游文化研究院编著

的《秦岭与黄河对话》一书由陕西旅游出版社出版。

2016年6月15—16日 巴基斯坦、阿富汗、乌克兰等10多个国家的驻华外交官、媒体记者及代表团在河南省洛阳市参加中华人民共和国外交部组织的"外交官重走丝绸之路"活动。

2016年6月21日 河南省第一家地质公园管理机构——伏牛山世界地质公园栾川园区管理处挂牌成立。

2016年8月 第二届全国乡村旅游与旅游扶贫工作推进大会在河北召开，金丝峡景区被评为"旅游扶贫景区带村示范项目"。

2016年10月31日 "推动《长恨歌》模式走出去战略合作协议签署仪式暨中国实景演出首批国家标准新闻发布会"在陕西省西安市华清宫景区举行。

2016年11月4日 陕西省宝鸡市太白山景区晋升为国家5A级旅游景区。

2017年3月29日 国务院发布第九批国家级风景名胜区名单，湖北省十堰市丹江口水库风景区、四川省米仓山大峡谷风景区获命名。

2017年4月1日 陕西省金丝峡景区灾后重建后开园。

2017年4月8日 中国农林卫视秦岭原乡行·相约金丝峡《醉美乡村大舞台》走进陕西省金丝峡景区。

2017年5月13—16日 首届冰雕艺术展在陕西省安康市宁陕县开幕，秦岭峡谷乐园获陕西省大学生素质教育基地授牌。

2017年5月19日 陕西省旅游局更名为陕西省旅游发展委员会。

2017年5月19日 第五届"秦岭与黄河对话"在陕西省商洛市塔云山景区举行。

2017年8月3日 国家旅游局正式确定陕西为全域旅游示范省创建单位。

2017年9月 安徽省旅游局更名为安徽省旅游发展委员会。

2017年10月1日 位于陕西省西安市周至县境内的秦岭国家植物园开园迎客，承载秦岭植物保护、研究、科普、利用四大功能。

2017年10月27日 首届秦岭论坛在陕西省渭南市华山风景名胜区举行。

2017年12月6日 西（安）—成（都）高速铁路正式开通运营，"蜀道难"成为历史。

2018年2月17日 西安市政府办公厅转发市秦岭办、市旅发委制定的《西安市秦岭生态保护区农家乐管理办法》，明确在禁止开发区、生态敏感区、生态脆弱区和地质灾害隐患点、威胁区域内停止一切建设和经营活动。

2018年2月22日 国家旅游局办公室下发《关于确定第四批全国旅游标准化试点单位名单的通知》，湖北省襄阳市为全国旅游标准化试点创建单位。

2018年4月17日 湖北黄冈大别山地质公园、四川光雾山—诺水河地质公园被联合国教科文组织列入世界地质公园。

2018年4月18日 联合国世界旅游组织荣誉秘书长弗朗西斯科·弗朗加利一行赴秦岭主峰太白山考察，并视察正在建设的西北旅游（太白山）创作中心。

2018年5月12日 陕西省人民政府发布《关于成立省全域旅游示范省创建工作领导小组的通知》（陕政字〔2018〕30号），决定成立陕西省全域旅游示范省创建工作领导小组。

2018年5月19日 第六届"秦岭与黄河对话"在西安昆明池举行。

2018年6月 河南小秦岭国家级自然保护区内两架红外相机分别拍到4张豹猫照片和豹猫围着大树行走的短视频，首次公布野生动物生存监测记录。

2018年6月7日 陕、甘、川全域旅游协作交流论坛在陕西省汉中市宁强县青木川景区举行。

2018年6月23日 世界旅游小姐年度皇后太白山直选赛在秦岭主峰太白山拉开帷幕。

2018年7月17日 首届渭水文化旅游节在甘肃省定西市渭河源景区开幕。

2018年8月21日 陕西省旅游发展委员会下发《关于规范秦岭地区农家乐（民宿）发展的指导意见》，引导秦岭区域农家乐（民宿）与生态环境保护和谐发展，推动乡村旅游提档升级。

2018年9月22—24日 首届中原文化旅游产业博览会在河南省洛阳会展中心举行。

2018年9月27日 陕西省金丝峡等一大批秦岭旅游地入选陕西省"醉美秋色"风景地名单。

2018年10月 中央电视台《焦点访谈》栏目以《走进恐龙的世界》为题，报道河南省南阳市西峡恐龙遗迹园探索文化产业发展新模式的经验。

2018年10月20日 甘肃省陇南市徽县金秋赏红叶文化旅游节暨"南秦岭"区域公共品牌发布会举行。

2018年10月24日 重庆市文化和旅游发展委员会成立。

2018年10月29日 大熊猫国家公园管理局在四川成都成立，公园地处秦岭、岷山、邛崃山、大小相岭山系，分为四川省、陕西省和甘肃省3个片区。

2018年10—11月 随着文化和旅游融合步伐的加快，甘肃、四川、陕西、湖北、河南、安徽6省相继成立省文化和旅游厅。

2018年12月26日 河南省首个高铁无轨站在洛阳市栾川县投入运营。

2018年12月27日 西（安）—十（堰）高铁开工。全长256.7千米，其中陕西省境内167.2千米，湖北省境内89.5千米，设计运营时速350千米。

2019年4月 河南省洛阳市栾川县龙峪湾森林公园获全国森林体验和森林养生国家重点建设基地称号。

2019年4月17日 联合国教科文组织执行局第206次会议在巴黎召开，批准伏牛山世界地质公园扩园申请。

2019年5月9日 陕西省旅游景区服务标准化技术委员会在安康市瀛湖成立。

2019年5月10日 首届全球文旅创作者大会在河南省信阳市举办。

2019年5月20日 第七届"秦岭与黄河对话"在陕北革命老区绥德县枣林坪镇上河源举行。

2019年6月22日 甘肃省天水市举办公祭中华人文始祖伏羲大典。

2019年8月30日 古凤州生态民俗文化旅游节暨江河源头对话在陕西省宝鸡市凤县开幕，并发布《江河文化旅游绿色发展宣言》。

2019年8月21日 安徽六安市大别山线路入选"国家森林步道"。

2019年10月20日 2019陕西秦岭红叶节在陕西省宝鸡市凤县开幕。

2019年10月25日 "绿水青山 红色六安"D3064次高铁冠名列车首发运行。

2019年12月15日 湖北十堰欢乐世界项目开工建设。

2019年12月31日 秦岭关联6省1市全年共接待游客约49.08亿人次，实现旅游总收入约47957.96亿元人民币。

2020年

1月5日 出彩中国年"春满中原 老家河南"主题系列活动在河南省启动。

1月7日 湖北省襄阳市古隆中景区晋升为国家5A级旅游景区。

1月23日 因新冠肺炎疫情影响，湖北省武汉市宣布封城，关联地区旅游活动全面停止。

1月24日 中华人民共和国文化和旅游部办公厅下发《关于全力做好新型冠状病毒感染的肺炎疫情防控工作暂停旅游企业经营活动的紧急通知》。

2月20日 湖北省所有A级旅游景区5年内对援鄂医疗队员免门票。

3月3日 四川省发布《全省公共文化场馆有序恢复开放工作指南》。

3月27日《河南省旅游条例》颁布，4月1日正式施行。

4月20日 中共中央总书记、国家主席、中央军委主席习近平在位于陕西省商洛市柞水县的秦岭牛背梁国家自然保护区考察秦岭生态保护情况，并作出重要指示。

4月24日 西北五省区及兵团文化和旅游厅（局）联合发布"丝绸之路·神奇西

北"100处摄影地推荐名单，秦岭山系10处以上最美风光入围。

5月19日 全国大学生游秦岭在陕西省商洛市金丝峡景区启动。

5月19—29日 西北旅游文化研究院与《中国秦岭旅游年鉴》编纂委员会举办"告诉世界一个大秦岭"专家讲座，国内近20名专家学者积极参与，形成广泛社会影响。

5月30日 《中国秦岭旅游年鉴》编纂专家研讨会在西安召开，首卷编纂工作正式启动。

6月8日 陕西省国家全域旅游示范区验收省级初审验收在商洛市商南县启动。

6月11日 四川省文化和旅游厅与东方演艺集团签订战略合作协议。

6月14日 湖北省省级公共文化场馆恢复开放。

7月10—22日 陕西、甘肃、四川、河南、安徽、重庆陆续恢复旅行社及在线旅游企业经营跨省（区市）团队旅游业务。

8月2日 甘肃省联合四川、重庆、陕西、宁夏、青海省文化和旅游部门，共同打造的"环西部火车游""1+5"跨省旅游合作新模式开启。

8月8日 甘肃省文化和旅游厅牵头组织的"环西部火车游"大型跨省宣传活动在穿越秦岭4省（市），联动宁夏、青海后圆满收官。

8月26日 历史上第一次探秘华夏祖脉、行走中央水塔、穿越中国南北、寻访人文胜迹的"丈量大秦岭"主题文化传播行动执委会宣布在9月27日"世界旅游日"盛大启动。

9月10日 甘肃省"一会一节"入选全国国内旅游宣传推广典型案例。

9月19日 湖北武汉开出疫后首趟旅游专列。

9月25日 参与"丈量大秦岭"主题文化传播行动的专家、学者及作家分别在西安和天水集中。

9月26日 "丝绸之路世界遗产对话"在麦积山举行，西北旅游文化研究院策划执行。

9月27日 世界旅游日"丈量大秦岭"主题文化传播活动在甘肃省天水市启动。

10月1日 "丈量大秦岭·向祖国问好"活动在湖北十堰丹江口水库举行。

10月1日 首届"月是秦岭圆"中秋联欢在河南南阳桐柏山下举行。

10月5日 "丈量大秦岭·自然与人文体验对话"在陕西太白山举行。

10月5日 由全国专家、学者、作家和各地文化人分别采集的"秦岭中央水塔"之江河水样首次在秦岭主峰太白山下展示，源自秦岭重点江河之水首次集中展示引发关注。

10月6日 历史上首次"丈量大秦岭"壮举在太白山收官，各领域专家20人10天行走4000千米，跨越5省21市69县，完成了对"秦岭边际线"的首次丈量，被誉为"凿空秦岭"。

10月15—18日 2020重庆国际文化旅游产业博览会在重庆国际博览中心举行。

10月20日 第三届世界古都论坛暨夏文化国际学术研讨会在河南省洛阳市开幕。

11月11日 "丈量大秦岭"专家团队经过27天深入讨论，依据"符合秦岭作为中国南北地质、地理、气候、人文、动植物和生态环境分界线的事实，以及北凉南暖、北旱南湿、北麦南稻等特点；符合太白山是秦岭主峰的广泛认知；尊重历史，兼顾民间认知；有相对明显的'地理界线'的原则"，第一次明晰了大秦岭的地理范围，为秦岭研究和文化传播作出了历史贡献。

11月13—14日 "2020世界旅游联盟·湘湖对话"活动上，重庆市正式加入世界旅游联盟。

11月17日 安徽文旅"好戏安庆"高铁专列冠名仪式在上海虹桥站举行。

12月12日 陕西省秦岭发展研究会在西安植物园主办大秦岭发展论坛·生态文明建设与秦岭发展趋势研讨会。

12月23日 西北旅游文化研究院与西安地图出版社签署协议，联合绘制首张秦岭区域图，编辑出版《中国秦岭旅游图》，正式把秦岭概念用地图形式呈现给世界。

12月25日 文化和旅游部、发改委、财

政部公布首批15家国家文化和旅游消费示范城市名单和首批60家国家文化和旅游消费试点城市名单。秦岭关联的洛阳市等列入首批国家文化和旅游消费示范城市名单；西安市等成为首批国家文化和旅游消费试点城市。

12月28日　文化和旅游部公布新一批国家级旅游度假区名单，陕西太白山温泉旅游度假区获命名。

12月29日　由中央电视台著名导演夏蒙总执导、著名作家王若冰总撰稿的12集大型人文地理纪录片《中华秦岭》创作研讨会在西安东狮影视文化传媒有限公司举行。

12月29日　文化和旅游部公布新一批国家5A级旅游景区名单。至2020年底，秦岭关联6省1市共有5A景区81家，其中秦岭山系范围14家。

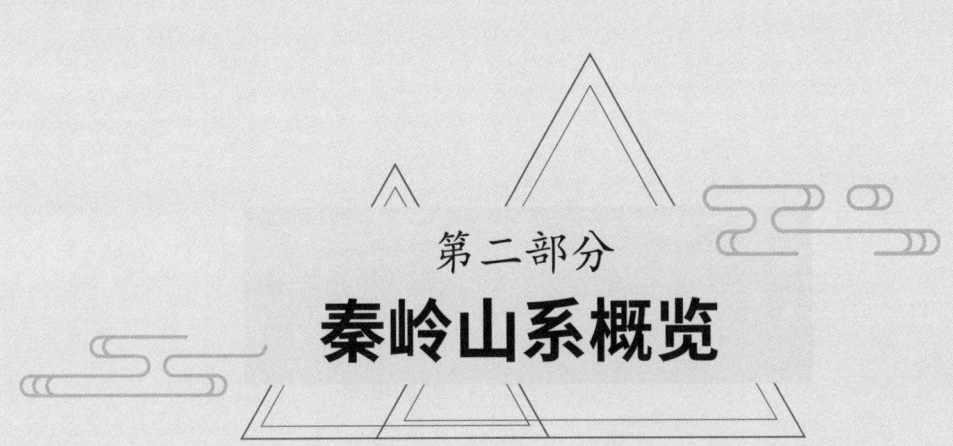

第二部分
秦岭山系概览

第二部分
秦岭山系概览

【综述】 秦岭是自西向东横亘于中国中部的巨大山系，山域范围涵盖陕西、甘肃、河南、四川、湖北、安徽、重庆6省1市关联地区，由东向西逐渐升高，东西绵延1496千米，南北跨度689千米，最宽处405千米，最窄处53千米，主峰太白山海拔3771.2米，是青藏高原以东中国大陆第一高峰。秦岭山系地理、气候差异明显，其庞大的山体对南来北往的气流形成天然隔阻，对中国南北自然地理、气候、动植物分布、农业生产都产生着重大影响，因而秦岭和与之平行的淮河一线就成为中国南北方自然地理的分界线。秦岭特殊的地理位置和地形地貌，造就了极其丰富的动植物资源，是中国重要的生态安全屏障，有"亚洲生物基因库"之美誉。秦岭山脉孕育的众多河流，不仅是长江、黄河的重要水源地，也是长江、黄河两大水系的分水岭。秦岭以南河流多称"江"，以北河流多称"河"。发源于秦岭的汉江、渭河、嘉陵江、丹江、洛河、淮河等为长江、黄河提供了充沛的水源，因此，秦岭也有中国的"中央水塔"之称。

秦岭山系灿若星海的历史文化遗存证明，秦岭是中华民族的摇篮和华夏文明重要发祥地，因此秦岭也被称为中华祖脉、中华民族父亲山，是中华文化的重要象征。

【地质简史】 地质学上，将横亘中国部的东西向巨型造山系称为昆仑－祁连－秦岭－苏鲁造山系，又称中央造山带。中央造山带西起帕米尔，向东经昆仑、祁连、秦岭、大别山，跨过郯庐断裂带，再经苏北－胶南地区，最东端到达朝鲜临津江。秦岭造山带位于中央造山带的中部，西起茶卡盐湖与昆仑造山带相接；东至郯庐大断裂带（再向东被郯庐大断裂带错动至山东半岛，称为苏鲁造山带），包括积石山、秦岭、大巴山、米仓山、大别山等地区。

秦岭造山带是华北和华南两大古板块碰撞、拼合的结果，是亚洲大陆上一条古老的造山带，从太古代至今，经过了30亿年的演化，地层出露齐全，岩浆活动和变质作用强烈，地质构造复杂，矿产资源丰富。

30亿—18亿年前的新太古代－古元古代，地球经过初始陆壳形成和克拉通化，古大陆裂解，古秦岭形成了洋陆间杂的多岛洋。

晋宁运动时期，中元代原始古大陆开始汇聚，12亿前全球形成了统一的超级大陆——罗迪尼亚大陆。7.5亿年前，罗迪尼亚大陆开始裂解，秦岭沿商南、丹凤、唐藏一线裂开形成原特提斯洋（秦岭洋）。

加时东运动时期，4.5亿年前的中奥陶世，扬子板块和华北板块沿商南、丹凤、唐藏一线开始汇聚，原特提斯洋趋向闭合，北秦岭上升为陆地遭受剥蚀，而南秦岭继续淹没于海水之中接受了古生代的海相沉积。4亿年前的中晚泥盆世开始，秦岭沿康县、略阳、勉县一带裂开形成勉略有限洋盆（为原特提斯洋的分支），并游离出秦岭微板块。

印支运动时期，2.40亿年前的中三叠世末，华北、扬子、秦岭3板块沿商南、丹凤、唐藏带和康县、略阳、勉县带向北俯冲并碰撞造山，秦岭洋和勉略洋闭合，海水向西南退出秦岭，大秦岭全部浮出海面，形成了秦岭俯冲碰撞造山带，造就了秦岭三块两带的基本构造格局（华北板块南缘、商丹板块对接带、秦岭微板块、勉略板块对接带、扬子板块北缘），随后又发生了一系列逆冲——推覆构造。

燕山运动时期，受太平洋板块向欧亚板块俯冲远程效应影响，亚洲陆内形成北东向的隆起带和沉降带，1亿－7000万年前（晚侏罗世到早白垩世），秦岭发生差异性升降，形成一系列山间断陷盆地。晚白垩纪以后到始新世中期（7000－5000万年前），秦岭经过风化、剥蚀成为准平原，秦岭北部西峡、山阳、商洛、凤县、两当等地形成白垩系－古近系山间湖盆；秦岭南部安康、汉中等地形成古近系－新近系山间湖盆。

喜山运动时期，受印度洋板块向亚洲板块俯冲推挤远程效应影响，从5000万年前的始新世以来，伴随着关中断陷，秦岭发生强烈的断块隆升，最终形成现今雄伟的身姿。

【地理范围】 经2020年历史上首次"丈量大秦岭"专家团队考察测定，采用30m分辨率的DEM，并结合带有地理信息注记的1∶7万的遥感影像作为制图底图数据。利用ArcGIS软件，提取DEM等高线。根据等高线与山体阴影，结合遥感影像中明显的地理实体勾绘大秦岭区域范围，从而计算得出大秦岭山域范围的重要数据。秦岭的地理范围为西界从甘肃省定西市渭源县会川镇沿洮河自北西向南东到岷县，再从岷县向南到四川省九寨县的白水江源头；南界沿白水江向东到四川省广元市，再沿大巴山南坡坡角线到湖北省荆门市，从荆门市沿大别山南坡坡角线向东到安徽省黄梅县与郯庐大断裂（带）相接；东界从安徽省黄梅县沿郯庐大断裂向北东过潜山市到庐江县；北界从安徽省庐江县沿大别山－秦岭北坡坡角线向北西过河南省信阳市到渑池县，从渑池县沿秦岭北坡坡角线过陕西省渭南市到宝鸡市，从宝鸡市沿渭河向西过甘肃省天水市到甘肃省渭源县会川镇。秦岭东西绵延1496千米、南北宽689千米，东西南北加东南、西南、东北、西北的边际线之和周长为4795千米，总面积约418662平方千米。

【气候特点】 秦岭－淮河一线作为中国南北气候、地理的重要分界线，以南称为南方，以北称为北方；秦岭以南属湿润温带季风气候，以北属半湿润亚热带季风气候；秦岭是800毫米等降水量线的界限，以南年降水量大于800毫米，以北年降水量小于800毫米；是中国1月0℃等温线的界限，以南1月平均气温在0℃以上，冬季基本不结冰；以北1月平均气温在0℃以下，冬季一般结冰；是中国重要的植物分界线，以南多为亚热带常绿阔叶林，以北多为温带落叶阔叶林；是中国旱作农业和水田农业的分界线，以南以水稻种植为主，以北以小麦种植为主。

秦岭山地对气流运行有明显阻滞作用。夏季使湿润的海洋气流不易深入西北，使北方气候干燥；冬季阻滞寒潮南侵，使汉中盆地、四川盆地少受冷空气侵袭。因此，秦岭也是中国亚热带与暖温带气候的分界线。

【动植物分布】 秦岭是中国重要的植物分界线，秦岭以南多为常绿阔叶林，土壤多酸性；秦岭以北多为落叶阔叶林，土壤富钙质。秦岭自西往东，随着气温和降雨量的上升，植物种类逐渐丰富。植物的多样性以及特殊复杂的地形地貌为各种动物的生存提供了良好的环境，秦岭成为各种动物生存繁衍的天堂，大家熟知的大熊猫、朱鹮、金丝猴、羚牛被誉为"秦岭四宝"，备受世人关注和喜爱。秦岭主峰太白山独特的自然环境孕育了多种多样的生物种群，有动物300多种，鸟类230多种，植物1900多种；同属秦岭范围的湖北省神农架自然保护区，有高等维管束植物3239种，野生兽类、鸟类、鱼类和两栖类动物493种，昆虫4143种；四川省米仓山国家级自然保护区为秦岭至大巴山的重要组成部分，据不完全统计，保护区内有维管束植物约2597种，动物中鱼类约70种、两栖类约32种、爬行类约31种、鸟类约241种、哺乳类约88种、脊椎动物约462种；位于河南省西南部的伏牛山为秦岭东段的支脉，据调查统计，伏牛山区维管束植物约有2879种，野生动物中兽类约有62种，鸟类约有213种，昆虫的种类则超过3000种。秦岭还是药用植物的富集地，仅主峰太白山的药用植物就有79科474种。《太白山本草志》收录中草药物1415种，涉及药源植物约1300种。

【历史文化】 秦岭是华夏民族的诞生地和华夏文明的发祥地之一。秦岭山系陕西省蓝田县上陈遗址表明，距今212万年前，这一区域已有人类活动的遗迹；湖北省十堰市郧县（现郧阳区）接连发现的猿人头骨化石和石器显示，距今100多万年以前，华夏先民已兼具直立人和早期智人特征；在河南省三门峡市仰韶村，由瑞典地质学家安特生开启的仰韶文化考古，发掘距今7000—5000年原始社会阶段遗址6000余处，秦岭范围内就多达4000处；陆续发掘的大地湾、马家窑、半坡村、姜寨、庙底沟等著名新石器遗址，都在秦岭地区内，其中包括中国最早的农作物标本、彩陶、文字雏形、地画、建筑、生活用品等。秦岭山区是我国新石器时代考古发掘遗存最集中和丰富的地区，也是包括盘古、伏羲、女娲、炎帝、黄帝等华夏创始神话和人物活动遗迹与传说故事最富集的区域。随着人类的起源、生活方式的进化、历史的变迁和社会文明的进步，秦岭记录了完整的中华民族史、中国发展史、文明进化史以及人与自然奋斗史，范围涉及人类、民族、军事、宗教、民俗、地质、地理、地名、气象、农业、工业、商业、文学、艺术、物质和非物质等各个领域的综合文化，因此，秦岭有着民族祖脉、华夏龙脉之称。

【旅游产业】 秦岭是中国乃至世界上旅游资源最富集的旅游名山之一。名山秀峰、江河湖泊、森林植被、古镇名村、宗教古刹、历史遗迹、建筑风物、民俗风情、风味特产等都是得天独厚的旅游资源。随着旅游业的发展，众多秦岭旅游资源经过规划开发，现在已经形成了各级各类风景名胜区、地质公园、森林公园、水利景区、文物遗址景区和工农业旅游点，与旅游关联的各类业态得到了快速发展，其中各具特色的县域旅游在推动县域经济转型升级、脱贫致富等方面发挥了重要作用。秦岭还是中国各类自然保护区最为集中的区域，随着秦岭国家公园建设步伐的加快，秦岭旅游资源在保护前提下的开发利用也将进入快车道。不远的将来，秦岭有望建成世界级的旅游体验和休闲度假目的地。

【行政区划】 根据秦岭地域范围课题研究成果显示，秦岭山系范围关联的陕西省、甘肃省、河南省、安徽省、湖北省、四川省和重庆市城市有32个，共涵盖159个县（区市）。

地级市（州）包括：陕西省西安市、宝鸡市、渭南市、汉中市、安康市、商洛市；甘肃省天水市、定西市、陇南市、甘南藏族自治州；河南省洛阳市、三门峡市、南阳市、信阳市、平顶山市、驻马店市；湖北省武汉市、十堰市、襄阳市、随州市、荆门市、孝感市、黄冈市、宜昌市、神农架区；安徽省合肥市、六安市、安庆市；四川省广元市、巴中市、达州市、阿坝藏族羌族自治州。

涵盖县级行政区包括：陕西省长安区、蓝田县、鄠邑区、周至县、灞桥区、临潼区、临渭区、华州区、华阴市、潼关县、渭滨区、金台区、陈仓区、凤县、太白县、眉县、洛南县、丹凤县、商南县、山阳县、柞水县、商州区、镇安县、佛坪县、留坝县、勉县、略阳县、汉台区、宁强县、南郑区、城固县、洋县、西乡县、镇巴县、紫阳县、石泉县、汉滨区、宁陕县、汉阴县、岚皋县、旬阳县、平利县、白河县、镇坪县；甘肃省临洮县、两当县、徽县、成县、康县、西和县、麦积区、秦州区、甘谷县、礼县、舟曲县、宕昌县、武山县、岷县、漳县、陇西县、渭源县、文县；河南省灵宝市、陕州区、湖滨区、洛宁县、卢氏县、栾川县、嵩县、伊川县、汝阳县、鲁山县、南召县、舞钢市、方城县、社旗县、卧龙区、宛城区、镇平县、内乡县、西峡县、淅川县、新野县、邓州市、遂平县、驿城区、唐河县、泌阳县、桐柏县、确山县、狮河区、罗山县、光山县、新县、商城县、叶县、宝丰县、石龙；湖北省巴东县、兴山县、丹江口市、房县、老河口市、竹山县、竹溪县、张湾区、郧阳区、郧西县、茅箭区、谷城县、保康县、南漳县、远安县、东宝县、钟祥市、宜城市、襄城县、樊城区、襄州区、随县、曾都区、枣阳市、京山市、广水市、大悟县、红安县、麻城市、罗田县、英山县、孝昌县、新洲区、黄陂区、团风县、浠水县、蕲春县、黄梅县；安徽省金寨县、霍山县、舒城县、桐城市、岳西县、潜山市、太湖市、金安区、裕安区、宿松县、庐江县；四川省九寨沟县、青川县、旺苍县、朝天区、南江县、通江县、万源市、宣汉县；重庆市开州区、巫溪县、巫山县、城口县。

名山秀峰

【概述】　秦岭作为中国东西走向的巨大山系，包括终南山、大巴山、伏牛山、大别山、武当山等众多山脉，层峦叠嶂间名山秀峰林立，蕴藏着极其丰富的文化旅游资源，总体构成了生态环境良好、自然风光秀丽、旅游观赏性强、保护利用价值极高的秦岭生态和景观体系。

【鸟鼠山】　位于甘肃省定西市渭源县城西南8千米处，海拔2423米，是渭水发源地，属西秦岭山脉的西延部分。从渭水发源地域的意义上来说，鸟鼠山还包括渭水三源的其他山峰。鸟鼠山是中国文献记载最早的名山之一，《山海经》称"鸟鼠同穴山，渭水出焉"。

【朱圉山】　位于甘肃省天水市甘谷县。为秦岭支脉，层峦叠嶂，连峰耸峙。极峰为石鼓，其脉北过艾家川，又拔地亘为十八盘，至古坡头分东、西、中三梁，蜿蜒北衍，绵亘渭南。西梁北尽处为天马山，中岭北尽处为旗鼓山，东岭北尽处为天门山。有石鼓山、碧云山、飞来山、龙台山等20多个山峰。

【齐寿山】　位于甘肃省天水市秦州区东南30千米处，海拔1951米，是西汉水之源头，也是当地长江、黄河之分水岭。有"齐寿山不大不小，压着三江河垴"之说法。

【麦积山】　位于甘肃省天水市麦积区，是小陇山中的一座孤峰，因山形酷似麦垛而得名。每当阴雨霏霏或雨后初晴，麦积奇峰时隐时现，呈现出秦州八景之首的"麦积烟雨"。麦积山石窟是中国"四大石窟"之一。

【米仓山】　位于四川省和陕西省结合部。西接摩天岭，东接大巴山（狭义的）。为汉江、嘉陵江分水岭。古米仓道经此。米仓山为秦岭山系大巴山的一段。在陕西安康紫阳县任河以西称米仓山，以东为狭义的大巴山。米仓山自西北向东南延伸于川陕边界，海拔1500～2000米。

【大巴山】　是四川省与陕西省界山。东端延伸至湖北省西部，与神农架、巫山相连；西与摩天岭相接；北以汉江谷地为界。西北—东南走向。山峰大部分海拔在2000米以上。

【太白山】　位于陕西省太白县、眉县、周至县境内，最高峰拔仙台海拔3771.2米，是秦岭主峰，中国大陆东部最高峰。夏商称惇物山，周称太乙山，《史记》中称岳山，魏晋始称太白山。山地土壤、植被、气候垂直带谱复杂，分带明显，林木茂盛。太白山曾多次受到第四纪古冰川的作用，海拔3000米以上古冰川遗迹保存较好，有角峰、刃脊、冰斗、冰斗湖、槽谷、冰蚀湖、冰碛湖、终碛堤等多种形态。

【终南山】 位于陕西省境内秦岭山脉中段，东起西安市蓝田县东，西至周至县西界，主峰海拔2604米，是道教主流全真派圣地，又名太乙山、地肺山、中南山、周南山，简称南山。包括圭峰山、南五台、翠华山等。唐代官绅多在此建有别墅，其中以王维的辋川别墅最负盛名。王维所作的优美山水诗大多是描写此处景色。山中分布有明清以来建造的太乙宫、老君庵等大小庙宇40余处。

【骊山】 位于陕西省西安市临潼区南，海拔900～1000米，最高处海拔1302米，为秦岭北侧断块山地，顶部多有基岩出露，周围有黄土及松散物覆盖。北坡林木苍翠，有烽火台、老君庙、老母殿、兵谏亭、华清宫等名胜古迹。"骊山晚照"为长安八景之一，为中国著名旅游地。

【紫柏山】 又称紫柏坡，位于陕西省宝鸡市凤县东南与汉中市留坝县交界处，最高点海拔2610米，秦岭高峰之一。山体近似东西向延伸约20千米，石质山地，留坝县有最高点。有松、栎、漆、杨林，主要分布在南坡及东部，山顶部为草甸，并有古喀斯特洼地、漏斗，东部山脚下有张良庙，风景优美，建筑秀丽。

【华山】 又称惇物山，古称"西岳"，为中国著名的五岳之一，位于陕西省渭南市华阴市，西距西安市120千米，最高处海拔2160米，为秦岭东段高峰之一，有南、西、北、东、中五峰，又称太华山。华山奇峰突兀，气势磅礴，自古以奇险峻拔著称于世。华山是道教主流全真派圣地。其中，玉泉院、都龙庙、东道院、镇岳宫被列为全国重点道教宫观。

【天竺山】 又名天柱山，位于陕西省山阳县城东南部的鹘岭以南，郧岭以北，所属秦岭东段鹘岭山脉，周长65千米，最高海拔2074.4米。主峰有北峰大顶山、东峰铁钟坪、南峰虹池梁、西峰松树荡等。峰峦叠嶂，奇峰林立，山势陡峭，风光秀丽。

【化龙山】 位于陕西省安康市镇坪县和平利县，南接重庆，东邻湖北，是大巴山第二高峰，陕南汉江以南第一高峰，主峰海拔2918米。原始森林茂密，山地立体气候明显，建有陕西化龙山国家级自然保护区。

【南宫山】 又名笔架山，有巴山深处罕见的古冰川及火山遗址，位于陕西省安康市岚皋县东部，由二郎坪、金顶、火山岩、高山栎、莲花寨5大景区组成。南宫山，系大巴山北坡化龙山支脉余脉，最高海拔2267.4米。北宋靖康年间（1126—1127），朝廷在此修建行宫，名曰"南宫"，遂有"南宫山"之称，至清代逐渐演变成佛教圣地。

【熊耳山】 为秦岭东段较大山脉之一。位于河南省西北部洛河与伊河之间，西起卢氏县，南接伏牛山系，北邻崤山，含全宝山（主峰）、花果山、鹰嘴山等，东西长约150千米，自古为道教圣地、中原名山。

【全宝山】 位于河南省洛阳市洛宁县兴华乡西南部，秦岭支脉熊耳山北坡，东西长16.8千米，南北宽约9千米，主峰海拔2130.2米，是河南第三高峰。面积41.05平方千米，森林覆盖率98.4%，年平均气温10℃。

【小秦岭】 主要分布在豫西灵宝市境，是陕西华山山脉向东延伸部分，横跨陕西与河南两省，东据崤函，西临潼关。走向近东西，长40多千米，南北两侧均以大断裂与盆地相接，山势高峻雄伟，海拔多在2000米以上，向东渐低。为河南省最高山脉。小秦岭以其丰富的旅游资源、厚重的文化积淀，成为河南省"三点

（郑汴洛）一线（黄河）"旅游热线中的重要组成部分。

【伏牛山】 是河南省西南部山脉。东南与南阳市的桐柏山相接，为秦岭东段支脉。西北－东南走向，长约400千米，为淮河与汉江分水岭。平均海拔1000米左右，三大主峰为鸡角尖、玉皇顶、老君山，其中鸡角尖海拔2222.5米，是伏牛山最高峰。伏牛山是著名暴雨区，1975年8月上旬，河南省驻马店市泌阳县林庄最大日降水量1005毫米，河南省南阳市方城县郭村最大日降水量999毫米。

【老君山】 老君山又名景室山，位于河南省洛阳市栾川县城郊，是秦岭余脉伏牛山的主峰，海拔2217米。因道教始祖老子归隐修炼于此而得名。自古被尊为天下名山，道教圣地，有"中州地区天然动植物种质基因库"之美誉，号称洛阳的"避暑山庄"，为栾川八大景观之首，被誉为"君山奇景"。

【桐柏山】 位于河南省、湖北省交界地区，其主脊北侧大部在河南省境内，为秦岭向大别山的过渡地带，属淮阳山脉西段。狭义的桐柏山指桐柏县南以太白顶为中心的地区，广义的桐柏山，或称桐柏山脉，指起于南阳盆地东缘，东南至武胜关，西南至湖北的广水、随州、枣阳市一线的广大山地，东与大别山相接。山脉呈西北－东南走向，长120余千米，海拔多在400～800米。其中，淮河发源于主峰太白顶北麓。

【武当山】 武当山，中国道教圣地，又名太和山、谢罗山、参上山、仙室山，古有"太岳""玄岳""大岳"之称。位于湖北省西北部十堰市丹江口市。东接襄阳市，西靠十堰市，南望神农架，北临南水北调中线源头丹江口水库，是自然景观和人文景观完美结合的一座名山。以其绚丽多姿的自然景观、规模宏大的古建筑群、源远流长的道教文化、博大精深的武当武术著称于世。

【大别山】 位于安徽省、湖北省、河南省交界处，西接桐柏山，东延为霍山（也称皖山）和张八岭，东西绵延约380千米，南北宽约175千米。大别山山地主要部分海拔1500米左右，是长江与淮河的分水岭。主峰白马尖（海拔1777米），位于安徽省六安市霍山县境内。大别山是著名的革命老区之一，土地革命战争时期全国第二大革命根据地——鄂豫皖革命根据地的中心区域。

【大别山诸峰】 位于华东皖、鄂、豫交会的大别山峰有白马尖（海拔1777米）、多云尖（海拔1763米）、天河尖（海拔1755米）、英山尖（海拔1123米）、天柱山（海拔1488.4米）、天堂寨（海拔1729.13米）、大同尖（海拔1698米）、黄柏山（海拔1800米）、大崎山（海拔1040.8米）、金寨天堂寨（海拔1729米）、三角山（海拔1055米）、龟峰山（海拔1320米），均已开发成著名旅游景区，其中天堂寨分别开发的湖北罗田天堂寨和安徽金寨天堂均为国家5A级旅游区。

重 要 江 河

【概述】 秦岭是中国重要的水源涵养地，习近平总书记将秦岭比喻为"我国的中央水塔"。秦岭阻挡了北方寒潮的南侵，也阻挡东南湿润气流北移。寒冷与湿润相融使富含水分的气流凝结，形成了秦岭南坡降雨量大的特点，充足的降雨为秦岭提供了丰富的水资源。秦岭是黄河、长江的重要水源补给区。秦岭南坡有嘉陵江、汉江、丹江发源地；北麓有渭河、淮河、洛河发源地；近邻有洮河、白龙江等江河源出，在秦岭山系汇水，他们连同汇聚着秦岭山区千万江河溪流，为长江、黄河源源不断地提供着补给，泽被着中华大地。

【汉江】 长江最大的一级支流，在历史上占据着重要地位，常与长江、淮河、黄河并列，合称"江淮河汉"。在源地名漾水，流经沔县（现勉县）称沔水，东流至汉中始称汉水，自安康至丹江口段古称沧浪水，襄阳以下别名襄江、襄水。全长1577千米，其中陕西境内干流长657千米，湖北境内长920千米，总落差1964米。汉江干流发源于陕西省境秦岭南麓，有北、中、南三源：漾水为中源，沮水为北源，玉带河为南源。漾水，源出陕西省汉中市宁强县北嶓冢山，亦曰东汉水。北岸支流源于秦岭南坡，主要支流有沮水、褒河、湑水河、酉水河、金水河、子午河、月河、旬河、蜀河及金钱河等，南岸支流源于大巴山北坡，主要支流有玉带河、漾家河、冷水河、南沙河、牧马河、任河、岚河及坝河。

【嘉陵江】 发源于陕西省宝鸡市凤县代王山。长江上游支流，因流经陕西凤县东北嘉陵谷而得名。干流流经陕西省、甘肃省、四川省、重庆市，在重庆市朝天门汇入长江。主要支流有八渡河、西汉水、白龙江、渠江、涪江等。全长1345千米，流域面积3.92万平方千米，是长江支流中流域面积最大，长度仅次于雅砻江，流量仅次于岷江的大河。在陕西境内属河流上游段，长244千米，流域面积9930平方千米。甘肃省境内，古称西汉水；在四川省境内和重庆市接纳白龙江、渠江、涪江等，于重庆市朝天门注入长江。在重庆市境内，嘉陵江古称"渝水"，故重庆又简称"渝"。

【玉带河】 古称沔水，又名南河，是中国长江支流汉江的源头，发源于宁强县西北箭竹岭水池垭。玉带河呈"V"型展布于宁强县东部，水资源比较丰富，历史上建有许多水利工程，是宁强县主要的水资源来源。流域内以汉江源为主题的旅游资源相当知名。干流长87.5千米，流域面积1022.8平方千米。

【沮水】 因"初出沮洳然"（《水经注》引阚骃语）而得名，历史上称其为汉水古北源。发源于秦岭山脉南麓陕西省留坝县与凤县交界处的紫柏山，海拔2610米，南麓黄花坪，西南流入勉县张家河、纳入庙河和冷峪河后入略阳县两河口，继续南流至黑河坝流入留白河。白河汇入后转东南复入勉县境，至沮水新铺坝注入汉水，为汉江上游流量最大、源头最远之支流。沮水全长130千米，流域面积1747平方千米。

【漾家河】 发源于南郑县米仓山的熊头岩，海拔2168米，向北经由云河、钢厂、大河坝、小河庙、阜川、元墩汇集，走到罗家营时它转身向东北方向流过高山、浅山、丘陵、平川，在温泉镇汇入汉江。漾家河滋养着两岸的土地和生灵，被两岸的人们称其为养家河。

【褒河】 为长江支流汉江上游左岸较大支流，位于陕西西南，地跨宝鸡、汉中两地市的太白县、凤县、留坝县、勉县、汉中市汉台区5个县（市）。东西二源均出秦岭南麓，两源在留坝县江西营村汇合，过马道后叫褒河，最后于汉中市凤台区梧凤乡孤山村汇入汉江。褒河纳大小支流36条，河系上宽下窄。主要支流有沙子河、武官河、太白河、杨家河等，也是古代蜀道褒斜道的一部分。全长175.5千米，流域面积3908平方千米。

【濂水河】 古名廉泉、廉水。《水经注·沔水》载："廉水出巴岭山，北流迳廉川，故水得其名。"发源于汉中南郑区红庙镇南部的石人山下，向北流经红庙镇、濂水镇、两河镇、新集镇、高台镇、阳春镇、梁山镇，在南郑城区石嘴子汇入汉江。河长70.1千米，流域面积131.3平方千米。

【渭水河】 发源于秦岭南坡光头山，海拔2638米，沿秦岭南坡脚西北而流，于青龙寨出周至县入太白县，后南折流经城固县汇入汉江。为汉江支流，河源于秦岭南坡光头山，海拔2638米，沿秦岭南坡脚西北而流，于青龙寨出周至县入太白县，后南折流经城固县汇入汉江。周至境内河长21千米，流域面积131.3平方千米。

【子午河】 汉江左岸支流，发源于宁陕县秦岭东梁南麓，流经宁陕县、佛坪县、石泉县、洋县，河口为洋县黄金峡镇白沙渡，集水面积3028平方千米，干流长153.8千米。

【牧马河】 长江支流汉江上游右岸支流，又名西乡河、木马河，相传源头因曾有木马城而得名。源于城固、南郑、西乡3县交界处米仓山北麓的白熊山老鹰崖，大致东向流经城固县、西乡县，在西乡城南三花石乡回龙湾汇入汉江。全河干流长122.7千米，牧马河纳大小支流50余条，集水面积2807平方千米。

【池河】 古称池水。淮河支流，源出定远县西北大金山东麓，流经定远县、明光市，于苏皖交界的洪山头注入淮河。池河是定远县、明光市重要的水上通道和灌溉水源，历史上水运发达，形成了明光镇、三和集镇、池河镇等商贸集镇。全长245千米，总流域面积为4215平方千米。

【任河】 汉江上游最大的支流，源于重庆市城口、巫溪县同陕西省安康市镇坪县交界处的大燕山（古名万倾山），向北西流经重庆市城口县、四川省万源市、陕西省紫阳县，在紫阳县汇入汉江。全长211.4千米，流域面积4871平方千米。

【岚河】 《水经注》称为岚谷，源于陕西省安康市平利县八仙镇龙山村的山涧，由龙洞河、正阳河、让河、洋溪河、蔺河、四季河和小香河等支流汇聚而成，从平利经岚皋流至汉滨，最终注入汉江。全长144千米，流域面积2125平方千米。

【月河】 也称越河，形似弯月，故得名月河，长江支流汉江的北岸支流。发源于安康市汉阴县凤凰山主峰铁瓦殿北麓，流经安康市的汉阴县、汉滨区，在汉滨区建民镇(原青峰乡)许家台注入汉江。全长95.2千米，流域面积2830平方千米。

【黄洋河】 位于陕西省东南部，汉江一级支流。发源于安康市平利县洛河镇凤凰山龙须垭，自南向北到安康市汉滨区张滩镇奠安塔注入汉江。黄洋河汇集清水河、凡溪河、洛河、丰河、南坪河、线河、淑河、菜溪河、湖河、县河等12条支流，自南向北流经平利县、汉滨区6镇。全长126千米，流域面积964平方千米。

【坝河】 古称巴河，为汉江一级支流。发源于陕南大巴山屋脊化龙山，出八道，经广佛寺，穿过古城平利后，一路飞流到伏羲文化遗址的汉滨区坝河镇，在这里绕了个漂亮的"U"型，留下一块百亩大的坝子后，经旬阳注入长江最大支流汉江，从而完成了大巴山的艰难历程。全长128.2千米，流域面积1296平方千米。

【旬河】 古称旬水，长江支流汉江的左岸支流。位于陕西省商洛市西南部和安康市东北部，源出西安市长安区西南角麦秸磊东南侧的甘沟脑，上源称沙沟河；西南流经宁陕县、镇安县、旬阳县，在县城东南面注入汉江。旬河是汉江上游长度仅次于任河的一条大支流，全长218千米，集水面积6307平方千米，共有支流42条。

【金钱河】 原名"甲水"，长江水系汉江支流。源于陕西省柞水县金井河，流经柞水县、山阳县，入湖北省郧西县夹河镇，在夹河镇与汉江交汇。主要支流有色河、西河、箭河、唐家河等。金钱河水质较好，是柞水、山阳县的灌溉水源。金钱河谷是陕南南下湖北的通道，漫川关正当两省交界之关隘。全长245.7千米，流域面积5650平方千米。

【丹江】 俗称丹河，又称均水，亦称丹渊，发源于陕西省西安市蓝田县与商洛市商州区之间分水岭西南侧，与渭水支流灞河同源而背流。流经陕西省、河南省、湖北省，在湖北省丹江口市与汉江交汇，注入丹江口水库。丹江是长江水系一级支流汉江的支流，是汉江在秦岭南坡最大的一条支流。在陕西省境又名州河，河南省淅川县境又名淅江，湖北省丹江口市段旧称均水。全长390千米，流域面积17300平方千米，占汉江流域总面积的10%。

【唐白河】 唐河与白河的合称，源出河南省南阳市方城县伏牛山唐河和源出河南嵩县白河镇，流至湖北襄阳市襄州区双沟镇汇合而成。至襄阳市襄州区东津镇注入干流。以白河为源，全长312千米（唐白河口至白河源），流域面积24500平方千米，多年平均流量182立方米/秒，自然落差1226米。是汉江水系中流域面积最大的一条支流域。

【堵河】 又名武陵水，亦名庸水、陡河，为汉江第三大支流，有两源：南源出自湖北省神农架东北麓，北流至官渡镇称官渡河，至竹山县两河口汇合西源；西源出自陕西省与四川省之间大巴山东南麓，南流称平溪河，过镇坪县称南江，进入湖北省十堰市竹溪县称汇湾河，与南源汇合后始称堵河。干流经竹山、房县、十堰市，至西流镇入汉水。主要支流有潭口河、苦桃河、北星河、官渡河、泉河、竹溪河等。西源为干流，全长约342千米，流域面积12431平方千米。

【南河】 又名粉水。南源为湖北神农架阳日湾的粉清河，北源为武当山的马栏河，流经保康县珠藏洞汇流南河，由东庄峪入谷城县，经县城至格垒嘴入汉水。全长30多千米，清澈见底，纯净无瑕。

【北河】 北河发源于湖北省十堰市房县，经由紫金镇彦家洲村，至北河镇安家岗村注入汉水。

【蛮河】 古称夷水，也称堰河。蛮河发源于保康布峪与北支王河在南漳武安堰西汇合，全长155千米，流域面积3086平方千米，流经南漳县长坪、李庙、城关、武镇，宜城市雷河、璞河，钟祥市藻湖、长岗、潘家咀、芝麻滩，在钟祥市关家山汇入汉江。

【浠水】 长江在浠水县境内长42.5千米。境内有浠水、巴水、蕲水、策湖、望天湖五大水系，小大支流50余条，其中注入长江的有浠水、巴水、蕲水三大水系。最长的河流是浠水，上接白莲河水库，下至兰溪入长江，境内72.5千米，流域面积816.5平方千米。

【蕲河】 又名蕲水，属黄冈境内五水之一。蕲河发源于蕲北大别山深处的四流山，自东北向西南流贯全县，最后注入长江。长117.8千米，接纳大小支流550条，蕲河流域面积1983平方千米，其中属浠水县境171平方千米，属蕲春县境1812平方千米，占全县总面积75.5%。

【大悟河】 湖北省孝感市大悟县境内的一条河流。系大悟县3条主要河流之一(大悟河、滠水河、竹竿河)。流域面积在200平方千米。大悟河是澴河主要之流之一。发源于河南省罗山县与湖北省大悟县接壤的灵山。全长87千米，流经大悟县全境。

【滠水河】 长江支流，发源于湖北省大悟县三角山，流经孝感市大悟县、黄冈市红安县和武汉市黄陂区三地，全长142.14千米，流域面积2312平方千米，黄陂区境内流域面积1700余平方千米。滠水河黄陂段长约90千米，年入江水量达10.9亿立方米。大小支流51条。全流域呈长方形，上中段为丘陵区和少量低山区，水能资源主要在上段干支流上。

【淮河】 古称淮水，与长江、黄河和济水并称"四渎"，是中国七大江河之一。发源于河南省南阳市桐柏县西部的桐柏山主峰太白顶西北侧河谷。干流流经河南、安徽、江苏3省，淮河干流可以分为上游、中游、下游三部分，全长约1000千米，流域面积为16.46万平方千米。

【洪河】 淮河支流，发源于伏牛山南部的河南省舞钢市，流经漯河市舞阳县，驻马店市西平县、上蔡县、平舆县，在新蔡县的班台(顿岗乡班台村)与主要支流汝河汇合。班台以下分为洪河和洪河分洪道两股，流经淮滨县、安徽省阜南县，在豫、皖二省边界阜南县王家坝附近的洪河口注入淮河。洪河全长455千米，流域面积为12303平方千米。

【沙河】 发源于河南省鲁山县伏牛山的木达岭，流经平顶山市区、叶县、舞阳县、漯河市、西华县、商水县至周口市西汇入颍河。全长322千米，流域面积12580平方千米。

【史河】 古名决水，淮河南岸I级支流，发源于安徽省金寨县大别山北麓，豫皖交会的伏牛岭，流经安徽省金寨、霍邱县和河南省固始县，至三河尖入淮河。全长约220千米，流域面积6889平方千米。

【潢河】 淮河上游重要支流，流经河南省东南部。发源于新县万子山，向北贯穿光山县，在潢川县至踅孜镇两河村入淮河。潢河全长140千米，流域面积2400平方千米，潢水流域是沿淮平原的"鱼米之乡"。

【汝河】 为古汝水在元代截流后下游演变而来，故也称南汝河，而原上游段演变为现代沙颍河支流，称北汝河，是淮河支流洪河的重要支流，发源于河南省泌阳县五峰山，流经遂平县、汝南县、平舆县、正阳县、新蔡县班台与小洪河汇流入大洪河。与洪河相汇前河长222.5千米，流域面积7376平方千米，除西部为山区外，其他均为平原。

【渭河】 古称渭水，是黄河的最大支流。发源于甘肃省定西市渭源县鸟鼠山，主要流经今甘肃省天水市，陕西省关中平原的宝鸡、咸阳、西安、渭南等地，至渭南市潼关县汇入黄河。渭河南有东西走向的秦岭横亘，北有六盘山屏障。渭河流域可分为东西二部：西为黄土丘陵沟壑区，东为关中平原区。渭河干流，横跨甘肃东部和陕西中部。全长818千米，流域总面积13.4766万平方千米。渭河多年平均径流量75.7亿立方米，陕西境内53.8亿立方米。

【秦祁河】 黄河支流渭河的支流，原名乩羊河，源出临洮县东北部胡麻岭梁南麓，向南流经渭源县，陇西县，至匜羊口入渭河。全长64.9千米。是典型的黄土高原河流，水量季节性强，水土流失严重。

【咸河】　上游叫漫洼沟，中游称秦祁河，渭源河北寨乡以下名为咸河。源漫洼乡北部胡麻岭南坡上庄西北部，纵贯漫洼乡南北，在丁家岔西部流出临洮境内，进入渭源县，在渭源县后川西南流出，进入陇西县。在双泉乡东南注入渭河，流域跨越三县，全长64.9千米，在陇西县境内长12.5千米，在渭源县境内长38.2千米，在临洮县境内长14.2千米。

【榜沙河】　榜沙河为渭河支流，流域在甘肃省中部的岷县、漳县、武山县、陇西县。源于岷县眼峨山北麓黄山梁，北流至武山县鸳鸯镇东注入渭河。全长102.6千米，流域面积3597平方千米。由南向北，为武山与漳县界河。

【散渡河】　散渡河是渭河的主要支流之一，其发源于华家岭牛营大山。通渭县以上叫牛谷河，河源地势海拔2510米，河长1415千米，总落差1247米，河道平均比降0.579%，集水面积2485平方千米，于甘肃省甘谷县渭阳乡大王庄汇入渭河。散渡河平常流量并不大，夏季雷暴雨过后，其流量突然增大，以极快的速度从上游黄土高原中穿梭的散渡河冲流向下游，河流的冲击力极强。河床在每次大洪水过后改移，两岸形成四五十米的高大黄土悬崖，并伴随有坍塌。

【耤河】　古名洋水，又名乌油江，发源于甘肃省天水市秦州区和甘谷县交界处的龙台山景东梁东麓，东流经天水市城区，至麦积区北道埠峡口汇入渭河。耤河从何时起便不称洋水与乌油江，而改称"耤（xī）河"，不得而知。从地理民俗的角度考察，耤河的两支源在市区西边的山口（西口）处交汇以后，人们就顺口将其称作"耤河"。

【黑河】　古称芒水，以其出秦岭芒谷而得名；又因其水色黑，故称黑河。渭河右岸支流，流域全在周至县境内。黑河源于秦岭太白山国家自然保护区，流域面积2258平方千米，干流全长125千米，由100余条溪流汇聚成河，峪口以上流域年均径流量6.7亿立方米，水源充沛，水质清纯，为西安市重要水源地。

【沣河】　古称丰水，发源于秦岭北麓的西安市长安区沣峪，流至咸阳市汇入渭河，全长82千米，总流域面积1460平方千米，是渭河的最大支流和著名的"长安八水"之一。

【灞河】　黄河支流渭河的支流，古名滋水，全长109千米，流域面积2581平方千米，发源于秦岭北坡蓝田县灞源镇麻家坡以北。流经灞桥区、未央区，在西安市高陵区南汇入渭河，春秋时秦穆公不断向外扩张，称霸西戎后改名霸水。后来在"霸"字旁加上三点水，称为灞水。主要支流有辋峪河、浐河等。

【零河】　黄河支流渭河的支流，是陕西省渭南市临渭区与西安市临潼区两区的界河，古时叫泠水，因源于蓝田县厚子镇北岭北麓西南韩家岭零沟而得名。流经蓝田县、临潼区，在零口街道办事处零口街东、何寨镇至双王街道办事处张义村西北注入渭河。主河道长49.40千米，控制流域面积276平方千米。

【赤水河】　发源于秦岭北坡，由秦岭北麓九峪十八汊的水系汇聚而成，是古长安至潼关一线上仅次于灞河的第二条较大河流。

【洛河】　古称雒水，黄河右岸重要支流。因河南省境内的伊河为重要支流，亦称伊洛河，即上古时期河洛地区的洛水。源于陕西省渭南市华州区西南与西安市蓝田县、渭南市临渭区交界的箭峪岭侧木岔沟，流经陕西省东南部及河南省西北部，在河南省巩义市注入黄河。全长447千米，陕西境内河长129.8千米，河南境内河长366千米。流域总面积18881平方千米。洛河在中华文明的发展中占有重要地位，与黄河交汇为中心的地区被称为"河洛地区"，是华夏文明发祥地之一，河洛文化被称为中华民族的根文化之一。

【伊河】 是中国黄河南岸支流洛河的支流之一，源于熊耳山南麓的栾川县陶湾镇，流经嵩县、伊川，蜿蜒于熊耳山南麓，伏牛山北麓，穿伊阙而入洛阳，东北至偃师注入洛河，与洛水汇合成伊洛河。全长264.88千米，流域面积6100多平方千米。伊河、洛河撑起了河洛文化的一翼厚重，"伊洛文明"被西方一些历史学家称赞为"东方的两河文明"。

【白龙江】 长江支流嘉陵江的支流。发源于甘肃省甘南藏族自治州碌曲县与四川若尔盖县交界的郎木寺，流经甘肃省甘南藏族自治州碌曲县、四川省若尔盖县、甘肃省甘南藏族自治州迭部县、舟曲县，陇南市的宕昌县、武都区、文县，在四川广元市境内汇入嘉陵江。全长576千米，流域面积3.18万平方千米。河道穿行于山区峡谷，天然落差2783米。已建成碧口、宝珠寺等大中型水力发电枢纽。

【白水江】 长江支流嘉陵江支流白龙江的支流。曾名羌水。源于四川省九寨沟县的岷山中段郎架岭东北，东南流经九寨沟县、甘肃省文县。在文县玉垒乡注入白龙江。主要支流有中路河、马莲河、白马河、丹堡河。全长295.6千米，篙坪水文站以上流域面积8134平方千米。以降雨补给为主，河床比较大、水力资源丰富。

第三部分
秦岭旅游资源

第三部分
秦岭旅游资源

【综述】 旅游资源是旅游业发展的依托和基础。一切有利于旅游业发展的资源都可称为旅游资源，包括自然与人文、有形和无形等。自然旅游资源包括高山、峡谷、森林、火山、江河、湖泊、温泉、野生动植物、气候、田园、特殊地貌和自然现象等，人文旅游资源包括历史文化遗迹、建筑风格、主题街区、民俗风情、古镇名村、风味特产、文化艺术和体育娱乐场馆、各类体验场所和休闲度假设施等，历史典故、名人故居、文学艺术、非物质文化遗产、可形成吸引物的其他资源，也属于旅游资源范畴。本部分将对秦岭地理范围内已获认定的世界级和国家级旅游资源进行系统梳理及分类陈述。

世界遗产

【概述】 世界遗产是指被联合国教科文组织和世界遗产委员会确认的人类罕见的、无法替代的财富，是全人类公认的具有突出意义和普遍价值的文物古迹及自然景观。世界遗产包括世界文化遗产（包含文化景观）、世界自然遗产、世界文化与自然双重遗产3类；从存在形态上分为物质文化遗产（有形文化遗产）和非物质文化遗产（无形文化遗产）。物质文化遗产是具有历史、艺术和科学价值的文化和文物遗存；非物质文化遗产是指各种以非物质形态存在的、与群众生活密切相关且世代相承的传统文化。据不完全统计，秦岭范围现有世界遗产5处。

【陕西张骞墓】 位于陕西省汉中市城固县博望镇，是西汉时期杰出的外交家、探险家、丝绸之路开辟者张骞的墓葬。汉武帝元鼎三年（前114），张骞病卒后，归葬于故里。张骞墓坐北朝南，南北长35.6米，东西宽20米，高5米，成覆斗形。民国27年（1938），国立西北联合大学历史系对张骞墓进行初步发掘，出土"博望造铭"封泥一枚，加之墓前碑石、汉代石雕等文物，确认为汉博望侯张骞之墓。1956年，列入陕西省首批重点文物保护单位。2006年5月，列入全国重点文物保护单位。2014年6月22日，在卡塔尔多哈召开的联合国教科文组织第38届世界遗产委员会会议上，张骞墓作为中国、哈萨克斯坦和吉尔吉斯斯坦3国联合申报的"丝绸之路:长安－天山廊道的路网"中一处遗址点成功列入《世界文化遗产名录》。

【甘肃麦积山石窟】 位于甘肃省天水市麦积区。麦积山是小陇山的一座孤峰，高142

米，因山形似麦垛而得名。麦积山石窟始建于384—417年。存221座洞窟、10632身泥塑石雕、1300余平方米壁画，誉为东方雕塑艺术陈列馆。麦积山风景区由麦积山、仙人崖、石门、曲溪、街亭温泉5个子景区180多个景点组成，拥有丰富多样的生物类型和物种，称为"陇上林泉之冠"，现为国家重点风景名胜区。2014年6月22日，作为"丝绸之路：长安——天山廊道的路网"33处遗迹之一，列入《世界文化遗产名录》。

【河南崤函古道石壕段遗址】 位于河南省三门峡市陕州区硖石乡车壕村西南约2000米，距三门峡市36千米，为古代中原通往关中的咽喉，是东至洛阳西达长安的交通要道，也是中国古丝绸之路上一处极其珍贵的文化遗存。春秋时期著名的秦晋之战在此鏖兵，唐代大诗人杜甫夜宿于此，目睹官兵抓人、民不聊生的凄惨景象，写下了著名诗篇《石壕吏》。2014年6月22日，随"丝绸之路：长安－天山廊道的路网"列入《世界文化遗产名录》，崤函古道是其唯一道路遗产。

【湖北武当山古建筑群】 位于湖北省十堰市境内武当山，敕建于唐贞观年间，明代达到鼎盛，历代皇帝都把武当山作为皇室家庙来修建。明永乐年间，明成祖朱棣大建武当山，历时12年，建成9宫、8观、36庵堂、72岩庙、39桥、12亭等33座建筑群，嘉靖年间又增修扩建。整个建筑群严格按照真武修仙的故事统一布局，并采用皇家建筑规制，形成"五里一庵十里宫，丹墙翠瓦望玲珑，楼台隐映金银气，林岫回环画镜中"的"仙山琼阁"意境，绵延70千米，体现道教"天人合一"思想，堪称中国古代建筑史上的奇观，被誉为"中国古代建筑成就的博物馆"和"挂在悬崖峭壁上的故宫"。武当山遗存古建筑53处，建筑面积2.7万平方米，建筑遗址9处，各类文物5035件。1994年，古建筑群列入《世界文化遗名录》。

【湖北神农架林区】 位于湖北省西北部。是一处横亘于长江、汉水间群峰耸立的高大山地。相传因上古的神农氏在此搭架上山采药而得名。景区山峰多在1500米以上，其中海拔3000米以上山峰有6座，最高峰神农顶海拔3106.2米，成为华中第一峰。是以秀绿的亚高山自然风光、多样的动植物种、人与自然和谐共存为主题的森林生态旅游区。神农架是中国首个获得联合国教科文组织人与生物圈自然保护区、世界地质公园、世界遗产3大保护制度共同录入的"三冠王"名录遗产地。2016年7月17日，在土耳其伊斯坦布尔举行的第40届世界遗产大会上，列入《世界自然遗产名录》。

国家级自然保护区

【概述】 自然保护区是对有代表性的自然生态系统、珍稀濒危野生动植物物种的天然集中分布、有特殊意义的自然遗迹等保护对象所在的陆地、陆地水域或海域，依法划出一定面积予以特殊保护和管理的区域。自然保护区按照建立目的、要求和本身所具备的条件不同，有多种类型。按照保护的主要对象来划分，自然保护区可以分为生态系统类型保护区、生物物种保护区和自然遗迹保护区3类。据不完全统计，秦岭旅游地理范围内现有国家级自然保护区58处。

【大熊猫国家公园】 跨四川、陕西和甘肃3省，涉及岷山片区、邛崃山—大小相岭片区、秦岭片区、白水江片区，总面积为27134平方千米。中国10家国家公园体制试点之一。2017年1月，中共中央办公厅、国务院办公厅印发《大熊猫国家公园体制试点方案》，大熊猫国家公园体制试点全面启动，2018年10月，大熊猫国家公园管理局揭牌成立。公园有野生大熊猫1631只，占全国野生大熊猫总量的87.5%；大熊猫栖息地面积18056平方千米，占全国大熊猫栖息地面积的70.08%；有国家重点保护野生动物116种，国家重点保护野生植物35种。公园包括四川卧龙、千佛山、王朗3个国家级自然保护区，陕西太白山、佛坪2个国家级自然保护区，甘肃白水江国家级自然保护区等。

【陕西黑河珍稀水生野生动物国家级自然保护区】 位于陕西省西安市周至县境内黑河流域。保护区以黑河主河道及其支流两岸岸坡最高历史水位线划定。总面积46.19平方千米，其中核心区面积14.08平方千米，缓冲区面积14.63平方千米，实验区面积17.47平方千米。主要保护对象为秦岭细鳞鲑、大鲵、多鳞铲颌鱼、渭河裸重唇鱼、山溪鲵、秦巴北鲵、水獭等珍稀水生动物及其亚高山山涧溪流生态系统。2016年5月，列入国家级自然保护区。

【陕西周至老县城国家级自然保护区】 位于陕西省西安市周至县厚畛子镇，北接太白自然保护区，南邻佛坪自然保护区。保护区东西长14.5千米，南北宽14千米，总面积126.11平方千米。区内有脊椎动物263种，其中包含国家一级保护动物大熊猫、金丝猴、羚牛、林麝、金雕等。有野生种子植物112科、1146种，占秦岭种子植物总科的70%，其中包括国家一级保护植物独叶草、红豆杉等。2013年12月，列入国家级自然保护区。

【陕西周至国家级自然保护区】 位于陕西省周至县境内秦岭主脊北侧，保护总面积563.93平方千米，主要保护对象为金丝猴等珍稀动物及其生存环境。最高海拔2996米，相对高差近1800米。在海拔1500米以上混交林中，分布约1500只金丝猴，是中国金丝猴种群数量最多、分布最集中的地区。1988年，列入国家级自然保护区。

【陕西紫柏山国家级自然保护区】 位于陕西省宝鸡市凤县境内，始建于2002年。总面积174.72平方千米，其中核心区面积52.78平方千米，缓冲区面积51.86平方千米，实验区面积70.08平方千米。保护区属野生动物类型自然保护区，主要保护对象是林麝及其栖息地。

2012年，列入国家级自然保护区。

【陕西黄柏塬国家级自然保护区】 地处秦岭中段南坡，位于陕西省宝鸡市太白县境内。保护区东与周至老县城国家级自然保护区接壤，东南与佛坪国家级自然保护区接界，南与长青国家级自然保护区相接，西与牛尾河省级自然保护区毗邻，北与太白山国家级自然保护区相连。总面积218.65平方千米，其中核心区面积70.8平方千米，缓冲区面积65.5平方千米，实验区面积82.35平方千米。以大熊猫、羚牛、金丝猴等及其栖息地和红豆杉、连香树等为主要保护对象的野生动植物类型自然保护区。2013年6月，列入国家级自然保护区。

【陕西太白山国家级自然保护区】 位于陕西省太白、眉县、周至3县交界，地处秦岭山脉中段。总面积563.25平方千米，其中核心区面积323.78平方千米，实验区面积239.47平方千米。主要保护对象为森林生态系统和自然历史遗迹。动植物资源丰富，植被垂直分带明显。高等植物2000余种，有国家重点保护植物连香树、水青树、星叶草、太白红杉等21种；高等动物270多种，有国家保护动物大熊猫、羚牛、豹等20多种。在太白山海拔3000米以上的高山区，还保存着比较完整的第四纪冰川遗迹，是开展科学研究的"天然实验室"。1986年7月，列入国家级自然保护区。

【陕西湑水河珍稀水生生物国家级自然保护区】 位于陕西省宝鸡市太白县以南长江流域汉江水系的湑水河及其支流流域，东至西安市周至县，西至汉中市留坝县，南至汉中市洋县，北至太白山国家级自然保护区。始建于2001年。总面积53.43平方千米，其中核心区面积16.39平方千米，缓冲区面积24.86平方千米，实验区面积12.19平方千米。保护区属水生野生动物类型自然保护区，保护对象为以大鲵、秦岭细鳞鲑、川陕哲罗鲑等为代表的珍稀水生生物。2012年，列入国家级自然保护区。

【陕西朱鹮国家级自然保护区】 位于陕西省汉水之滨的汉中地区，跨越洋县和城固县，其主体在洋县境内。主要保护对象为朱鹮及其栖息地。保护区涉及19个乡（镇）、108个行政村，总面积375.49平方千米。2005年7月，列入国家级自然保护区。

【陕西长青国家级自然保护区】 位于秦岭中段南坡洋县北部，总面积300平方千米。保护区处于中国南北气候的分界线和动植物区系的交汇过渡地带，森林覆盖率90%以上，其中竹林面积213.58平方千米，成为秦岭大熊猫"天然庇护所"。1995年，列入国家级自然保护区。

【陕西米仓山国家级自然保护区】 位于陕西省汉中市西乡县西南部的大河镇和骆家坝乡境内。总面积341.92平方千米，其中核心区面积158.25平方千米，缓冲区面积71.96平方千米，实验区面积111.71平方千米。属森林生态系统类型自然保护区，主要保护对象为北亚热带和暖温带过渡地带的山地森林生态系统及珍稀野生动植物。2011年4月，列入国家级自然保护区。

【陕西青木川国家级自然保护区】 位于陕西省汉中市宁强县，属北亚热带湿润地区，有特殊的地理位置、特殊气候类型，年平均气温13℃，属典型的凉亚热带山地气候。总面积102平方千米，其中核心区面积40.58平方千米，缓冲区面积26.35平方千米，实验区面积35.07平方千米。主要是保护大熊猫、金丝猴、羚牛等珍稀野生动、植物及其栖息环境。2009年，列入国家级自然保护区。

【陕西略阳珍稀水生动物国家级自然保护区】 位于陕西省汉中市略阳县境内。总面积56平方千米，其中核心区面积13.92平方千米，缓冲区面积21.18平方千米，实验区面积20.91平方千米。保护对象为大鲵、水獭、小鲵、细鳞鲑及其赖以生存的水域生态环境。是秦岭南部生态结构完整、生物多样性特点明显的水生野生动植物国家级自然保护区。2013年6月，列入国家级自然保护区。

【陕西桑园国家级自然保护区】 位于陕西省汉中市留坝县东北角，处于秦岭中段大熊猫自然保护区西缘。总面积138.06平方千米，其中核心区面积87.96平方千米，缓冲区面积26.21平方千米，实验区面积23.89平方千米。是以大熊猫及其栖息地为主要保护对象的野生动物类型自然保护区，处于相邻几个保护区的中心地带，是秦岭中部大熊猫种群向西扩散的必经之地。2009年9月，列入国家级自然保护区。

【陕西摩天岭国家级自然保护区】 位于陕西省汉中市留坝县境内。地处中国南北气候、植物区系、动物区系交会过渡的秦岭山脉，蕴藏着种类丰富、数量众多的珍稀濒危动植物物种，是中国秦岭大熊猫、羚牛分布的西南边缘区域，也是陕西秦岭多种珍稀野生动物、植物分布的边缘地段，海拔950～2602米。总面积85.2平方千米，其中核心区面积28.04平方千米，缓冲区面积25.10平方千米，实验区面积32.06平方千米。2002年8月，经陕西省人民政府批准成立的以保护大熊猫等珍稀动物及其栖息地为主，兼有保护森林生态类型的省级自然保护区。2017年7月，列入国家级自然保护区。

【陕西佛坪国家级自然保护区】 位于秦岭中段南坡，南距陕西省汉中市中心158千米，北距西安市中心215千米。是以保护大熊猫为主的森林和野生动物类型自然保护区，总面积285.86平方千米。保护区地势西北高东南低，海拔980～2904米。区内有高等植物约1580种，野生动物约265种。列入国家一级重点保护动物的有大熊猫、扭角羚、金丝猴和豹4种，二级重点保护动物约33种，有"天然动植物基因库"之称。1978年，列入国家级自然保护区。

【陕西观音山国家级自然保护区】 位于秦岭中段南坡陕西省汉中市佛坪县境内，是中国大熊猫、金丝猴、羚牛的主要分布区之一。总面积135.34平方千米，其中核心区面积42.74平方千米，实验区54.67平方千米，缓冲区37.93平方千米。主要保护对象是大熊猫、金丝猴、羚牛、华南虎、黑熊、金猫、大灵猫、银杏、红豆杉、独叶草、秦岭冷杉等。2013年12月，列入国家级自然保护区。

【陕西平河梁国家级自然保护区】 位于秦岭南麓的陕西省安康市宁陕县境内，位于秦岭大熊猫栖息地的最东缘，是秦岭大熊猫区域种群——平河梁区域种群的核心分布区，是中国大熊猫最东的分布区。总面积211.52平方千米，其中核心区面积65.1平方千米，缓冲区面积62平方千米，实验区面积84.42平方千米。是以保护大熊猫及其栖息地为主的国家级自然保护区。是"联合国教科文组织人与生物圈计划、中华人民共和国人与生物圈国家委员会"中国生物圈保护区网络（CBRN)成员。2013年6月，列入国家级自然保护区。

【陕西天华山国家级自然保护区】 位于陕西省安康市宁陕县境内，秦岭中段南坡，东、南同陕西省宁西林业局接壤，西邻佛坪县，北与周至国家级自然保护区以秦岭主脊为界。总面积254.85平方千米，其中核心区面积96.8平方千米，缓冲区面积43.17平方千米，实验区面积114.88平方千米。保护区东西宽约17.3千米，南北长约24.5千米，森林覆盖率93.7%，野生动植物资源丰富，以保护大熊猫、金丝猴、羚牛、赤腹鹰、红隼、血雉等为主要对象。植物种类700余种，野生动物约260种，其中国家重点保护动植物数十种。2008年2月，列入国家级自然保护区。

【陕西化龙山国家级自然保护区】 位于陕西省安康市镇坪县城关镇境内。南接重庆市，东邻湖北省，总面积281.03平方千米，保持原始、完整的森林生态系统。是巴山北部地区重要的野生动植物物种资源库，是中国巴山地区少有的原始自然历史留存，是一个具有保护价值的自然综合体，是亚热带具有典型代表的综合自然生态系统。2007年4月，列入国家级自然保护区。

【陕西武关河珍稀水生动物国家级自然保护区】 位于陕西省商洛市丹凤县境内秦岭东段南麓武关河流域，属长江水系，丹江一级支流，总面积90.29平方千米。主要保护对象为国家二级重点保护水生野生动物大鲵、水獭和秦巴北鲵、多鳞铲颌鱼及其栖息环境。2016年5月，列入国家级自然保护区。

【陕西牛背梁国家级自然保护区】 位于陕西省商洛市柞水县、安康市宁陕县、西安市长安区3县（区）交会区域，周边范围涉及西安市长安区滦镇街道喂子坪和子午街道、柞水县的营盘镇和宁陕县的广货街镇等3县（区）4个街道（镇），东西长28千米，南北宽15千米，总面积164.18平方千米，其中核心区面积57.25平方千米，缓冲区面积41.19平方千米，实验区面积65.74平方千米。主要保护对象是国家一级保护动物羚牛及其栖息地。1980年，设立省级自然保护区。1988年，列入国家级自然保护区。

【甘肃白水江国家级自然保护区】 位于甘肃省最南端，行政区划上隶属陇南市武都区、文县的9个乡镇。总面积1837.99平方千米，其中核心区面积901.58平方千米，缓冲区面积261.32平方千米，实验区面积675.09平方千米。主要保护对象是大熊猫、珙桐等多种珍稀濒危野生动植物及其赖以生存的自然生态环境和生物多样性。1978年，列入国家级自然保护区。

【甘肃小陇山国家级自然保护区】 位于甘肃省东南部，属森林生态系统类型的自然保护区。总面积319.38平方千米，其中核心区面积102.56平方千米，缓冲区面积101.58平方千米，实验区面积115.24平方千米。1982年11月，甘肃省人民政府批准建立头二三滩自然保护区。2006年2月，列入国家级自然保护区，同时将头二三滩自然保护区更名为小陇山自然保护区。

【甘肃漳县珍稀水生动物国家级自然保护区】 位于甘肃省定西市漳县境内，地处漳县漳河、龙川河、铁钩河、榜沙河等河流的山区，是秦岭、青藏高原和黄土高原交接地带，是3大地槽结构交接处，形成保护区独特的自然生境，具有明显的第四纪早期古冰川残留遗迹。有大小支流约20条，河流总长度约274千米，总面积约37.75平方千米。主要保护对象为国家Ⅱ级保护水生动物秦岭细鳞鲑等。2013年6月，列入国家级自然保护区。

【甘肃秦州珍稀水生野生动物国家级自然保护区】 位于甘肃省天水市秦州区，范围涉及白家河流域的望天河、北峪河、庙川河、花园河、响潭河、螃蟹河及耤河流域的金家河和潘家河8条流域。总面积30.1平方千米，其中核心区面积6.49平方千米，缓冲区面积9.25平方千米，实验区面积14.36平方千米。该保护区是秦岭北坡大鲵和中国所特有陆封型冷水鱼类秦岭细鳞鲑在高海拔区域分布的特殊区域。2014年12月，列入国家级自然保护区。

【河南连康山国家级自然保护区】 位于河南省南部新县境内，地处大别山北麓鄂豫两省交会处，地跨长江、淮河两大水系。其前身是连康山省级自然保护区和新县国有林场，1982年6月，设立省级自然保护区。总面积105.8平方千米，其中核心区面积47平方千米，缓冲区面积15.2平方千米，实验区面积43.6平方千米，为野生动物类型自然保护区。主要保护对象是国家Ⅱ级重点保护野生动物白冠长尾雉及其栖息地和北亚热带森林生态系统。2005年7

月，列入国家级自然保护区。

【河南小秦岭国家级自然保护区】 位于豫陕两省交界的河南省灵宝市西部、小秦岭北麓。保护区管辖范围为国有三门峡河西林场，总面积151.6平方千米，森林覆盖率81.2%，属森林生态类型自然保护区。主要保护对象是森林生态系统多样性、生物物种多样性、各种动植物物种及其生存环境。有国家重点保护植物约13种、国家保护动物约27种，多种植物以本区为南界或北界，具有很高的科研价值。2006年2月，列入国家级自然保护区。

【河南伏牛山国家级自然保护区】 位于河南省西峡、内乡、南召、栾川、嵩县、鲁山等6县境内，总面积560.24平方千米，属森林生态类型自然保护区，主要保护对象为过渡带综合性森林生态系统和珍稀濒危物种、珍贵树种及其生存环境。保护区是中国亚热带和暖温带的分界线，又是中国长江、黄河、淮河3大水系的分水岭和淮河的水源地区，也是河南省在天然林面积、森林覆盖率、林木蓄积量、动植物种类等方面具有特定地位，同时兼备珍稀物种繁多、生态系统完整稳定、具有重要保护价值的自然保护区。1997年12月，列入国家级自然保护区。

【河南鸡公山国家级自然保护区】 位于河南省信阳市境内，桐柏山以东，大别山最西端，是我国的重要地理分界线，素有"青分楚豫"之称。区内森林茂密、生物资源丰富，有国家重点保护动植物大鲵、长尾雉、香果树等，是河南农林、师范、医药等高校教学和科研基地。鸡公山有"万国建筑博物馆"之美称，山间分布着数以百计风格迥异的别墅，堪称建筑奇迹。1988年，列入国家级自然保护区。

【河南宝天曼国家级自然保护区】 位于河南省南阳市内乡县。北依嵩山，东南与南召县相邻，西南与内乡县回营万沟林场接壤。地处秦岭东段，伏牛山南坡。总面积93.04平方千米，属森林生态系统类型自然保护区。保护区南北长28.5千米，东西宽26.5千米。区内有脊椎动物164种，属国家重点保护动物有麝、大鲵等13种。1988年5月，列入国家级自然保护区。

【河南恐龙蛋化石群国家级自然保护区】 位于河南省南阳市伏牛山南麓的西峡、内乡、淅川、镇平县境内。总面积780.15平方千米，主要保护对象为恐龙蛋化石，有8科12属25种。是中国境内面积大、数量多、种类全的恐龙蛋化石群，同时也是中国发现年代最早的恐龙蛋化石群，时代大约为中生代白垩纪早期。在南阳恐龙蛋化石群发现之前，全世界出土的恐龙蛋化石还不足500枚，像这样数量在10万～40万枚之间的恐龙蛋化石实属罕见。2003年，列入国家级自然保护区。

【河南高乐山国家级自然保护区】 位于河南省南阳市桐柏县东北部，东邻信阳市平桥区，北接驻马店市确山县，西与驻马店市泌阳县接壤，南与湖北省随州市隔河相望。地跨毛集、黄岗、回龙3个市乡镇，南呈掌状分布，总面积90.6平方千米。主要保护对象为水源涵养林，属森林生态系统类型的自然保护区。2016年5月，列入国家级自然保护区。

【河南丹江湿地国家级自然保护区】 位于河南省南阳市淅川县境内。总面积640.27平方千米，其中陆地面积314.58平方千米，水域面积329.69平方千米，是国家南水北调中线工程的水源地，以保护水生和陆栖野生生物及其生存环境共同形成的次生内陆河口湿地生态系统为保护对象。区域内有国家Ⅰ级保护动物白鹤、朱鹮等，Ⅱ级保护动物大天鹅、鸳鸯、隼、锦鸡等，国家Ⅱ级保护植物香果树、杜仲、银杏等。2007年4月，列入国家级自然保护区。

【河南大别山国家级自然保护区】 位于河南省商城县境内，地处豫皖两省交界的大别山腹地。总面积106平方千米，其中核心区面积

32.57平方千米，缓冲区面积20.61平方千米，实验区面积52.82平方千米。属森林生态系统类型自然保护区。2014年12月，经国务院批准，将金刚台省级自然保护区和鲇鱼山省级自然保护区整合，定名为河南大别山国家级自然保护区。

【河南董寨国家级自然保护区】 位于豫、鄂两省交界的大别山北麓，距信阳市32千米。总面积468平方千米，区内分布有植物约1879种，兽类约37种，两栖爬行类约44种，鸟类约237种，其中国家重点保护鸟类约39种，列入中日候鸟保护协定名录的约有95种，被誉为"鸟类乐园"，是一个集自然保护、生态旅游、鸟类观赏、科学考察、教学实习、休闲娱乐、避暑疗养于一体多功能综合性的自然保护区。2001年6月，列入国家级自然保护区。

【湖北五道峡国家级自然保护区】 位于湖北省襄阳市保康县境内，总面积208.6平方千米，主要保护对象为北亚热带森林生态系统及其生物多样性、珍稀濒危野生植物资源及其原生地、国家重点保护野生动物及其栖息地，属于森林生态系统类型自然保护区。2017年，列入国家级自然保护区。

【湖北赛武当国家级自然保护区】 位于湖北省十堰市茅箭区境内南部，与茅塔乡、大川镇、武当街道、房县、张湾等地接壤，处于秦岭褶皱系南岭印支褶皱带的武当山隆起中部，属秦岭和大巴山东延余脉武当山系。赛武当原名伏龙山，主峰海拔1723米，因山高赛过武当山主峰而得名。属自然生态系统类中的森林生态系统类型自然保护区，主要保护对象是北亚热带森林生态系统，珍稀濒危野生动植物以及自然和人文景观。2011年4月，列入国家级自然保护区。

【湖北堵河源国家级自然保护区】 位于湖北省西北部、秦巴山区汉水流域，在十堰市竹山县的瓦桑河至百里河口的巨大断裂以南，属大巴山系。保护区南接神农架林区、重庆巫溪，东交房县，西至竹溪，北连官渡新街管理区。境内高峰迭起，东、南、西3面有35座山峰海拔都在2000米以上，为褶皱石灰岩山地。南北长50.7千米，东西宽25.5千米，总面积471.73平方千米，是集自然保护、科学研究、宣传教育、生态旅游和多种经营为一体的综合型自然保护区。其主要保护对象为北亚热带和温带过渡区的自然生态系统，珍稀濒危野生动植物资源及其栖息地，自然景观资源，尤其是特殊的地形地貌。2013年6月，列入国家级自然保护区。

【湖北十八里长峡国家级自然保护区】 位于湖北省十堰市竹溪县南部，鄂、渝、陕3省交界处，地处大巴山脉东段北坡，东、南分别与竹山县堵河源、神农架（大九湖）、巫溪县阴条岭3个国家级自然保护区相邻，总面积256.05平方千米。主要保护对象为秦巴植物区系核心部分之一、极度濒危动植物的种群及其栖息地、北亚热带的大面积常绿阔叶林、亚高山森林生态系统，属野生生物类野生植物类型保护区。2014年1月，列入国家级自然保护区。

【湖北神农架国家级自然保护区】 位于湖北省西北部，神农架林区的西南部，地处湖北省、重庆市交接的长江、汉水之间，总面积701.87平方千米。主要保护对象为北亚热带山地森林生态系统及特有、珍稀物种，如珙桐、金丝猴等。1986年7月，列入国家级自然保护区。

【湖北大别山国家级自然保护区】 位于湖北省黄冈市罗田、英山两县北部，东接安徽鹞落坪国家级自然保护区，北与安徽天马国家级自然保护区相连，西与麻城毗邻，南临罗田、英山县城。总面积324.62平方千米，其中核心区110.15平方千米，缓冲区40.53平方千米，实验区173.95平方千米。主要保护对象为森林生态系统、珍稀濒危野生动植物及其栖息地，是森林生态系统类型自然保护区。2014年1月，列入国家级自然保护区。

【湖北龙感湖国家级自然保护区】 位于湖北省黄冈市黄梅县东南部，东接安徽省沿江湿地自然保护区，北与黄梅县下新镇相连，西与濯港镇毗邻，南临长江，与鄱阳湖国家级自然保护区一江之隔。总面积22322平方千米。是由湖泊、滩涂、草甸等组成的以生物多样性和内陆水域生态系统为主要保护对象的湿地类型自然保护区。龙感湖湿地，是中国淡水湖泊中保持为完好的重要湖泊湿地之一。2009年9月，列入国家级自然保护区。

【湖北南河国家级自然保护区】 位于湖北省西北部的谷城县西南部，地处大巴山东延的两条支脉武当山山脉东南麓、荆山山脉北麓以及两山脉之间。总面积148.34平方千米，其中核心区面积43.86平方千米，缓冲区面积34.67平方千米，实验区面积69.82平方千米，属森林生态系统类型自然保护区。保护对象为北亚热带森林生态系统及其水源涵养林，种类繁多的古老孑遗珍稀濒危野生植物及其生境，种群丰富的珍稀野生动物及其繁衍栖息地。2014年，列入国家级自然保护区。

【湖北青龙山恐龙蛋化石群国家级自然保护区】 位于湖北省十堰市郧阳区境内，秦岭褶皱带东端，地处汉江中上游秦巴山区。总面积约45平方千米。保护区内险崖陡壁，峡谷峭峰，境内溪流、瀑布、奇花异草、自然洞天等。保留有18亿多年沧海桑田变迁的纪录，留下了许多内涵丰富、罕见奇特、典型多样的地质遗迹。被誉为华夏民族的发祥地之一，是久负盛名的"恐龙之乡"。1997年，列入国家级自然保护区。

【安徽金寨天马国家级自然保护区】 位于皖西大别山腹地，鄂、豫、皖3省交界处，是以天堂寨、马宗岭两个省级自然保护区为核心，新增鲍家窝、窝川、九峰尖、康王寨4个国有林区和天堂寨镇集体林区组建而成。总面积289.14平方千米，属森林生态系统类型自然保护区，主要保护对象为北亚热带常绿落叶阔叶混交林及珍稀野生动植物。保护区分布有维管束植物178科1881种，陆栖脊椎动物61科185种，其中有国家重点保护野生植物银缕梅、大别山五针松、香果树、连香树等11种，国家级重点保护野生动物原麝、大鲵、白冠长尾雉、勺鸡等18种。1998年，列入国家级自然保护区。

【安徽鹞落坪国家级自然保护区】 位于安徽省岳西县境内，总面积123平方千米，主要保护对象为亚热带常绿落叶阔叶混交林。地处大别山区，属北亚热带季风气候区，动植物分布呈南北过渡特征，植被垂直分布明显，森林覆盖率90%，区内高等植物1200多种，其中国家重点保护植物有大别山五针松、金钱松、连香树等20多种。国家重点保护动物有金钱豹、原鹿、大鲵等10余种。1994年，列入国家级自然保护区。

【安徽古井园国家级自然保护区】 位于安徽省岳西县大别山的东南部，行政区划属于岳西县主簿镇、姚河乡以及巍岭乡境内。总面积79.04平方千米，森林覆盖率93%。是以保护北亚热带常绿落叶阔叶混交林、落叶阔叶林、珍稀濒危野生动植物为主要保护对象的野生动植物类型的自然保护区，2016年，列入国家级自然保护区。

【四川唐家河国家级自然保护区】 位于四川省广元市青川县境内，东接青川东阳沟省级自然保护区，西与绵阳市平武县毗邻。地处岷山东北麓、龙门山北段的高山峡谷区，最高峰海拔3837米，相对高差2400多米，地形条件复杂。主要保护对象为大熊猫及森林生态系统。动植物资源丰富，国家重点保护植物有珙桐、连香树、水青树等；国家重点保护动物有大熊猫、金丝猴、羚牛、云豹、绿尾虹雉等20多种。1986年，晋升为国家级自然保护区。

【四川米仓山国家级自然保护区】 位于四川盆地北部广元市旺苍县境内、嘉陵江支流东河的源头地带。总面积234平方千米，为中国南北自然分界线——秦岭至大巴山的重要组成部分。始建于1997年，2006年，列入国家级自然保护区。

【四川白河国家级自然保护区】 位于四川省阿坝藏族羌族自治州九寨沟县（永乐镇）（原南坪县）白河乡，距九寨沟县城10千米。是以保护大熊猫、金丝猴为主的森林和野生动物类型的自然保护区。2017年，列入国家级自然保护区。

【四川诺水河珍稀水生动物国家级自然保护区】 位于四川省通江县境内，总面积92.2平方千米。主要保护对象包括大鲵、水獭、岩原鲤、重口裂腹鱼、青石爬鱼兆、鳖、乌龟等珍稀水生动物，中华倒刺鱼巴、白甲鱼、华鲮、南方鲇、鳜、黄颡鱼等名贵经济鱼类及其生活的水生生态系统。是中国长江上游大鲵的重要分布区，也是长江上游特有鱼类岩原鲤种群在嘉陵江上游支流的集中分布区。1998年，列入国家级自然保护区。

【四川花萼山国家级自然保护区】 位于四川东北部的万源市境内，是北亚热带常绿阔叶林生态系统的典型代表区域，其自然综合体具有重大的科学意义和保护价值。主要保护对象以珍稀动植物及其北亚热带常绿阔叶林生态系统为主。2007年4月，列入国家级自然保护区。

【重庆大巴山国家级自然保护区】 位于重庆市北端大巴山南麓的城口县境内，东邻陕西省平利县、镇坪县，南接重庆市巫溪县、开县，西连四川省万源市、宣汉县，北与陕西省紫阳县、岚皋县接壤。总面积1360.17平方千米，属森林生态系统类型自然保护区。主要保护对象是亚热带森林生态系统及其生物多样性、不同自然地带的典型自然景观、典型森林野生动植物资源。内有维管束植物约210科3481种、陆生野生动物约139科656种，其中珙桐、红豆杉、独叶草等国家一级保护植物和近40种国家重点保护野生动物。2003年，列入国家级自然保护区。

【重庆雪宝山国家级自然保护区】 重庆雪宝山国家级自然保护区位于重庆市开州区，最高海拔2626米，最低海拔460米，总面积319.03平方千米，属典型的北洋热带湿润季风气候区，气候温和，四季分明，日照充足，雨量充沛。保护区内原始植被完好，幽深莫测，自然景观独特，是我国重要的生物资源战略基地。据不完全统计，保护区内有植物4300多种，其中珍稀植物有170种；有野生脊椎动物337种，其中国家重点保护的约40种。2011年，列入国家级自然保护区。

【重庆五里坡国家级自然保护区】 位于重庆市巫山县东北部。重庆五里坡自然保护区管辖渝鄂交界的巫山县官阳镇、当阳乡、庙堂乡、竹贤乡4个乡镇和五里坡、梨子坪2个国有林场，总面积352.77平方千米。属于典型的森林生态系统类型自然保护区。2013年6月，列入国家级自然保护区。

【重庆阴条岭国家级自然保护区】 位于重庆市巫溪县，阴条岭自然保护区依秦望楚，是神农架原始森林延伸至重庆的部分，属秦岭山系，东接大巴山，南连巫山。主峰阴条岭海拔2796.8米，是重庆市的最高点，被称为"重庆第一峰"。内有植物种类1500多种，有银杏、珙桐、蜡梅、崖柏、红豆杉等国家一级保护植物15种，是难得的"天然物种基因库"。2012年，列入国家级自然保护区。

【秦岭国家植物园】 位于陕西省西安市周至县境内，由陕西省人民政府、国家林业局（现自然资源部）、中国科学院、西安市人民政府联合共建的国家级特大型综合植物园。距西安市中心60千米，总面积639平方千米。属暖温带大陆性山地气候，年平均降水800~900毫米，年平均温度8℃~10℃。兼具物种保育、科学研究、公众教育、生态旅游4项功能。秦岭国家植物园落差2000多米，是目前世界上面积最大、植被分带最清晰、最具自然风貌的植物园，也是中国第一个国家级植物园。2018年10月，入选"全国中小学生研学实践教育基地"名单。

国家级风景名胜区

【概述】 1985年6月，国务院颁布《风景名胜区暂行条例》。2006年9月，国务院颁布《风景名胜区条例》，对风景名胜区的设立、规划、保护利用和管理进行了系统规范。《条例》规定：风景名胜区是指具有观赏、文化或者科学价值，自然景观和人文景观比较集中，环境优美，可供人们游览或者进行科学、文化活动的区域。

国家级风景名胜区凝结着大自然亿万年神奇造化，承载着华夏文明五千年丰厚积淀，是中华民族薪火相传的共同财富，也是观光游览、审美启智、感知中国的重要空间载体。

风景名胜区兼顾"风景"与"名胜"，即"自然"与"文化"的双重属性，协调了自然与文化综合管理功能与保护类型。风景名胜区划分为国家级风景名胜区和省级风景名胜区，本年鉴仅对秦岭旅游地理范围国家级风景名胜区进行梳理和介绍。

【陕西华山国家级风景名胜区】 位于陕西省渭南市华阴市区南5千米处。南依秦岭主脉，北瞰黄河、渭河，东临晋豫，西望长安，距陕西省西安市120千米，海拔2154.9米，是中国著名的五岳之一。因其挺拔峻峭，势凌云天，故有"奇险天下第一山"之美誉。华山是秦岭山脉的北支脉，为浑然一体的花岗岩巨石。据地质专家考察分析，华山形成至今已有7000多万年，是五岳中最年轻的山脉。华山是道教主流全真派圣地，也是神州九大观日处之一。1982年，列入首批国家级风景名胜区。

【陕西骊山国家级风景名胜区】 位于陕西省西安市临潼区，距西安市中心约30千米。骊山是秦岭山脉的一个支脉，该风景名胜区由骊山华清宫、秦始皇陵博物院、临潼博物馆、鸿门宴遗址等游览点组成。景区内自然景色秀丽，文物古迹荟萃，以秦唐文化为核心，以珍贵的历史文化景观和秀美的山岳景观交相辉映为特色，是具有国际文化交流、风景游赏、休闲旅游等功能的国家级风景名胜区。1982年，列入首批国家级风景名胜区。

【陕西天台山国家级风景名胜区】 位于秦岭山脉北麓、陕西省宝鸡市渭滨区。面积约133平方千米，平均海拔1500米左右，主峰天柱峰海拔2198米，按地域划分为6大景区120多个景点。宝鸡天台山自然风光优美、人文景观荟萃，是一个城郊山岳型国家重点风景名胜区。1994年，列入第三批国家级风景名胜区。

【甘肃麦积山国家级风景名胜区】 位于甘肃省天水市麦积区，地处西秦岭北支的东端，秦岭、贺兰山、岷山三大山系交会处，长江、黄河两大流域分水岭穿过景区。面积215平方千米，由麦积山、仙人崖、石门、曲溪、街亭温泉5个子景区180多个风景点组成。景区内动植物物种丰富多样,地质地貌与气候典型独特,石窟文化保存完好。1982年,列入首批国家级风景名胜区。

【河南鸡公山国家风景名胜区】 位于河南省信阳市境内,桐柏山以东,大别山最西端。鸡公山有"青分豫楚、襟扼三江"之美誉,"佛光、云海、雾凇、雨凇、霞光、异国花草、奇峰怪石、瀑布流泉"被称为八大自然景观,山上有清末民初不同国别和风格的建筑群,有"万国建筑博物馆"之美称,是中国历史上第一个公共租界。是中国四大避暑胜地之一,也是中华人民共和国第一批对外开放的全国八大景区之一。1982年,列入首批国家级风景名胜区。

【河南桐柏山—淮源国家级风景名胜区】 位于河南省南阳市豫鄂交界的桐柏山脉中段,总面积108平方千米,是古"四渎"之一淮河的发源地和江淮两大水系的天然分界线。有豫南第一高峰海拔1140米的桐柏山主峰太白顶,享誉海内外的佛教禅宗白云系祖庭云台禅寺,誉为天下"三十六洞天"之一的水帘洞,为国家级风景名胜区、国家森林公园、国家AAAA级旅游区。2009年,列入第七批国家级风景名胜区。

【河南尧山国家级风景名胜区】 位于河南省平顶山市鲁山县,属山岳型自然风景名胜区。总面积268平方千米,区域内有奇峰、怪石、飞瀑、温泉、山花、红叶、湖面、云海、原始森林、珍禽异兽及众多人文景观,集"雄、险、秀、奇、幽"于一体,具有"华山之险、峨眉之峻、张家界之美、黄山之秀。"2002年,列入第四批国家级风景名胜区。

【湖北武当山国家级风景名胜区】 又名太和山,位于湖北省十堰市境内,总面积312平方千米,属自然景观和人文景观完美结合的山岳型风景名胜区。以其绚丽多姿的自然景观、规模宏大的古建筑群、源远流长的道教文化、博大精深的武当武术著称于世,被誉为"亘古无双胜境,天下第一仙山"。武当山是中国著名道教圣地、太极拳发祥地、全国十大避暑胜地。1982年,列入首批国家级风景名胜区。

【湖北大洪山国家级风景名胜区】 位于湖北省随州市随县,总面积约330平方千米,主峰海拔1636米,素有"楚北天空第一峰"盛誉。山势由西向东,绵亘随州、宜城、枣阳、钟祥、京山5市(县),盘基百里。1998年,列入第二批国家级风景名胜区。

【湖北丹江口水库国家级风景名胜区】 位于湖北省丹江口市中部,以国家南水北调中线工程源头丹江口水库为核心景观资源,水库被誉为"中国水都、亚洲天池",是亚洲第一大人工淡水湖,水质常年保持在Ⅱ类饮用水以上标准。总面积471.15平方千米,其中水域面积154.65平方千米,属于湖泊类特大型风景名胜区。2017年,列入第九批国家级风景名胜区。

【湖北隆中国家级风景名胜区】 位于中国历史文化名城湖北省襄阳市,距襄阳城约13千米,总面积209平方千米。晋永兴年间至今,有1700多年历史。包括古隆中、水镜庄、承恩寺、七里山、鹤子川等5大景区。因诸葛亮"躬耕陇亩"、刘备"三顾茅庐"引发《隆中对策》被世人称为智者摇篮,三分天下的策源地。1994年,列入第三批国家级风景名胜区。

【安徽天柱山国家级风景名胜区】 位于安徽省安庆市潜山市西部,中国中央造山系大别造山带东段,为大别山山脉东延的一个组成部分(或称余脉)。主峰海拔为1488.4米,总面积333平方千米,其中风景区面积82.46平方千米。天柱山又名潜山、皖山、万山、万岁山、古南岳、皖公山(安徽省简称"皖"由此而来）等。1982年，列入首批国家级风景名胜区。

【安徽花亭湖国家级风景名胜区】 位于安徽省安庆市太湖县境内，地处大别山南麓、长江北岸，距太湖县城4千米。总面积198平方千米，分为花亭湖、西风洞、佛图寺、狮子山、龙山5大景区和汤湾温泉疗养度假区。这里山水秀美、物产丰饶、山奇石秀、层峦叠翠、千姿百态，海拔在800米以上的山峰有16座，最高山峰将军山海拔1109米，佛图山、龙山、凤凰山、香茗山、龙门山、天云山、望天山、四面尖、天华尖挺拔俊俏，秀丽奇异。佛教圣地狮子山群山巍峨，山峦起伏，薛义河、天桥河汇于山前，既有"狮子山"之名，又有"卧佛山"之美誉。2005年，列入第六批国家级风景名胜区。

【四川米仓山大峡谷国家级风景名胜区】 位于四川省广元市，总面积约265平方千米，是在原鼓城山-七里峡省级风景名胜区范围基础上，整合米仓山大峡谷、汉王山、木门会议会址等重要的自然、历史和文化景观，由近百个景点组成。景区以山、水、峡谷景观为主，融合林、泉、洞等自然景观和红色文化于一体，自然与人文交相辉映，具有"雄、奇、古、红"等特点。2017年，列入第九批国家级风景名胜区。

【四川白龙湖国家级风景名胜区】 位于川、陕、甘三省接合部，东起陕西省汉中市宁强县金山寺，北接甘肃省陇南市文县中庙镇余家湾村，西至四川省广元市青川县骑马乡，南至四川省广元市利州区三堆镇宝珠寺。总面积486平方千米，其中水域面积75平方千米。湖区20多座岛屿星罗棋布，最大有阴平岛，面积3.5平方千米。岛上最高峰大洼山，海拔892米。2004年，列入第五批国家级风景名胜区。

【四川光雾山-诺水河国家级风景名胜区】 位于四川巴中南江县、通江县北部，靠近陕西省。光雾山主峰海拔2507米，因常年被雾气笼罩，故名。总面积400余平方千米，由桃园、神门、小巫峡、大坝、十八月潭5大片区组成，其中核心景区为桃园。有峰林、洞穴、山泉、森林等景观，最有特色的是秋季满山红叶。光雾山—诺水河风景区还有三国时期的一些历史文化遗迹。2004年，列入第五批国家级风景名胜区。

国家森林公园

【概述】 森林公园是经过修整可供短期自由休假的森林，或是经过改造使其形成一定景观系统的森林。建立森林公园的目的是保护其范围内的一切自然环境和自然资源，并为人们游憩、疗养、避暑、文化娱乐和科学研究提供良好环境。国家森林公园是指森林景观特别优美、人文景观比较集中，观赏、科学、文化价值高，地理位置特殊，具有一定区域代表性，旅游服务设施齐全，有较高知名度，可供人们游览、休息或进行科学、文化、教育活动的场所。1982年起，我国开始实行国家森林公园批准制度。秦岭区域良好的生态环境和丰富的天然林地，为森林公园开发和建设提供了优势资源，因此，秦岭山系成为我国中部国家森林公园的集中呈现地。

【陕西太白山国家森林公园】 位于陕西省宝鸡市眉县，地处秦岭主峰太白山北麓，主体由花岗岩组成，从山上到山下有高山寒带、寒带、寒温带、温带、暖温带等5个气候带，最高峰拔仙台海拔3771.2米。总面积29.49平方千米，森林覆盖率94.3%。有种子植物1850余种，蕨类植物约110种，藓类植物约257种，脊椎动物300多种，鸟类230多种。是集观光旅游、休闲度假、科考探险和疗养保健为一体的森林公园。1991年，列入国家级森林公园。

【陕西终南山国家森林公园】 位于陕西省西安市长安区境内，是中国山崩地质作用最为发育地区之一。海拔650～2589米，总面积76.75平方千米，分为南五台、石砭峪、翠华山和罗汉坪4个景区及诸多景点，山势突兀，峰峦叠嶂，地貌奇特。翠华山国家地质公园是终南山国家森林公园的重要组成部分。1937年，在这里建立了中国第一个森林公园——陕西省立南山森林公园，1992年，列入国家级森林公园。

【陕西金丝大峡谷国家森林公园】 位于陕西省商洛市商南县境内，地处秦岭南麓连接巴山北坡，长江流域汉江水系丹江中游地区。境内地势起伏，谷岭相间，属低山和丘陵地貌，被誉为"峡谷之都""秦岭奇峡"。总面积17.9平方千米，森林覆盖率98%。园内南北植物交会，既有温带、暖温带落叶阔叶树种，又有亚热带常绿、落叶阔叶树种。2002年，列入国家级森林公园。

【陕西黎坪国家森林公园】 位于陕西省汉中市南郑区黎坪镇，大巴山西段米仓山腹地，距南郑区60千米，汉中市65千米。属扬子准地台北部边缘，地势南高北低，平均海拔1500米。地处南北气候过渡地带，适宜多种动植物生长和繁衍。总面积94平方千米，森林覆盖率88.2%。植被类型为大巴山山地温暖带含有常绿阔叶树种的落叶阔叶林。2002年，列入国家级森林公园。

【陕西天台山国家森林公园】 位于陕西省宝鸡市渭滨区石灵路武乡镇，秦岭山脉北麓，距宝鸡市中心10多千米。海拔1000～3000米，辖大王岭景区、杨家滩景区、天台莲花山景区和嘉陵江源头风景区。总面积约80多平方千米，森林覆盖率92.3%，野生动物和植物分别为100和1300余种。有鸡峰山、大散关等奇峰险关，还有罕见的雾凇、冰挂等天象景点景观40处。1993年，列入国家级森林公园。

【陕西天华山国家森林公园】 位于秦岭南坡、陕西省安康市宁陕县西北部，面积60平方千米，海拔732～2964米，原始森林、冰川遗迹、高山草甸、峡谷溶洞是主要特色，尤其是明显的气候、森林垂直分布带。划分有秦岭梁、西河、两河、天华山4大景区，有景点、景物92个。地处秦岭林区腹地，森林植物、野生动物种类繁多。园内有高等植物1500多种，其中木本植物700余种，野生动物250余种。1997年，列入国家级森林公园。

【陕西王顺山国家森林公园】 位于陕西省境内秦岭北麓的蓝田县蓝桥乡，距西安市中心45千米，312国道横贯公园。总面积36.33平方千米，分6大景区150多个景点。王顺山原名玉山，因大孝子王顺担土葬母于此而得名，著名的蓝田玉即产于此山中，奇峰耸立，沟谷幽深，森林植被覆盖完好。王顺山是秦岭终南山世界地质公园的重要组成部分。2000年，列入国家级森林公园。

【陕西汉阴凤凰山国家森林公园】 位于陕西省安康市汉阴县，毗邻风景秀丽的瀛湖风景区、道教圣地擂鼓台及燕翔洞景区。面积82.35平方千米，森林覆盖率85%，主体是秦岭和巴山两大山系之间的一条独立的地垒式山脉——凤凰山及汉江、月河两川地带。自然植被具有南北过渡、东西兼容的特点，受北亚热带湿润季风气候影响，植被类型为亚热带常绿阔叶林。凤凰山平均海拔1100米，分为云雾山、望河垭、石窟山、溪竹园4个景区，有人文、自然景观40余处。2014年，列入国家级森林公园。

【陕西青峰峡国家森林公园】 位于陕西省宝鸡市太白县桃川镇。南至秦岭主峰四十里跑马梁，北至褒斜古栈道(姜-眉公路)，东西两侧以五里峡山梁为界。公园处于完整的山谷内，以峡门分界，下部地形开阔，冲积形成盆地；上部地形地貌特殊，峡窄而长，河谷以洪积等石块构成。总面积43.6平方千米，森林覆盖率95%。是集森林游憩、生态观光、攀岩探险等为一体的生态旅游休闲避暑胜地。2013年，列入国家级森林公园。

【陕西少华山国家森林公园】 位于陕西省渭南市华州区城东南5千米处的秦岭北麓，西起少华峰，东至蟠龙山，南依秦岭主脊，北接关中平原，东西宽约10千米，南北纵深35千米，总面积63平方千米。主峰海拔1664.4米，因与西岳太华山峰势相连，两山同根同脉，遥遥相对，并称"二华"，但低于华山，名其少华山，又名小华山。公园由红崖湖、石门峡、密林谷、潜龙寺、少华峰5大景区组成，自然及人文景观150处。暖温带半湿润气候，森林覆盖率90%以上。2008年，列入国家级森林公园。

【陕西紫柏山国家森林公园】 位于陕西省汉中市留坝县境内，系秦岭主峰太白山支脉，海拔1300～2610米，总面积46.62平方千米，森林覆盖率86%。紫柏山因汉代留侯张良归隐于此而声名远扬。山势巍峨壮观，山上古树多紫柏，故名紫柏山。紫柏山岩谷地貌奇异，自然风景秀丽，野生动植物较多，是一个集观光、度假、休闲、科普、保健、探险等多功能为一体的综合性的生态旅游区。2008年，列入国家级森林公园。

【陕西天竺山国家森林公园】 位于陕西省商洛市山阳县城东南部30千米天竺山镇。距陕西省西安市170千米，距湖北省十堰市135千米。公园东西长40千米，南北宽25千米，总面积18.09平方千米，森林覆盖率88%，主峰海拔2074米，境内重峦叠嶂，奇峰林立，山势陡峭，风光秀丽，天柱摩霄为丰阳八景之一。自汉以来，天竺山就是道教活动中心，历代建筑古寺庙10余处，其中双峰观、云盖寺至今保存完好，相传唐代高道罗公远、吕洞宾，宋代著名理学家邵雍都曾在此隐居，故有"西北小武当"之美誉。2008年，列入国家级森林公园。

【陕西牛背梁国家森林公园】 位于陕西省商洛市柞水县营盘镇朱家湾村，距西安市中心42千米，秦岭长隧穿腹而过。海拔1000~2802米，总面积21.24平方千米，原始森林、潭溪瀑布、峡谷风光、石林景观，以及秦岭冷杉、杜鹃林带、高山草甸和第四纪冰川遗迹所构成特有的高山景观多样性与独特性。公园规划羚牛谷山水游憩区、六尺岭峰林景观区、牛背梁高山风光区和铁佛寺宗教文化区4大景区；入口综合服务区、药王坪中医药养生区、清凉谷休闲度假区3大功能区。2008年1月，列入国家级森林公园。

【陕西洪庆山国家森林公园】 位于陕西省西安市灞桥区洪庆山东南部，距西安城区不足4千米，原为黄巢堡森林公园，以唐代农民起义领袖黄巢驻军而得名。洪庆山主峰，海拔1302米，总面积74.62平方千米。公园古树名木种类多，数量大，分布广泛，竹林景观优美，竹色翠绿、生长茂盛，为关中地区独有。2006年，列入国家级森林公园。

【陕西黑河国家森林公园】 位于陕西省西安市周至县境内，地处黑河源头，海拔2000米左右。总面积7462公顷，森林覆盖率94%。园内有野生植物约1700种，其中种子植物约110科445属971种，国家二级以上重点保护野生植物12种。有原始森林约24平方千米，以油松、栎类、椴树、白桦等为主，树龄200年左右，平均高15米。由厚畛子至狐狸沟、黑河两岸有40多平方千米次生林，以栎类、松柏、杨木等为主，树龄80年左右，平均高12米。有古树名木3株，玉兰树、铁甲树、梨仙树，树龄均在800年以上。2006年，列入国家级森林公园。

【陕西上坝河国家森林公园】 位于秦岭中段南麓腹地，陕西省安康市宁陕县东北部，距西安市中心148千米，距汉中市中心193千米，距安康市中心190千米。中国中西部最为典型的生物多样性区域，总面积45.26平方千米，森林覆盖率98%。分为大沙坝、焦阳沟、胭脂坝、三缸河、平河梁、旬阳坝等6大景区，有猿人谷、三炷香、千尺潭、天梯石、千年溶洞、万亩草甸等90多个景点。2006年，列入国家级森林公园。

【陕西千家坪国家森林公园】 位于陕西省南部，在原平利县国有千家坪林场发展而来，行政隶属于平利县八仙镇。海拔2000~2300米，地形较为平缓，沟谷宽坦。总面积2154公顷，森林覆盖率85%以上。公园植被丰富，属针阔混交林和亚高山针叶林带。2005年，列入国家级森林公园。

【陕西鬼谷岭国家森林公园】 位于陕西省安康市石泉县，距石泉县城30千米。鬼谷岭又名云雾山，由鬼谷岭、龙洞沟景区、大溪沟景区3个景区组成，雄奇险峻，主峰被5条山脉拱托，喻称"五龙捧圣"。主峰海拔2009米，是石泉境内最高山峰，也是陕西著名的道教名山。总面积51.35平方千米，原始森林保存完好，自然风景奇绝幽美。雾景、雪景、雨景、日出等气象景观奇特壮观，变幻莫测。2004年，列入国家级森林公园。

【陕西太平国家森林公园】 位于陕西省西安市鄠邑区太平峪内，地处秦岭北麓中山地带，属暖温带半湿润大陆性季风气候区，是一处以自然山水为基础，森林风光为主体的生态风景旅游区。总面积60.85平方千米，森林覆盖率96%以上，植被类型以暖温带阔叶林为主，海拔880~3000米，最高海拔3015米（冰晶顶）。有植物800余种，动物250余种。2004年，列入国家级森林公园。

【陕西木王国家森林公园】 位于陕西省商洛市镇安县西部木王国有林场境内，东与商洛市山阳县和湖北省陨西县相连，西与安康市宁陕县交界，南与安康市汉滨区、旬阳县接壤，北与商洛市柞水县毗邻。地处秦岭南坡中段，地势西高东低，最高海拔2601.6米。总面积36.16平方千米，森林覆盖率98.3%。由鹰嘴峰、四海坪、双头马、茨沟4大景区组成，有种子植物1300余种，有野生动物200余种。2003年，列入国家级森林公园。

【陕西通天河国家森林公园】 位于陕西省宝鸡市西南部秦岭南麓凤县境内，距宝鸡市中心90千米，距凤县县城41千米，距宝（鸡）汉（中）公路31千米。地势西北高、东南低，最高海拔2738.7米，最低海拔1580米。总面积52.35平方千米，森林覆盖率98.6%，有森林植物1800多种、野生动物280多种。公园有西河庙、高山石林、莲花山3大景区50多个景点。2002年，列入国家级森林公园。

【陕西汉中天台国家森林公园】 位于陕西省汉中市城区以北18千米处，北依秦岭，南俯汉中盆地。天台山和哑姑山分别为陕南著名的道教和佛教圣地，总面积39.29平方千米。天台山山势巍峨，山顶平坦如台，故曰天台，集"奇、险、古、秀"于一体，山势雄伟，陡峭险峻，是自然与人文景观城郊型森林公园。2002年，列入国家级森林公园。

【陕西骊山国家森林公园】 位于陕西省西安市临潼区城南，属秦岭山脉的一个支脉。东西长25千米，南北宽13.7千米，总面积23.59平方千米。北坡陡峭，南坡缓长，最高峰九龙顶海拔1301.9米。山上松柏常青，郁郁葱葱，远看形似一匹青色的骊马，故名"骊山"。3座山峰在山间伫立，东、西绣岭弯曲横立，峰、岭、谷、林分布自然。骊山有约40科、70属、140多种花草树木，主要有侧柏纯林，刺槐纯林、侧柏、油松、五角枫等组成的混交林，还有石榴园、柿树林。1987年，成立骊山森林公园。2001年，列入国家级森林公园。

【陕西五龙洞国家森林公园】 位于秦岭南麓，陕、甘、川3省交界的陕西省汉中市略阳县城北部48千米处。公园内山麓缓长，坡势较缓、因河流多为横切背斜或向斜，河流中上游多有峡谷，海拔900～2214米。地处亚热带与温带过渡地带，受大陆性气候和海洋性气候的影响，四季分明，属大陆性过渡气候区。总面积58平方千米，森林覆盖率97%。有羚牛、金钱豹、大鲵等野生动物200余种。2001年，列入国家级森林公园。

【陕西南宫山国家森林公园】 位于陕西省岚皋县东部，位于亚热带区域，雨量充沛，气候湿润，植物种类繁多，森林景观垂直带谱较明显。总面积76.48平方千米，由二郎坪、金顶、火山石、高山栎、莲花寨5大景区组成。有野生动物300多种，其中珍贵野生动物金钱豹、苏门羚等28种。木本植物约409种，76科，180属；草本植物约449种，66科，246属；蕨类植物约70种，20科，40属。国家珍稀濒危植物珙桐、银杏、香果树、杜仲等23种。2000年，列入国家级森林公园。

【陕西朱雀国家森林公园】 位于陕西省西安市鄠邑区南部东涝河上游，地处秦岭北麓，距西安市中心73千米，咸阳市中心70千米。属大陆季风性气候，年平均气温9℃。总面积26.21平方千米，植被属秦岭北坡暖温带阔叶林带，森林覆盖率94%。园内有高等植物约89科383属788种，蕨类植物约17种，苔藓植物约22科，药用植物约有314种，观赏类植物约286种。野生动物及兽类250余种，是以自然山水为基础，天然森林为主体的自然风景旅游区，有5大景区，105个景点。1999年，列入国家级森林公园。

【陕西嘉陵江源国家森林公园】 位于陕西省宝鸡市西南部，川陕公路33千米处的秦岭之巅，地跨宝鸡市渭滨区、凤县。地处东西秦岭分界线处，多中山地貌，属暖温带山地气候区，海拔2597.8米，由嘉陵江源头、神沙河、七女峰景区组成。总面积96.81平方千米，森林覆盖率95.2%。植被以暖温带落叶阔叶林为主，有维管束植物近千种，野生脊椎动物约21科294种。1993年6月，设立陕西省天台山国家森林公园。2017年，更名为陕西嘉陵江源国家森林公园。

【陕西楼观台国家森林公园】 位于陕西省西安市周至县城东南15千米的终南山北麓。楼观台得名于西周，道祖李耳（老子）曾在此著《道德经》。公园为东楼观、西楼观、田峪河、首阳山4大园区，总面积274.87平方千米，海拔501～2997米。植物垂直带状分布，气候季相变化分明。公园地理位置构造复杂，地形地貌奇特。动物区系种类多样丰富，是1982年全国最早批建的12个森林公园之一。1992年，列入国家级森林公园。

【甘肃麦积国家森林公园】 位于甘肃省天水市东南麦积区，海拔1400～2200米。东西宽20千米，南北长22千米，总面积84.42平方千米，其中游览区136平方千米，分为麦积山、仙人崖、石门、曲江4个景区。包括18个风景小区、20处独立景点、7处古遗址、一条曲江水。属暖温带半湿润季风气候区，气温垂直变化明显。园内有针、阔叶乔木和草本植物约1847种，有野生动物190余种。1997年，列入国家级森林公园。

【甘肃小陇山国家森林公园】 位于甘肃省天水市、陇南市境内，总面积196.7平方千米，平均海拔1600米，最高海拔2686米。由碧峪、金龙山、桃花沟、黑河、百花、后峡等6大景区构成。公园处于中国温带向暖温带过渡地带，气候温和湿润，山体垂直高度变化大，地质构造独特，森林景观秀美。园内植物种类丰富，有木本植物800多种，草本植物约1986种。珍贵树种30多种，国家一、二级保护植物有15种。有国家一级保护动物约14种、二级保护动物约46种。2005年，列入国家级森林公园。

【甘肃文县天池国家森林公园】 位于甘肃省陇南市文县天池乡境内洋汤河源头雄黄山麓。距文县县城85千米，距九寨沟风景区164千米。总面积143.38平方千米，湖面海拔1728米，水域面积1平方千米，属第四纪地质地震形成的高山堰塞湖。有油松、马尾松、白桦等珍贵木材和党参、虫草等贵重药材及木耳、核桃等山珍，还有各种羚羊、毛冠鹿、锦鸡、画眉等珍禽异兽。2005年，列入国家级森林公园。

【甘肃鸡峰山国家森林公园】 位于甘肃省陇南市成县县城西南15千米，属西秦岭余脉，山势险峻，松林繁茂。因峰美、水秀、洞奇而得名。据传秦始皇曾登临此山，山间多建寺庙，其中光祥寺始建于北宋，多年以来，兴废更迭，已成为陇南及周边地区佛事活动重要场所。总面积42平方千米，其中林地面积约3.33平方千米。植被以华山松、油松、落叶松为主，间有经济树种红青岗、水柏等。野生动物有羚羊、梅花鹿、金鸡等。1999年，列入国家级森林公园。

【甘肃渭河源国家森林公园】 位于甘肃省定西市渭源县莲峰镇，在渭河以南，由莲峰山、首阳山、天井峡、石门水库等景区组成，总面积79.17平方千米。地处陇西台地黄土高原西部及秦岭地槽西端交会地带，土壤有高山草甸土、亚高山草甸土、灰褐土、黑土、红土等，森林覆盖率61.17%，植被属针阔叶混交林和乔灌木混交林，属温带大陆性气候区，有植物约99科573种，有野生动物近百种。2000年，列入国家级森林公园。

【甘肃官鹅沟国家森林公园】 位于甘肃省陇南市宕昌县城郊，由官珠沟、鹅嫚沟、木隆沟、庙沟等景区组成。总面积420平方千米，森林覆盖率75.1%。公园集森林景观、草原景观、地貌景观、水体景观、天象景观等自然景观和人文景观于一体。湖泊如珠、峡谷如线、瀑布如织，动植物分布多样，生态环境优美，自然景观奇特。公园内居住有藏、羌民族，保留着独特的服饰、风俗，亦是民俗游的好去处。2003年，列入国家级森林公园。

【甘肃贵清山国家森林公园】 位于甘肃省定西市漳县南部70千米处。总面积21.80平方千米，有1000多种珍贵动植物。其中，冷杉、云杉等树木距今有上千年历史，有党参、当归、贝母、红芪、黄芪等上百种中草药和罕见的野生拐枣、剑子及多种奇花异草。有狗熊、麝、豹、鹿、野猪、狐狸、锦鸡等动物。由东西两大景区组成，东为贵清山，西为遮阳山，东西对峙，交相辉映。1996年，列入国家级森林公园。

【甘肃大峡沟国家森林公园】 位于甘肃省甘南藏族自治州舟曲县白龙江南岸，属舟曲县九二三林场天然林保护区，距313省道4千米，距舟曲县城8.5千米。总面积40.7平方千米，其中林地面积34.93平方千米，森林覆盖率85.8%，海拔1824~3278米，气候及植被垂直分布明显。2005年，列入国家级森林公园。

【甘肃沙滩国家森林公园】 位于甘肃南部、岷山北麓的甘南藏族自治州舟曲县武坪乡境内。属岷山山脉，东邻武都区，南与九寨沟接界。总面积约300平方千米。最高海拔4356米，相对高差2500米，地势陡峻，沟谷狭窄。属温带、寒温带高寒湿润气候。植物群落完整，植被分布明显，森林景观独特，有珍稀野生动物。在不同海拔依次分布阔叶林、针阔混交林、针叶林和高山杜鹃林，林线之上则是高山草甸、裸岩和千年不化的冰雪。2003年，列入国家级森林公园。

【甘肃莲花山国家森林公园】 位于甘肃省甘南藏族自治州、临夏回族自治州和定西市交界处，总面积125.33平方千米。公园历史久远，民俗独特，人文古迹、历史传说俯拾皆是，是中国鲜有的儒释道三教合一圣地。景区中心莲花山早在南北朝时就有道教、佛教在此活动，古时即有"西崆峒"之称，为道教五大洞天之一，因广成子在此修道成仙而声名远扬；藏族又因莲花生大师来此而称之"白玛山"，意即"莲花山"。2005年，列入国家级森林公园。

【河南寺山国家森林公园】 位于河南省南阳市西峡县，地处秦岭山脉东段，西北-东南走向。总面积56平方千米，森林覆盖率88%。属亚热带向暖湿带过渡区，植被为暖温带落叶阔叶林向北亚热带常绿落叶混交林的过渡区，1992年，列入国家级森林公园。

【河南亚武山国家森林公园】 位于河南省三门峡市灵宝市境内。因仅次于湖北武当山而得名。地处秦岭主脊北部最高峰，海拔2414米，总面积约100平方千米，绿地覆盖率95%，动植物种类繁多，是一处可供游览、避暑、科研的山岳型风景区。1992年，列入国家级森林公园。

【河南龙峪湾国家森林公园】 位于河南省洛阳市栾川县东南部，地处秦岭东段伏牛山北坡主脊地带，地势西南高东北低，气候属亚热带与温暖带过渡地带，最高峰鸡角尖海拔2219米。总面积约18.33平方千米，森林覆盖率98.6%。植被以天然次生落叶阔叶林为主，因独特的地理位置、气候条件、造就了丰富珍奇的多样性动植物种类。1994年，列入国家级森林公园。

【河南甘山国家森林公园】 位于河南省三门峡市陕州区，地处豫、秦、晋3省交界处。总规划面积78.6平方千米，森林覆盖率98%。园内动植物资源种类繁多，已开发了水上乐园、森林游憩区、红叶观赏区、甘山文化区5个景区。2000年，列入国家级森林公园。

【河南淮河源国家森林公园】 位于河南省南

阳市区北20千米桐柏县境内，地处豫、鄂两省交界处桐柏山脉中段北麓，是千里淮河发源地。内有太白顶、桐柏山、田王寨、半站山等4个森林区域。总面积约49.24平方千米，森林覆盖率98%，园内动植物资源种类繁多。2002年，列入国家级森林公园。

【河南玉皇山国家森林公园】 位于河南省三门峡市卢氏县，地处秦岭余脉主支伏牛山系，最高处玉皇尖海拔2057.9米。由长岭根、大块地、扁担沟、骑马沟等景区组成，属温带季风性气候区。总面积29.82平方千米，森林覆盖率98%。有植物1800余种，动物400余种。2003年，列入国家级森林公园。

【河南燕子山国家森林公园】 位于河南省三门峡市灵宝市东南部，地处豫西丘陵山区，地势为北低南高，海拔800~1497米，主峰海拔1497米，属暖温带大陆性季风气候区。总面积47.76平方千米，森林覆盖率96%。植被以暖温带落叶阔叶林为主，是集生态观光、休闲度假、森林人家、拓展训练于一体的风景区。2006年，列入国家级森林公园。

【河南石漫滩国家森林公园】 位于河南省平顶山市舞钢市南部，地处伏牛山东麓、黄淮平原西侧，隶属国有石漫滩林场。总面积53.33平方千米，森林覆盖率99.5%。有丰富的水资源和良好的森林植被，气候宜人，山清水秀，有"北国小江南"之誉。1992年，列入国家级森林公园。

【河南大苏山国家森林公园】 位于河南省信阳市光山县，距光山县城22千米。属亚热带向暖温带过渡地带，主要由大苏山、龙首山、王母观3个片区组成。总面积27.89平方千米，森林覆盖率92.3%。分布有马尾松、杉木林、栓皮栎、枫杨等群落，植物约891种，动物300多种。大苏山是一座生态福地、文化高山，核心区域内的千年古刹净居寺是佛教天台宗的发祥地、始祖庭。2015年，列入国家级森林公园。

【河南黄柏山国家森林公园】 位于河南省信阳市商城县南部大别山腹地，豫、鄂、皖3省交界处，素有"鸡鸣闻三省"之称。总面积40.11平方千米，森林覆盖率97%，分为九潭谷山水观光区、九峰尖登山探险区、大牛山森林沐浴区、界巴冲生态游览区、黄柏山佛教文化区5个景区。境内山清水秀，沟谷幽深，溪水长流，潭瀑众多，动植资源丰富。国家保护动物白冠长尾雉、商城肥鲵为公园独有，有2株千年古银杏。2006年，列入国家级森林公园。

【河南天池山国家森林公园】 位于河南省洛阳市嵩县西北部熊耳山区。主峰王莽寨海拔1859.6米，因峰顶有上、中、下3大自然天池，故名天池山。主要有飞来石、天池、玉女溪、韩王墓、二郎沟5大景区。总面积17.16平方千米，森林覆盖率98.57%。园内有乔、灌木约71科1800余种，动物约184种，是渝东至今保存最完好的原始森林之一。2004年，列入国家级森林公园。

【河南金兰山国家森林公园】 位于河南省信阳市新县境内，地处大别山南麓。由金兰山及连康山、西大山、九龙潭4大景区组成。地处北亚热带向暖温带过渡地带，属大陆性湿润季风气候，四季分明，雨量充沛，光照充足，主峰金兰山768米。总面积33.33平方千米，森林覆盖率98.1%，是以森林生态和人文景观为主的自然风景区。2003年，列入国家级森林公园。

【河南铜山湖国家森林公园】 位于河南省驻马店市泌阳县境内，南依桐柏山，东连确山，北和伏牛山遥遥相望，驻马店至南阳的高等级公路横贯境内。属北亚热带与暖温带过渡带，动植物资源十分丰富，被誉为河南省的"植物标本库"。海拔632.6米，原名大复山，因汉代邓通在此铸钱而得名。分为铜山、铜山湖、云雾峰3个景区，总面积19.96平方千米。汇集山峦、湖水、岛屿、潭瀑、洞穴、寺庙、革命遗址、神话传说、历史故事等风景名胜和文化资源。2002年，列入国家级森林公园。

【河南南湾国家森林公园】 位于大别山北麓信阳市浉河区，距离信阳市7千米。属大别山北侧的低山丘陵地带，山势西高东低，东北地势起伏平缓，南部和西部地势起伏大。总面积28.1平方千米。境内最高峰四望山，海拔906.2米，为淮河支流泗河的发源地。近百座岛屿形成类型多样、地域特色突出、功能完整、质量优异的森林植被，青山绿水，浑然一体。幽、翠、形、色、声、香、古、奇，异彩纷呈。1996年，列入国家级森林公园。

【河南白云山国家森林公园】 位于河南省洛阳市嵩县西南部伏牛山原始林区，为秦岭山系东段余脉伏牛山核心区域。公园白云林海，山俊石奇，飞瀑流泉，既有北国山水的雄伟，又有南方景色的秀丽。1992年，列入国家级森林公园。

【河南薄山国家森林公园】 位于河南省驻马店市确山县境内，北距驻马店市42千米，南到信阳市60千米，紧邻京珠高速公路和107国道。总面积60平方千米，其中水面20平方千米，森林覆盖率92%以上，森林植被资源丰富。园内群岭青翠，森林茂密，集古、幽、险、秀、奇于一体。是中央电视台《西游记》《长征》外景拍摄地。主要景点景观有湖心岛、灵龟岛等数十处。1992年，列入国家级森林公园。

【河南嵖岈山国家森林公园】 位于河南省驻马店市遂平县，属伏牛山余脉，具有奇特的地质景观。总面积24.30平方千米，森林覆盖率95%，属亚热带湿润的大陆性季风型气候。公园有9大景区、9大名峰、9大名洞、9大奇石、9大名棚、6大名珠。南山、北山、密蜡山、六峰山砥石而立，秀蜜湖、琵琶湖、百花湖、天磨湖点缀其间，构成一幅奇特秀美的美丽风光画卷。2004年，列入国家级森林公园。

【湖北鹿门寺国家森林公园】 位于湖北省襄阳市襄州区南部，核心景区由鹿门山、霸王山、香炉山、狮子山和李家山等环绕而成。属北亚热带大陆型季风气候区，总面积18.67平方千米，森林覆盖率84%。植被属北亚热带常绿、落叶阔叶混交林地带。1992年，列入国家级森林公园。

【湖北神农架国家森林公园】 位于湖北省神农架林区西北部，由天燕景区、古犀牛洞景区组成，是以原始森岭风光为背景，以神农氏传说和纯朴的山林文化为内涵，反映原始悠古、猎奇探秘为主题的原生态旅游区。最高峰神农顶海拔3105.4米。总面积133.33平方千米。1992年，列入国家级森林公园。

【湖北薤山国家森林公园】 位于鄂西北山地东部边缘，汉江中游西岸，东与老河口、襄阳隔汉江相望，北依丹江口市，西接房县、南与保康、南漳毗邻。属亚热带温湿季风气候区，年均气温12℃，年降雨量1419毫米。总面积45.33平方千米，森林覆盖率93%。植被类型为亚热带常绿阔叶林。1994年，列入国家级森林公园。

【湖北沧浪山国家森林公园】 位于湖北省十堰市郧阳区境内，地处汉江以南北亚热带气候区，平均气温14℃，最高气温33℃，最低气温零下21.5℃，年均气温在15℃～18℃。总面积74.67平方千米，森林覆盖率92%，植被类型为北亚热带常绿阔叶、落叶林。2008年，列入国家级森林公园。

【湖北牛头山国家森林公园】 位于湖北省十堰市，地处秦巴山余脉，地形南高北低，最高处牛头山顶峰海拔1155.9米，属亚热带季风气候区，是一座集休闲、避暑、赏景于一体的森林公园。总面积18.4平方千米，森林覆盖率93.59%。2009年，列入国家级森林公园。

【湖北诗经源国家森林公园】 即房县五台山森林公园，以房县诗经文化命名，位于湖北省房县县城东南33千米。总面积82.8平方千米，森林覆盖率83.5%。重点保护原始次生林以及鸟类生态栖息环境，国家Ⅱ级以上保护动物10多种。2010年，列入国家级森林公园。

【湖北九女峰国家森林公园】 位于湖北省十堰市竹山县南部，距竹山县城30千米。由文家山、九女峰组成，属秦岭大巴山余脉。总面积34.21平方千米，森林覆盖率97%。园内生物资源丰富，享有"天然动植物园"美称，现存2000多种动植物，其中国家级珍稀保护植物红豆杉、珙桐、鹅掌楸等31余种，猕猴、黑熊、豹、林麝等国家野生保护动物43种。2010年底，竹山县将原九华山省级森林公园与武陵峡景区合二为一，成立九女峰森林公园。2012年，列入国家级森林公园。

【湖北偏头山国家森林公园】 位于湖北省十堰市竹溪县境内，跨竹溪县标湖林场、城关镇、中峰镇、蒋家堰镇、鄂坪乡。属北亚热带大陆性温湿季风气候区，年平均气温14.4℃，全年无霜期210天，年均降雨量973毫米。总面积31.32平方千米，森林覆盖率92%，植被类型为亚热带常绿阔叶林。2012年，列入国家级森林公园。

【湖北丹江口国家森林公园】 位于湖北省十堰市丹江口市境内，地处南水北调丹江口库区水源区周边，属北亚热带季风气候区。总面积177.73平方千米，森林覆盖率91.2%。是集水源保护、生态观光、养生度假、科普教育、户外运动、森林体验等功能于一体的森林公园。2013年，列入国家级森林公园。

【湖北汉江瀑布群国家森林公园】 位于湖北省十堰市郧西县境内，由瀑布群片区和爱情谷片区构成。总面积56.8平方千米，森林覆盖率90%。有野生植物1600余种，有野生动物100余种。2014年，列入国家级森林公园。

【湖北岘山国家森林公园】 位于鄂西北汉水中游襄阳市区南部，羊祜山、虎头山、琵琶山、真武山、凤凰山等多个山体组成。地处亚热带季风气候区，无霜期228～249天，年降水量820～1100毫米，相对湿度76%。总面积17.59平方千米，森林覆盖率93%。植被类型为北亚热带常绿、落叶阔叶混交林。1992年成立，原名张公祠省级森林公园。2015年，列入国家级森林公园。

【湖北千佛洞国家森林公园】 位于湖北省荆门市十里牌林场，环抱荆门市中心城区。自古有"荆楚门户、控制要冲"之称，地理位置优越，进出便利。由东宝山、将军山、大台山、何家山、庙山、罗汉山、青山等山体组成，主峰东宝山海拔235.4米。总面积6.89平方千米，森林覆盖率85.3%。2005年，列入国家级森林公园。

【湖北大洪山国家森林公园】 位于湖北省中北部，西临襄（阳）钟（祥）江汉谷地，东接涢水河谷。总面积17.56平方千米，森林覆盖率85%，植被类型为北亚热带落叶、常绿阔叶林带。内有景区11个，景点97处，景物景观3410个。2006年，列入国家级森林公园。

【湖北大别山国家森林公园】 位于湖北省黄冈市罗田县，北接河南省信阳市，东连安徽省六安市。总面积2625.54平方千米，分设天堂寨大别雄风自然风光游览区、青台关古关名刹游览区、薄刀峰避暑休闲游览区、九资河大别山田园风光游览区、天堂湖水上乐团等5个景区，蕴藏着极为丰富的森林景观资源。常年降雨量1350毫米，有野生植物约1487种，动物约634种。1996年，列入国家级森林公园。

【湖北五脑山国家森林公园】 位于湖北省黄冈市麻城市，五脑山由凤凰脑、鸳鸯脑、黄狮脑、双虎脑、金狮脑5座群山组成。总面积21.53平方千米，森林覆盖率95%。园内山峰连绵起伏，气候宜人，名胜古迹众多，是百鸟家园和天然氧吧。有白云台、五脑山茶花园、霸王寨烽火台等主要景点，是一个以森林观光、科普、涵养为主导，以休闲、度假、朝圣、寻根为辅的城市森林公园。2008年，列入国家级森林公园。

【湖北素山寺国家森林公园】 位于武汉市黄陂区长轩岭街道，因山峰之巅有一座寺庙名曰素山寺而得名，原为县办国营林场。总面积16.67平方千米，森林覆盖率98%，各种珍贵动植物1000余种，有国家二级珍稀保护动植物山柏、檫树、麂子、大鲵等，还有2000多种亚热带和温带植物，有武汉市"小神农架"之称。1962年，成立黄陂国有素山寺林场。1993年，列入国家级森林公园。

【湖北虎爪山国家森林公园】 位于湖北省荆门市京山市，距京山市城区28.5千米，东西长16千米，南北宽3.5千米，总面积36平方千米，森林覆盖率90.3%。公园集自然景观、人文景观、天象景观之精华，融奇花异木、珍禽异兽、洞溪瀑布、文物古迹于一体。内有虎爪山、朱家冲、鲤鱼垱3大景区53处景点，为度假、休闲、避暑胜地。2008年，列入国家级森林公园。

【湖北太子山国家森林公园】 位于湖北省荆门市京山市，鄂中江汉平原与大洪山余脉交会处。海拔300～1000米，年降水量800毫米以上。总面积79.3平方千米，森林覆盖率80.4%。有常绿或落叶针叶林、阔叶林、林下植被等约138科、204属近400种。生态环境优美，自然资源丰富，人文景规独特，历史蕴含丰厚，集旅游观光、休闲度假、考古探秘、科普教育、生产科研等功能于一体。2002年，列入国家级森林公园。

【湖北双峰山国家森林公园】 位于湖北省孝感市孝昌县，大别山南麓，江汉平原北部，孝感市东北部，孝昌县东部，东南与武汉市黄陂区为邻，系大别山余脉，自古有"仙源"之称。总面积13.57平方千米，森林覆盖率89%。前身为国有孝感市双峰林场，是武汉周边景点最多、面积较大的森林公园。2005年，列入国家级森林公园。

【湖北吴家山国家森林公园】 位于湖北省黄冈市英山县境内北部、大别山南麓，北接安徽省金寨、霍山县，东邻安徽省岳西、太湖县，南连湖北省蕲春、浠水县，西与罗田县接壤。属亚热带暖温湿润季风区，年平均气温12.5℃，年均降雨量1400毫米，年平均降雨天数156天，无霜期261天。总面积58.73平方千米，森林覆盖率96%。森林植被类型为亚热带常绿、落叶阔叶混交林带，境内森林公园素有"鄂皖咽喉、江淮要塞"之称。2004年，列入国家级森林公园。

【湖北红安天台山国家森林公园】 位于湖北省黄冈市红安县境内。由天台山主峰、对天河漂流、天台寺、艾河风情峡谷、九焰山和香山湖6大景点组成。总面积120平方千米，植被覆盖率90%，森林覆盖率80%，绿色资源得天独厚。平均海拔680米，主峰海拔817米，夏季平均气温22℃，是理想的避暑胜地。2003年，列入国家级森林公园。

【湖北中华山国家森林公园】 位于湖北省随州市广水市。公园山水风光秀丽，奇峰怪石林立，寺庙历史悠久，古堡寨墙众多，有"九峰、七寨、五寺、一百零八岭"之称。总面积69.27平方千米，绿色植物覆盖率100%。动植物资源丰富，是集森林旅游、疗养避暑、观光度假为一体的旅游胜地，是鄂北重要的生态保护区。2002年，列入国家级森林公园。

【湖北三角山国家森林公园】 位于湖北省黄冈市浠水县大别山南麓，东部与湖北省蕲春县交界。因园内三柱奇峰状如兽角，突兀苍穹而得名，素有黄州府"笔架山"之称。总面积64平方千米，有大小山峰28座，主峰海拔1055米。公园建有紫云禅寺、耕园、翠园、灵秀山家园、三峰尖5个景区，以雄、奇、幽、秀而闻名遐迩。2002年，列入国家级森林公园。

【湖北龙门河国家森林公园】 位于湖北省宜昌市兴山县。距三峡大坝坝址80千米。是国家级探险旅游线宜昌－兴山－神农架自然保护区－巴东神农溪旅游区的腹地。209国道、香溪河穿此公园而过，交通便利。总面积46.44平方千米，园内气候、土壤、植被等都具有南北过渡的特征，被植物学家誉为"天然林木园"。有珙桐、紫茎、兴山榆等珍稀树种和大鲵、金丝猴、林麝、红腹锦鸡国家一二类保护野生动物。1993年，列入国家级森林公园。

【湖北大口国家森林公园】 位于湖北省荆门市钟祥市，地处大洪山风景区南麓，距钟祥郢中城区30千米。属亚热带季风气候，雨量充沛，年平均气温15.9℃，园区以低山地貌为主，平均海拔350米。总面积15.9平方千米，森林覆盖率90%。主要植被为落叶阔叶林和针阔混交林。1995年，列入国家级森林公园。

【湖北白竹园寺国家森林公园】 位于湖北省襄阳市枣阳市，属桐柏山脉，距枣阳市市区45千米，北与河南省唐河、桐柏县接壤，东与湖北省随州市毗连，西南与枣阳市新市镇交界，以白竹园寺国有林场为基础。属北亚热带大陆季风气候，季风明显，四季分明，冬干夏湿，无霜期长。总面积30.52平方千米，森林覆盖率97.9%。植被类型为北亚热带常绿落叶阔叶混交林带。2015年12月，列入国家级森林公园。

【安徽天堂寨国家森林公园】 位于安徽省六安市金寨县西南部，地处大别山腹地、鄂皖两省交界处。主峰天堂寨海拔1729.13米，为大别山第二高峰。总面积120平方千米，系华东、华中、华北3大植物区系交会中心，第四纪冰川孑遗植物避难所，森林植被属南暖温带向北亚热带过渡的典型类型，为亚热带落叶阔叶混交林，植被垂直地带分布规律明显。公园内雄关漫道，崇山峻岭，龙潭飞瀑，奇松怪石颇多，气势雄伟壮观。1992年，列入国家级森林公园。

【安徽万佛山国家森林公园】 位于安徽省六安市舒城县西南，距合肥市140千米。地处北亚热带湿润季风气候，年平均气温13.6℃，年降水量1574毫米，主峰海拔1480米。总面积20平方千米，森林覆盖率96.4%，植被类型为亚热带常绿阔叶林带，负氧离子含量高，有"皖西绿色明珠"和"大别山动植物资源宝库"之称。2002年，列入国家级森林公园。

【安徽天柱山国家森林公园】 位于安徽省安庆市潜山市境内，因其主峰"一柱擎天"而得名。天柱峰海拔1489.8米。属北亚热带季风气候区。总面积304.02平方千米，森林覆盖率97%以上，植被类型多为亚热带常绿阔叶林和暖温带落叶阔叶林。公园以自然景观和文化资源著称，有花岗岩美景，也有世界级地址遗址与新石器晚期文化遗产、禅宗文化、戏曲文化等人文景观交相辉映。1992年，列入国家级森林公园。

【安徽大龙山国家森林公园】 位于安徽省安庆市北郊，地处北亚热带湿润季风气候区，属暖温带落叶阔叶林与亚热带常绿阔叶林自然分布的过渡地带，植被以人工林为主，最高峰海拔693.4米。总面积40.18平方千米，森林覆盖率89%，是一处以森林、山岳、奇峰、异石等自然景观为主，人文景观为辅的国家级森林公园。1992年，列入国家级森林公园。

【安徽妙道山国家森林公园】 位于安徽省安庆市岳西县西南部，在茅山、店前、河图3乡镇交界处。因是佛教禅宗临济祖师寓修地，被人称为"妙光善道"，而主峰海拔1462米，属北亚热带湿润性季风气候区。总面积30平方千米，森林覆盖率98%，植被多为天然次生林。1992年，列入国家级森林公园。

【安徽石莲洞国家森林公园】 位于安徽省安庆市宿松县，地处大别山余脉，地貌以低山为主，属亚热带湿润季风气候区。总面积14.79平方千米，森林覆盖率97.6%，是以森林景观为主，自然景观为依托，兼有城市娱乐区功能的综合型森林公园。1992年，列入国家级森林公园。

【四川米仓山国家森林公园】 位于四川省巴中市南江县北部，地处秦巴山区（秦岭－大巴山）米仓山南麓，由牟阳故城、十八月潭、万字格等景区组成。属亚热带大陆性季风气候区，主峰光雾山海拔2507米。总面积401.55平方千米，森林覆盖率97.3%，植被属亚热带山地常绿与落叶阔叶林带。2002年，列入国家级森林公园。

【四川空山国家森林公园】 位于四川省巴中市通江县境内，地处四川盆地东北缘的米仓山东段南缘。由挂宝岭、天香峰、鹰爪岭、空山坝、猴子岩等5大景区56个景点组成。属中亚热带湿润季风气候区，最高处红寺岭海拔2117米。总面积115.11平方千米，森林覆盖率90.6%，植被以针叶阔叶混交林、落叶阔叶林为主。2004年，列入国家级森林公园。

【四川宣汉国家森林公园】 位于四川省达州市宣汉县柏树镇境内。由观音山省级森林公园、峨城竹海省级森林公园、五马归槽景区组成，是秦巴山区生物多样性保护区。总面积46.21平方千米，森林覆盖率95%。园内地文、水文、人文、生物、天象资源丰富。2015年，列入国家级森林公园。

【重庆小三峡国家森林公园】 位于四川盆地东部边缘巫山县境内，与小三峡、长江大三峡毗邻，由龙门峡、巴雾峡、滴翠峡三段峡谷和小小三峡景区组成，是长江三峡风景名胜区的重要组成部分。全长60千米，总面积约370平方千米，其中游览区面积235平方千米。1993年，列入国家级森林公园。

【重庆红池坝国家森林公园】 位于重庆市巫溪县西北角，距巫山县城84千米，地处亚热带气候区，是中国西南部较大的高山草场，也是重庆旅游一张新的亮丽名片。公园生态资源和人文资源得天独厚，森林、草场总面积253.8平方千米，森林、草场总覆盖率90%，植被类型为常绿阔叶林、针叶林和落叶阔叶林、针阔混交林、灌丛及草甸。2002年，列入国家级森林公园。

【重庆雪宝山国家森林公园】 位于重庆市开州区北部，距重庆市330千米，与巫溪红池坝国家森林系同一山脉。地处亚热带湿润气候向暖温带过渡区，是一个生态多样、特色突出的复合型森林公园。总面积184.08平方千米，植被类型为中亚热带湿润常绿阔叶林。园区保存较大面积的自然森林和草甸植被，植被物种组成丰富。因特有的地理位置、植被类型、众多野生动植物资源及绚丽的自然景观，其自然综合体具有很高的科学意义和保护价值，是我国重要的生物资源战略基地。2002年，列入国家级森林公园。

【重庆九重山国家森林公园】 位于重庆市城口县庙坝镇境内，大巴山脉南麓，距城口县城22千米。地处亚热带温湿气候区，年平均气温为12.0℃，年平均日照时数为1267.3小时。总面积100.89平方千米，森林覆盖率85%，植被类型为阔叶林、针叶林。由九重山、卧龙草场和48个青草塘组成3大景区，景色各异，自然天成。2004年，列入国家级森林公园。

世界/国家地质公园

【概述】 地质公园是以具有特殊地质科学意义，稀有的自然属性、较高的美学观赏价值，具备一定规模和分布范围的地质遗迹景观为主体，并融合其他自然景观与人文景观而构成的一种独特的自然区域。既为人们提供具有较高科学品位的观光旅游、度假休闲、保健疗养、文化娱乐的场所，又是地质遗迹景观和生态环境的重点保护区，地质科学研究与普及的基地。中国的地质公园建设是响应联合国教科文组织建立"世界地质公园网络体系"的倡议，为保护地质遗迹而从2000年开始命名的。秦岭漫长的地质演变史和分布广泛的特殊地质构造，为各级地质公园建设提供了有利条件。本部分将对秦岭山系已获评定的世界级和国家级地质公园进行系统介绍。

世界地质公园

【陕西秦岭终南山世界地质公园】 位于秦岭中段，距离西安市中心25千米。总面积1074.85平方千米。地处中国南北大陆板块碰撞拼合的主体部位，公园由翠华山山崩地貌园区、骊山裂谷地垒构造园区、冰晶顶韧性剪切带与构造混合岩化园区、玉山岛弧型花岗岩峰岭地貌园区、南太白板块碰撞缝合带与第四纪冰川园区等5个各具特色主题又互相联系的园区组成。公园内最突出的是造山带地质遗迹和第四纪地质遗迹，如山崩、第四纪古冰川遗迹等。2009年8月23日，联合国教科文组织列入第五批世界地质公园。

【河南南阳伏牛山世界地质公园】 位于中国中央山系秦岭造山带东部的核心地段。在宝天曼国家地质公园、南阳恐龙蛋化石群国家级自然保护区、宝天曼国家森林公园和世界生物圈保护区、伏牛山国家地质公园和南阳独山玉国家矿山公园的基础上整合而成。属河南省南阳市管辖，行政区划横跨河南南阳所属西峡、内乡、淅川、南召、镇平、邓州等县市。总面积1340.93平方千米，以秋林飞瀑、龙潭沟、七星潭和五道等为代表的潭瀑水体典型景观，以摞石群、峰林、峰丛花岗岩地貌等踪迹景观为核心，以南阳独山玉、内乡县衙、南阳府衙、南阳"四圣"等著名人文旅游景点为补充的综合型世界地质公园。2006年6月，联合国教科文组织列入世界地质公园。

【湖北神农架世界地质公园】 位于湖北省神农架林区的西南部，东望荆襄，南通三峡，西接重庆，北临武当，是典型的构造地貌生态综合型地质公园，总面积1022.72平方千米。公园有神农顶、官门山、天燕、大九湖和老君山5大园区。2013年9月，联合国教科文组织列入世界地质公园。

【湖北黄冈大别山世界地质公园】 位于湖北

省东北部，大别山南麓，长江中游北岸。北接河南省信阳市，东连安徽省六安市，南与江西省九江市、湖北省黄石市、鄂州市隔江相望，西临武汉市、孝感市。公园分为天台山、龟峰山、大别山主峰3个园区，总面积409.22平方千米。2018年4月17日，联合国教科文组织列入世界地质公园。

【安徽天柱山世界地质公园】 位于安徽省安庆市潜山县境内，地处扬子、华北板块接合部位，是大别山超高压变质带重要地段，记录两大板块俯冲、碰撞的演化过程。总面积135.12平方千米，处于北纬30°线上，以全球范围内规模最大、剥露最深、出露最好、超高压矿物和岩石组合最为丰富的大别山超高压变质带的经典地段而享誉世界，是研究大陆动力学的最典型地区之一；以郯庐断裂带上花岗岩地貌闻名于世，尤以崩塌堆垒地貌景观而被专家誉为中国"天柱山型"花岗岩地貌；产出丰富的古新世哺乳类动物化石，被公认为"亚洲哺乳动物发源地之一，古脊动物化石宝库"。2011年9月，联合国教科文组织列入世界地质公园。

【四川光雾山－诺水河世界地质公园】 位于四川省巴中市北部的米仓山地区，分别由光雾山园区与诺水河园区两部分构成。北临陕西汉中，南濒四川盆地，东为大巴山主脉，西接龙门山，跨四川省巴中市南江县、通江县。总面积362平方千米，内有岩溶地貌景观，包括地表和地下岩溶地貌，是中国南北岩溶过渡地区岩溶地貌的典型代表，是研究中国岩溶的理想场所和关键地区。2018年4月，联合国教科文组织批准四川光雾山——诺水河地质公园成为中国第36个世界地质公园。

国家地质公园

【陕西翠华山国家地质公园】 位于陕西省西安市长安区，总面积32平方千米，主要地质遗迹类型为山崩地质遗迹。翠华山属秦岭山脉，由中元古界（距今1.0亿年前）变质杂岩组成，秦岭北麓大断层从北侧通过。该断层仍在活动，其北侧相对下降形成关中平原，南侧抬升形成高高耸立的秦岭，一万年以来平均每年上升1.73～3.4毫米。强烈地断裂活动，加上构成翠华山山体岩石质坚性脆，又处地震带且多暴雨，从而引起山体崩落。这里由于山崩地质作用形成一系列山崩地质景观，如山崩悬崖、山崩石海、山崩地堆砌洞穴、山崩堰塞湖、山崩瀑流及山崩形成的各种造型奇石景观等。山崩地貌类型全、保存完整典型，为国内罕见，堪称山崩地质博物馆。2001年4月，列入国家地质公园。

【陕西华山国家地质公园】 位于秦岭北麓陕西省渭南市华阴市境内，是中华五岳之一。有历史文献显示，中华之"华"源于华山。内有地质遗迹6个大类、12个类、16个亚类，其中3处地质遗迹在全球具有典型性，具有重要的科研科普价值。华山为国家级风景名胜区，2018年2月，列入国家地质公园。

【陕西柞水溶洞国家地质公园】 位于陕西省南部秦岭山中的商洛市柞水县城南13千米，102省道和307省道交会处，磨石沟南4千米的石瓮乡一带，距西安市中心79千米。总面积约17平方千米。自然环境灵秀典雅，景点多而集中，已发现溶洞115个，既有喀斯特溶洞群，又有山清水秀、风光迷人的山峰美姿，是一处以溶洞和自然景色为主的旅游区。2011年11

月，列入国家地质公园。

【陕西商南金丝峡国家地质公园】 位于陕西省商南县秦岭造山系东部南端，具有重要的地质遗迹、地貌景观、生态景观；拥有众多的人文景观，历史文化深厚，是人文与自然、地质与美学完美结合的地质公园。总面积28.6平方千米。2009年8月，列入国家地质公园。

【陕西黎坪国家地质公园】 位于陕西省汉中市南郑区西南部，地处大巴山西段－米仓山南部，总面积72.63平方千米，由黄杨河、石马山和黎坪3个园区组成。黎坪景区是集山景、水景、林景、气候景观、田园景观、人文景观和地质奇观为一体的山岳型森林公园。尤其以中华龙山、石马山、西流河峡谷为主的地质奇观，极具代表性。2010年12月，设立陕西省汉中黎坪地质公园。2018年2月，列入国家地质公园。

【陕西岚皋南宫山国家地质公园】 位于陕西省安康市岚皋县境内，主峰金顶海拔2267.4米，直插云表，旁列两峰，三峰耸峙，形如笔架，故又称笔架山。两侧遍布4.2亿年前火山多次喷发形成的石林，峥嵘嵯峨，鬼斧神工，姿态万千，令人叹为观止。山之南坡，巨石堆垒，冰斗、角峰、围谷、槽谷、冰碛物，面积大，保留完整，为大巴山最典型的遗迹。这种古生代奇异特征是国内罕见的，有极高的旅游和科考价值。2009年8月，列入国家地质公园。

【甘肃天水麦积山国家地质公园】 位于甘肃省天水市东南部，是一座以北方型丹霞地貌、花岗岩地貌，河曲地貌为主体，融合了著名的石窟艺术，丰富的历史人文景观，优美的自然风光及珍贵的动植物资源的大型地质公园。园区为中山地貌，秦岭主脊横旦中部，总体为东北高西南低，海拔1200～2334米，山势陡峻，地形切割较为强烈，多形成高山峡谷、沟壑纵横、层峦叠嶂的地貌景观。2009年8月，列入国家地质公园。

【甘肃宕昌官鹅沟国家地质公园】 位于甘肃省陇南市宕昌县城郊，地处青藏高原东部边缘与秦岭、岷山两大山系支脉交错地带。沟内前13千米为13个色彩斑斓的湖泊，有9道高耸入云的险峻峡谷，有11处从山顶或半山悬崖上直泻而下的大小瀑布，最高处为高山草甸和终年不化的雪山。2014年1月，列入国家地质公园。

【河南灵宝小秦岭国家地质公园】 小秦岭山脉具有独特的地貌特征，尤其是小秦岭腹地的金矿田，是目前世界上发现的唯一特大型变质核杂岩金矿床。小秦岭区内娘娘山周边大型伸展拆离剪切带转折端构造岩石等以及河南省最高峰老鸦岔景观独特，极具典型性。园区面积60平方千米，2009年8月，列入国家地质公园。

【河南内乡宝天曼国家地质公园】 位于河南省南阳市内乡县北部，总面积1087.5平方千米，是中国21个世界生物圈保护区之一、南阳伏牛山世界地质公园组成部分，公园自北向南依次出露着造山代演化进程中不同地质时期形成的地质遗迹特点，又以原始森林和众多的野生动植物而饮誉中原。2002年2月，列入国家地质公园。

【河南嵖岈山国家地质公园】 位于河南省驻马店市遂平县西部伏牛山延余脉，是典型的花岗岩地质地貌景观园区。大地构造位于中国中央造山系秦岭造山带华北地块南缘构造带东段。山体由距今1.4亿～1.2亿年的燕山期岩浆熔融侵入岩体冷凝后形成的花岗岩组成，花岗岩体是秦岭造山带构造演化留下的地质遗迹。2004年2月，列入国家地质公园。

【河南金刚台国家地质公园】 位于河南省信阳市商城县东南部。为大别山在河南境内的主峰，海拔1584米。公园由金刚台景区和汤泉池景区组成，地质景观有火山锥、火山口、峰林、峡谷、峰丛、孤峰、峰墙、长崖、"V"形峡谷、裂隙谷、"U"形谷、一线天、断崖和瀑布等，是一个以奥陶系红色碳酸盐岩组成的石林为特色，以及岩溶峡谷、溶洞、湖泉、瀑布地貌景观的综合型地质公园。2005年8月，列入国家地质公园。

【河南汝阳恐龙国家地质公园】 位于河南省汝阳县中南部，属于伏牛山北麓，汝河上游，由恐龙化石园区和西泰山园区构成，总面积71.17平方千米，是一座以恐龙化石、花岗岩地貌为主的综合型地质公园。公园内的汝阳恐龙地质博物馆位于刘店镇洪岭村，占地面积约3100平方米，是一处集恐龙化石遗址保护、科普展示、恐龙娱乐为一体的博物馆。由序厅、恐龙科普长廊、恐龙遗址展示、恐龙娱乐以及影视厅等5部分组成。2011年11月，列入国家地质公园。

【河南尧山国家地质公园】 位于河南省平顶山市鲁山县境内，地处伏牛山东麓，由尧山花岗岩地貌、圣人垛水体景观和三汤温泉群3个园区组成，总面积156.21平方千米。公园处于秦岭造山带的重要构造部位，有着极其复杂的演化历史，先后经历地壳"中岳运动""嵩熊运动""卢临运动""叶舞运动"，并受喜马拉雅山造山运动影响，在长期风化剥蚀和沧桑变迁中逐渐形成。2011年11月，列入国家地质公园。

【湖北神农架国家地质公园】 位于湖北省神农架林区的南部，大巴山山脉。平均海拔1800米以上，神农顶海拔3105米。总面积954.9平方千米。地质遗迹有山岳冰川、流水及岩溶等多种地貌景观；同时还有白化动物奇观、远古人类旧石器遗址等。大九湖景区以发育冰川地貌和高山草甸为特色；板桥景区以侵蚀构造地貌为主；神农顶景区展示壮丽山岳地貌；天燕景区峡谷与岩溶地貌发育；香溪源景区以峡谷、河源景观为特色；老君山景区发育断裂构造与水体景观。2005年8月，列入国家地质公园。

【湖北武当山国家地质公园】 位于湖北省十堰市武当山旅游经济特区，总面积312平方千米。处于南秦岭造山带的核心部位，武当山逆冲推覆构造系，具洲际典型对比意义。园区以武当山为主体，是一座集科学研究、科普教育、旅游观光、休闲度假、养生保健、自然生态景观与古建筑群相交融等美学价值于一体的综合性地质公园。2009年8月，列入国家地质公园。

【湖北郧阳区恐龙蛋化石群国家地质公园】 位于湖北省十堰市郧阳区柳陂镇青龙山，汉江中上游秦巴山区，郧阳区地质构造位置处于秦岭褶皱系的东端南缘，区域内从元古以来经历过晋宁运动、海西运动、燕山－喜马拉雅运动等3个阶段。其中，燕山-喜马拉雅运动直接影响着恐龙的生存、繁衍、恐龙蛋的保存以及后来的暴露状态。区域内出露的地层主要有中元古界武当山群，新元古界埃迪卡拉系耀岭河群、陡山沱组与灯影组，中生界上白垩统。其中，新元古界埃迪卡拉系陡山沱组产郧阳区大理岩，中生界上白垩统紫红色砂砾岩层埋藏着恐龙骨架、恐龙蛋化石。青龙山恐龙蛋化石群，是目前国内外已发现的自然属性强、保存好的蛋化石群，它所具有的典型性、稀有性、自然性、系统性和完整性以及鉴赏价值，是目前国内外其他已发现恐龙蛋化石地区难以媲美的。2005年8月，列入国家地质公园。

【湖北黄冈大别山国家地质公园】 位于湖北省东北部，大别山南麓，长江中游北岸。北接河南省信阳市，东连安徽省六安市，南与江西省九江市、湖北省黄石市、鄂州市隔江相望，西临武汉市、孝感市。分为天台山、龟峰山、大别山主峰3个园区。总面积409.22平方千米。2009年8月，列入国家地质公园。

【湖北远安化石群国家地质公园】 位于湖北省远安县境内，总面积500平方千米。其核心区为鸣凤镇鹰子山、茅坪场镇茅坪场村、河口乡张家湾；外围区包括鸣凤山、鹿苑寺、金家湾、太清洞、观音洞、回马坡等；延伸区包括荷花镇震旦角石、盐池河岩崩、望家怪石坡、灵龙峡漂流、茅坪场大堰原始森林、河口乡樟木大花屋等。该地质公园还包括奇石馆、地质剖面馆等展馆。2018年2月，列入国家地质公园。

【安徽天柱山国家地质公园】 位于安徽省安庆市潜山县境内，地处扬子、华北板块接合部位，是大别山超高压变质带重要地段，记录两大板块俯冲、碰撞的演化过程。总面积135.12平方千米，以郯庐断裂带上花岗岩地貌闻名于世，尤以崩塌堆垒地貌景观而被专家誉为中国"天柱山型"花岗岩地貌；产出丰富的古新世哺乳类动物化石，被公认为"亚洲哺乳动物发源地之一，古脊动物化石宝库"。2005年8月，列入国家地质公园。

【安徽大别山（六安）国家地质公园】 位于大别山横亘鄂、豫、皖3省交界处，西临河南，南接湖北，由金寨县天堂寨、燕子河大峡谷，霍山县铜锣寨、白马尖、佛子岭，舒城县万佛湖、万佛山，金安区的东石笋、嵩寮岩、皖西大裂谷11个园区组成，总面积450平方千米，其中白马尖海拔1774米，是大别山第一峰；天堂寨海拔1729.1米，是大别山第二峰。2005年8月，列入国家地质公园。

【四川光雾山—诺水河国家地质公园】 位于四川省巴中市北部的米仓山地区，分别由光雾山园区与诺水河园区两部分构成，总面积362平方千米。北临陕西汉中，南濒四川盆地，东至大巴山主脉，西接龙门山，跨四川省巴中市南江县、通江县，行政区划隶属于巴中市。公园内最具震撼力的景观是岩溶地貌景观，包括地表和地下岩溶地貌，是中国南北岩溶过渡地区岩溶地貌的典型代表，是研究中国岩溶的理想场所和关键地区。2009年8月，列入国家地质公园。

【四川大巴山国家地质公园】 位于大巴山南麓，川、陕、鄂、渝4省（市）交会部的中心地带，总面积218.5平方千米，由八台山和百里峡两个相对独立园区组成。位于扬子地台北缘、四川盆地与秦岭造山带的过渡部位，中国独特而重要的大巴山弧形构造带上，属古特提斯构造域的北侧重要分支。2009年8月，列入国家级地质公园。

【四川青川地震遗迹国家地质公园】 位于四川省广元市青川县内，其主体部分东河口地震遗址公园于2008年11月开园。东河口地震遗址公园呈"Y"形布局，集中连片近50平方千米，是汶川大地震中地质破坏形态最丰富、地震堰塞湖数量最多最为集中的地球应力爆发形成的地震遗址群。是首个反映"5·12"汶川大地震遗迹的地质公园。2011年11月，列入国家地质公园。

国家级水利风景区

【概述】 水利风景区是以水域(水体)或水利工程为依托，具有一定规模和质量的风景资源与环境条件，可以开展观光、娱乐、休闲、度假或科学、文化、教育活动的区域。国家级水利风景区有水库型、湿地型、自然河湖型、城市河湖型、灌区型和水土保持型等。秦岭水文资源丰富，以水为依托开发建设的水利风景区分布广泛，数量较多，是亲水型旅游休闲的好去处。

【陕西翠华山国家水利风景区】 位于陕西省西安市长安区太乙宫街道，距西安市中心20千米。总面积32平方千米。翠华山原名太乙山，景区由碧山湖景区、天池景区和山崩石海景区3部分组成。传说有太乙真人在此修炼过，由此得名。翠华山天池又称太乙池，是天然水池，池水面积约5万平方米。2012年，列入国家级水利风景区。

【陕西太白山国家水利风景区】 位于陕西省宝鸡市眉县、太白县，西安市周至县。它是秦岭山脉主峰，也是中国大陆青藏高原以东第一高峰。太白山水资源丰富，其中高山湖泊是太白山著名景观之一。大太白海、二太白海是太白山保存完整的典型冰斗湖，三太白海属冰蚀湖，湖面海拔3485米。玉皇池是太白山最大的冰蚀湖，湖面海拔3380米。2015年，列入国家级水利风景区。

【陕西金龙峡国家水利风景区】 位于陕西省西安市鄠邑区秦岭北麓将军山西侧秦岭72峪之金龙峪（也称曲峪），距西安市中心30千米，环山旅游路和西汉高速路在此交汇。景区以瀑布群落、林海氧吧、大峡风光、九峰叠翠、原始人文为特色，总面积25平方千米。有金龙湾、金龙庙、老君岭、桃花岛、大峡峪、大庙竹海等6大游览区，主要景点100多个。2014年，列入国家级水利风景区。

【陕西嘉陵江源头国家水利风景区】 位于陕西省宝鸡市之南、川陕公路33千米处的秦岭深处，总面积36平方千米，著名的嘉陵江发源于景区内海拔2800多米的嘉陵谷中。新开发景点神河峡谷、幽兰深谷、飞龙盘道，景区内潭瀑交错，奇石遍布，植被丰富。2009年，列入国家级水利风景区。

【陕西黄柏塬国家水利风景区】 位于陕西省宝鸡市太白县境内，总面积896平方千米，包含太白山国家级自然保护区、黄柏塬水生生物国家级自然保护区、牛尾河大熊猫自然保护区。景区内森林、矿产、水能、生物、药材等资源丰富，森林覆盖率96%以上；野生动物种类繁多，是秦岭原始生态旅游区之一。2012年，列入国家级水利风景区。

【陕西青峰峡国家水利风景区】 位于陕西省宝鸡市太白县境内，依托石头河而建，属于自然河湖型水利风景区。总面积43.6平方千米，其中水域面积2平方千米。自然景观具有雄、奇、险、秀、幽的特点，有"7潭18瀑72景观"，包括临芳墅、雾瀑崖、神女峰和鳌山景区。人文传说历史悠久，动植物资源丰富，种类繁多。2014年，列入国家级水利风景区。

【陕西瀛湖国家水利风景区】 位于陕西省安

康市西南18千米处的天柱山脚下，因修建安康水电站，截留汉江后形成了人工淡水湖泊，是西北大型人工湖，素有"陕南千岛湖"之称。总面积102.8平方千米，其中水域面积77.8平方千米，景观资源丰富，水上和岛屿体验项目众多。2004年，列入国家级水利风景区。

【陕西南沙湖国家水利风景区】 位于陕西省汉中市城固县巴山北麓浅山谷口，距汉中市17千米，距城固县城15千米，地处汉中旅游网络中心区。海拔最高处814米，最低处470.8米。南沙湖是一个季节性的淡水湖泊，拥有蓄洪、调洪、运输、养殖、灌溉、旅游等多项功能，具有"高水是湖，低水是河"独特的自然地理景观，每年汛期，河洪水流入湖，湖水漫滩，湖面广阔，形成独特的亚热带湿润季风区湿地生态系统。典型的湖区湿地历来是鹤类、鹳类、天鹅等珍禽的主要越冬栖息地，也是鹭类、燕类等夏季候鸟的栖息地。2007年，列入国家级水利风景区。

【陕西飞渡峡国家水利风景区】 位于大巴山北麓、陕西省安康市镇坪县曙坪镇境内，距离镇坪县城40千米。景区与重庆市城口县、陕西省平利县接壤，地理区位独特。属北亚热带山地湿润气候区，垂直差异大。四季分明，气候温和，年平均气温12.1℃，年平均无霜期250天，具有"冬无严寒，夏无酷暑"的特点。森林覆盖率98%，是珍稀动植物物种繁殖基地和种子基因库。有国家重点保护动物31种，其中，Ⅰ级保护动物有云豹、金钱豹、梅花鹿、金丝猴、金雕等。犹以奇树、怪石、飞瀑、深潭、草甸"飞渡五绝"享有盛誉。2017年，列入国家级水利风景区。

【陕西凤堰古梯田国家水利风景区】 位于陕西省汉中市汉阴县漩涡镇，属于灌区型水利风景区，连片共8平方千米，距今逾250年，总面积38.78平方千米，是目前秦巴山区考古发现面积最大、保存最完整的清代梯田。现已建成全国首个移民生态博物馆。凤堰古梯田为全国重点文物保护单位、国家森林公园、中国最美田园。2014年，列入国家级水利风景区。

【陕西乾佑河源国家水利风景区】 位于秦岭东段南坡的乾佑河源头——陕西省商洛市柞水县营盘镇，属于自然河湖型水利风景区。总面积21.2平方千米，其中水域面积2平方千米。包括游客综合服务区、羚牛谷山水观光游憩区、六尺岭峰林景观区和牛背梁高山风光区。植被覆盖率高，水质优良，是国家一级水源涵养区，为丹江口库区及上游水土保持工程重点项目区域。2014年，列入国家级水利风景区。

【陕西龙驹寨国家水利风景区】 以丹江为轴线，以龙驹古寨为中心，西起陕西省商洛市丹凤县棣花镇贾塬村，东至竹林关镇竹林关村，总面积150平方千米。距商洛市中心50千米，距西安市中心170千米，312国道、沪陕高速公路、西合铁路、丹竹公路贯穿东西，有西北第一漂——丹江漂流，省级重点文物保护单位船帮会馆、二郎庙、四皓碑林园及凤冠山石窟。2009年，列入国家级水利风景区。

【陕西丹江公园国家水利风景区】 位于陕西省商洛市区丹江北堤与江滨大道之间，北起二龙山水库坝底，顺丹江延伸至东龙山嘴刘湾桥头，总长7510.5米，占地44.9万平方千米。丹江公园是陕西省商洛市区"一江两岸"规划的重要组成部分，是体现商洛"山水园林生态旅游城市"特色的集中体现点。以"城市精神营造，文化内涵体现。生态旅游观光，市民休闲健身"为创意，平面主体规划结构为"一带、三廊、四园、五广场"。2006年，列入国家级水利风景区。

【陕西金丝大峡谷国家水利风景区】 位于陕西省商洛市商南县境内西南部新开岭腹地。距商南县金丝峡镇18千米，距商南县城40千米，距西安市中心220千米，东南界与豫鄂两省毗邻。长度20.5千米，纵深10多千米，垂直高度近600米，森林植物1696种，珍稀植物30余种。2011年，列入国家水利风景区。

【陕西红寺湖国家水利风景区】 位于陕西省汉中市南郑区。依托红寺坝水库，总面积25.6平方千米，森林覆盖率88.2%。风景区由桃花岛、楠竹生态园、天然浴场、红寺庙等30多个景点组成。2004年，列入国家级水利风景区。

【陕西石门国家水利风景区】 位于陕西省汉中市汉台区、勉县、留坝3县（区）交界处的褒谷口，北枕秦岭，南俯汉中，距汉中市区15千米。风景区以石门水库为依托，风景秀丽，古迹荟萃，是自然景观与历史文化融为一体的城郊型国家级水利风景区。风景区是国务院1961年公布的第一批全国重点文物保护单位褒斜道、石门及其摩崖石刻的所在地。2002年，列入国家级水利风景区。

【陕西石门水库（汉中市）国家水利风景区】 位于褒河中上游，北有秦岭，南有巴山，山峦起伏，沟汊众多，植被良好。石门水库为典型的峡谷型水库，库区水库历史文化积淀丰富，旅游资源丰富，主要由自然景观、工程景观和人文景观组成，分为山河堰、鸡头关、石门三大景区，规划占地68.75平方千米。2003年，列入国家级水利风景区。

【陕西千层河国家水利风景区】 位于陕西岚皋县西南部，卧踞川、陕、鄂、渝交界的大巴山北坡，山清水秀，自然风景独特，隐藏着许许多多的奇人奇事，让人回味的自然景观数不胜数，奇山、奇景、奇树、奇根随处可见，曾被著名作家贾平凹誉为"陕南九寨沟"。2016年，列入国家级水利风景区。

【陕西霸渭关中文化国家水利风景区】 位于陕西省宝鸡市眉县县城以北，依托渭河综合治理工程而建，是集护岸固堤、生态修复、生物净水、亲水休闲、餐饮娱乐等功能于一体的自然河湖型水利风景区。景区全长12千米，占地面积11.5平方千米，南通310国道，北衔连霍高速公路，区域优势明显，旅游资源丰富，交通十分便捷。2016年，列入国家级水利风景区。

【陕西安康任河国家水利风景区】 位于安康市紫阳县高桥镇权河村，属于自然河湖型水利风景区，景区规划面积约为8.5平方千米，从高滩出发顺河漂流而下至权河，全长7千米，最大落差110米。景区内大小河流104条，谷狭滩险，山幽水碧，与峰岭奇峭的巴山浑然一体，形成雄奇壮观的山河自然风光。2018年，列入国家级水利风景区。

【甘肃两当云屏河国家水利风景区】 位于甘肃省天水市两当县城南29千米处，北距天水市214千米，东距宝鸡市165千米，总面积118.9平方千米。风景优美，旅游基础设施配套完善，以自然河流为中心，集潭、池、瀑、溪、森林、草原、奇峰等各种动、静态的自然景观于一体。2014年，列入国家级水利风景区。

【甘肃康县阳坝国家水利风景区】 位于甘肃康县东南80千米处，陕、甘、川三省交会地带，依托阳坝河自然河流和自然风景资源打造而成。包括阳坝河主、支流域范围，景区植物覆盖率85%，总面积504.93平方千米。景区建成梅园沟生态旅游区、托河地质奇观旅游区、太平天国民俗文化体验区等自然景观和人文景观，并配置度假村、民族餐饮、演艺场等永久性旅游接待设施，是集观光、休闲、度假、游乐为一体的多功能旅游风景区。2013年，列入国家级水利风景区。

【甘肃西和县晚家霞湖水利风景区】 位于甘肃陇南市西和县境内，以晚家霞水库为依托。属于水库型水利风景区。该景区自然风光独特，碧绿的湖水与周边山体相互映衬，景区人文景观也独具特色，景区所在地历史悠久，文化底蕴深厚，华夏人文始祖伏羲就诞生在西和县仇池山伏羲崖。2008年，列入国家级水利风景区。

【河南龙王沟国家水利风景区】 位于河南省南阳市北15千米，总面积21平方千米，核心景区麒麟湖（中心岛）由一湖一岗十二岛组成。中心岛有丰富的森林植被和种类繁多的野生鸟类，空气清新，环境宜人。龙王沟水库蕴含着丰厚的历史、人文资源。2009年，列入国家级水利风景区。

【河南鸭河口水库国家水利风景区】 位于河南省南阳市城区以北40千米处，长江流域汉江支流的白河上游、伏牛山及其支脉丘陵之中。坝址坐落在南召县皇路店镇鸭河入白河的交汇口处，故称鸭河水库。库区水域面积约120平方千米，蓄水约13亿立方米，具有防洪、灌溉、养殖、旅游等综合功能。水库控制流域面积3030平方千米，占白河干流集水面积12270平方千米的24.7%。库区有鱼类水族20余种和水鸟10余种。2010年，列入国家级水利风景区。

【河南陆浑湖国家水利风景区】 位于河南省洛阳市南50千米嵩县境内，洛栾快速通道穿区而过。风景区依托陆浑水库——以防洪为主，结合灌溉、发电等综合利用的大型水库，融"自然、工程、历史、人文"景观为一体，山、水、林、园旅游资源丰富。2008年，列入国家级水利风景区。

【河南薄山湖国家水利风景区】 位于河南省驻马店市确山县境，集游览、观光、会务、休闲、度假为一体。薄山湖水质纯净，环境幽雅，是动植物繁衍生息的天堂。区内有植物1400多种，其中薄山兰花品质优异，种类繁多，是中国北方著名的兰花品种资源库。区内有动物近百种，鸟类有白天鹅、鸳鸯、锦鸡等珍稀种类10多种；鱼类有娃娃鱼、桂鱼、昌鱼、薄山松针鱼等30多种。盛产板栗、猕猴桃、野山菌等名贵特产。2001年，列入国家级水利风景区。

【河南西子湖国家水利风景区】 位于河南省洛阳市以西的洛宁县境内，依托故县水利枢纽工程而建，属于水库型水利风景区，又名西子湖，因范蠡、西施曾在此隐居而得名，是一座以防洪为主，兼顾灌溉、发电、供水、养殖等综合功能的国家大（Ⅰ）型水库，库区控制流域面积5370平方千米，水域面积35平方千米，库容11.75亿立方米。整个西子湖景区处于崇山峻岭之间，群峰丛立，植被良好，风光秀美。

【河南香山湖国家水利风景区】 位于河南省信阳市新县，处于鄂豫皖结合部，属淮河水系潢河上游，由人工内陆湖形成的水利自然风景区。于1969年修建一座浆砌石重力拱坝，形成了库容量为8385万立方米的水库，库内可供游人垂钓和泛舟游览，1972年向社会开放。2004年，列入国家级水利风景区。

【河南龙山水库国家水利风景区】 位于河南省信阳市光山县，淮河一级支流潢河龙山处，距光山县城约7千米，控制流域面积1220平方千米，最大库容8878万立方米。工程于1976年动工兴建，1990年投入使用，属防洪、灌溉、发电、供水、养殖、旅游等综合效益工程。2005年，列入国家级水利风景区。

【河南昭平湖国家水利风景区】 位于河南省鲁山县，是依托原昭平台水库开发建成的水利风景区。它横断沙河，形成了高峡平湖，湖面一望无际，水面浩瀚。水库内有金山岛、姑嫂石及夏代刘累邑、鲁阳古冶所邱公城遗址。水中有山，山中有水，石人山与昭平湖相映成趣，风景奇特壮观。水天一色，周围峰峦叠翠、鸟语花香，充满了诗情画意。2002年，列入国家级水利风景区。

【河南板桥水库国家水利风景区】 位于淮河支流汝河源头，坐落在河南省驻马店市驿城区板桥镇的白云山脚下。是一座以防洪为主，兼有城市供水、灌溉、水产养殖、水力发电及旅游等综合效益的大型水利枢纽工程。板桥水库始建于1951年，1956年扩建加固，1975年8月8日溃坝失事。1978年开始复建，1981年停工缓建。1986年板桥水库被列入国家"七五"重点工程项目，1987年复建工程再次开工，1993年6月通过国家竣工验收。2012年，列入国家级水利风景区。

【河南泼河水库国家水利风景区】 位于河南省信阳市光山县城南25千米的泼陂河镇水库街，总库控1.5亿立方米，库水面积约为11.33平方千米，地处大别山北麓由深山向浅山丘陵地区延伸的过渡地带，集豫南山水田园风光于一身，素有"北国的江南，江南之北国"之称，是镶嵌在豫南大地上一颗璀璨的明珠。2007年，列入国家级水利风景区。

【河南鲇鱼山水库国家水利风景区】 位于河南省信阳市商城县城西南5千米处。1970年3月动工，1973年竣工，水库坝址在淮河支流史灌河西支流灌河上。水库库区长38千米，控制流域面积924平方千米，功能以防洪、灌溉为主，兼及发电、航运、养殖、旅游等功能。湖中有大小岛屿数十座，动植物资源丰富，还有净梵寺、温泉书院等人文遗址。库区两岸山峦重叠，湖谷开阔，树林郁郁葱葱，库区内有大小岛屿千余座，素有"中原千岛湖"的美称。2004年，列入国家级水利风景区。

【河南窄口水库国家水利风景区】 位于河南省三门峡市灵宝市城区南端，位于灵宝市五亩乡与朱阳镇交界的山峪地带，距灵宝市区23千米。水库的位置，坐落在黄河支流、古老的弘农涧河上，是豫西地区唯一一座集防洪、灌溉、养殖和旅游为一体的综合效益的大型水利工程。2003年，列入国家级水利风景区。

【河南石漫滩水库国家水利风景区】 位于河南省平顶山舞钢市境内，景区内群山林木葱郁，湖水碧波荡漾，兼中国南北气候的优点，拥有亚热带原始次生林地，动植物资源十分丰富，该水利风景区是以石漫滩水库和治淮第一坝为主要依托兴建的水文化景区，景区概括了石漫滩水库的兴建、溃决、复建的历史，充分展示了石漫滩水库的发展过程。2001年，列入国家级水利风景区。

【河南望花湖国家水利风景区】 位于河南省南阳市方城县城东南9千米处，为桐柏山南麓的丘陵地带，总面积45平方千米，景区水面面积7000余亩，最深处约150米。北靠德云山，东临大乘山森林公园，西面是城区，是南阳市休闲旅游、度假消夏的一个著名旅游点，被誉为南阳的北戴河。2006年，列入国家级水利风景区。

【河南石门湖国家水利风景区】 位于河南省南阳市西峡县。石门水利枢纽工程的兴建，使南阳市西峡县北部崇山峻岭间形成高峡平湖景观——石门湖风景名胜区。景区内自然景观和人文景观丰富。总面积约66.67平方千米，其中水域面积约6.67平方千米，是南水北调中线工程的重要源头之一。2016年11月，列入国家级水利风景区。

【河南南湾湖国家水利风景区】 位于河南省信阳市浉河区南湾街，素有"豫南明珠"之称，又称南湖，是著名南湾湖风景区的自然风景区。环湖皆山，湖光潋滟，山色葱翠。风光旖旎，分外妖娆。2001年，列入国家级水利风景区。

【河南铜山湖国家水利风景区】 位于河南省驻马店市泌阳县境内，原名大复山，因汉代邓通在此铸钱而得名。自古以"险似华山，秀似黄山"而被冠为"小武当"之称。其山势陡峭、岗峦碧翠、云雾缭绕、洞谷幽深、林草茂密、怪石嶙峋。汇集山峦、湖水、岛屿、潭瀑、洞穴、寺庙、革命遗址、神话传说、历史故事等风景名胜资源的精华。2004年，列入国家级水利风景区。

【湖北漳河国家水利风景区】 位于湖北省荆门市东宝区漳河镇，地处荆门、宜昌、襄樊三市交界处，背靠荆山，面向江汉平原，总面积400平方千米，以自然景观为主，以人文景观，特别是大型水工建筑群为辅，可供参观、游览、度假和休养。水库面积104平方千米，库容20.35亿立方米，最大水深61米，库中岛屿36座，半岛164个，库汊240个，沿山坳水面绕一周约800千米，山清水秀，景色如画。2002年，列入国家级水利风景区。

【湖北天堂湖国家水利风景区】 位于湖北省黄冈市罗田县九资河镇境内，以天堂水库为主体，包含水库两边部分山体，与周边的山林一同构成了山水环抱的独特景观。景区丰富的野生动植物资源，不仅构成了独特的生态景观，也为开展科学研究、保存物种基因提供了条件。2009年，列入国家级水利风景区。

【湖北观音湖国家水利风景区】 位于湖北省孝感市孝昌县东北部的小悟乡境内，距孝感市区54千米。景区内大、小悟山，四方山环湖屏障，金盆水库一脉相连，还有抗日军政大学第十分校、新四军党校、被服厂等旧址。既是悠久历史的佛教圣地，又是现代史上的鄂豫皖革命根据地。2009年，列入国家级水利风景区。

【湖北郧西天河国家水利风景区】 位于湖北省十堰市郧西县。景区依托天河及景观闸坝工程而建，属城市河湖型水利风景区，总面积28平方千米，其中水域面积1平方千米。天河水利风景区以郧西县城为核心，天河为轴线，"七夕文化"为脉，形成30千米的城市防洪工程风景带，11座各式景观闸坝，约0.87平方千米的景观湖和玄鼓山道教文化及"七夕民俗文化"等一大批的旅游休闲观光区。2015年，列入国家级水利风景区。

【湖北丹江口大坝国家水利风景区】 位于群山环绕之中的丹江口水库，是南水北调中线水源。由丹江口水利枢纽及山水人文景观组成。依托的丹江口水利枢纽是治理开发汉江的关键性控制工程，具备防洪、供水、发电、航运、生态等综合效益，被周恩来总理誉为"全国唯一五利俱全的水利工程"。年均可向北方调水95亿立方米。丹江口水库水域面积可达1050平方千米，有"亚洲天池"之美誉。2013年，列入国家级水利风景区。

【湖北丹江口大坝旅游区国家水利风景区】 位于湖北省十堰丹江口市城区，是展示以南水北调中线工程为主题的中华水利科学和文化的重要平台，坐落在群山环绕之中的丹江口水库，水质优良、水天一色，是南水北调中线水源，也是农夫山泉、武当山泉等饮用水水源，是国内少有的具备城中看坝、坝上观城的水利风景区。2017年，列入国家级水利风景区。

【湖北丹江口松涛国家水利风景区】 位于湖北省十堰市丹江口市，景区三面环水，一面靠山，由15个山头和众多库汊组成，总面积1.57平方千米。林果花木100多万株，品种87个，既有大片松涛林，又有满山果园。青山与平湖相映，环境幽雅，风光秀丽。2006年列入国家级水利风景区。

【湖北英山县毕昇湖国家水利风景区】 位于湖北省黄冈市英山县境内，依托詹河水库而建。景区属水库型水利风景区，奇峰、异石、怪洞、神仙谷、高峡平湖等景观独特。景区动植物资源丰富，森林覆盖率达95%，生长有多种珍稀动植物。景区历史文化底蕴深厚，人杰地灵、人才辈出，是我国古代活字印刷术发明家毕昇的故里。景区还是革命老区，红四方面军、红二十七军、红二十八军都在这里战斗过，千里跃进大别山的刘邓大军，将英山作为主要战略通道，迂回鏖战。2010年，列入国家级水利风景区。

【湖北钟祥市温峡湖国家水利风景区】 位于湖北省荆门市钟祥市温峡口水库，于1966年开工兴建，1970年基本建成投入使用。水库承雨面积595平方千米，总库容面5.2亿立方米。辖区水面面积27.3平方千米，是一座以防洪、灌溉为主，兼有发电、旅游等综合效益的大（Ⅱ）型水利工程。温峡湖自然资源丰富，以水库为依托，拥有山、水、林、岛多种景观资源，库中有30余座岛屿，库区森林覆盖率达98%，年均气温16.3℃，水质也长期保持在二类标准。2006年，列入国家级水利风景区。

【湖北钟祥石门水库国家水利风景区】 位于湖北省荆门市钟祥市东南部大洪山余脉的聊崛山下，是由国家投资兴建的湖北省第一座大型水库，是一个大型人工湖，集原始的自然风貌、独特的人文景观、优美的田园风光于一体，旅游资源十分丰富。

【湖北远安回龙湾国家水利风景区】 位于湖北省宜昌市远安县境内，因沮河由东向西流经洋坪后转为由南向北向而得名，沮水汇集八方山泉，泉水清冽甘甜，两岸风景怡人，水湾水面宽阔，背靠回龙观，上依洋坪古镇、大峡谷，文化底蕴深厚，景色优美怡人。

【湖北三道河水镜湖国家水利风景区】 位于湖北省襄阳市南漳县城西2千米处。三道河水镜湖即三道河水库，是一座以防洪、灌溉为主，兼有水力发电、水利旅游、城镇供水等综合利用的大（Ⅱ）型水利枢纽工程。水库承雨面积780平方千米，总库容1.61亿立方米，兴利库容1.27亿立方米。风景区由枢纽景观、库区景观、灌区景观、人文景观4部分组成。枢纽景观由全长881米、高46.5米的主坝、3座副坝及6扇弧形闸门和险峻的泄洪道、度假村别墅区等亭台楼阁和樱花谷等组成。2005年8月，列入国家级水利风景区。

【湖北京山惠亭湖国家水利风景区】 位于湖北省荆门市京山县城东部，处大洪山山脉，属亚热带季风气候，四季分明，光照充足，年平均气温15.8℃，适宜四季旅游。景区内有高峡平湖、小岛林立、溪流峡谷等众多秀丽的山水景观；有紧邻大坝，森林覆盖率90%以上的惠亭山公园，与惠亭湖相衬。惠亭的山，挺拔俊秀，逶迤绵延；惠亭的水清澈渝滟，碧波荡漾。2004年，列入国家级水利风景区。

【湖北夏家寺水库国家水利风景区】 位于湖北省武汉市黄陂区东北部木兰乡境内，又名木兰湖，滠水支流夏家寺河(又名长堰河)上的大（Ⅱ）型水库。1959年11月开工，1965年11月竣工。水库总库容2.896亿立方米，其中调洪库容7900万立方米，兴利库容1.206亿立方米，死库容9000万立方米。夏家寺水库以灌溉、防洪为主。2007年，列入国家级水利风景区。

【湖北明山水库国家水利风景区】 位于湖北省黄冈市麻城市白果镇、盐田河镇、龟山镇境内，鄂东大别山南麓，景区依托明山水库而建，规划总面积28平方千米，其中水域面积10.21平方千米。景区由24座秀美的山峰和一座碧波浩渺的人工湖构成，内部群山环绕，绿树掩映，森林覆盖率90%以上。2016年，列入国家级水利风景区。

【湖北浮桥河水库国家水利风景区】 位于湖北省黄冈市麻城市，依托浮桥河水库而建，属于水库型水利风景区。景区面积94平方千米，其中水域面积50.5平方千米。景区山水相映，工程宏伟壮观，生态环境优良，日月岛、双虎岛、鲤鱼岛、桃花岛等60余座岛屿分布于库区，形态各异。凤凰山、乌江渡、大安寺、百丈岩、朱仙寨等人文古迹众多。2014年，列入国家级水利风景区。

【湖北白莲河水库国家水利风景区】 位于湖北省黄冈市浠水、英山、罗田三县交界处。景区依托白莲河水库而建，面积约308平方千米，水域面积约41.4平方千米。景区地处"吴头楚尾",是鄂东文化发祥地之一,内部历史遗迹丰富,有红四军鸡鸣河会议旧址红色遗址、斗方禅寺、古井庵、舍利宝塔、清虚宫等遗迹。各种动植物种类1000余种,森林覆盖率达85%。国家二级保护动物11种,省级保护动物59种,素有"中华基因库"之称。2016年,列入国家级水利风景区。

【湖北大同水库国家水利风景区】 位于湖北省黄冈市蕲春县,依托大同水库枢纽工程而建,属水库型水利风景区。大同水库始建于1958年,总库容2.6亿立方米,流域面积176.5平方千米。水库水系属蕲河流域鸳鸯河支流,野人河、柳林河、车门河、操山河、柳树河等5条支流纵横交错,有瀑布7处、大小龙潭24处。景区四面崇山峻岭,中间一片汪洋,有"高峡平湖"之壮观。景区规划面积50平方千米,其中水域面积12.17平方千米。2017年,列入国家级水利风景区。

【湖北宜昌高岚河国家水利风景区】 位于湖北省宜昌市兴山县高岚村。地处昭君故里宜昌至神农架的中途(兴山高岚两河口干线公路边),有"十里画廊"的美称。风景区以高岚河与夏阳河汇合处的两河口为中心,面积20余平方千米。2018年,列入国家级水利风景区。

【湖北太和梅花谷国家水利风景区】 位于湖北省竹山县文峰乡,地处于堵河之滨,连接281省道(十竹公路),距离麻安高速出口26千米,以千年太和观和野生蜡梅园而得名,总面积43.19平方千米,分为太和乡村画廊和梅花谷两大部分。2018年12月,列入国家级水利风景区。

【安徽万佛湖国家水利风景区】 位于安徽省中部六安市舒城县境内。万佛湖,即龙河口水库,是举世闻名的淠史杭灌区的重要组成部分,向杭埠河灌区供水,安徽十大水库之一。国家5A级旅游区,有"安徽千岛湖"之誉。2001年,列入国家级水利风景区。

【安徽佛子岭水库国家水利风景区】 位于淮河支流淠河东源上游,佛子岭水库在安徽省六安市霍山县城西南17千米处,有漫水河、黄尾河径流入库。佛子岭水电站是淮河流域第一座水电站。以防洪为主,结合灌溉、发电、航运。1952年1月动工,1954年11月建成,防洪标准为千年一遇。2003年,列入国家级水利风景区。

【安徽梅山水库国家水利风景区】 位于鄂、豫、皖3省交界处的大别山腹地、淮河支流史河上游,坐落于有"红军故乡、将军摇篮"之誉的安徽省六安市金寨县县城南端。水库坝址在金寨县梅山镇大小梅山之间。北距史河入淮口130千米,是一座以防洪、灌溉为主,兼有发电等综合效益的大型水利水电工程。1954年3月动工,1956年1月连拱坝主体工程基本竣工,1958年水库开始蓄水。水库为多年调节,防洪库容10.65亿立方米,设计灌溉面积2553平方千米。2004年,列入国家级水利风景区。

【安徽燕子河大峡谷国家水利风景区】 位于安徽省六安市金寨县境内,与天堂寨毗邻,奇峡绵延,以险崖、奇石、幽谷、秀水而著称。景区内奇石怪潭、险峰绝壁、陡崖飞瀑、云雾缥缈、原始原貌;茂林修竹、清静幽雅、风光旖旎。2004年,列入国家级水利风景区。

【安徽响洪甸水库国家水利风景区】 位于西淠河流域,主要风景有响洪甸水库、齐山、莲花山等处。坝高875米,弧长304米,横亘于苍山云海之间,库区通航里程20多千米,烟波浩渺、碧水千里、两岸山峰峙,有皖西"小桂林"之称。2004年,列入国家级水利风景区。

【安徽横排头国家水利风景区】 位于安徽省六安市南20千米处的苏家埠,是皖西旅游区环状链式结构的骨干级节点，是一处以水文景观为特色，以山水风光为依托，集休闲、观光、度假为一体的近郊型风景区。东以淠河东岸向东延伸200米为界，南至东西淠河汇合处的两河口，西至独山镇，北至苏埠镇。总面积60平方千米，有水景景观奇妙的淠河两源交汇处、丰源湖、淠河故道、上岗新渠；有罕见的生物生态景观淠滩落鹭、画眉鸣幽、赵苏长堤、凤凰松和古银杏。2005年，列入国家级水利风景区。

【安徽淠河国家水利风景区】 位于安徽省六安市区，由老淠河和淠河总干渠(新淠河)两条河流组成。总面积29.48平方千米，其中水域面积16.27平方千米。景区依城傍水，园林遍布，水质清澈，岛屿璀璨，为富有浓郁现代气息的城市滨水型带状生态景区。2011年，列入国家级水利风景区。

【安徽天峡国家水利风景区】 位于安徽省安庆市岳西县河图镇境内，素有"华夏醉美大峡谷"之美誉。原名为龙门大峡谷，地处大别山腹地，总面积14.4平方千米，全长8千米，由木屋休闲度假区、九连环瀑布区、杜鹃花海区、龙门深林氧吧区4大区块组成。是一处集旅游观光、休闲娱乐、避暑度假、康体疗养、商务会议等于一体的综合型生态旅游度假胜地。2012年，列入国家级水利风景区。

【安徽大别山彩虹瀑布国家水利风景区】 位于安徽省安庆市岳西县黄尾镇境内，距岳西县城和霍山县城均为34千米。总面积40平方千米，其中核心区面积3.2平方千米。特色景点有华东地区最大的彩虹瀑布和原生态猴河峡谷。彩虹瀑布高80米，宽30米，平均流速2~5立方米/秒，水流自猴子崖飞泻而下，气势磅礴，吼声如雷。河水撞击岩石，水花四溅，犹如喷雾行云，阳光透过水雾呈现出一道道绚丽的彩虹，游人身临其境，人行虹移，似有梦幻感觉。2014年，列入国家级水利风景区。

【安徽华亭湖国家水利风景区】 位于安徽省安庆市太湖县境内，地处大别山南麓、长江北岸，距太湖县城4千米。风景区面积198平方千米，分为花亭湖、西风洞、佛图寺、狮子山、龙山五大景区和一个汤湾温泉疗养度假区，山水秀美、物产丰饶。这里山奇石秀。2004年，列入国家级水利风景区。

【安徽悠然蓝溪国家水利风景区】 位于安徽省六安市金安区三十铺镇，依托猴枣树水库而建，属于水库型水利风景区。景区规划面积2.16平方千米，其中水域面积0.7平方千米。景区旅游资源丰富，有千亩福禄寿湖展示区、游客接待区、文化体验区、游客娱乐区、休闲游览区、观光度假区、运动拓展区、儿童游乐区等。2015年，列入国家级水利风景区。

【四川青川青竹江国家水利风景区】 位于四川省广元市青川县境内，依托青竹江流域而建，属于自然河湖型水利风景区。面积1753平方千米，其中水域面积130平方千米。景区自然景观丰富，以峡谷、滨水绿色长廊为特色，形成贯穿青川县的生态廊道，被称为百里森林大峡谷，其中以"5·12"汶川大地震形成的36个堰塞湖组成的梯级堰塞湖群最具特色。2014年，列入国家级水利风景区。

【四川南江玉湖国家水利风景区】 位于四川省巴中市南江县红光镇，占地面积29平方千米，主要包括亲水旅游区、风景游览区、都市休闲区、湿地生态区和周边景观区，具有纯朴的风土人情和浓厚的渔鱼文化特点。2017年，列入国家级水利风景区。

【重庆开州区汉丰湖景区】 位于重庆市东北部的开州区境内，东西跨度12.51千米，南北跨度5.86千米，由境内两江汇成，常年蓄水170.28米以上，水域面积15平方千米。汉丰湖是举世瞩目的长江三峡工程建设而形成的世界上独具特色的人工湖；湖内四山环抱、与城市和谐共生,拥有独特的滨湖湿地、风雨廊桥、开州举子园、刘伯承同志纪念馆(故居)等自然与人文景观。2012年,列入国家级水利风景区。

国家湿地公园

【概述】 湿地公园是以水和生态多样性文化为主体,以湿地良好生态环境和多样化湿地景观资源为基础,以湿地的科普宣教、湿地功能利用、弘扬湿地文化等为主题,并建有一定规模的旅游休闲设施,可供人们旅游观光、休闲娱乐的生态型主题公园。至2020年3月,全国共建立国家湿地公园(含试点)899处。

【陕西田峪河国家湿地公园】 位于陕西省西安市周至县。分为湿地保育区、湿地恢复区、管理服务区、科普宣教区和合理利用区,将成为秦岭北麓河谷湿地资源保护和利用的示范区。总面积8.66平方千米。2016年,列入国家湿地公园。

【陕西丹江源国家湿地公园】 位于陕西省商洛市商州区丹江及其支流板桥河河谷地段,总面积20.10平方千米,湿地面积6.24平方千米,湿地率31.04%,是集河流、库塘为一体的综合性湿地。主要有河流湿地和湖泊湿地,有野生脊椎动物270种、野生植物693种。2017年,列入国家湿地公园。

【陕西丹江国家湿地公园】 位于陕西省商洛市丹凤县丹江流域全段及丹江一级支流老君河鱼岭水库至老君河口、银花河土门至竹林关段。以河流湿地特征为主,集河流湿地、库塘湿地特征于一体。总面积20.8平方千米,河道、池塘、水库等水域面积约70%。有植物206科712属1471种,野生脊椎动物31目77科270种。2014年,列入国家湿地公园。

【陕西洛河源国家湿地公园】 位于陕西省商洛市洛南县。西起洛南县界,东止天平山水库,南北两侧以第一层山脊线、滨河路、一级阶地、河岸线及耕地为界,包括洛河及其主要支流,总面积12.94平方千米。其中,湿地面积4.57平方千米,是典型的黄河流域秦巴山区山地河流湿地,也是洛南县的重要水源区。2014年,列入国家湿地公园。

【陕西太白石头河国家湿地公园】 位于陕西省宝鸡市太白县东北部石头河中上游,南起桃川镇白杨塬村南岔湾,北至石头河水库浅水区,东西两侧以石头河为中心向两边延伸,东西宽0.8千米,南北长14.5千米。总面积10.54平方千米,分为管理服务区、保护保育区、科普宣教展示区和休闲观光区4大功能区。2009年,列入国家湿地公园。

【陕西嘉陵江国家湿地公园】 位于陕西省宝鸡市凤县,横贯凤县东西,是长江最大支流嘉陵江的发源地,以峡谷河流、河漫滩、江心洲为主体的河流湿地生态系统,是陕西秦岭西段典型的秦巴中高山河流湿地。公园总面积25.56平方千米,有陆生脊椎动物5纲26目67科256种,湿地植物(苔藓、蕨类、裸子、被子植物)158科596属1146种。2014年,列入国家湿地公园。

【陕西汤峪龙源国家湿地公园】 位于陕西省宝鸡市眉县。以河流湿地为主体,是集河流、沼泽、库塘为一体的湿地系统。总面积28.36

平方千米，分为保护保育区、恢复重建区、宣教展示区、合理利用区、管理服务区5个部分，公园内生物种类丰富，生态环境优美。2013年，列入国家湿地公园。

【陕西旬河源国家湿地公园】 位于秦岭南麓的陕西省安康市宁陕县境内北部，属于长江流域汉江水系一级支流——旬河源头，总面积20.62平方千米，其中湿地面积12.9平方千米，是典型的河源湿地公园，为丹江口水库的水资源安全和实现"一江清水供北京"提供服务。2016年，列入国家湿地公园。

【陕西莲花古渡国家湿地公园】 位于陕西省安康市石泉县东南部，范围以汉江干流及其境内主要支流为主，北至石泉水坝坝基，南至后柳水乡，东沿池河下游段至池河集镇外水域，包括中坝河和黑沟河末段区域，总面积9.22平方千米。其中，湿地面积5.63平方千米，湿地率61.03%。核心区位于石泉汉江段莲花古渡区域，既有明显的地域特色，又有丰富的文化内涵。2016年，列入国家湿地公园。

【陕西千层河国家湿地公园】 位于陕西省安康市岚皋县，在川、陕、鄂、渝交界处的大巴山北坡。这里山清水秀，自然风景独特，奇山、奇景、奇树、奇根随处可见，被誉为"小九寨"。总面积38.6平方千米，集湿地保护、科研宣教、生态体验为一体，包括湿地保育区、恢复重建、科普宣教区、合理利用区和管理服务区五大功能区。2013年，列入国家湿地公园。

【陕西观音河国家湿地公园】 位于陕西省安康市汉阴县。总面积4.25平方千米。分为湿地保育区、合理利用区、管理服务区、恢复重建区、宣教展示区五大功能区。内有水围寨、麻龙洞、蛇嘴、龟山等自然景观和丰富的动植物资源。2016年，列入国家湿地公园。

【陕西葱滩国家湿地公园】 位于陕西省汉中市勉县汉西林业局庙坪林场辖区内，公园内具有秦岭林区面积较大，生物多样性丰富且具保护价值的森林沼泽、沼泽化草甸、灌丛沼泽及永久性河流湿地。是陕西省一处国家级森林沼泽湿地，也是国家重点生态保护区和南水北调中线工程重要的水源涵养区。2020年，列入国家湿地公园。

【陕西牧马河国家湿地公园】 位于陕西省汉中市西乡县，牧马河，是汉江主要支流之一。总面积17.44平方千米，其中湿地面积10.71平方千米，湿地率61.4%，集河流湿地、塘库湿地和沼泽湿地于一体，为典型的汉江谷底河流湿地。2018年，列入国家湿地公园。

【陕西汉水源国家湿地公园】 位于陕西省汉中市境内汉江上游玉带河。西南起汉江源头，东北至关峡电站，长约42.9千米，宽约200~1000米。总面积15.09平方千米，是国家南水北调中线工程重要的水源供给区和汇集区。2015年，列入国家湿地公园。

【甘肃洮河国家湿地公园】 位于甘肃省定西市临洮县南部，规划范围北起杨家河水库坝，南至海巅峡坝址，东西以河道两侧的堤坝路、一级阶地或林缘地为界，南北长25.5千米，东西平均宽350米。总面积8.11平方千米，其中湿地面积5.21平方千米，湿地率64.3%，属典型的西北干旱地区河流湿地。2016年，列入国家湿地公园。

【甘肃黄林沟国家湿地公园】 位于甘肃省陇南市文县天池乡洋汤河林场境内，是白龙江上游支沟。海拔1600米以上，遍布原始森林，沟内集高山湖泊、翠海、彩林、奇峰异石、动植物和人文景观于一体。2013年，列入国家湿地公园。

【甘肃梅园河国家湿地公园】 位于甘肃省陇南市康县阳坝镇，是由永久性河流湿地、灌丛沼泽湿地、草本沼泽湿地和森林沼泽湿地组成的复合型湿地公园。总面积5.56平方千米，森林覆盖率83%，湿地率39.2%，园内分布有金丝猴、林麝、羚牛、云豹等脊椎动物5纲27目65科154种，国家二级保护植物连香树、厚朴、水青树等野生高等植物52科145属254种。2019年，列入国家湿地公园。

【河南陆浑湖国家湿地公园】 位于河南省洛阳市嵩县东北部，陆浑水库大坝以南，东至洛栾高速公路，西至洛栾快速通道，包括水库319.5米等高线以下及其周边区域。公园绿地为嵩州公园和滨河公园，水库水面为陆浑湖水面，河流水面为伊河河道，内陆滩涂为陆浑湖滩涂和伊河滩涂地。总面积4222.39平方千米，其中湿地面积4118.08平方千米，湿地率97.53%。2014年，列入国家湿地公园。

【河南伊河国家湿地公园】 位于河南省洛阳市伊川县境内，属黄河流域伊洛河水系，与陆浑水库及洛河相连。由北部向西南沿伊河呈带状分布，北起草店桥，南至酒后乡梁圪垯村，东西两侧以伊河河堤为界。总面积13.84平方千米，其中湿地面积13.19平方千米，湿地率95.29%。是典型的河流湿地生态系统。2015年，列入国家湿地公园。

【河南香山湖国家湿地公园】 位于河南省信阳市新县，地处长江与淮河两大水系分流区，为中国重点生态功能区中的大别山水土保持生态功能区，淮河中游的重要水源补给区。总面积6.26平方千米，其中湿地面积3.22平方千米，湿地率51.4%。湿地类型主要包括永久性河流、洪泛平原湿地和库塘。公园划分为保育区、恢复重建区、宣教展示区、合理利用区和管理服务区五大功能区。2015年，列入国家湿地公园。

【河南龙山湖国家湿地公园】 位于河南省信阳市光山县西南潢河龙山处，主要是为防洪、灌溉、城市供水、发电、旅游开发的需要而修建的一座人工湖。湖坝筑于两座山头之间，因坝头有座南龙山，坝中间有座珠山，坝北边有座北龙山，被称为"二龙戏珠"，龙山湖由此而来。总面积23.28平方千米。湿地公园已建成一个集观赏自然风光，游览名山古寺，接受传统教育为一体的综合旅游区。2015年，列入国家湿地公园。

【河南湍河国家湿地公园】 位于河南省邓州市，以湍河河道为主体，由西北向东南呈带状走向，北起境内罗庄镇与内乡交界，南至南邓公路大桥沿河道向南500米，总长度54千米。总面积17平方千米，其中湿地面积15.31平方千米，湿地率90%。2019年，列入国家湿地公园。

【河南唐河国家湿地公园】 位于河南省南阳市唐河县，地处唐河两岸，北起毗河、泌阳河与唐河交汇处，南至三夹河到唐河入口处，总面积6.76平方千米。以汇集多处水源、无枯水期的自然河流为核心，以永久性河流、洪泛平原湿地、输水河共同组成的复合湿地生态为特色。2019年，列入国家湿地公园。

【河南丹阳湖国家湿地公园】 位于河南省南阳市淅川县。总面积252.26平方千米，将基本功能区分别设置于南北两园，形成功能互补、特征鲜明的"一园两区"格局。南北两园均划分为生态保育区、恢复重建区、宣教展示区、合理利用区和管理服务区等功能区。2019年，列入国家湿地公园。

【河南铜山湖国家湿地公园】 位于河南省驻马店市泌阳县，总面积12.15平方千米。公园融优美的湿地景观和森林景观、恬静的乡村田园景观和深厚的历史民俗文化于一体，组成丰富多样的景观系统。囊括的铜山湖库容1.32亿立方米，是河南省重点保护饮用水源地。2014年，列入国家湿地公园。

【湖北神农架大九湖国家湿地公园】 位于湖北省西北端大巴山脉东麓的神农架西南边陲，

坐落于长江和汉水的分水岭上。在汉江流域的堵河上游，西南与重庆市巫山县、巫溪县接壤，东南是通向神农溪、大三峡的要冲，北与竹山、房县毗邻，素有"一脚踏三省六县"之说。总面积93.20平方千米，平均海拔1730米，属典型的亚高山沼泽型湿地气候。大九湖国家湿地公园其湿地生态系统主要包括亚高山草甸、泥炭藓沼泽、睡菜沼泽、苔草沼泽、香蒲沼泽、紫茅沼泽以及河塘水渠等湿地类型。2006年，列入国家湿地公园。

【湖北漳河国家湿地公园】 位于湖北省荆门市东宝区漳河镇境内，总面积104.44平方千米。漳河湿地公园的建立，不仅可以保护自然资源，维护生态平衡和生物多样性，而且对完善旅游体系，打造生态旅游品牌，促进经济发展和社会进步，都具有十分重要的意义。2014年，列入国家湿地公园。

【湖北天堂湖国家湿地公园】 位于湖北省黄冈市罗田县。以天堂水库为主体，包含水库两边部分山体，与周边的山林一同构成山水环抱的独特景观。总面积11.15平方千米。公园丰富的野生动植物资源，不仅构成湖北天堂湖湿地公园独特的生态景观，也为开展科学研究、保存物种基因提供条件。2014年，列入国家湿地公园。

【湖北白莲河国家湿地公园】 位于湖北省黄冈市英山县、罗田县和浠水县。公园范围包括白莲河水库及周边生态公益林，总面积66.54平方千米，湿地面积45.85平方千米，湿地率68.91%，为典型的库塘型湿地。分为湿地保育区、恢复重建区、宣教展示区、合理利用区和管理服务区等功能区。2019年，列入国家湿地公园。

【湖北浠水策湖国家湿地公园】 位于湖北省黄冈市浠水县南部，长江中游北岸。总面积11.42平方千米，其中湿地面积11.3平方千米，湿地率98.97%，是长江中下游典型的湖泊湿地。野生动植物资源丰富，园内有植物165科499属738种，湿生植被主要包括苔草群丛等9个群丛；有脊椎动物59科126属187种。2012年，列入国家湿地公园。

【湖北金沙湖国家湿地公园】 位于湖北省黄冈市红安县。范围包括金沙河水库全部水域、周边滩涂以及湖岸的生态公益林和近自然林。总面积19.03平方千米，其中湿地面积15.90平方千米，湿地率83.57%。属典型的库塘湿地，同时具有近自然湿地生态系统的特征。分为湿地保育区、恢复重建区、宣教展示区、合理利用区和管理服务区。公园内水面宽阔，岸线曲折连绵，与周边的山林构成湖中岛、山外山、山重水复、山水环抱的独特景观。2016年，列入国家湿地公园。

【湖北浮桥河国家湿地公园】 位于湖北省黄冈麻城市，长江一级支流举水的上游。范围包括浮桥河水库水体、岛屿和周边第一道山脊以内的陆地。总面积94平方千米，其中湿地面积35.96平方千米，湿地率38.26%。集湿地保护修复、科普教育、生态观光、湿地体验、合理利用等功能于一体的国家湿地公园。2011年，列入国家湿地公园。

【湖北赤龙湖国家湿地公园】 位于湖北省黄冈市蕲春县赤东镇、蕲州镇、八里湖国营农场及赤东湖渔场、恒丰湖渔场境内。地貌类型属长江冲积平原湖滩地貌，集丘陵、湖泊、湿地等自然景观为一身，拥有丰富的野生动植物资源和湿地资源。总面积108.57平方千米，其中湿地面积66.67平方千米，湿地率61.4%。2016年，列入国家湿地公园。

【湖北张家咀国家湿地公园】 位于湖北省黄冈市英山县城北部，范围包括水库水面和水库滩涂湿地及周边生态公益林地。总面积5.13平方千米，其中水域面积3.84平方千米。是以大别山南麓典型的低山丘陵塘湿地为特征类型内陆湿地，以及长江一级支流浠水和湖北大别山国家自然保护区动植物的重要水源地。2015年，列入国家湿地公园。

【湖北徐家河国家湿地公园（试点）】 位于湖北省广水市境内，总面积41.63平方千米，其中湿地面积39.78平方千米，湿地率95.55%。以保护鄂北丘陵地区典型的山水林塘湖镶嵌交错的低山丘陵区复合湿地生态系统，集湿地保育、湿地生态功能展示、湿地文化宣传、湿地科研监测以及湿地生态旅游为一体的具有国家示范意义的湿地公园。2016年，列入国家湿地公园。

【湖北沮河国家湿地公园】 位于湖北省宜昌市远安县。范围包括沮河及支流鸣凤河、九子溪的湿地水体、湿地水源涵养区植被以及河岸带区域。总面积4.87平方千米，其中湿地面积1.8平方千米，湿地率37%。具有典型的山区森林和湿地复合生态系统。2019年，列入国家湿地公园。

【湖北万洋洲国家湿地公园】 位于湖北省襄阳宜城市，以汉江东侧地名万洋洲命名。总面积24.66平方千米。分湿地保育区、恢复重建区、科普宣教区、合理利用区、管理服务区等功能区。公园内有维管束植物99科246属317种，脊椎动物22目55科255种，原生生物物种与汉江优质的水、特有的地形地貌及土壤共同形成比较完备湿地生态系统。2019年，列入国家湿地公园。

【湖北谷城汉江国家湿地公园】 位于湖北省襄阳市谷城县城关镇东，汉江以西，北河和南河之间，三面环水，濒临汉江段长约10千米。湿地内水系发达，植被繁茂，鸟类资源丰富，总面积21.34平方千米，其中湿地面积11.02平方千米，湿地率51.64%。生态系统完整，具有较高的保护价值和旅游价值。公园有生态保育区、生态恢复区、科普宣教区、合理利用区、管理服务区等功能分区。2009年12月，国家林业局批准试点建设。2016年，列入国家湿地公园。2020年，列入国家重要湿地名录。

【湖北长寿岛国家湿地公园】 位于湖北省襄阳市樊城区牛首镇境内，主要包括汉江冲积洲长寿岛沿岸洲滩及周边水域，总面积17.15平方千米，其中湿地面积13.79平方千米，湿地率80.37%。公园湿地文化内涵厚重，明代夏原吉的《观打鱼》真实记载了这一带的渔家生活和渔家文化。岛上居民生活恬淡和谐、健康长寿，其长寿之名可谓声名远播，长寿岛亦是据此命名。2017年，列入国家湿地公园。

【湖北圣水湖国家湿地公园】 位于湖北省十堰市竹山县上庸镇、溢水镇、潘口乡和深河乡交汇地带，距县城13千米，是潘口水电站建成后形成的人工库塘型湿地，总面积32.55平方千米。湿地公园跨秦岭、杨子两个地层分区，受新生代以来构造运动的影响，山峦起伏，河沟纵横，地形复杂多样，地区差异较大。属北亚热带季风山地气候，公园内湿旱生动植物十分丰富。旱生植物有珍贵稀有活化石、中国鸽子树、银杏、光叶珙桐、红豆杉、紫茎、山毛榉等国家一、二级保护植植物9种。2017年，列入国家湿地公园。

【湖北龙湖国家湿地公园】 位于湖北省十堰市竹溪县城西7千米龙坝镇境内竹溪河上游。其主体即竹溪河水库。库区承雨面积120平方千米，总库容2348万立方米，是竹溪县城区供水水源，承担着城区15万人供水、县城防洪以及库区下游13.33平方千米农田的灌溉。2017年，列入国家湿地公园。

【湖北襄阳汉江国家湿地公园】 位于湖北省襄阳市。总面积38.94平方千米，是襄阳城区市民的主要水源地，拥有"一江碧水穿城过"的湿地景观，是全国三大候鸟迁徙通道中线通道的重要驿站。分布有高等维管束植物241种、脊椎动物346种。随着湿地公园建设推进，公园内鸟类逐年增加，由2013年109种增加到2020年192种，数量由年平均3000余只增加到15000余只。2019年，列入国家湿地公园。

【湖北古南河国家湿地公园】 位于湖北省十堰市房县东南部。以南河主河道房县段为主体，上游起于与保康县交界的南河和金斗河交汇处。总面积18.18平方千米，其中湿地面积10.74平方千米，湿地率59.09%。公园内动植物资源丰富，有国家珍稀濒危保护野生植物41种，其中，国家重点保护野生植物21种，国家珍贵树种18种，国家珍稀濒危保护植物31种，野生动物61种。2013年，列入国家湿地公园。

【湖北黄龙滩国家湿地公园】 位于湖北省十堰市黄龙滩水库库区，汉江最大支流堵河下游，海拔239～300米。总面积8.75平方千米，其中湿地面积4.35平方千米，湿地率49.7%，是集湿地科普、湿地保护及湿地科研等于一体的库塘型国家湿地公园。龙滩库区库容12.28亿立方米，年径流量60亿立方米，湖北省十堰市城区70%的生产、生活用水来源于此。2013年，列入国家湿地公园。

【湖北清凉河国家湿地公园】 位于湖北省襄阳市南漳县，包括河流湿地和人工湿地两大类，涉及库塘、永久性河流、洪泛平原湿地和水产养殖场4个湿地类型。总面积12.33平方千米。2019年，列入国家湿地公园。

【湖北郧阳湖国家湿地公园（试点）】 位于湖北省十堰市郧阳区柳陂镇、茶店镇汉江库汊，属南水北调中线工程核心水源区，总面积17.44平方千米。2017年2月，列入国家湿地公园。

【湖北泗河国家湿地公园（试点）】 位于湖北省十堰市茅箭区中东部，范围包括泗河茅箭区段及马家河、茅塔河、田湖堰河3条河流部分河段及划入3条河流的部分汇水沟，属典型的河流型湿地公园。总面积10.41平方千米，分为湿地保育、恢复重建、宣教展示、合理利用和管理服务等功能区。2017年，列入国家湿地公园。

【湖北封江口国家湿地公园】 位于湖北省随州市随县，地处桐柏山与大洪山山间谷地，范围以封江口水库为主体，包含上游部分河流及湖岸部分山体，总面积29.91平方千米，其中湿地面积26.37平方千米，其中永久性河流1.74平方千米，库塘湿地24.55平方千米，沼泽湿地0.08平方千米。属南北气候过渡区，极具典型性、独特性和稀有性，也是长江流域湿地保护网络的重要组成部分。2013年，列入国家湿地公园。

【湖北仙居河国家湿地公园】 位于湖北省荆门市东宝区仙居乡，东至南河水库大坝，南至栗溪镇段家台，西与仙居乡发旺村交界，北至仙居乡促联村捉马洞。总面积4.04平方千米，其中湿地面积1.87平方千米，湿地率46.3%，水岸线全长约30千米。分为湿地保育区、恢复重建区、宣教展示区、合理利用区、管理服务区等功能区。2018年，列入国家湿地公园。

【湖北莫愁湖国家湿地公园】 位于湖北省荆门市钟祥城区东部，莫愁湖是汉江中游南岸的第一大型湖泊，该湿地属于典型的城区湖泊湿地类型，有自然岛屿32座。总面积19.49平方千米。2016年，列入国家湿地公园。

【湖北惠亭湖国家湿地公园】 位于湖北省荆门京山市城南，是江汉平原向鄂西丘陵山地过渡的重要人工湿地。总面积38.32平方千米，其中，湿地面积24平方千米，湿地率62.63%。公园集涵养水源、净化水质、蓄水防洪、农业灌溉、居民供水功能于一体，有着极其重要和特殊的生态系统。湿地风景优美，自然资源丰富，河汊港湾众多，溪流纵横，生态环境良好，动植物种类繁多。2016年，列入国家湿地公园。

【湖北老观湖国家湿地公园】 位于湖北省孝感市，包括老观湖自然湖泊水面及周边区域。总面积13.72平方千米，其中，湿地面积12.33平方千米，湿地率89.89%。包括永久性淡水湖、草本沼泽、水产养殖场3种湿地类型。分为湿地保育区、恢复重建区、宣教展示区、合理利用区和管理服务区等功能区。2015年，列入国家湿地公园。

【安徽花亭湖国家湿地公园】 位于安徽省太湖县境内，地处皖西南太湖县城西北2千米处。公园以花亭湖水库为主体，延伸到周边范围的一种大型人工库塘型湿地，其湿地生态系统类型是长江水系皖河支流深水性高山峡谷型人工湖泊的典型代表。主要植被类型为亚热带常绿落叶阔叶混交林，是一个以湖泊、河流、滩涂、湿地水禽、多种植物和禅宗文化为主体结构，在自然和人为双重因素影响下形成的库塘型生态湿地。2015年，列入国家级湿地公园。

【安徽嬉子湖国家湿地公园】 位于安徽省桐城市东南部嬉子湖镇境内，距离桐城市区25千米，总面积54.46平方千米，湿地公园的湖泊面积38.21平方千米，占湿地面积的88.65%。嬉子湖流域的湿地植物共有维管束植物约43科100属147种，嬉子湖的鱼类约8目18科69种，嬉子湖的底栖动物约28种。2015年，列入国家级湿地公园。

【安徽潜水河国家湿地公园】 位于安徽省安庆市潜山县，以潜水河干流为主体，西起水吼镇马潭村，东南至潜山县与怀宁县界。总面积14.5平方千米，其中湿地面积10.44平方千米，湿地率72.01%。公园与天柱山国家森林公园、安徽沿江湿地省级自然保护区和江豚市级保护区形成有效的保护体系，对长江中下游区域生态安全、水安全十分重要。2016年，列入国家湿地公园。

【安徽淠河国家湿地公园】 位于安徽省六安市西北部淠河中游，南至淠河上游两河口，北至合六叶高速公路下游5.2千米。总面积45.71平方千米，其中湿地面积39.36平方千米，湿地率86.10%，是典型的河流湿地类型。划分为湿地保育区、湿地恢复区、合理利用区等功能区。2011年12月，列入国家湿地公园。

【重庆巫山大昌湖国家湿地公园】 位于重庆市巫山县，地处三峡库区腹心地带，总面积14.65平方千米，其中湿地面积10.21平方千米，湿地率69.67%。湿地公园含有原有河流和回水倒灌形成的库塘湿地双重特性，分为保育区、恢复重建区、宣教展示区、合理利用区、管理服务区等区域，建成集湿地保护与修复、湿地科普宣教、科研监测、湿地观光体验和巫山文化休闲游览于一体的国家湿地公园。2011年，列入国家湿地公园。

【重庆汉丰湖国家湿地公园】 位于重庆市开州区境内。包括河流湿地、库塘湿地、沼泽湿地等3个湿地类和永久性河流、季节性河流、洪泛湿地、库塘湿地、草本沼泽、灌丛沼泽等6个湿地型，构成了自然与人工复合湿地系统。总面积13.33平方千米，湿地率86.38%。湿地动植物丰富，有野生陆栖脊椎动物227种，维管束植物608种。2015年，列入国家湿地公园。

【重庆巴山湖国家湿地公园】 位于重庆市城口县境内。总面积11.16平方千米，其中湿地面积5.88平方千米，湿地率52.7%。公园主体修建于任河干流上的巴山水库，水域全长32千米，水域面积6.77平方千米，最高海拔2480米，最低海拔550米，年平均气温13.8℃，具有夏季清爽、冬季温凉的气候特征，易出现白天无雨、深夜小雨的"巴山夜雨"景观。湿地公园紧邻红军三十三军指挥部旧址、方斗坪、夜雨湖等景区，是城口西北一小时旅游环线的中心和节点。2017年，列入国家湿地公园。

全国重点文物保护单位

【概述】 全国重点文物保护单位，是由国家文物管理部门对不可移动文物所核定的最高保护级别。由国家文物管理部门在省、市、县级文物保护单位中，选择具有重大历史、艺术、科学价值者确定为全国重点文物保护单位。自1961年3月4日至2019年10月16日，国务院已公布八批全国重点文物保护单位，总数为5058处。秦岭地区作为中华文化的发源地和中国历史的见证地之一，全国重点文物保护单位星罗棋布，省、市、县各级文物保护单位更是不计其数。

【陕西蓝田猿人遗址】 位于陕西省西安市蓝田县，是中国直立人化石及旧石器时代早期文化遗物出土地点。中国长江以北发现最早的人类化石之一，不但证明中国是人类发源地之一，同时扩大已知中国猿人的分布范围，增加世界猿人化石的分布点，丰富人类物质文化纪录，也是提供黄河流域古文化发展的一个重要佐证。1982年，列入全国重点文物保护单位。

【陕西水陆庵】 位于西安市蓝田县城东10千米的普化镇王顺山下，因三面环水，形似孤岛，有青山耸立，周有河水环流，故称水陆庵。水陆庵为六朝古刹，以保存古代精巧罕见的彩塑而闻名，是国内目前保存最大的壁塑群，壁塑群把绘画、圆雕、浮雕、镂刻艺术手段融为一体，件件栩栩如生，活灵活现，人物雕塑匠心独具。1996年，列入全国重点文物保护单位。

【陕西红二十五军军部旧址】 位于陕西省西安市蓝田县葛牌镇葛牌街。是中国工农红军第25军在徐海东、程子华、吴焕先等率领下，于1935年2月长征入陕，在关中地区创建的第一个红色政权，也是关中地区最早的红色革命根据地。它的建立，为帮助红军扩建、保存红军实力、配合中央红军战略转移作出重大贡献。2019年，列入全国重点文物保护单位。

【陕西蓝田吕氏家族墓地】 位于陕西省西安市蓝田县三里镇五里头村。墓地使用时间为宋神宗熙宁七年(1074)至徽宗政和元年(1111)，共埋葬五代吕氏族人，墓地东、西、北部均有围沟环绕，墓葬排列脉络清晰。2013年，列入全国重点文物保护单位。

【陕西华山西岳庙】 位于陕西省华阴市岳镇东端。西岳庙供奉西岳华山兵神金天王，是道教主流全真派圣地。西汉元光元年（前134）建集灵宫于黄甫峪口，东汉时迁于现址，后改称西岳庙，为历代帝王祭祀华山之神的要地，庙内碑刻遍布。西岳庙是明清建筑风格的宫殿御苑式古建筑群落，其轴线与华山主峰形成一线，建筑群前后分为6个空间，布局严谨。1988年，列入全国重点文物保护单位。

【陕西大秦寺塔】 位于陕西省西安市周至县城东南20千米的终南山北麓。大秦寺是历史上基督教传入中国最早的寺院之一，公元7世纪中叶，罗马基督教传入中国内地，当时称为"景教"，因唐代时称罗马为大秦国，所以称该教为"大秦景教",称景教寺院为"大秦寺"。寺院内的大秦寺塔为七层八棱楼阁式空心砖塔,造型古朴,美观大方。该塔内遗存有景教泥塑和古代叙利亚文刻字多处,这些都是研究古代西文化交流史不可多得的珍贵资料。2006年,列入全国重点文物保护单位。

【陕西姜寨遗址】 位于陕西省西安市临潼区临河北岸,是中国远古文化的发祥地,整个遗址分为居住区、窑场和墓地3个部分。姜寨遗址具有仰韶和龙山两种文化特征,其持续时间之长、规模之大较为罕见。这为研究当时的社会性质、社会组织、生产技术、家庭婚姻制度、社会生产状况及解决新石器时代的序列问题,都提供了宝贵资料,向人们展示了一幅原始人生活的多彩画卷。1996年,列入全国重点文物保护单位。

【陕西华清宫遗址】 位于陕西省西安市临潼区,是唐代封建帝王游幸的别宫,也称"华清池"。华清宫背山面渭,倚骊峰山势而筑,规模宏大,建筑壮丽,楼台楼阁遍布骊山上下。初名"汤泉宫",后改名温泉宫,唐玄宗更名华清宫。华清宫始建于唐初,是唐玄宗悉心经营建立的离宫。安史之乱后,华清宫的游幸迅速衰落,唐朝以后各代皇帝很少出游华清宫,后历代皇家有维修,中华人民共和国成立后进行整修和扩建。1996年,列入全国重点文物保护单位。

【陕西圣寿寺塔】 位于秦岭北麓、陕西省西安市长安区五台街道圣寿寺内,相传建于隋文帝仁寿年间(601—604),原名为"应身大士塔"。该塔为七级正方形阁楼式砖塔,高29.5米,底座周长7.5米,整个寺塔全用砖砌,构形精巧,风格古朴。因其坐落于峡谷之中,其塔壁面仍保持光洁,几乎看不到风化侵蚀的痕迹。2006年,列入全国重点文物保护单位。2015年,对圣寿寺塔体内外部、顶部进行修缮。

【陕西二龙塔】 位于陕西省西安市长安区王莽街道土门峪西南山顶上,传说曾有两条恶龙缠斗于此,搅得土门峪、蛟峪山周围鸡犬不宁,后造此塔以镇之。该塔为密檐式青砖结构,原9层,现存7层,取意胜造七级浮屠,平面呈正方形。塔的结构和莲花纹方砖,颇与小雁塔相似,尚有隋塔特点,可确认为唐初建筑。2019年,列入全国重点文物保护单位。

【陕西化羊庙东岳献殿】 位于陕西省西安市鄠邑区,又称东岳庙、泰岳行祠,因位于化羊峪口而得名。化羊庙始建于宋代,历经沧桑,屡毁屡修,元代重建,明宣德元年(1426)至清宣统二年(1910)曾先后7次修葺。整个建筑物体现出显著的元代建筑风格,对研究中国元代建筑形制具有重要的价值。2019年,列入全国重点文物保护单位。

【陕西敬德塔】 位于陕西省西安市鄠邑区东南紫阁岭沟内的宝林寺遗址,又称宝林寺塔。宝林寺建于唐贞观年间,唐太宗敕建,尉迟敬德监修。清同治元年(1862)宝林寺毁于兵燹,仅存宝塔一座。敬德塔为楼阁式砖塔,实心,平面呈方形,共7层。塔体宏伟挺拔,雕工精细,造型秀丽,装饰典雅,全部磨砖对缝,用黄土、细沙加糯米汁浆砌筑。2013年,列为国家重点文物保护单位。

【陕西鸠摩罗什舍利塔】 位于陕西省西安市鄠邑区的草堂寺内。中国佛教三论宗、成实宗以及日本国日莲宗的祖庭,为"佛经第一译师"鸠摩罗什三藏法师译经和长眠之地。该塔即为安葬罗什法师遗骨舍利塔,建于唐代(618—907),造型、雕刻均极雄健精美。1953—1978年,全面修葺,并建立"草堂寺文物保管所"予以保护。2001年,列入全国重点文物保护单位。

【陕西仙游寺法王塔】 位于陕西省西安市周至县马召镇黑水峪口,始建于隋仁寿元年(601)。该塔7层,高30米,塔身各层南面有券门，叠涩出檐，形制属密檐式塔，每层的正面开有塔门，为一座隋代保留至今的砖塔。1996年，列入全国重点文物保护单位。

【陕西西峪遗址】 位于陕西省西安市周至县竹峪乡西峪村西南，属秦汉时代宫殿建筑遗址。遗存有大型夯土建筑基址、大量红烧土块和较厚的瓦片堆积层以及汉代的瓦当、方砖等相关文物，为研究汉代建筑形制等提供重要资料。2013年，列入全国重点文物保护单位。

【陕西薄太后陵】 位于陕西西安东南的白鹿原上。陵墓中安葬汉高祖刘邦的侧室，东汉光武帝升其为刘邦正室，汉文帝的生母——薄氏。公元前155年，政治精明、与世无争的薄太后去世，葬于此陵。陵墓曾于西晋末年被盗，后被修复。陵墓封土形似覆斗，陵前有清朝竖立的"汉薄太后南陵"石碑，常有游人光顾。2013年，列入全国重点文物保护单位。

【陕西窦皇后陵】 位于陕西省西安市灞桥区白鹿原上。窦皇后即汉文帝刘恒之妻，景帝刘启之母。公元前156年，景帝刘启即位，她被尊为皇太后，身居尊位达四五十年。建元六年（前135），窦皇后卒，葬于白鹿原南，与文帝霸陵分居原之两端，属合葬。窦皇后陵形如覆斗，陵园的西墙和南墙部分城垣遗迹尚存，陵园内发现大量建筑遗存，为研究汉代墓葬制度提供重要资料。2013年，列入全国重点文物保护单位。

【陕西老牛坡遗址】 位于陕西省西安市灞桥区燎原村，为新石器时代至商时期（约前4000—前1100）遗址。老牛坡遗址商代遗存包括房址、灰坑、墓葬与车马坑、陶窑等，出土各类铜、陶、玉、石、角器。该遗址是陕西规模最大的一处商代遗址，同时也是商王朝在西部疆域最大的"根据地"，为了解夏商文化提供宝贵资料。2001年，列入全国重点文物保护单位。

【陕西灞桥遗址】 位于陕西省西安市灞桥区。建于隋开皇三年（583），唐至宋代沿用，元被废，是中国迄今发现时代较早、规模较大的石拱桥。由于长安至关东三条要道在灞河至长安城之间并为一路，中间以灞桥连通，故地位十分重要。历代政府都十分重视灞桥的维护，唐代还特置了勋官、散官各一人专门管理。每逢春季团团柳絮随风飞舞，如风卷雪花，"灞柳风雪"为关中八景之一。1996年，列入全国重点文物保护单位。

【陕西石鼓山墓地】 位于陕西省宝鸡市渭滨区石鼓镇石咀头村。2012年，石鼓镇石咀头村村民开挖房屋地基时发现。文物部门进行抢救性考古发掘取得重大收获，是中国商周墓葬考古的重大发现，为探讨该区域姜姓戎人与姬姓周人的文化交流，提供较为系统资料。2019年，列入全国重点文物保护单位。

【陕西茹家庄遗址】 位于陕西省宝鸡市渭滨区神农镇茹家庄村，属西周时期遗址。遗址平面略呈长方形，面积约10万平方米。曾采集有西周时期的高领袋足鬲、折肩罐等残片，纹饰有绳纹、弦纹，同时发现有西周时期的墓葬、车马坑、灰坑等。1988年11月，发现1座窖藏，出土铜鱼尊、刖刑奴隶守门方鼎、虎、鹿狗及鸟形器盖等，为研究宝鸡地区西周文化提供重要实物资料。2013年，列入全国重点文物保护单位。

【陕西太公庙秦公墓】 位于陕西省宝鸡市陈仓区。根据秦人墓随城建的建制，自2013年开始，陕西省考古研究院对这一区域进行详细的勘探，共确定11座墓葬，其中最大的1座"中"字型墓，形制与凤翔秦公一号大墓基本一致，专家推测墓主为秦武公。太公庙秦公墓遗址勘探发掘，对推动以秦都平阳为纽带的早期秦文化研究具有重要意义。2019年，列入全国重点文物保护单位。

【陕西桥镇遗址】 位于陕西省宝鸡市陈仓区

桥镇村东北约10米处的台塬上，面积约15万平方米，出土龙山时期陶器残片、石器和破碎的白灰居住面。该遗址发现的龙山文化时期的筒瓦，可追溯到4000年以前，是中国迄今发现最早的建筑陶瓦，把中国用瓦历史提前了1000年。筒瓦为研究中国建筑史提供了极其重要实物资料。2013年，列入全国重点文物保护单位。

【陕西李茂贞墓】 位于陕西省宝鸡市金台区陵园乡陵园村。以唐代帝王墓葬形制而修建。李茂贞寝宫，除前室、中室用石条砌筑外，其余均为青砖砌成，其建筑规模在已发掘的唐代陵墓中并不多见。王妃刘氏寝宫墓道尽头的端门建造做工精细。在后室四周墙壁，当年所绘壁画依稀可见，局部色彩完好。有关资料显示，该王陵中的端门是中国目前发现年代最早的砖砌端门，砖雕中的"两人轿子图""八人轿子图"为初次发现。2013年，列入全国重点文物保护单位。

【陕西元君庙－泉护村遗址】 位于陕西省渭南市华阴市柳枝镇泉护村、安堡村，为新石器时代（约前4000—前2000）遗址。该遗址中发现有仰韶文化的典型墓地和居址，遗址面积大，文化遗存丰富，已成为研究仰韶文化、探讨中国原始氏族社会结构的代表性范例。2001年，列入全国重点文物保护单位。

【陕西横阵遗址】 位于陕西省渭南市华阴市敷水镇横上村西。面积约12万平方米，经考古队3次发掘，确认为仰韶文化与龙山文化时期叠压并存的古文化遗址。该遗址的发掘，特别是瓮棺葬及合葬古墓群的发现，为研究新石器时代氏族社会发展状况和当时的家族组织提供大量实物资料。2006年，列入全国重点文物保护单位。

【陕西京师仓遗址】 位于陕西省渭南市华阴市岳庙街道双泉村（华阴老腔发源地），又名华仓，修建于汉武帝时期（前140—前88），为首都长安贮存、转运粮食的国家大型粮仓。出土有砖瓦、陶范、陶器、铁器、兵器、钱币等，却未发现量具和粮食。遗址保存较好，是发现规模最大的西汉粮仓建筑遗址，对研究汉代建筑史、经济史、漕渠航运史等具有重要价值。2001年，列入全国重点文物保护单位。

【陕西南沙遗址】 位于陕西省渭南市华州区瓜坡镇南沙村，1958年、1983年西安半坡博物馆考古队先后2次在此发掘清理出仰韶文化、龙山文化、二里头文化遗址，更是新石器时代至商代遗址，对研究商代历史提供重要实物史料。2013年，列入全国重点文物保护单位。

【陕西桥上桥】 位于陕西省渭南市华州区赤水镇西的赤水河上，是渭南市和华州区的分界桥，又名赤水桥。为古代双重石桥，桥为东西走向，桥面宽5米，长70米。桥身全部以花岗石条砌筑，下桥为7孔拱形石桥，上桥为9孔拱形石桥，在第2孔至第8孔桥拱上方正中，各有一个石雕龙头，桥北有石雕龙尾。2013年，列入全国重点文物保护单位。

【陕西渭华起义旧址】 位于陕西省渭南市华州区西南23千米的高塘镇境内，是陕西东部唯一的大型早期革命根据地，也是中国西北地区成立最早、规模影响最大，对全国革命事业产生极大激励作用的农民革命根据地。占地面积8757平方米，建筑面积1590平方米，陈列展室7个，起义领导旧居4个，陈列面积772平方米。2006年，列入全国重点文物保护单位。

【陕西弘农杨氏家族墓地】 位于陕西省渭南市华阴市，已发现各类规格形制的墓葬30余座，墓葬形制多为封土冢土坑墓。该墓地出土的8块墓志表明埋葬者多为北魏当朝重臣，所出土的各类文物以及墓葬形制，对研究北魏时期社会政治、经济、文化都有很高的历史价值。2019年，列入全国重点文物保护单位。

【陕西十二连城烽火台遗址】 位于陕西省渭南市潼关县。潼关十二连城是当地著名文物遗址，又名烽火台，俗称墩台，其时代原定为唐代到清代之间，后有学者认为其时代上限应在汉魏时期或早至西周。在距离"北七烽火台遗址"西北20米处的禁沟崖壁上，发现约15厘米厚的汉代建筑材料堆积层，现场出土绳纹板瓦等遗物，为十二连城烽火台遗址的年代定性提供第一手实物资料。2013年，列入全国重点文物保护单位。

【陕西潼关故城】 位于陕西省渭南市潼关县港口镇。潼关故城，从始建至唐代，两经迁徙，三地设防，城池多变，设施不一。东汉建立初期，废掉秦在河南灵宝市创建的函谷关。武帝和献帝先后迁关于河南新安及弘农衡山岭。献帝又于建安年间，迁关于潼关上南门外，即今港口镇杨家庄、城北村一带。潼关之名，始自于此。其建筑情况，志书缺少记载。2013年，列入全国重点文物保护单位。

【陕西杨震家族墓地】 位于陕西省渭南市潼关县秦东镇四知村，是东汉太尉杨震及其子孙的墓地。1996年，潼关县在墓群址边缘、潼关至华阴公路北侧立标志碑，碑名"杨震墓址"。2011年，潼关县人民政府在墓地原址恢复修建杨震家族墓，并起名为杨震廉政博物馆。该博物馆呈方形，馆内分为祠前区、祠院区、墓园区和绿化区。2019年，列入全国重点文物保护单位。

【陕西褒斜道石门及其摩崖石刻】 位于陕西省汉中市城北褒河水库内，是古代连接关中与汉中的一条要道。因取道褒水、斜水两河谷，贯穿褒斜谷而得名。褒斜道为秦昭王时所开，当时人们凿石架木，修筑栈道，历代以业，多次增修。石门在褒斜谷两端，北端为大石门，在眉县；南端为小石门，在汉中。小石门简称石门，约在战国时期，为修褒斜栈道而凿，后经历代修凿，方告开通，是中国最早的人工隧道之一。摩崖石刻在石门隧道的两壁和石门南褒河两岸上，有汉魏以来历代文人学士留诗题名，通称为"石门石刻"。1961年，列入全国重点文物保护单位。

【陕西勉县武侯墓】 位于陕西省汉中市勉县的定军山脚下，因诸葛亮曾获封武乡侯而得名武侯墓。建兴十二年（234）蜀汉丞相诸葛亮与魏司马懿在渭河两岸相抗，病死于五丈原军中，葬于汉中的定军山下。武侯墓区，岗峦起伏，山环水抱。墓上和庙内的建筑，大多是明、清两代一所三院并连的大庙，围有垣墙，面积约45000平方米。1996年，列入全国重点文物保护单位。

【陕西勉县武侯祠】 位于陕西省汉中市勉县武侯镇，与武侯墓隔汉江遥遥相峙，建于景耀六年（263）春。公元263年，即诸葛亮死后第29年，刘禅下诏立祠，当时因"建之京师，又逼宗庙"，故选祠址于定军山下的武侯坪，祠靠近墓所。这是全国唯一由皇帝下诏并拨给银两修建的祠庙，因而有"天下第一武侯祠"之称。祠庙融古建、园林、文学、艺术、书画、雕刻、彩绘于一体，是一座代表陕南地方传统建筑风格的千年古祠。2013年，列入全国重点文物保护单位。

【陕西龙岗寺遗址】 位于陕西省汉中市南郑区梁山镇汉江南岸，是汉水流域一处重要的旧石器遗址和新石器时代仰韶文化半坡类型遗址。包括旧石器文化、新石器文化、汉代墓葬群、千年寺院建筑和近现代革命旧址等5部分，具有极高的历史、科学、艺术和社会经济价值，是全国发现为数不多超过100万年的旧石器时代遗存，再次证明汉水流域也是中国古代文明的重要发祥地之一。2006年，列入全国重点文物保护单位。

【陕西李家村遗址】 位于陕西省汉中市西乡县城关镇和平村，地处牧马河南岸第二阶地。遗址先后发掘出石斧、石锛、石铲、砥砺器、刮削器、陶罐、陶鼎、陶碗、陶盂、陶锉以及墓葬区、房屋遗址，并有鹿角、兽骨等。据鉴定，遗址距今7000年以上，处于母系社会阶段，属新石器时代早期文化。中国考古学会第一次年会命名为"李家村文化"，作为中国新石器时代早期文化的标志。2006年，列入全国重点文物保护单位。

【陕西张骞墓】 位于陕西省汉中市城固县博望镇饶家营村，是西汉时期杰出的外交家、探险家、丝绸之路开辟者张骞的墓葬。汉武帝元鼎三年（前114），张骞病卒后，归葬于故里陕西城固博望镇。张骞墓坐北朝南，成覆斗形。民国27年（1938），国立西北联合大学历史系对张骞墓初步发掘，出土"博望□造铭"封泥一枚，加之墓前碑石、汉代石雕等文物，确认为汉博望侯张骞之墓。2006年，列入全国重点文物保护单位。

【陕西蔡伦墓和祠】 位于陕西省汉中市洋县龙亭镇，是中华民族"四大发明"之一造纸术的发明人蔡伦长眠之地，也是蔡伦的封地。墓园内花木葱郁，古柏参天，碑石林立，青竹吐翠，丹桂飘香，殿宇古朴典雅，塑像彩画栩栩如生。其南为祠，祠的中轴线上由南而北依次为山门、拜殿、献殿，正殿大门上高悬有唐代德宗皇帝的御书"蔡侯祠"匾额。蔡伦墓西侧有蔡伦纸文化博物馆，是全国首家蔡伦纸文化博物馆。2006年，列入全国重点文物保护单位。

【陕西开明寺塔】 位于陕西省洋县县城开明寺（今开明广场）内，亦称关寺塔。塔高13层，为方形单层多檐式砖塔。塔的外观，在方形基座上更立须弥座式的台基一重，束腰每面作壶门8个，台基上部向内用迭涩收进5层，塔身亦用菱角牙子与迭涩合砌成塔檐，各层间自下而上逐层缩小至顶，覆以半圆形的覆钵及八边形的刹柱和宝盖；自第二层以上塔身各面设佛龛约52个，佛龛之间雕有龙凤壁画，佛龛内有石雕佛像，各层塔檐角上均有风铃。整体建筑古朴雄峻，结构精致优美。2006年，列入全国重点文物保护单位。

【陕西五门堰】 位于陕西省城固县桔园镇东隅，是古代低坝拦河灌溉工程。居长江支流汉江的支流湑水河西岸，因渠首并列五洞进水，故称五门堰。五门堰历史悠久，工程建筑科学合理，功效显著，备受历代官府、民众的重视与保护，因而经久不衰。中华人民共和国成立后，古堰古建筑得到妥善保护。同时对找回的散失文物，重新陈列保护，修建碑廊1座。2006年，列入全国重点文物保护单位。

【陕西张良庙】 位于陕西省汉中市留坝县留侯镇庙台子街，秦岭南坡的紫柏山上。张良庙傍山依水，古朴典雅，终年云霭缭圈椅状，庙前一水和庙后一河又成环抱之态，庙四周幽静肃穆，方圆百里苍松紫柏挺拔苍翠，建筑众多。匾额对联、文字诗词多有佳句，碑石、摩崖近百块，各种书法，流派纷呈。融名胜、古迹、文物、风景于一体，成为陕南著名的游览胜地。2006年，列入全国重点文物保护单位。

【陕西灵岩寺摩崖】 位于陕西省汉中市略阳县。寺内摩崖石刻130余通，素有"小碑林"之称，尤以《郙阁颂》的八分汉隶享誉书法金石学界。据洞内摩崖刻石和《明·嘉略阳县志》所载，灵崖寺建于唐开元年间，以两个天然大洞穴著称，吸引着历代文人骚客。唐代大诗人杜甫、唐宋八大家之一的苏轼曾泛舟嘉陵江，一游灵崖。2006年，列入全国重点文物保护单位。

【陕西何家湾遗址】 位于陕西省汉中市西乡县古城镇。1980年10月—12月发掘，南北长约300米，东西宽150米，总面积4.5万平方米，发掘面积610平方米，是当时在陕南所发现的史前时期遗址中规模最大、保存最好、堆积层最厚、出土文物最丰富的一处遗址。1982年4月，又一次发掘中，发现一个完整的骨雕人头像，是一件极为珍贵的骨雕艺术品。

2013年，列入全国重点文物保护单位。

【陕西宝山遗址】 位于陕西省汉中市湑水河畔的城固县宝山镇，因发掘出大量烧烤坑和形制特异的陶窑群而享誉海内外。其仰韶时期烤烧坑和汉代烤烧坑，数量多、种类全，揭示出汉水上游地区从仰韶、龙山、商代，直到汉代延续着烤烧坑这样独特的生活习俗，在全国考古发现中尚属首次。2013年，列入全国重点文物保护单位。

【陕西宁强羌人墓地】 位于陕西省汉中市宁强县胡家坝村。该墓群面积约1300平方米，含4座双室石板墓和2座单室石板墓。该墓葬群为清代羌人墓葬，与以往所发现的单体羌人墓形制不同，以墓葬群的形式出现的羌人墓葬在全国尚属罕见。在宁强境内主要有宋代和清代2个朝代的羌人墓地，墓葬多位于山坡中上部的向阳地带，石板墓构造形式分单室和多室2种，最多可达6室，丰富的墓葬文化构成了颇具地域特色的独特景观，具有较高的艺术价值和研究价值。2013年，列入全国重点文物保护单位。

【陕西汉中东塔】 位于陕西省汉中市汉台区东关净明寺内，是一座十一级方形、实心砖塔。据《汉中府志》记载，净明寺建于明代洪武八年（1375），建寺时塔已存在，相传三国时西凉庞德曾在塔下养病。汉中东塔的结构形式，基本和唐代砖塔的造型相仿，整体建筑古朴雄峻，结构精致优美。2013年，列入全国重点文物保护单位。

【陕西良马寺觉皇殿】 位于陕西省汉中市洋县谢村镇四红村，建于元中统二年（1261），殿长18米，宽15米，高12米，面阔5间，双层假昂斗拱，歇山顶，建筑精良，雕刻别致，是汉中地区唯一的一座元代建筑。相传，良马寺为洛阳白马寺僧人慧能于元中统二年（1261）主持修建，也就是南宋景定二年。虽然南宋尚未灭亡，但是汉中已经被蒙元军队占领，洋县偏安一隅，这里也曾名僧云集，香火旺盛。2013年，列入全国重点文物保护单位。

【陕西智果寺】 位于陕西省汉中市洋县谢村镇智果村。始建于唐朝仪凤年间（676—679），宋代、元代重修。明朝时，紫衣禅师（生卒年不详），洋县智果寺僧人，明神宗万历十二年（1584）云游京师（北京）时，逢慈圣宣文明肃皇太后患眼疾，久治不愈，张榜招贤。紫衣禅师揭榜应召，入宫为太后治病，用药3剂眼疾即愈。神宗朱翊钧为表谢意，于十四年颁施藏经678函（6780卷），并赐金命太监会同汉中府知府修建藏经楼一座，御书"敕赐智果寺"匾额一面。2013年，列入全国重点文物保护单位。

【陕西青木川老街建筑群】 位于陕西省汉中市宁强县西北角，地处陕、甘、川3省交界处，素有"一脚踏三省"之誉。青木川镇古建筑主要以回龙场街为主，该街始建于明成化年间，总面积4万余平方米，保存度80%，古朴独特、雕梁画栋、风格典雅，是不可再生的历史文化遗产，展现青木川古镇悠久的历史和深厚文化底蕴。2013年，列入全国重点文物保护单位。

【陕西青木川魏氏庄园】 位于陕西省汉中市宁强县，为魏辅唐的府第。建于民国时期，庄园占地0.7公顷，分老宅、新宅两座。老宅传统古朴，新宅融入很多西方建筑元素。两座宅院虽建筑风格不同，但都具有完整的防范体系：一层粮仓、水井、酒库、菜窖一应俱全；二层制高点上有瞭望哨、射击孔。2013年，列入全国重点文物保护单位。

【陕西国立西北联合大学旧址】 位于陕西省汉中市城固县。旧址包括西北联大法商学院旧址、西北联大工学院旧址和大成殿建筑3处。3处遗址中，法商学院旧址是西北大学京源的根源所在，学校政治经济学系、商学系、法律学系发端于此。抗战年间，1938—1946年法商学院在此办学8年。2019年，列入全国重点文物保护单位。

【陕西花石浪遗址】 位于陕西省商洛市洛南县城关镇东河村后花石浪山上，是2个相距约30米的旧石器时代洞穴，距今约50万年，这里发现早期人类牙齿化石，被命名为"洛南人牙齿化石"。遗址集中反映了早期人类在该地区的频繁活动，也为研究中国旧石器时代文化发展，特别是南北方的文化交流带来重要信息。2001年，列入全国重点文物保护单位。

【陕西东龙山遗址】 位于陕西省商洛市东南丹江北岸，总面积约30万平方米。在出土的器物中，有鲜明的仰韶文化、龙山文化、二里头文化(夏代)、二里岗文化(商代早期)及西周文化特征，这一文化遗存跨越文化史上5个时期，对研究陕西周文化的起源提供了重要的实物依据。2006年，列入全国重点文物保护单位。

【陕西洛南盆地旧石器地点群】 位于陕西省商洛市洛南县。通过持续发掘，在洛南盆地重点发掘了花石浪龙牙洞、孟洼和张豁口遗址，共发现旧石器旷野点480多处，发掘旧石器文物10万余件，其遗址旷野点分布密度之稠密、出土文物规格之高，在国内外绝无仅有。2013年，列入全国重点文物保护单位。

【陕西紫荆遗址】 位于陕西省商洛市商州区刘湾丹江南岸。文化堆积可以分为4个文化阶段和多个文化类型。最上层为西周文化层，下边是龙山文化层，第三层为仰韶文化层，最下层是老官台文化层。几个文化层说明原始社会先民们开始在丹江河谷劳动、生息、繁衍，书写着中华民族及商州的历史。2013年，列入全国重点文物保护单位。

【陕西商洛崖墓群】 位于陕西省商洛市杨河峪镇境内丹江、乾佑河等河两岸陡坡悬崖上，为汉代崖墓群。崖墓4200余座，分为单室墓、双室墓、三室墓、多室墓、崖洞砖室墓和异型墓6类。墓室大致为以前堂后室或以中室为中心，在两侧或单侧配置厅室和耳室，并在室内凿制灶、井、池、厕、龛等，有的还直接在崖壁上凿出石棺床。墓顶多为平顶、弧形顶，这些崖墓的遗存数量及密集程度极其罕见。2013年，列入全国重点文物保护单位。

【陕西骡帮会馆】 位于陕西省商洛市山阳县漫川关上街，俗称"马王庙"。会馆面临靳家河，地处湖北通往西北的水陆交通要冲，系当时鄂、陕、湘、晋、豫5省客商云集的物资集散地和水陆交易市场。会馆南侧有武昌馆，北侧有北会馆，加之附近的楼阁式民宅，组成一片古色古香的建筑群，融清代南北建筑风格之大观。2013年，列入全国重点文物保护单位。

【陕西刘家营遗址】 位于陕西省安康市汉滨区四合乡刘家营村，战国至秦汉时期的城镇遗址。曾出土虎钮錞于、柳叶剑、弩机、陶狗、铁斧、原始青铜器等文物，对历史、文化研究有较高的科学价值。2013年，列入全国重点文物保护单位。

【陕西瓦房店会馆群】 位于陕西省安康市紫阳县瓦房店。明清时期，瓦房店以其独有的地理和交通优势，成为整个陕南重要的货物集散地之一，有西北"小汉口"之誉，商贸活动繁荣。全国南北客商为了保持乡土联系，增强商业竞争力，纷纷在瓦房店修建会馆。会馆建筑样式古朴典雅，气势宏伟，均用青砖泥瓦建成。飞檐斗拱，雕梁画栋，殿与殿之间飞檐饰物栩栩如生，堪称明清建筑艺术的瑰宝。2013年，列入全国重点文物保护单位。

【陕西凤堰梯田】 位于陕西省安康市汉阴县漩涡镇。是目前秦巴山区考古发现的面积最大、保存最完整的清代梯田，集"山、水、田、屋、寨、村、庙、农"为一体，融"浑厚、雅致、奇趣、清新、壮美"在一身，充分展示出梯田的自然美、古朴美、形体美、文化美。2019年，列入全国重点文物保护单位。

【甘肃麦积山石窟】 位于甘肃省天水市麦积区，是小陇山中的一座孤峰，因山形酷似麦垛而得名。始建于384—417年，存有221座洞窟、10632身泥塑石雕、1300余平方米壁画，以其精美的泥塑艺术闻名世界，被誉为东方雕塑艺术陈列馆。麦积山石窟保留有大量宗教、艺术、建筑等方面的实物资料，体现千余年各个时代塑像的特点，反映中国泥塑艺术发展和演变过程，丰富了中国古代文化史，为后世研究中国佛教文化提供丰富资料和史实。1961年，列入全国重点文物保护单位。

【甘肃放马滩墓群】 位于甘肃省天水市麦积区党川乡放马滩。因传说秦始皇先祖嬴非子在此地为周王室牧马而得名。这里碧野连天，风景优美。由于20世纪曾出土战国秦汉时期的木板地图、竹简、纸地图等一大批重要文物，被考古学家誉为先秦考古文化的圣地，有"天水放马滩，云梦睡虎地"之称。2013年，列入全国重点文物保护单位。

【甘肃伏羲庙】 位于甘肃省天水市秦州区西关伏羲路，原名太昊宫，是中国规模宏大、保存完整的纪念上古"三皇"之一伏羲氏的明代建筑群。伏羲庙坐北朝南，临街而建，院落重重相套，四进四院，宏阔幽深。整个建筑群包括牌坊、大门、仪门、先天殿、太极殿沿纵轴线依次排列，层层推进，庄严雄伟。2005年开始，由甘肃省人民政府主办的公祭中华人文始祖伏羲大典，已成为甘肃省独具特色的重要文化品牌之一。2001年，列入全国重点文物保护单位。

【甘肃胡氏古民居建筑】 位于甘肃省天水市秦州区民主西路，俗称南北宅子，属明代民居古建筑。胡氏古民居是天水市现存的明代民居建筑的杰出代表之一，也是我国西北地区唯一现存的明代品官府第，具有很高的历史、文化、艺术价值，为研究天水的历史沿革、民俗风情提供了珍贵、丰富的历史资料。2001年，列入全国重点文物保护单位。

【甘肃玉泉观】 位于甘肃省天水市秦州区城北天靖山脚下，俗称城北寺，又名崇宁寺，因山上有玉泉和元代秦州教谕梁公弼建寺时吟有"山寺北郊，名山玉泉"而得名。现存建筑大多为明清时重建，观紧依城垣，顺山势升高，随山沟、崖壁、台地而建。每年农历正月初九，是玉泉观庙会，当地人称为"朝观"。2006年，列入全国重点文物保护单位。

【甘肃后街清真寺】 位于甘肃省天水市秦州区。后街清真寺历史上地理位置因在甘肃省天水市秦州城西关东北角，故又称西关清真寺。后街清真寺是甘肃省天水市的清真古寺之一，始建于元至正(1341—1368)年间，占地面积1730.93平方米，寺庙整体为典型明代建筑，殿内古朴典雅，肃穆庄严。20世纪70年代，因清真寺正门改在后街澄源巷，之后通称后街清真寺。2006年，列入全国重点文物保护单位。

【甘肃纪信祠】 位于甘肃省天水市秦州区大城北街，又称城隍庙。纪信生年不详，从他死难的汉王三年推算，他应该是战国末期到西汉早期的人物。于右任曾为其挥毫题词"汉忠烈纪将军祠"。纪信祠元、明、清古建并存，集艺术、科学、宗教、历史、民俗于一体，是天水境内与玉泉观并存的两处元代古建之一。2019年，列入全国重点文物保护单位。

【甘肃水帘洞—大像山石窟】 位于甘肃省天水市武山县城东北钟楼山峡谷内，因雨天洞檐飞流直下如水帘而得名。洞内的露天摩崖浮雕大佛拉稍寺大佛，在中国石窟艺术中实属罕见，是研究中国早期石窟文化的重要资料。大像山，位于甘肃省天水市甘谷县秦岭西端的文旗山上。大像山石窟为甘谷八景之一的悬崖大佛，大佛洞窟两旁，依山附势修有长长的走廊，廊上窟龛相连，现存22个窟龛，大都平面近方形。正壁开大圆拱龛和设高坛基，并有僧人修行的禅窟，这是大像山窟龛特殊之处，全国罕见，是古丝绸之路上甘肃东南部融石窟和古建为一体的重要文化遗存之一。2001年，列入全国重点文物保护单位。

【甘肃毛家坪遗址】 位于甘肃省天水市甘谷县磐安镇毛家坪村。遗址是2700多年前秦国设立的古冀县县治所在。勘探出墓葬千余座，累计发掘面积约4000平方米，清理春秋、战国时期的大小墓葬约199座、灰坑752个，出土各类小件文物1000余件，发掘大量绳纹灰陶片、青铜容器及青铜兵器等。毛家坪遗址的发掘，将秦文化的编年推进到西周时期，在学术史上有标杆意义。2019年，列入全国重点文物保护单位。

【甘肃木梯寺石窟】 位于甘肃省天水市武山县马力乡杨家坪。相传入寺无路可走，在山门口绝壁之上，安置一木梯，人们攀梯入寺，故名"木梯寺"。该寺西有大石佛一尊，寺内现存窟龛18个，有造像78尊、壁画234幅，绘画面积约2100平方米。木梯寺雕饰多变，具有相当高的艺术价值。尤以五、七、十六窟规模最大，保持原作风貌。造像有魏唐遗风，其中，宋代作品为全寺精华。2006年，列入全国重点文物保护单位。

【甘肃狼叫屲遗址】 位于甘肃省天水市武山县鸳鸯镇苟家山村大沟南坡山塬上，为旧石器时代、新石器时代文化遗址，发现于1984年。采集到的原始人头骨化石等遗物标本，经鉴定属旧石器时代晚期，证明是与河套人同期的古人类，距今3.8万年，考古界定名为"武山人"。"武山人"头骨化石的发掘，为黄河流域远古文明史提供了新的物证,也为研究渭河流域人类进化繁衍开辟了空间。2013年，列入全国重点文物保护单位。

【甘肃圣寿寺】 位于甘肃省天水市武山县城关镇宁远大道中段（原南城门西侧），又名寿圣院，为武山县古代官办寺院。寺院在明、清、民国时期进行多次修缮，原占地3000多平方米，坐北朝南，院落式布局，与武山县南城门"拱极"门相连，自北而南依地势逐级升高，分上、中、下三院，上院位于最高处。现仅存中院燃灯佛殿（亦称圣寿寺）及两侧配殿等。2019年，列入全国重点文物保护单位。

【甘肃马家窑遗址】 位于甘肃省定西市临洮县洮阳镇马家窑村，是一处新石器时代中晚期（约前5200—前4400）文化遗址，因首次发现于马家窑而得名。遗址发掘出大量上古时代代表华夏文化的彩陶器皿，为探讨马家窑聚落的社会结构和社会复杂化程度提供重要资料。1988年，列入全国重点文物保护单位。

【甘肃汪氏家族墓地】 位于甘肃省定西市漳县漳河南岸徐家坪村东南。东西长，南北窄，取西高东低之势，是元代陇右王汪世显及其后裔的家族墓地。跨度370多年（1243—1616），葬有14代200余人，其中有"三王十国公"，是国内保存最完整，出土实物最具有研究价值的一处元代墓葬群。墓群为研究元、明时期政治、军事、文化、社会习俗和建筑技术等，提供宝贵的实物资料和文字资料。2001年，列入全国重点文物保护单位。

【甘肃寺洼遗址】 位于甘肃省定西市临洮县城南洮河西岸衙下村。分布面积广阔，为"寺洼文化"命名地。年代约前14—前11世纪，主要分布在兰州以东的甘肃省境内，居民聚落已具相当规模。经济以农业为主，兼营畜牧。寺洼文化是黄河上游远古文化的典型代表，其出土的陶器闻名遐迩。2006年，列入全国重点文物保护单位。

【甘肃灞陵桥】 位于甘肃省定西市渭源县清源河上，是一座气势恢宏的木质结构廊桥。桥身高耸，桥面为三道阶梯状通道，中宽边窄，且有扶手栏杆相配，既可远眺，又助攀登。桥两端建有飞檐式廊房，四角抖起，脊兽飞，颇为壮观。以其独特的建筑结构和艺术风格，闻名全国。桥两端有历代名人左宗棠、孙科、杨虎城、于右任、蒋介石的诗、词、联名和题字。2006年，列入全国重点文物保护单位。

【甘肃辛店遗址】 位于甘肃省定西市临洮县，为一处商周时代的辛店文化遗址。文化堆积丰富，出土陶器以夹砂红褐陶或黄陶为主。纹饰有绳纹、附加堆纹与彩绘纹等。彩绘花纹别具一格，近似一对羊角的双勾纹与犬型纹是其重要标志。该遗址是辛店文化命名地，内涵丰富，保存较好，对研究青铜时代西北地区的社会面貌及当时与中原地区的文化联系具有重要意义。2013年，列入全国重点文物保护单位。

【甘肃威远楼】 位于甘肃省定西市陇西县城中心，又名鼓楼。始建于北宋仁宗皇祐五年（1053），以渭州地修筑古渭砦后，韩琦筹划边防时，于城东0.5千米处的北坊建一谯楼，取威震远方之意。因其年代久远和构造精妙，成为陇西悠久历史和灿烂文化的象征。2013年，列入全国重点文物保护单位。

【甘肃吴挺墓】 位于甘肃省陇南市成县城关镇北关村，为南宋王朝利州西路安抚使、武功郡开国公吴挺之陵园。庆元四年（1198）春，南宋皇帝宋宁宗为吴挺在成州(今甘肃成县)营建陵园，于嘉泰三年（1203）十月建成，陵园占地约10万平方米。后因吴挺之子吴曦叛国投金，遭到皇家废弃，断绝祭享。2019年，列入全国重点文物保护单位。

【甘肃西狭古栈道及摩崖石刻】 位于甘肃省陇南市成县抛沙镇丰泉村。分布在两处：一处位于下峡峡口，此处有4个栈道孔，为圆形孔，口略向上倾斜；另一处位于"西狭十渡"第三拦水坝南15米处东侧崖壁上，现存栈道孔2处，栈道孔为长方形，边缘整齐。据西峡颂摩崖石刻中记载，该栈道建于东汉。《西狭颂》摩崖石刻位于甘肃省陇南市成县天井山麓崖壁上，刻于东汉建宁四年（171），高2.2米、宽3.4米，刻有额篆、五瑞图、阴刻隶书385字颂文及142字题铭，记载了武都太守李翕生平，歌颂其率民修复西狭栈道的政绩。2001年，列入全国重点文物保护单位。

【甘肃大堡子山遗址及墓群】 位于甘肃省陇南市礼县城东的永兴乡、永坪乡境内，嘉陵江一级支流西汉水环绕而过，西、南、北三面群山相拥，奇峻而清幽。1994年，甘肃省文物考古研究所对大堡子山墓地进行抢救性发掘，确认该墓地为秦公西陲陵墓区。该遗址大型乐器坑的发现，对于被盗秦公大墓墓主的确认，以及早期秦人的礼乐制度、祭祀制度、铜器铸造工艺等方面研究，提供了极为珍贵资料。2001年，列入全国重点文物保护单位。

【甘肃《新修白水路记》摩崖】 位于甘肃省陇南市徽县城南大河店乡大石碑村白水峡崖壁上，镌刻于北宋嘉祐二年（1057）。通高2.8米，宽1.83米。额篆"新修白水路记"6字，正文楷书，竖写26行，每行37字，详记白水路和青泥古蜀道的修筑和变迁史实，是研究古蜀道兴废的重要史料。2006年，列入全国重点文物保护单位。

【甘肃石沟坪遗址】 位于甘肃省陇南市礼县石桥乡圣泉村，分属仰韶文化晚期、常山下层和齐家文化、寺洼文化、西周、春秋和汉代等。遗址内涵丰富，是研究西汉水上游史前文化演变和早期秦文化的起源以及与周边地区文化关系等课题的重要遗址。2013年，列入全国重点文物保护单位。

【甘肃粟川砖塔】 位于甘肃省陇南市徽县栗川乡郇庄村。始建于宋，光绪十二年（1886）重修，第一层镶清道光十二年（1832）所立《修补塔序》。该塔为八角九级空心楼阁式砖塔，通高25米，塔基用石条砌筑，整体筑砌精细、雕工玲珑、结构严谨，是陇南市境内保存较完整的两座砖塔之一，对研究宋代建筑艺术具有较高的价值。2013年，列入全国重点文物保护单位。

【河南虢国墓地】 位于河南省三门峡市湖滨区上村岭。这里出土许多国宝级文物，如有"中华第一剑"之称的玉柄铜芯铁剑，精美华丽的多璜组玉佩，体现高超制玉水平的人龙合纹玉璋等。虢国墓地是一处规模宏大、等级齐全、排列有序、保存完好的两周时期大型邦国公墓，具有重大的历史、科学和研究价值。1996年，列入全国重点文物保护单位。

【河南北阳平遗址】 位于河南省三门峡市灵宝市阳平镇北阳平村，属新石器时代遗址。北阳平遗址堆积厚，文化内涵丰富，其中以庙底沟类型为主，具有仰韶文化中晚期中心地位的特点，是探索中国文明起源的重要地区。2001年，列入全国重点文物保护单位。

【河南庙底沟遗址】 位于河南省三门峡市湖滨区，是一处新石器时代仰韶文化和龙山文化遗址。该遗址发现和发掘的主要成果，解决了仰韶文化向龙山文化过渡时期的文化特征及承接关系问题，在考古学上具有重要价值。2001年，列入全国重点文物保护单位。

【河南宝轮寺塔】 位于河南省三门峡市陕州风景区。宝轮寺塔始建于隋文帝仁寿元年（601），为供奉舍利由尼姑道秀主持建筑，塔体为木塔。后多次重建。宝轮寺塔外形作唐塔，内部结构承袭宋塔的建塔方法，融合了唐、宋密桥式塔和楼阁式塔的艺术特点和结构方法，具有比较重要的研究价值。2001年，列入全国重点文物保护单位。

【河南卢氏城隍庙】 位于河南省三门峡市卢氏县城中华街北侧。始建于明洪武初年（1368），后多次重建。明万历九年(1581)修复扩建，即成现有规模。整个建筑金碧辉煌，檐牙飞翘，工艺精美，朱门高柱，明丽豁敞，是研究古代建筑艺术的科学依据。2013年，列入全国重点文物保护单位。

【河南陕县安国寺】 位于河南省三门峡市陕州区西李村乡。据寺院刻石记载，该寺始建于隋，自唐以来多有修葺。安国寺是豫西地区寺院建筑的典型代表，具有较高的历史、文化、建筑和独特的艺术价值。2013年，列入全国重点文物保护单位。

【河南庙上村地坑窑院】 位于河南省三门峡市陕州区西张村镇庙上村。也叫天井院，是古代人们穴居方式的遗留，被称为中国北方的"地下四合院"。庙上村地坑窑院是中华文明宝贵的历史遗产，是中国民居建筑领域的精彩篇章。2013年，列入全国重点文物保护单位。

【河南范仲淹墓】 位于河南省洛阳市伊川县彭婆乡许营村万安山南侧，是北宋政治家、军事家、文学家范仲淹及其家人的墓址。墓址分前后两域，前域飨堂内悬蓝底红字匾"以道自任"，为1901年光绪皇帝由西安返京路过洛阳时所题。墓址内的七八通石碑是保存较为完整的艺术珍品，其中尤以"神道碑"最为珍贵。2006年，列入全国重点文物保护单位。

【河南两程故里】 位于河南省洛阳市嵩县田湖镇程村，是程颢、程颐两兄弟著述、讲学的地方。两程故里遗迹包括两程故里石坊和两程祠两处。两程故里石坊是明英宗天顺六年（1462）敕建，上书"圣旨"，下书"两程故里"。2006年，列入全国重点文物保护单位。

【河南七里坪遗址】 位于河南省洛阳市栾川县，是旧石器时代的古遗址。该遗址是国内涵盖长江和黄河流域旧石器特点最明显的遗址之一，对研究豫西远古文化和南北两大流域史前文化的交流，具有极高的考古价值。2013年，列入全国重点文物保护单位。

【河南土门遗址】 位于河南省洛阳市伊川县土门村，是新石器时代文化遗址，属伊洛地区的王湾一期文化。土门遗址分布广泛、内涵丰富，由西向东依次堆积着河南龙山文化和仰韶文化的遗存，为研究伊河流域史前先民的生存状况及仰韶时代的史前文化提供珍贵资料。2013年，列入全国重点文物保护单位。

【河南桥北村遗址】 位于河南省洛阳市嵩县陆浑镇桥北村，是新石器时代的古遗址，属仰韶文化庙底沟类型。遗址表明，5000年前我们的祖先便在此居住。这里是河洛文化的渊源地，秦代在此设有新城县。2013年，列入全国重点文物保护单位。

【河南西王村遗址】 位于河南省洛阳市洛宁县，是新石器时代的古遗址。出土遗物有显著的仰韶、龙山文化特征，具有非常重要的研究和文化价值。2013年，列入全国重点文物保护单位。

【河南魏明帝高平陵】 位于河南省洛阳市汝阳县，是三国时期魏明帝曹叡的陵寝。提到高平陵，就会想到"高平陵事变"——司马懿及其家族命运的转折点。正是通过这次政变，司马家族从曹魏集团手中夺过了权力桂冠，奠定了晋帝国甚至是晋王朝兴起的基础。2013年，列入全国重点文物保护单位。

【河南程颢程颐墓】 位于河南省洛阳市伊川县，是我国北宋著名的理学奠基人程颢、程颐及其父亲程珦等人的家族墓地。始建于北宋元祐五年（1090）。程颐、程颢墓形制规整、保存完好，是研究宋代墓葬形制以及宋代政治、文化、社会发展历史的珍贵资料。2013年，列入全国重点文物保护单位。

【河南山陕会馆】 位于河南省南阳市社旗县，为清代山西、陕西在赊旗店的商贾集资兴建，作为他们同乡集会的场所，故名山陕会馆。社旗山陕会馆建筑规模宏伟、保存完好、建筑装饰工艺精湛，商业文化内涵丰富，是全国现存会馆类古建筑群之最。1988年，列入全国重点文物保护单位。

【河南张衡墓】 位于河南省南阳市卧龙区石桥镇，是中国东汉伟大的科学家、发明家、文学家张衡的长眠之地。墓园坐北向南，景色幽美。据史载，张衡墓原来规模宏伟，有翁仲、石兽、庙宇、读书台、张衡宅等胜迹。凡来宛（南阳）的游客文人无不策马驱车，到此访古寻幽，凭吊拜谒。1988年，列入全国重点文物保护单位。

【河南张仲景墓及祠】 位于河南省南阳市宛城区医圣祠街，是东汉医学家张仲景的墓址。张仲景所著《伤寒杂病论》被尊为中国传统医学的经典，他也被后世尊称为"医圣"。张仲景墓历经多代修葺，明崇祯年间再次修复墓冢，并加盖墓亭予以保护，又在墓地修建医圣祠。1988年，列入全国重点文物保护单位。

【河南南阳武侯祠】 位于河南省南阳市卧龙区，是三国时期著名政治家、军事家诸葛亮青年时代"躬耕于南阳"的旧址和历代祭祀诸葛亮的地方，也是汉昭烈皇帝刘备三顾处，历史上著名的"三顾茅庐"和"草庐对策"就发生在这里。武侯祠初建于魏晋，盛于唐宋，有1800多年历史。1996年，列入全国重点文物保护单位。

【河南内乡县衙】 位于河南省南阳市内乡县，是中国第一座衙门博物馆，也是中国唯一保存最完整的封建时代县级官署衙门。整个建筑群严格按照清代官衙规制而建，建筑布局与《明史》《青会典》所载建筑规制完全相符。体现古代地方衙署坐北面南、左文右武、前衙后邸、监狱居南的传统礼制思想，是封建社会遗留下来的绝无仅有的历史标本。1996年，列入全国重点文物保护单位。

【河南八里岗遗址】 位于河南省南阳市邓州市，是新石器时代的古文化部落遗址。八里岗遗址发掘了大量有价值的遗迹遗物。揭示遗址的文化层堆积自下而上依次为仰韶文化早期、中晚期，屈家岭文化中后期，石家河文化－龙山文化晚期地层。其文化序列比较完整，年代早而且与之相关的迹象保存亦比较完备，为史前考古学通过聚落遗存研究当时的社会历史提供一批较好的素材。2001年，列入全国重点文物保护单位。

【河南南阳知府衙门】 位于河南省南阳市宛城区，是全国保存完整的封建时代府级官署衙门建筑群。现存建筑保留明清时期格局和风貌。府衙古建筑群为研究古代地方官的任用、属员、机构、诉讼、祀典、政事、赋税、文书、庶务等提供珍贵实物资料，具有重大的历史、艺术和科学价值。2001年，列入全国重点文物保护单位。

【河南荆紫关古建筑群】 位于河南省南阳市淅川县荆紫关镇。荆紫关镇是中国历史文化名镇。据中国最早的地理书籍《禹贡》记载，荆紫关早在战国以前就是"西接秦川，南通鄂渚"的交通要塞，为唐代后期形成的商业古镇。古镇700多间清代建筑风格的房舍沿街分布，古建筑林立，星罗棋布，错落有致。2001年，列入全国重点文物保护单位。

【河南瓦房庄冶铁遗址】 位于河南省南阳市宛城区。遗址发掘出大量遗迹遗物，其中炼炉17座，皆半地穴式，由炉门、火塘、炉床、烟囱4部分组成。遗址的发掘证明早在2000年前的汉代，中国人已掌握高温冶铸技术。2006年，列入全国重点文物保护单位。

【河南泗洲寺塔】 位于河南省南阳市唐河县。始建于宋绍圣二年（1095），历史上曾多次重建。为仿木结构楼阁式砖塔，外形系八棱锥形，塔内有砖砌心柱，柱周围筑螺旋台阶可登塔顶。塔顶端有时会冒出白烟，系集聚的蠓虫，名为"古塔凌烟"，清代被评为唐河八大景之一。2006年，列入全国重点文物保护单位。

【河南鄂城寺】 位于河南省南阳市卧龙区石桥镇。寺内有宋元符二年（1099）石狮一对，另有古建筑隋塔。此地汉初置西鄂县，寺因而得名，现尚存山门、前殿、中殿及东西廊房10余间。塔为仿楼阁式砖塔，平面呈六角形。2006年，列入全国重点文物保护单位。

【河南仓房香严寺】 位于河南省南阳市淅川县仓房镇。始建于唐朝开元二年（714），为唐肃宗、唐代宗两朝国师慧忠的修炼道场。唐代宗时奉为国家设置。唐宣宗李忱登基前曾在此削发避难。寺院建筑布局严谨，气势宏伟，现存明清建筑140余间。2006年，列入全国重点文物保护单位。

【河南福胜寺塔】 位于河南省南阳市邓州市城区。始建于北宋天圣十年（1032）二月二十五日，该塔为八角锥形七级楼阁式砖塔。塔原为13层，元末遭兵毁，变为7层，明代洪武初由僧子颜重修。塔基地宫经发掘出土了金棺、银椁、佛骨舍利、舍利瓶及玻璃葫芦等一批文物。2006年，列入全国重点文物保护单位。

【河南杏花山与小空山遗址】 位于河南省南阳市南召县，是旧石器时代的古遗址，由杏花山（南诏猿人）遗址和小空山（猿人洞穴）遗址两部分组成。两处遗址填补中原地区旧石器文化的历史空白，扩大猿人在秦岭地区的分布范围，为研究人类起源和发展提供新资料。2013年，列入全国重点文物保护单位。

【河南黄山遗址】 位于河南省南阳市卧龙区

黄山村，是新石器时代遗址。该遗址规模大，保存较好，遗迹、遗物丰富。从出土遗物特征看，这里最早是黄河流域的仰韶文化，后来是屈家岭文化，对研究我国新石器时代南北文化的相互交流、继承和发展具有重要的历史价值。2013年，列入全国重点文物保护单位。

【河南太子岗遗址】 位于河南省南阳市邓州市。遗址遗存堆积厚，文化层自下而上有完整序列的叠压关系，文化内涵丰富，是以仰韶文化为主要内容的新石器时代聚落遗址。仰韶文化层之上，还有较为丰富的屈家岭文化、龙山文化的遗存，聚落延续时间长，对研究新石器时代聚落的发展演变有重要价值。2013年，列入全国重点文物保护单位。

【河南八里桥遗址】 位于河南省南阳市方城县。是目前豫西南地区发现的规模最大、保存较好的一处二里头文化遗存。遗址出土有大量遗物。八里桥遗址的发现，对研究晚期夏文化分封制以及探讨"少康之子曲烈"的封地"曾"都具有重要的科研价值。2013年，列入全国重点文物保护单位。

【河南邓窑遗址】 位于河南省南阳市内乡县。邓窑遗址为北宋著名瓷窑之一，遗址面积大，遗物丰富。遗存有成堆的窑具、瓷片、残窑壁和烧土块等。遗存不仅对研究古代瓷器有着重要价值，而且在历史、艺术等方面都有很高的研究价值。2013年，列入全国重点文物保护单位。

【河南菩提寺】 位于河南省南阳市镇平县。始建于唐高宗永徽年间，历经破坏和重修，现保持着清代建筑风格。其镇寺之宝《贝叶经》被国家确定为一级保护文物，是珍贵的佛教典籍，是佛学研究者不可或缺的第一手原始文献资料。它也是研究古代东方哲学、艺术、历史、文化等的珍贵史料。2013年，列入全国重点文物保护单位。

【河南佛沟摩崖造像】 位于河南省南阳市方城县小史店镇香山山腰。是豫西南最大的一处摩崖造像，它内容丰富，题材多样。此造像年代未见题记，《宋志》一书载："香山在州东南120里上有香山寺，摩崖造像，大者二尺余，小者尺余，背有千手千眼菩萨，盖仿龙门石窟而为之。"2013年，列入全国重点文物保护单位。

【河南鄂豫皖革命根据地旧址】 位于河南省信阳市新县县城。1931年初，红军攻克新县新集后，这里成为鄂豫皖革命根据地的政治、经济、文化中心。包括中共中央鄂豫皖分局旧址、红四方面军总部旧址、鄂豫皖军委航空局旧址、鄂豫皖省苏维埃政府税务总局旧址、鄂豫皖省苏维埃政府旧址、鄂豫皖省苏维埃政治保卫局旧址等革命旧址。1988年，列入全国重点文物保护单位。

【河南红二十五军长征出发地】 位于河南省信阳市罗山县铁铺乡何家冲，是中国近代革命史上红军长征四大出发地之一。主要包括红二十五军军部旧址、长征出发集合地遗址和红二十五军医院旧址3部分。1996年，列入全国重点文物保护单位。

【河南邓颖超祖居】 位于河南省信阳市光山县，是全国政协原主席、中国妇女运动的先驱邓颖超祖父及父亲居住的地方。祖居分东、西、中3个院落，坐北朝南，前后两进，现存清代建筑房屋30多间，为两个独立四合院落，建筑结构严谨，格扇门窗古朴典雅，是一座典型的具有南方特点的清代建筑。2005年，列入全国重点文物保护单位。

【河南中国工农红军第二十五军司令部旧址】 位于河南省信阳市新县箭厂河乡方湾村。原是闵氏宗祠。该祠建于清咸丰元年，系砖木结构的南方民族建筑形式。1933年7月，红二十五军司令部迁于此。2006年，列入全国重点文物保护单位。

【河南永济桥】 位于河南省信阳市光山县。又名万金桥，呈南北向横跨于泼陂河上，连接泼陂河南北两街。始建于明代，为典型的联拱石桥，全部由雕凿过的花岗石条构成，建筑结构严谨，其建筑风格具有典型的南方建筑特点。2013年，列入全国重点文物保护单位。

【河南鸡公山近代建筑群】 位于河南省信阳市浉河区。清朝时的鸡公山，曾有美、英、法、德、俄等23个国家的传教士、商人等建造的近500幢别墅，故有"万国建筑博物馆"之称。由于战乱和人为破坏，目前遗存的老别墅有上百幢，它们构成了全国为数不多的山中建筑奇观。2013年，列入全国重点文物保护单位。

【河南清凉寺汝官窑遗址】 位于河南省平顶山市宝丰县大营镇，是宋元时期一处规模较大的汝瓷官窑遗址。该遗址分布范围广，烧造的御用瓷器以天青色釉为主。在宋代的五大名窑中，汝窑被列为其中之冠，有"汝窑为魁"之称。汝官窑在中国古代陶瓷发展史特别是对于两宋官窑瓷系的发展，起承前启后的作用。2001年，列入全国重点文物保护单位。

【河南叶邑故城】 位于河南省平顶山市叶县叶邑镇旧县村，春秋时期曾为许、应国都。城内街道、城门、城墙、寺庙等遗址大部分尚得保存。今叶邑故城周围分布有同时期的叶公墓、东西二陵、许国贵族墓葬群等重要文物遗址，对研究中国古代城文化、姓氏文化及东周许国文化均有重要价值。2006年，列入全国重点文物保护单位。

【河南望城岗冶铁遗址】 位于河南省平顶山市鲁山县，是汉代遗址。遗址发现完整宋代烧瓦窑1座，汉代完整窑2座，汉代水井5座，汉代冶铁高炉1座。还发现一条人工水渠，及冶铁风管、铁叉、铁犁铧等大量遗物，对研究汉代冶铁史具有重要价值。2006年，列入全国重点文物保护单位。

【河南段店窑址】 位于河南省平顶山市鲁山县梁洼镇段店村，是唐宋古窑址。窑址中采集到许多腰鼓碎片，证实了传世花瓷羯鼓确实出自鲁山段店窑。段店花瓷对中国北方瓷业特别是宋代钧窑、汝窑影响很大，其釉色开钧瓷、汝瓷之先河，有钧、汝不分之说。2006年，列入全国重点文物保护单位。

【河南叶县县衙】 位于河南省平顶山市叶县。始建于明洪武二年（1369），是目前中国现存的古代衙署中唯一的明代县衙建筑。叶县县衙建筑群落布局合理、规模宏大，其建筑形式融南北之风格，对研究中国古代建筑的风格、流派特点及变化规律等都具有重要价值。2006年，列入全国重点文物保护单位。

【河南元次山碑】 位于河南省平顶山市鲁山县。又名容州都督元结碑，系唐代大书法家颜真卿于大历七年（772）为好友元结亲手撰写并书丹的悼文。全文以寸半见方的楷书写就，字迹浑厚雄健，遒劲秀拔，气势磅礴，充溢着宁折不弯的浩然正气，是颜体的代表作品之一。2006年，列入全国重点文物保护单位。

【河南小李庄遗址】 位于河南省平顶山市宝丰县杨庄镇小李庄村，是新石器时代至南北朝时期的古遗址。遗址内涵丰富，文物精美多样，是仰韶、二里头和商文化为主的聚落遗址，对研究这一时期的文化具有重大的历史价值、科学价值以及较高的艺术价值。2013年，列入全国重点文物保护单位。

【河南文集遗址】 位于河南省平顶山市叶县常村镇。遗址分为东西两部分，东北部为新石器时代的仰韶—龙山文化遗址，西南部主要为金元时期的遗址。文集遗址为研究这一地区唐代至明代的历史文化面貌，尤其是金、元时期民间的经济贸易往来、文化交流、社会生活诸方面的发展状况提供珍贵资料。2013年，列入全国重点文物保护单位。

【河南父城遗址】 位于河南省平顶山市宝丰县，是东周至汉代的古遗址。父城商周时为应国地，春秋归楚为"城父邑"，是楚国北方之边陲重镇，楚太子建曾镇守于此。秦朝时为父城县。观音妙善在父城出生，后在香山寺修成正果。东汉著名军事家"大树将军"冯异生于城内，并葬于父城东南之龙山脚下。2013年，列入全国重点文物保护单位。

【河南舞钢冶铁遗址群】 位于河南省平顶山市舞钢市，是从战国到西汉年间的综合冶铁铸造场地。舞钢冶铁遗址群发现有大量的矿石、炼渣、炉壁、铁块等，还有从战国到汉代的遗物，甚至有晋代遗物。对研究我国古代冶金史、军事史、工业史、经济发展史具有重要的历史价值和学术价值。2013年，列入全国重点文物保护单位。

【河南香山寺大悲观音大士塔及碑刻】 位于河南省平顶山市宝丰县。香山寺创建于东汉，为大悲观音菩萨证道之所。香山寺大悲观音大士塔居香山寺正中，始建年代不详。寺内现存宋至清代碑刻15通，其碑刻的记述内容和书法艺术，在国内外佛学界和书法界影响较大，为我国观音文化起源提供了翔实的实物依据。2013年，列入全国重点文物保护单位。

【河南豫陕鄂前后方工作委员会旧址】 位于河南省平顶山市鲁山县。旧址始建于1891年，楼房为砖木结构，是今存西洋建筑的活标本。1947年鲁山解放时，这里成为豫陕鄂后方工作委员会领导人的驻地，属革命纪念地。旧址存有革命时期的大量文物，具有重要历史价值。2013年，列入全国重点文物保护单位。

【河南中共中央中原局旧址】 位于河南省驻马店市确山县竹沟镇。1938年9月，中共中央成立中原局，刘少奇（化名胡服）任中原局书记。中原局旧址是第二次国内革命战争时期中原革命根据地中心，也是新四军二、四、五师的发祥地。1988年，列入全国重点文物保护单位。

【河南杨台寺遗址】 位于河南省驻马店市区驿城区诸市乡杨台寺旧址处，是新石器时代遗址。1983年发现，有灰坑、房基柱础、陶灶、红烧土及陶片等遗存。遗址文化内涵丰富，保存完好，对研究豫南地区乃至整个淮河流域上游区域内新石器时代早、中、晚期文化的继承关系及发展序列具有重要学术价值。2006年，列入全国重点文物保护单位。

【河南下河湾冶铁遗址】 位于河南省驻马店市泌阳县马谷田镇南岗村下河湾村民组。这是一处迄今中国发现的内涵最丰富，保存最完好，延续时间较长，且集采、冶、炼于一体的战国秦汉时期的官营冶铁遗址。它的发现对于研究汉代经济、军事与文化史，均具有非常重要的学术意义和价值。2006年，列入全国重点文物保护单位。

【河南嵖岈山卫星人民公社旧址】 位于河南省驻马店市遂平县。嵖岈山卫星人民公社成立于1958年4月20日，是中华人民共和国建立的第一个人民公社，是继巴黎公社以后全世界第二个人民公社，具有垄断性、典型性和标本性。公社旧址具有极高的历史、文化和观赏价值，是研究历史，探索体制改革，进行革命传统教育的最好材料。2006年，列入全国重点文物保护单位。

【河南台子寺遗址】 位于河南省驻马店市驿城区，是新石器时代遗址。遗址中心台地在明清时代属庙湾八景之一，雅号"古寺插云"，故名台子寺。古寺早在清末被毁，遗存台地。该遗址发现为研究南北文化的交流融合和探索淮河上游文化的发展和形成提供了宝贵的实物资料。2013年，列入全国重点文物保护单位。

【湖北武当山金殿】 位于湖北省武当山天柱峰顶端，始建于明永乐十四年（1416），是中国现存最大、等级最高的铜铸鎏金大殿。武当山金殿坐西朝东，面阔3间5.8米，进深3间4.2米，高5.54米，为仿木结构鎏金铜殿，重檐庑殿顶。殿身为铜铸隔扇，隔扇上铸出大、小额枋，上檐作重翘重昂九踩斗栱，承托檐椽。下檐施单翘重昂七踩鎏金斗栱，檐际悬铜铸鎏金竖匾，镌"金殿"二字。金殿全部构件均采用分体铸造，经过榫卯安装，然后通体鎏金，结构严谨，连接紧密，无铸凿之痕。1961年，列入全国重点文物保护单位。

【湖北武当山建筑群】 位于湖北省十堰市丹江口市境内，敕建于唐贞观年间，明代达到鼎盛，历代皇帝都把武当山作为皇室家庙来修建。明永乐年间，明成祖朱棣大建武当山，历时12年，建成9宫、8观、36庵堂、72岩庙、39桥、12亭等33座建筑群，嘉靖年间又增修扩建。整个建筑群严格按照真武修仙的故事统一布局，并采用皇家建筑规制，被誉为"中国古代建筑成就的博物馆"和"挂在悬崖峭壁上的故宫"。2006年，列入全国重点文物保护单位。

【湖北紫霄宫】位于湖北省十堰市丹江口市境内的武当山，又名"太元紫霄宫"，为明代宫观建筑。紫霄宫周围山峦天然形成一把二龙戏珠的宝椅，明永乐皇帝封之为"紫霄福地"。紫霄宫是武当山保存较完整的皇家庙观建筑群，同时也是武当山保留比较完整建筑群的重要组成部分。1982年，列入全国重点文物保护单位。

【湖北南岩宫】 位于湖北省十堰市丹江口市，始建于元至元二十二年（1285），后屡加修建。现存部分主要建筑为明清时期重修遗存，为中国道教武当派宫观。南岩宫现存建筑及遗址主要由南岩石殿、南天门、碑亭、两仪殿、皇经堂、八封亭、龙虎殿等建筑构成，岩南峰峦之上有梳妆台、飞升台等古迹，为武当山敕建九宫中具有代表性的道教建筑群和道教文化传播中心。1996年，列入全国重点文物保护单位。

【湖北学堂梁子遗址】 位于湖北省十堰市郧阳区青曲镇弥陀寺村，是一处旧石器时代的遗址。遗址文物主要是大型石器，还有大熊猫、东方剑齿象等第四纪更新世早期的哺乳动物化石多种。先后发现的两具保存完好的早期人类头骨化石，既具有直立人的原始特征，也有与早期智人相近之处，反映远古人类进化过程的复杂性。学堂梁子遗址丰富的石制品与动物化石的发现，为研究中国及东亚地区早期人类文化及第四纪古地理环境提供非常重要材料。2001年，列入全国重点文物保护单位。

【湖北玉虚宫遗址】 位于湖北省十堰市武当山经济旅游特区，全称"玄天玉虚宫"，俗称"老营宫"。玉虚宫遗址是武当山建筑群中最大的宫殿之一，襄渝铁路顺着宫前横贯而过，共有亭台楼榭宫殿等建筑2200余间，宫门内外有4座碑亭，巍然对峙。其规模之大，可比秦朝阿房宫。2001年6月，列入全国重点文物保护单位。

【湖北"治世玄岳"牌坊】 位于湖北省丹江口市武当山镇，为进入武当山的第一道门户，又名玄岳门。该牌坊由嘉靖皇帝敕建并赐额的道教门洞式建筑，是一座四柱、三间、五楼的石坊，全以石凿的榫卯构成。正中坊额上刻"治世玄岳"四字，笔势隽永，遒劲有力。牌坊的额、枋、阑、柱分别用浮雕、镂雕和圆雕等各种手法，刻有仙鹤游云和八仙人物故事。玄岳门背倚武当山，俯瞰丹江水库，湖光山色，景物宜人。1988年，列入全国重点文物保护单位。

【湖北饶氏庄园】 位于湖北省丹江口市浪河镇黄龙村，始建于清末民初。饶氏庄园坐西朝东，分南北两院，为偏正结构，其中北院为正院。该庄园体现出当时当地传统民居建筑装饰的诸多特征，设计考究，建材优质，工艺精良，集中地展示了清代传统民居建筑装饰中的手法与技艺。2019年，列入全国重点文物保护单位。

【湖北慈孝沟"采皇木"摩崖】 位于湖北省十堰市竹溪县小汇乡慈丰村，为明嘉靖十七年（1538）所刻。崖壁长8米，宽8米。石刻文字直排楷书，字体圆润浑厚，刚劲有力，内容反映了当时为营建皇宫在此采伐木材的情形。摩崖四周古树附藤，遮天蔽日，清幽静雅，画意盎然。2006年，列入全国重点文物保护单位。

【湖北甘氏宗祠】 位于湖北省十堰市竹溪县中峰镇甘家岭村。始建于清康熙十三年（1674），为纪念康熙年间鄂陕地方中左守备甘继芳为国捐躯事迹而建。甘氏宗祠为砖木结构，合院式建筑，由正殿、后殿、厢房、伙房、围墙、大门楼组成，是鄂西北规模较大的民间宗祠建筑。2013年，列入全国重点文物保护单位。

【湖北梅铺猿人遗址】 位于湖北省十堰市郧阳区梅铺镇西寺沟龙骨洞内。洞内发现有猿人牙齿4颗、经过人工打击痕迹清楚的石核及20余种伴生动物化石，其中一部分属熊猫，剑齿象动物群，还有更新世初期的桑氏鬣狗和第三纪残存的较为古老的动物嵌齿象。龙骨洞是我国第五个发现猿人化石的地方，它的发现，为研究人类的起源提供了珍贵的资料，为研究我国古气候的发展变化也有科学价值。2013年，列入全国重点文物保护单位。

【湖北黄龙洞遗址】 位于湖北省十堰市郧西县香口乡黄云铺村，是旧石器时代的古遗址。黄龙洞为大型管状溶洞，洞穴平面主轴近东北—西南向。洞口宽50余米，高10多米，洞内宽处可容数千人，窄处仅容一身，高低不一，深幽莫测。洞内有地下河，现已干涸。洞内石笋千姿百态，各尽其妙。2013年，列入全国重点文物保护单位。

【湖北上津古城】 位于湖北省十堰市郧西县城西的上津镇，现为清代城址。该古城是湖北省保存最为完整的县级古城，古城本体、建筑风貌、空间格局均保存较好，对研究明清鄂陕交界地区建筑历史、社会历史具有重要的实证价值。2013年，列入全国重点文物保护单位。

【湖北七里河遗址】 位于湖北省十堰市房县，是一座新石器时代的聚落遗址，发现于1976年。遗存有古房屋遗迹19处，墓葬26处以及一大批陶器、石器和骨器。遗址既有江汉平原的新石器文化因素，也与中原地区的新石器文化有着密切的联系，属于汉水中上游的丹江流域新石器文化系统。2013年，列入全国重点文物保护单位。

【湖北高家花屋】 位于湖北省十堰市竹山县竹坪乡解家沟村，始建于清朝中期。整个民宅为宫殿式建筑，前后有三进院落，气势恢宏，融石雕、木雕、砖雕于一体。建筑风格采用"马头式"封火墙，建造工艺复杂多样，对研究明清时期的社会背景、社会面貌、民俗民风有着重要的历史价值。2019年，列入全国重点文物保护单位。

【湖北三线航天066导弹基地旧址】 位于湖北省十堰市远安县。由于地理位置偏僻，从20世纪六七十年代国家启动"三线"建设至今，远安承接了大量的军工企业，厂房分布在境内大小不同的山坳中，这里曾经诞生了中国第一代地对地战术导弹。2019年，列入全国重点文物保护单位。

【湖北李时珍墓】 位于湖北省黄冈市蕲春县。该墓地是医药学家李时珍与其父母的墓地，呈椭圆形，周围砌有青石条护墓。墓前有明万历年间李时珍的儿子所立的墓碑，上部及两侧以条石镶框，墓边有其父母合葬墓。中华人民共和国成立后，在其故里修葺墓冢，建成"李时珍陵园"。陵园由牌坊、莲池、拱桥、花坛、花圃、李时珍塑像、墓冢、陈列室以及药圃等组成。1982年，列入全国重点文物保护单位。

【湖北红安七里坪革命旧址】 位于湖北省黄冈市红安县大别山南麓，是第二次国内革命战争时期重要的革命根据地之一。现存革命旧址40余处，有鄂豫皖特区苏维埃、革命法庭、工会、银行、黄麻起义会场、中共黄安县委驻地、红军经济公社、列宁小学等。1988年，列入全国重点文物保护单位。

【湖北董必武故居】 位于湖北省黄冈市红安县城老街的中心地带，始建于清代其曾祖父时代，后经历代增修而成。原为三进两院，1928年6月，部分建筑被国民党政府烧毁。1977年，红安县革命博物馆将未被烧毁的第三幢建筑按原貌修复。现存建筑坐西朝东，面阔6间，砖木结构，占地面积354.6平方米。故居是董老的诞生地和青少年时期生活求学的地方，也是其早年人生逐步走上革命道路的见证，具有重要的历史价值。2006年，列入全国重点文物保护单位。

【湖北李先念故居】 位于湖北省黄冈市红安县高桥镇。典型的鄂东民间建筑风格，土砖瓦房，一进三间，坐北朝南。对外开放的有李先念故居、李先念图书馆、故居纪念馆、纪念园牌坊式门楼等。2006年，列入全国重点文物保护单位。

【湖北四祖寺塔】 位于湖北省黄冈市黄梅县大河镇四祖寺村，共3座，形制各异，是佛教禅宗重要遗存。四祖寺塔为唐初佛教禅宗四祖道信道场，始建于唐武德七年（624），明正德、万历、清同治年间多次重建，终毁于兵燹。现存毗卢塔、众生塔、衣钵塔、灵润桥、四祖殿、蕉云阁及多方摩崖石刻。2001年，列入全国重点文物保护单位。

【湖北五祖寺】 位于湖北省黄冈市黄梅县五祖镇东山之上，地处大别山主脉东端南沿，与九江隔江而望。建于唐永徽五年（654），是中国禅宗第五代祖师弘忍大师的道场，也是六祖慧能大师得法受衣钵之地。五祖寺依山势由上、中、下3部分组成，整体像古代宫殿建筑，为中轴线平等布局，层次分明。四大主殿天王殿、大雄宝殿、毗卢殿、真身殿，依山势高低建于中轴线上，殿宇建筑，斗拱交错。2006年，列入全国重点文物保护单位。

【湖北陡山吴氏祠】 位于湖北省黄冈市红安县陡山村，建于清乾隆二十八年，后来毁于火灾，光绪年间重修。吴氏祠（1763）建筑规模宏大，结构精巧，各种古建筑装饰工艺技法齐全，题材广泛，且制作精良，巧夺天工，是徽派古建筑艺术砖、石、木雕的宝贵遗产，曾历经战火的考验，其原貌基本得以保存。2006年，列入全国重点文物保护单位。

【湖北毛家咀遗址】 位于湖北省黄冈市蕲春县，1957年发现，1958年中科院考古研究所发掘。发掘区域集中在方家大塘、方家小塘和碓臼塘，面积1600平方米。遗址自新石器时期一直延伸至商周时期，以西周大型半干栏木构建筑为主要遗迹。在附近的新屋湾发现西周铭文青铜器窖藏，出土7件西周铭文青铜器。首次在中国南方发现的大型干栏式木构架建筑遗迹。出土的西周铜器，对探索长江中游地区的西周文化有重要意义。2013年，列入全国重点文物保护单位。

【湖北盘龙城遗址】 位于湖北省武汉市黄陂区，处在盘龙湖半岛，东南西三面环水，是长江流域发现的夏商时期规模较大、出土遗存较为丰富的城邑遗址。盘龙城遗址于1954年被发现，发掘了城址、宫殿等大型建筑及多座高等级贵族墓葬，出土有数百件青铜器、陶器、玉器、石器和骨器等遗物。反映商代（前16—前13世纪）中原文化向南扩张、在长江流域形成中心城市的社会景象，揭示夏商文化在长江流域传播与分布，为研究古代的政治、经济、文化提供实物资料。1988年，列入全国重点文物保护单位。

【湖北柏子塔】 位于湖北省黄冈市麻城市区东北的九龙山上。柏子塔为六边形楼阁式砖塔，莲花形平座以及直棂窗为唐代盛行的建筑风格，而球纹窗又具有五代风格。原为九层，日军侵华时，将塔顶及八、九层炸毁，现存七层半，残高34.72米，保存总体状况较好。2006年，列入全国重点文物保护单位。

【湖北雷氏祠】 位于湖北省黄冈市麻城市盐田河镇百亩堰村，始建于嘉庆六年（1801），重建于民国3年（1914）。该祠分前、中、后三殿和鼓乐楼，两侧分别设有边室、花厅后室、耳房等，分布对称。内部装饰以前殿戏楼、盘龙柱石雕和丰富的人物故事石雕及木雕装饰为突出特色。雷氏宗祠是大别山地区保存完好、具有较高建设艺术价值的一座古建筑。2019年，列入全国重点文物保护单位。

【湖北双城塔】 位于湖北省黄冈市红安县七里坪镇周家墩村，又名大圣寺塔、地藏王塔。该塔为砖砌仿木阁楼式佛塔，平面六角，13层，为宋代建筑塔形，是中国砖仿木结构佛塔的代表性建筑，具有较高的历史、艺术和科学研究价值。2013年，列入全国重点文物保护单位。

【湖北万年台戏台】 位于湖北省黄冈市浠水县散花镇福主村，始建于清乾隆年间，道光九年（1829）重建，砖木石混合结构。整个场地由戏台和观众区两大部分组成，是清代鄂东地区庙会文化的实物见证，为研究清代鄂东地区的乡土建筑、戏剧发展提供重要实物依据。2013年，列入全国重点文物保护单位。

【湖北毕昇墓】 位于湖北省黄冈市英山县草盘地镇五桂墩村，根据毕昇墓碑的形制、花纹、结构及碑文内容考证，确认此碑是北宋皇祐四年（1052）所立。毕昇墓碑的发现弥补了历史的遗憾，解开了毕昇籍贯和身世之谜，填补中国科技史近千年来的史料空白，具有深远的学术意义。2019年，列入全国重点文物保护单位。

【湖北高塔寺塔】 位于湖北省黄冈市黄梅县黄梅镇城正街东南隅，又名百尺塔、乱石塔。宋大中祥符八年（1015）由黄梅人唐守忠五兄弟捐资，天台僧仁禀主持建造。该塔为八角十三级密檐式仿木结构砖塔，通高（含塔刹）33.4米，塔基平面为正八边形，共设佛龛88座。2019年，列入全国重点文物保护单位。

【湖北擂鼓墩古墓群】 位于湖北省随州市曾都区。传说春秋时期楚庄王讨伐随国，曾在这里筑台擂鼓指挥将士作战，故而得名"擂鼓墩"。擂鼓墩一带是战国早期曾国的墓地，已探明古墓70多座，1978年发掘的曾侯乙墓是其中最大的一座，该墓以出土大量的珍贵文物，特别是举世罕见的、完整的古代乐器编钟而闻名于世。1988年，列入全国重点文物保护单位。

【新四军第五师司令部旧址】 位于湖北省随州市曾都区洛阳镇，又称新四军第五师旧址群、九口堰革命旧址。该旧址是一处保存完整的明清时期的古民居，主要由九口堰新四军第五师司令部、政治部旧址，抗大十分校旧址、兵工厂、被服厂、医院、边区建设银行、挺进报社编辑部、报社印刷厂、十三旅部、随南县委等革命旧址组成；较好地保存和展现了以李先念为首的革命先驱在抗日战争中工作和生活的场景。2019年，列入全国重点文物保护单位。

【湖北庙台子遗址】 位于湖北省随州市曾都区，包括有新石器时代石家河文化、商代、西周、东周等不同时期的文化遗存，主体为商周时期。遗址四周有20米宽的环壕，西北部有成排的房基暴露于地表。该遗址文化堆积厚，内涵丰富，发现有环壕，具有重要的学术价值。2019年，列入全国重点文物保护单位。

【湖北安居遗址】 位于湖北省随州市随县安居镇王家楼村，1957年11月被发现。1997—1998年，湖北省文物考古研究所与中国社会科学院考古研究所考古科技中心联合，发现方形夯土城圈，出土青铜器文物。该城址的发现，为确定古鄂国、曾（随）国都城地望提供重要信息，对破解曾随之谜具有较高的历史价值和学术价值。2013年，列入全国重点文物保护单位。

【湖北义地岗墓群】 位于湖北省随州市曾都区，主要是春秋中期至战国早中期的曾国贵族墓地。出土了大量的陶器、铜器和玉器等，其中铜器多有铭文，为判断墓主的身份提供了依据。2019年，列入全国重点文物保护单位。

【湖北草店坊城遗址】 位于湖北省孝感市孝昌县花园镇中心村陈家草林与陈家茨林交界处。遗址平面呈不规则长方形，由城垣、楼橹、城门及护城河组成，城址遗物属于楚文化。该遗址的发现，为研究楚国的政治、军事、城址的构筑形制及文化渊源提供重要实物资料，具有极高的历史价值和考古研究价值。2013年，列入全国重点文物保护单位。

【湖北广德寺多宝塔】 位于湖北省襄阳市襄城区，建于明弘治七至九年(1494—1496)。该塔为砖石结构，金刚宝座式，通高16.8米，塔座平面呈八方形，以青砖平砌。塔身当门四面亦嵌石龛、石佛，并饰额、枋及五斗等仿木建筑构件。此塔建筑结构、装饰纹样及雕刻手法都具有明代风格。1988年，列入全国重点文物保护单位。

【湖北雕龙碑遗址】 位于湖北省襄阳市枣阳市鹿头镇北3千米的武庄村南，是长江与黄河流域交汇带保存较好的新石器时代炎帝氏族聚落遗址，因遗址附近曾竖刻有飞龙的石碑，故名"雕龙碑遗址"。1957年湖北省文物普查时发现，距今6000多年。文化内涵丰富，地方文化特色明显，兼有南北文化特征。它的发现对研究新石器时代黄河、长江流域文化交流有重要价值。1996年，列入全国重点文物保护单位。

【湖北九连墩墓群】 位于湖北省襄阳市枣阳市城区东南吴店镇与兴隆镇交界处。墓群有土冢9个，当地俗称"九连墩"。属战国时期的贵族墓葬，其出土的遗物和陪葬车马坑的规模以及文物考古研究价值，在湖北考古研究上实属罕见，在国内外产生较大影响。2006年，列入全国重点文物保护单位。

【湖北襄阳城墙】 位于湖北省襄阳市襄城区。襄阳城墙起初筑于汉初，历经水患兵燹，屡圮屡建，城墙初为土墙。宋时改建为砖墙，城门也由单一直出直进式改成屯兵式瓮城门。明初，湖广行省平章邓愈对古城进行扩建和维修时，为加强防御能力，使城北与汉水紧连，因而在东北角筑新城。中华人民共和国成立后因扩建道路，东、南、西城门均被拆除。为加强对古城墙的保护，已按原貌修复。2001年，列入全国重点文物保护单位。

【湖北襄樊码头遗址】 位于湖北省襄阳市襄城区、樊城区，现存完好的码头12座，均建于清代。其中，公馆门码头是现存最大的一座码头，建于道光八年（1828），占地面积220平方米。襄樊码头作为历史文化名城襄阳的重要组成部分，是其"七省通衢"历史地位的重要见证。2019年，列入全国重点文物保护单位。

【湖北襄阳王府绿影壁】 位于湖北省襄阳市襄城区。为正统元年（1436）襄宪王朱瞻墡自长沙徙襄时所建，绿影壁为明襄藩王府门前影壁。明崇祯十四年（1641）王府被毁，仅存此绿石影壁。襄阳王府绿影壁，由底座、壁身和顶盖三部分组成，整个壁面百龙飞舞，海浪奔腾，绘声绘色，雄伟壮观。绿影壁设计之妙，雕刻之精，嵌镶之巧，堪称古代建筑和雕刻艺术之珍品。2001年，列入全国重点文物保护单位。

【湖北襄阳"古隆中"】 位于湖北省襄阳市襄城区隆中路。据《舆地志》记载："隆中者，空中也。行其上空空然有声。"隆中因此而名之。著名的刘备三顾茅庐的史事和兴汉蓝图"隆中对策"都发生在这里，是三国时期杰出政治家、军事家和思想家，诸葛亮和其叔父隐居之地。1996年，列入全国重点文物保护单位。

【湖北李曾伯纪功铭】 位于湖北省襄阳市襄城区檀溪街道城西龟山东麓。摩崖呈方形，刻写于南宋宝祐二年（1254）正月一日。铭文共79字，字径0.3米，碑文宽正，阴刻楷书，整篇作品颇为厚实，字体方正宽博，遒劲有力，刻工技艺高超，字字清晰，保持了书体的原有神韵，四边以阴刻图案装饰，具有较高的历史价值和艺术价值，是研究宋史、襄阳军事史的珍贵资料。2013年，列入全国重点文物保护单位。

【湖北邓国故址】 位于湖北省襄阳市樊城区。城址平面近方形，系夯土所筑。城垣、城门、护城河、烽火台等遗迹保存均基本完好。城垣四周中部各有一城门。北城门外侧尚存向外突出数米的土坡，应属瓮城设施。城垣外有护城河环绕。邓城遗址尚未发掘，地表散有大量东周至汉代的遗物。在邓城外侧，东、西、北三面长约5千米的城域内，呈弧状分布众多，东周至汉代的遗址和墓葬群，出土有大批青铜器。该故址是春秋时期邓国的都城，对于研究古邓历史、楚文化起源与发展等具有重要意义。2006年，列入全国重点文物保护单位。

【湖北米公祠】 位于湖北省襄阳市樊城区沿江路，原名米家庵，始建于元，扩建于明，后改名米公祠，是为纪念中国宋代著名书法家米芾而修建的祠宇。由3部分建筑群体组成，中轴为主体建筑亭、拜殿、碑廊、宝晋斋、仰高堂，占地面积12000千多平方米。殿堂里珍藏陈列有米芾及宋代大量的墨迹和石刻。2006年，列入全国重点文物保护单位。

【湖北茨河承恩寺】 位于湖北省襄阳市谷城县，始建于隋大业年间，名"宝严禅寺"，明洪武年间重建，天顺元年（1457）改名为"承恩寺"。寺坐北朝南，现存天王殿、水陆崇圣殿、和尚殿、钟鼓楼等建筑，是佛教传入江汉平原最重要的宗教场所之一。2006年，列入全国重点文物保护单位。

【湖北南漳山寨群】 位于湖北省襄阳市南漳县，是明代至清代时期的古遗址。现存建筑主要为明清时期遗存，其中以卧牛山寨、春秋寨、樊家寨、青龙寨、尖峰岭寨、张家寨等最具代表性和典型性。寨墙由片石或条石垒砌，设有马道、瞭望孔、箭垛等军事设施，充分体现冷兵器时代的战争特征，反映古人的聪明才智和建筑艺术水平。2013年，列入全国重点文物保护单位。

【湖北安乐堰墓群】 位于湖北省襄阳市南漳县武安镇安乐堰村。20世纪50年代被发现，20世纪90年代有多次考古调查，墓群分布在2座相距1.5千米的土岗上，发现墓葬200余座。墓葬封土一般高20米左右，其中封土堆底径达百米的有10余座，分布面积约5平方千米。1957年，重修"白起渠"时，在一座墓葬中出土"蔡候朱之缶"青铜缶。该墓群墓葬数量多，等级高，保存状况良好。由于该地可能是楚国早期都城丹阳所在，所以对研究楚文化具有重要价值。2013年，列入全国重点文物保护单位。

【湖北凤凰咀遗址】 位于湖北省襄阳市襄州

区龙王镇，城址平面呈方形，面积14万平方米，加上外围附属聚落，总面积约50万平方米。根据对已出土的陶鼎、罐、杯、圈足盘、缸、鬶等文物分析，考古人员确定该遗址距今5200—4200年，主体年代属于屈家岭文化至石家河文化。2019年，列入全国重点文物保护单位。

【湖北楚皇城城址】 位于湖北省宜城市，是春秋时期楚国都城，由外城和内城组成。而今登临其上，瞭望全城，透过紫禁城、跑马堤、散金坡、白龙池、金银冢等地遗址，仍可想见到当年楚都城的那种殿阁嵯峨、市井交错的华丽景象。城址内的地下遗物也十分丰富，是研究楚国历史与文化的珍贵实物资料。2001年，列入全国重点文物保护单位。

【湖北郭家岗遗址】 位于湖北省襄阳市宜城市雷河镇官堰村郭家岗，是一处楚文化为主的遗址。1980年发现，1989—1990年发掘。出土遗物以陶质生活用器数量最多。文化层堆积厚1.5～2.0米，文化发展序列清楚，器物组合完整，对于楚文化陶器分期标尺的建立具有重要的意义。2013年，列入全国重点文物保护单位。

【湖北霸王坟墓群】 位于湖北省襄阳市老河口市仙人渡镇安岗村内的冢子坡。1992年，湖北省考古研究所及襄阳市、老河口市文物部门配合工程建设对墓地抢救发掘。发掘出土青铜礼器、漆木竹器、兵器、车马器、玉石器、竹简等文物500余件。出土的彩绘漆方豆、漆耳杯、彩绘木臂铜弩机、透雕玉佩等制作精美、保存完好。该墓群为战国时期的楚国贵族墓地，对于战国时期楚文化在汉江流域的分布及其特点等研究具有重要意义。2013年，列入全国重点文物保护单位。

【湖北三线火箭炮总装厂旧址】 位于湖北省襄阳市老河口市洪山嘴镇苏家河村，是20世纪六七十年代国家为战备之需兴建的"三线建设"军工企业。1969年兴建，1972年竣工。所有车间厂房均按照高质量军工企业标准进行建设。该遗址具有重要历史价值的工业文化遗产，它见证了中国军事工业转型和军民两用企业的发展历程。2019年，列入全国重点文物保护单位。

【湖北显陵】 位于湖北省荆门市钟祥市城东北的纯德山上，始建于明正德十四年（1519），迄于明嘉靖四十五年（1566），历时47年建成，是明世宗嘉靖皇帝的父亲恭睿献皇帝朱祐杬、母亲慈孝献皇后的合葬墓。显陵由王墓改造而来，是中国中南6省唯一的一座明代帝陵，是明代帝陵中单体面积最大的皇陵；其规划布局和建筑手法独特，在明代帝陵规制中具有承上启下的作用，尤其是"一陵两冢"的陵寝结构为历代帝王陵墓中罕见。1988年，列入全国重点文物保护单位。

【湖北文风塔】 位于湖北省荆门市钟祥市郢中城区东南龙山顶，又名文风塔、白乳高僧塔。文峰塔像竖立的毛笔，直插云霄，而故名。始建于唐僖宗广明初年，明洪武二十三年（1390）重建为圆形实心砖石塔，由地宫、塔座、覆钵、相轮、宝盖和利刹6部分组成，塔式独特，通体雪白。2006年，列入全国重点文物保护单位。

【湖北元佑宫】 位于湖北省荆门市钟祥市郢中街道东南隅、龙山脚下的镜月湖畔，系明嘉靖皇帝朱厚熜御敕所建的供皇帝返乡、皇室宗亲和州府官员朝奉显陵或举行其他重大祭祀活动的焚修祝釐之所。明嘉靖十九年（1540）启建，三十二年（1553）建成，历时13年，其形制结构与北京故宫类似，又与武当道观相仿，坐北朝南，布局中轴对称，具有典型的中国传统建筑格局特点。2006年，列入全国重点文物保护单位。

【湖北龙王山遗址】 位于湖北省荆门市东宝区子陵铺镇南桥村与美满村交界处，为新石器时代大溪文化晚期的文化遗存。由主遗址区和墓葬区组成，北部是居住区遗址，南部是墓葬区遗址。墓地和居址保存较完整，且墓葬显示的社会分化情况十分明显，其墓地单墓出土器物之多以及墓葬形制之特别在全国都很少见。2013年，列入全国重点文物保护单位。

【湖北苏家垄墓群】 位于湖北省荆门市京山市坪坝镇罗新村，坐落于漳水2条支流交汇的三角洲内的丘陵岗地上。是曾国贵族墓地，其中2座贵族墓出土的青铜器造型庄重、纹饰精细，在制作技术上达到很高水平。该墓群对研究东周时期曾国的历史具有重要价值。2013年，列入全国重点文物保护单位。

【湖北中共鄂豫边区委员会旧址】 位于湖北省荆门市京山市新市镇小焕岭村，旧址分东西两院。1940年10月，李先念带领边区党委机关迁驻小焕岭，中共鄂豫边区委员会在小焕岭驻扎了2年之久，使小焕岭成为豫鄂边区抗日斗争的领导中心。该旧址是研究豫鄂边区党委机关革命斗争史及李先念等老一辈无产阶级革命家思想和活动的重要遗存。2013年，列入全国重点文物保护单位。

【湖北新四军五师司令部旧址】 位于湖北省孝感市大悟县城东南18千米白果树塆。1942—1945年，新四军五师司令部进驻塆南大屋。旧址建筑面积1053平方米，面阔3间，进深5间，四合院式。1981年修复，当年李先念等的办公室和寝室已恢复原状，并有新四军第五师革命斗争史陈列展览。1996年，列入全国重点文物保护单位。

【湖北中原军区旧址】 位于湖北省孝感市大悟县宣化店镇。包括中原军区司令部旧址、中原军区首长旧居、中原军区大会场旧址、周恩来与美蒋代表谈判旧址。1946年1月上旬，中原部队进至宣化店。1月8日，中原局、中原军区司令部进驻此处。在此指挥震惊中外的中原突围战役，打响解放战争第一枪，拉开全国解放战争序幕。2006年，列入全国重点文物保护单位。

【湖北南襄城遗址】 位于湖北省宜昌市远安县洋坪镇南襄城村，是战国至汉代遗址。南襄城城址为不规则的长方形，南北长900米，东西宽300米，面积27万平方米，20世纪90年代发掘出灰陶器、青铜剑、铜箭等文物。遗址所在位置是楚人活动的中心区域，城址内遗存丰富，对研究楚国历史文化具有较重要价值。2013年，列入全国重点文物保护单位。

【湖北李来亨抗清遗址】 位于湖北宜昌市兴山县茅麓山区百羊寨，遗址主要分布于兴山县黄粮镇、南阳镇、古夫镇、峡口镇一带。李来亨部在此驻军屯田与清军对抗，留下的遗迹遗物主要有17个城寨以及百羊寨战壕、落步河壕沟等遗址。遗址是大顺军抗清的实物证据，大部分保存较好，古道与桥梁沿用至今。对清初汉民族抗清史的研究有重要价值。2013年，列入全国重点文物保护单位。

【安徽白崖寨】 位于安徽省安庆市宿松县趾凤乡境内的白崖山上，因建于白崖山而得名，是一座军事古寨堡。始建于元朝末期，因其地势险要，易守难攻，而成为历代兵家必争之地。历经风雨剥蚀，仍保存基本完好，留下丰富的寨堡文化和军事文化遗存，具有重要的历史、艺术和科学价值。2001年，列入全国重点文物保护单位。

【安徽野寨抗日阵亡将士公墓】 位于安徽省安庆市潜山市野寨中学校园内，始建于1942年，竣工于1943年，安葬有国民革命军第48军176师985位抗战阵亡将士遗骸。1943年，由皖、鄂两省13县知名人士捐资，在野寨修建包括公墓和12座纪念性建筑在内的陵园，并依陵建"景忠中学"(今野寨中学)，以校护陵，培养烈士遗族及地方优秀青年。这是全国目前唯一一座留存于中学校园内的大型抗日阵亡将士纪念陵园。2019年，列入全国重点文物保护单位。

【安徽桐城文庙】 位于安徽省安庆市桐城市，亦称"圣庙"。主要建筑有文庙门楼、宫墙、棂星门、泮池、泮桥（又名状元桥）、大成门、大成殿、崇圣祠、土神祠、东西长庑等。后院设置"陛下"、月台、祭坛等附属建筑。桐城文庙既是元、明、清时期祭孔的礼制性建筑群，又是一座学宫，是桐城县学和儒学教官的衙署所在，属"庙学合一"的文教活动场所。2013年，列入全国重点文物保护单位。

【安徽张廷玉墓】 位于安徽省安庆市桐城市西北龙眠山腹地双溪村蒲庄组西半山腰的"凤形地"。墓下三层地墁石祭台扇形展开，上置供桌、香炉、烛台、香筒等石祭具。再下设九级拜台，中贯神道，两旁依次排列文俑、武俑、马、文豹、羊、狮、赑屃负御祭碑等石像生，石像生前立四柱石坊。石坊下50米为张氏享堂，享堂前设照壁，上嵌雍正书"调梅良弼""赞猷硕辅"石匾。2013年，列入全国重点文物保护单位。

【安徽法云寺塔】 位于安徽省安庆市岳西县，为楼阁式建筑，平面方形，7层，通高23米。2~7层四面均辟圭形门，每层每面各有10个砖雕神龛，龛内有一大二小3个佛像，形象逼真。该塔凝聚了中国古代人民的劳动智慧和结晶，具有重要的文物考古价值和研究价值。2013年，列入全国重点文物保护单位。

【安徽太平塔】 位于安徽省安庆市潜山市，建于晋咸和年间（326—334）。太平塔为七层八楼阁式砖塔，砖仿斗拱结构，外旋中空，弧檐翘角。塔体内外壁镶嵌砖雕佛像近千尊，形象生动。塔内砌有台阶，穿楼绕廊，可上下。登上最高层，远眺天柱，群峰峥嵘，风光无限；俯视县城，楼宇林立。2013年，列入全国重点文物保护单位。

【安徽天柱山山谷流泉摩崖石刻】 位于安徽省安庆市潜山市天柱山镇风景村境内，现存唐（618—907）至民国（1912—1949）历代石刻400余方，以宋代（960—1279）石刻最多。唐代李德修，宋朝王安石、黄庭坚、苏东坡，明朝胡缵宗，清代张楷等名宦大家都曾题字崖谷。题刻内容广，文体多样，字体种类多。该石刻为研究历史人物活动、文学书法艺术、自然和社会科学等提供珍贵资料。2001年，列入全国重点文物保护单位。

【安徽佛子岭水库连拱坝】 位于安徽省六安市霍山县，是建国初期中国自行设计，具有当时国际先进水平的大型连拱坝水库。1952年1月动工，1954年11月竣工，以防洪为主，结合灌溉、发电、航运等。该水库作为淮河治理工程的重要组成部分，拦蓄淠河大量洪水，不仅提高淠河中下游的防洪标准，而且还起到辅助淮河干流蓄洪作用。2019年，列入全国重点文物保护单位。

【安徽红二十八军重建会议旧址】 位于安徽省六安市金寨县南溪镇北塘村的吕家大院。1933年9月，皖西北中心苏区保卫战失败后，皖西北党委鉴于红军和根据地受到严重损失，于10月11日，在南溪的吕家大院召开会议，决定重建红二十八军，军长徐海东、政治委员郭述申（兼），辖82、84两个师，共2300多人。红二十八军成立后，在以金寨为中心的皖西北一带开展游击战争，取得胜利，逐步摆脱了被动局面。2019年，列入全国重点文物保护单位。

【安徽程端忠墓】 位于安徽省六安市金寨县长岭乡撞畈村，系南宋朝廷为表彰忠烈程端忠所敕建。为纪念这位不朽的民族英雄，从2000年开始，在当地政府支持下，由程氏后裔和当地村民共同努力，先后投资几十万元，对程端忠墓修复和重建，使程端忠墓及其附属建筑基本重现昔日风采。2013年，列入全国重点文物保护单位。

【安徽六安汉代王陵墓地】 位于安徽省六安市金安区三十铺镇，分为南北两个区。出土保存完整的"黄肠题凑"葬具及漆木器、金银箔、玛瑙、青铜器、车马器等珍贵文物500余件，还发现多种农作物果实。经考证墓主为西汉六安国第一代国王刘庆。2013年，列入全国重点文物保护单位。

【四川木门会议旧址】 位于四川省广元市旺苍县的木门寺。木门寺始建于唐贞观年间（627—649），后几经兵燹，现存建筑为清代所建木结构穿斗式建筑，由正殿、厢房和山门组成。木门会议总结红四方面军在川陕苏区反"三路围攻"取得胜利经验，作出扩编红军，停止"肃反"等重要决定，在红军史上意义重大，影响深远。2019年，列入全国重点文物保护单位。

【四川中子铺遗址】 位于四川省广元市朝天区中子铺镇，是新石器时代遗址。遗址发掘出土大量石叶、石核、石镞、石刀、刮削器等细石器文化器物，最晚为新石器时代初期器物，距今7000—6000年，是四川盆地新石器时代最早的遗存之一。2019年，列入全国重点文物保护单位。

【四川罗家坝遗址】 位于四川省达州市宣汉县普光镇进化村，地处秦、楚、巴、蜀文化交界处。是涵盖东汉、西汉、周、商、夏、新石器时代晚期文化堆积非常深厚的巴人文化遗址。2016年6月，第四次考古发掘发现一批新石器时代的考古遗存，为证明巴文化起源于川东北提供考古证据。2001年，列入全国重点文物保护单位。

【四川红四方面军总医院旧址】 位于四川省巴中市通江县。包括总医院部、政治部、医务部和总务处旧址以及其下设的医疗机构，属军、政、医三合一的军级机构。整个建筑均呈三合院布局，土木结构，清末民初民居建筑风格。2019年，列入全国重点文物保护单位。

【四川红军石刻标语群】 位于四川省巴中市通江县沙溪镇。红四方面军在创建和巩固发展川陕革命根据地期间，为宣传群众、武装群众、组织群众和震慑敌人，在通江境内书写鏨刻大量石刻标语。全县所辖乡（镇）均有分布，其中沙溪、至诚、诺江、毛浴、芝苞、杨柏、板凳等乡（镇）的红军石刻标语最为宏大、集中和完整。2006年，列入全国重点文物保护单位。

【四川红四方面军总指挥部旧址】 位于四川省巴中市通江县诺江镇文庙街。1932年12月25日，红四方面军解放通江城，总部随即进驻通江文庙至1935年春。在长达两年半时间里，总指挥徐向前、政委陈昌浩、副总指挥王树声、参谋长曾中生在这里运筹帷幄，为中共党史、中国革命史写下光辉篇章。2004年，列入全国重点文物保护单位。

【四川千佛岩石窟】 位于四川省巴中市通江县诺江镇千佛村，雕凿于唐龙朔三年（663）至开元七年（719）。整个造像群由净土变、天龙八部、说法图、七级佛塔、千佛屏等龛组成。石窟规模宏大，装饰华丽，雕艺精细，栩栩如生。既有初唐时期的简朴，又有盛唐时期的风韵，是研究唐代服饰、美术、彩绘、雕刻、建筑等珍贵实物资料。2006年，列入全国重点文物保护单位。

【四川白乳溪石窟】 位于四川省巴中市通江县。刊凿于唐代，分布在4块锥形白砂岩石上。龛窟形式有单层圆形龛、双层方形龛、外方内圆形龛等。石窟装饰华丽，雕刻艺术精湛，是融宗教、彩绘、建筑、雕刻、音乐、服饰为一体，对研究唐代政治、经济和文化提供实物依据，具有较高历史研究价值。2013年，列入全国重点文物保护单位。

【重庆龙骨坡遗址】 位于重庆市巫山县庙宇镇龙骨坡，又称"巫山猿人遗址"。该遗址是一处更新世时期遗址，1984年被中国古人类与旧石器专家黄万波、李宣民等人发现,并出土"巫山人"化石。"巫山人"化石是中国境内发现最早的人类化石,揭示了人类发展的进程,对于探索人类起源和演化过程提供科学资料。1996年,列入全国重点文物保护单位。

【重庆玉米洞遗址】 位于重庆市巫山县,是重庆地区发现规模最大的一处洞穴和旷野遗存相结合的史前文化遗址。遗址文化堆积深厚,其时代跨度距今30万年—1万年,涵盖中国早期现代人起源的关键阶段,填补川渝地区距今30万年—15万年旧石器文化空白,对探索和研究东亚旧石器区域文化的多样性和三峡地区古环境和古人类的技术模式、生业模式、行为模式有重要意义。2019年,列入全国重点文物保护单位。

【重庆荆竹坝岩棺群】 位于重庆市巫溪县白鹿镇香树村,分布在大宁河支流东溪河荆竹峡西岸。棺木在悬崖绝壁之上,高出河面100~140米,有2000多年历史,是研究巴楚文化交融及古代少数民族族属葬制的实物资料。2013年,列入全国重点文物保护单位。

【重庆大宁盐场遗址】 位于重庆市巫溪县宁厂古镇后溪河狭长的南北两岸坡地上,是一处拥有2000多年制盐历史的工业遗址。是中国开发较早以自然盐泉为基础的盐业遗址,是川渝盐业开发悠久历史的重要见证;盐灶群规模大、数量多,盐泉、输卤管道、蓄卤池等遗存保存齐全,完整地展示了中国古代制盐生产流程;遗址规模宏大,功能分区清晰,历史风貌保存完整,文化遗产与自然环境有机融合,具有非常好的保护利用价值。2019年,列入全国重点文物保护单位。

【重庆刘伯承故居】 位于重庆市开州区赵家街道。故居门前的浦里河沿山脚流过,直通长江,翠竹环抱,地貌特异。遥望对面云雾飘浮酷似睡佛的山岭,俯瞰河边农贸兴旺的赵家街道,山腰像一把座椅,椅前的一台地名曰"点将台",山对面广阔的坝子呼之为"阅兵场"。2013年,列入全国重点文物保护单位。

全国红色旅游经典景区

【概述】 红色旅游主要是以中国共产党领导人民在革命和战争时期建立丰功伟绩所形成的纪念地、标志物为载体，以其所承载的革命历史、革命事迹和革命精神为内涵，组织接待旅游者开展缅怀学习、参观游览的主题性旅游活动。打造红色旅游线路和经典景区，既可观光赏景，也可了解革命历史，培育新的时代精神，并使之成为一种红色基因传承文化。秦岭地区红色旅游资源丰富，其中国家公布的全国红色旅游经典景区数量众多。

【陕西汉中市川陕革命根据地纪念馆】 原址在陕西省汉中市南郑区城关镇南大街，1990年，迁往南湖湖心岛。2006年，迁至汉中市南郑区红寺湖风景区。纪念馆占地4.13公顷，由主展馆、爱国主义教育广场、纪念碑、何挺颖烈士纪念广场组成，主要展示川陕革命根据地陕南苏区革命活动部分实物和图片，汇集并保护分散于各地、濒临泯灭的革命历史文物。2016年12月，列入全国红色旅游经典景区名录。2017年3月，纪念馆被中宣部命名为全国爱国主义教育示范基地。

【陕西渭南市华州区渭华起义纪念馆】 位于陕西省渭南市华州区高塘塬上。渭华起义纪念馆，占地37000平方米，有陈列室7个，起义领导旧居4处，还保留5处具有重要意义的革命旧址，是中共陕西省委命名的爱国主义教育基地，成为广大人民群众缅怀先烈，进行革命传统和爱国主义教育的重要场所。2016年12月，列入全国红色旅游经典景区名录。

【陕西凤县两当起义纪念地】 位于陕西省宝鸡市凤县凤州镇凤州村。凤县不仅拥有悠久的历史、灿烂的文化，而且有着光荣的红色印记。土地革命战争时期，习仲勋、刘林圃等老一辈无产阶级革命家在这里组织策划了著名的"两当兵变"，播撒下革命的火种，现建成有凤县革命纪念馆。纪念馆主体背后便是"两当兵变"策源地旧址——刘家大院，至今仍保留完整。2016年12月，列入全国第二批红色旅游经典景区。

【陕西眉县扶眉战役纪念馆】 位于陕西省宝鸡市眉县常兴镇，陇海铁路、西宝高速公路横穿而过，交通十分便利，是为纪念在全国解放战争中西北战场上最大的一次战役——扶眉战役而壮烈牺牲的3000多名解放军指战员修建的一处烈士陵园，是陕西省第一批重点烈士纪念建筑物保护单位，是中共陕西省委、宝鸡市委命名的爱国主义教育基地和国防教育基地，是共青团陕西省委、陕西省教育厅、陕西省少工委命名的红领巾实践教育基地。2016年12月，列入全国红色旅游经典景区名录。

【陕西汉中市洋县华阳红二十五军司令部旧址】 位于陕西省汉中市洋县华阳镇红石窑村。1934年11月，鄂豫皖革命委员会根据中央委员会指示，成立红二十五军，实行西进北上与陕甘红军会师的战略转移。1934年遭到国民党反动派数倍之敌围剿与进攻,寡不敌众。冬季,中央指示实行战略转移,开辟新的革命根据地。旧址现存房屋两大院11间，存有当年红军使用过的刀、枪100余杆（把），书写的标语及部分物品。2016年12月，入选全国红色旅游经典景区名录。

【陕西西乡县红二十九军军部旧址及红四方面军总后医院旧址】 位于陕西省汉中市西乡县骆家坝镇回龙村马儿崖峰顶，岩顶有一座古庙，即为当年红二十九军军部驻扎地。早在1932年9月，中共陕西省委任命陈浅论为军长兼政委，在此创建中国工农红军第二十九军，1933年2月开辟川陕革命根据地，为红四方面军入川创造了条件，知名的"重阳起义"及震惊陕南的"马儿崖事变"就发生在辖区回龙村。2016年12月，列入全国红色旅游经典景区名录。

【陕西安康市汉滨区牛蹄岭战役旧址】 位于陕西省安康市汉滨区迎风乡牛蹄子村。牛蹄岭战役是红十九军西进战役中有重要影响的一场战役，创下红军以少胜多的典型战例。为缅怀先烈，继承和发扬先烈革命遗志，让更多的人永远铭记英雄们的事迹，2008年在安康市牛蹄岭战斗主阵地塔梁建起纪念碑一座。高19米，寓意着解放安康的红十九军，底座宽长5.5米，代表红十九军的五十五师。纪念碑矗立在牛蹄岭的主峰上。牛蹄岭战役旧址是安康香溪洞风景名胜区和安康红色旅游线路的重要组成部分，也是安康市爱国主义教育基地。2016年12月，列入全国红色旅游经典景区名录。

【陕西商洛市商南县前坡岭战斗遗址】 位于陕西省商洛市商南县赵川镇东侧。1946年7月19日，李先念、郑位三、王震等率中共中央中原局、中原军区机关及中原突围北路主力部队，突破敌军重重包围，进抵商南县赵川镇。完成了掩护中原局、中原军区机关和主力部队安全通过的任务。2002年10月，建成前坡岭战斗英雄纪念碑，广场约250平方米，成为赵川标志性建筑。2016年12月，列入全国红色旅游经典景区名录。

【甘肃陇南市宕昌县哈达铺红军长征纪念馆】 位于甘肃省陇南市宕昌县哈达铺镇，西距迭部腊子口70千米。中国工农红军一、二、四方面军三大主力长征，都经过哈达铺。哈达铺位于岷山脚下，1935年中国工农红军二、三方面军突破国民党反动派的围追堵截，直插哈达铺，在这里制定挥师陕北，建立革命根据地的伟大战略决策，为中国革命史写下光辉的一页。纪念馆筹建于1978年，2016年12月，列入全国红色旅游经典景区名录。

【甘肃定西市岷县岷州会议纪念馆】 位于甘肃省定西市岷县城西15千米处的十里镇三十里铺村。建于1997年，分中共中央西北局岷州会议旧址、甘肃省苏维埃政府旧址、中共中央西北局岷州会议纪念馆陈展中心3部分，占地面积6070平方米，建筑面积1698.8平方米。岷州会议纪念馆是甘肃省爱国主义教育基地、国防教育基地、党史教育基地。2009年5月，被中宣部命名为第四批全国爱国主义教育示范基地。2016年12月，列入全国红色旅游经典景区名录。

【甘肃陇南市两当县两当兵变旧址】 位于甘肃省陇南市两当县城关镇老南街20号，占地面积850平方米，坐西朝东，东西长34米，南北宽25米，土木结构，三进院建筑格局。建筑主体为单檐硬山两坡水结构，总体风貌极具典型的民国时期的地方特色。2016年12月，列入全国红色旅游经典景区名录。

【甘肃甘南州舟曲特大山洪泥石流地质灾害纪念公园】 2010年8月7日22时左右，甘南藏族自治州舟曲县城东北部山区突降特大暴雨，降雨量达97毫米，持续40多分钟，引发三眼峪、罗家峪等4条沟系特大山洪地质灾害，造成了惨重的人员和财产损失，共造成1557人遇难，失踪284人，被认为是中华人民共和国成立以来最为严重的山洪泥石流灾害。随着各项恢复重建工作的展开，甘肃省政府下发《舟曲灾后恢复重建规划和资金安排实施方案》，将"舟曲特大山洪泥石流地质灾害纪念公园"列入"人文关怀"项目中。舟曲特大山洪泥石流地质灾害纪念公园新建面积6000平方米，配套建设纪念碑、雕塑等设施。2016年12月，列入全国红色旅游经典景区名录。

【河南驻马店市确山县竹沟镇竹沟革命纪念馆】 位于河南省确山县西30千米的竹沟镇延安街，始建于1956年，由周恩来题写馆名。是全国建立较早的革命纪念馆之一。馆内有革命旧址31处，文物、文献、图片等近千件。是全国重点文物保护单位。2005年3月被中共中央办公厅、国务院办公厅公布为全国百家"红色旅游"经典景区之一。2016年12月，列入全国红色旅游经典景区名录。

【河南新县鄂豫皖苏区首府革命博物馆】 位于河南省信阳市新县东南，依山傍水，仿古式现代建筑，主体为徽式风格，红檐橙瓦，金碧辉煌，是河南省规模领先的县级革命博物馆。2001年6月，被中宣部公布为全国爱国主义教育示范基地；2016年12月，列入全国红色旅游经典景区名录。

【河南鄂豫皖苏区革命烈士陵园】 位于河南省信阳市新县县城南白马山东麓，是中华人民共和国批建的第一批县级烈士陵园，始建于1957年，占地22公顷。陈列有鄂豫皖苏区革命斗争简史和55位鄂豫皖苏区著名烈士事迹介绍，珍藏着朱德、邓小平、李先念、许世友等党和国家领导人的亲笔题词及吴焕先、高敬亭等烈士遗物4500余件，安葬着近百位著名烈士和红军首长遗骨，纪念着鄂豫皖苏区超过13万名革命烈士。1989年8月，列入全国重点烈士纪念建筑物保护单位。2016年12月，列入全国红色旅游经典景区名录。

【河南首府路和航空路革命旧址】 位于河南省信阳市新县，包括一系列革命旧址，如中共中央鄂豫皖分局、省委旧址、鄂豫皖省工农民主政府旧址、鄂豫皖军委航空局旧址、鄂豫皖省苏维埃政治保卫局旧址、鄂豫皖苏区税务总局旧址、鄂豫皖军委及红四方面军总部旧址等。2016年12月，列入全国红色旅游经典景区名录。

【河南将军故里】 位于河南信阳市新县田铺乡许家洼，是一代传奇将军许世友的出生地，也是许世友将军逝世后的埋骨之地。许世友将军赫赫的战功、特殊的个性、"忠国孝母"的情怀和传奇的人生经历，深受世人敬仰，每年吸引了国内外各界人士前来拜谒、观瞻。许世友将军故里游览区已成为大别山区著名的爱国主义教育基地和革命传统教育基地。许世友将军是我国倡导火化以来第一位也是唯一一位被特许土葬的党和国家领导人。2016年12月，列入全国红色旅游经典景区名录。

【商城县金刚台红军洞群】 位于大别山在河南境内的最高峰金刚台主峰，距商城县城20千米。金刚台山上的洞穴是当年红军的生活居所和战斗堡垒。1932年10月，红军撤离鄂豫皖苏区后，中共商南县委继续率领游击队和妇女排以金刚台为屏障、以洞穴为据点，坚持了长达3年艰苦卓绝的革命战争，赢得了"三年红旗不倒"的美誉。时光流转，扛着红旗打天下的英雄们渐次离世，为了纪念他们和铭记那段峥嵘岁月，后人亲切地将山上红军生活和战斗过的洞穴称为"红军洞"。2016年12月，列入全国红色旅游经典景区名录。

【河南罗山县铁铺乡红二十五军长征出发地】 位于河南省罗山县铁铺乡何家冲大别山西端的鸡公山西北坡，是豫鄂皖革命根据地的重要组成部分。现何家冲红二十五军长征出发地内主要包括红二十五军军部旧址、长征出发集合地遗址和红二十五军医院旧址三部分。是中国近代革命史上红军长征四大出发地之一。2016年12月，红二十五军长征出发地被列入《全国红色旅游经典景区名录》。

【河南新县箭厂河革命旧址】 位于河南信阳市新县与湖北省红安县结合部，地处大别山腹地。箭厂河是鄂豫皖工农革命的发祥地之一，是鄂豫边革命根据地的中心地带，在这块曾经血腥苦雨的土地上，发生过艰苦卓绝、可歌可泣、可敬可佩的斗争史实。以吴焕先、程儒香、肖国清、程怀天等为代表的一代英雄儿女，同敌人浴血奋战，他们无私无畏，顽强斗争，把自己年轻的生命奉献给了党和人民，把自己的鲜血洒在了与敌人斗争的战场上。2001年被中宣部命名为全国爱国主义教育示范基地。2016年12月，列入全国红色旅游经典景区。

【河南浉河区四望山新四军第五师师部旧址】 位于河南省信阳市浉河港镇胡岗村龚家湾，1945年7月，根据中共中央指示，豫鄂边党委、新四军第五师师部由湖北大悟山迁至浉河区浉河港镇，师部设在龚家湾该旧址。李先念在西起第一间居住。此后，以四望山为指挥中心，李先念指挥新四军第五师发起桐柏山战役，并与八路军359旅南下支队、河南军区部队胜利会师。旧址原有房屋5间，为青砖黑瓦结构，现仅存地基。2016年12月，列入全国红色旅游经典景区名录。

【河南南阳市叶家大庄桐柏英雄纪念馆】 位于河南省南阳市桐柏县城南叶家大庄，纪念馆由李先念亲笔题写馆名。占地2.33公顷，主体建筑面积3013.5平方米，有10个院落，117间房屋。2006年12月，列入市级爱国主义教育示范基地。2016年12月，列入全国红色旅游经典景区。

【湖北黄冈市大别山红色旅游区】 位于湖北省黄冈市，包括麻城市乘马会馆、麻城烈士陵园，红安县黄麻起义和鄂豫皖苏区革命烈士陵园，英山县英山烈士陵园、红二十八军医院等，罗田县胜利烈士陵园、红安县大别山抗日军政学校旧址、刘邓大军挺进大别山指挥部旧址，黄冈革命烈士陵园。大别山地区是中国重要的红色革命圣地，有着丰富的红色革命资源。无论是土地革命战争时期的黄麻起义，还是抗日战争时期李先念领导的新四军五师转战大江南北，乃至解放战争时期刘邓大军挺进大别山，都为中国革命和胜利作出了重要贡献，在中国革命历史中有着不可磨灭的影响和地位。2016年12月，列入全国红色旅游经典景区名录。

【湖北大悟县宣化店谈判旧址】 位于湖北省孝感市大悟县宣化店镇。大悟县宣化店谈判旧址也称周恩来与美蒋代表谈判旧址（原为宣化店湖北会馆）。始建于清道光元年（1821），傍竹竿河，坐北朝南，两进5间，左右各有厢房，建筑古朴。1975年修复，厅内陈列当年周恩来与美蒋代表谈判时的有关图片和文字资料，厢房内保存着周恩来用过的木床及办公的桌椅、油灯等物。1978年，设宣化店纪念馆。2016年12月，列入全国红色旅游经典景区名录。

【湖北大悟县新四军第五师旧址】 位于湖北省孝感市大悟县城东南34千米的大悟山南麓，由22处遗址组成，分布在以白果树湾为中心约方圆5千米范围的11个自然村中。遗址群房屋大都是清朝道光、咸丰年间的民用建筑，有的旧址原是宗氏祠堂。旧址群体现了浓厚的民间建筑风格，是大悟县现存为数不多的古建筑佳作。1978年，在新四军第五师司令部驻地白果树湾村北边修建新四军第五师纪念馆，陈列第五师革命斗争史料和文物，其中实物104件，图片863幅。2005年重建纪念馆，新展览以新四军第五师的创建和发展壮大为主线，突出五师在抗日战争中，长期孤悬敌后，英勇奋斗，为夺取全民族抗战胜利作出贡献的光辉历史。2016年12月，列入全国红色旅游经典景区名录。

【湖北襄阳市宜城市张自忠纪念馆】 位于湖北省襄阳市宜城市。该馆是宜城人民纪念张自忠将军诞辰100周年暨殉国51周年时修建落成的。馆内以张自忠将军生平事迹陈列为主，辅以名人题词刻碑展览。革命烈士纪念馆的陈列较为全面系统、真实地反映了革命斗争史。2016年12月，列入全国红色旅游经典景区名录。

【湖北随州市曾都区新四军第五师旧址群】
位于湖北省随州市曾都区洛阳镇，包括九口堰新四军第五师司令部、政治部、抗大十分校、兵工厂、被服厂、医院、边区建设银行、挺进报社编辑部、报社印刷厂、十三旅部、随南县委等革命旧址。1939年1月—1942年6月，李先念等老一辈革命家率领新四军鄂豫挺进纵队在此浴血奋战3年之久，创建了白兆山抗日根据地。这一时期，正是该师创立、组建、发展、壮大的重要时期。皖南事变后，1941年4月5日，李先念率新四军第五师全体官兵在九口堰向全国通电就职。新五师司令部、政治部设在孙家大院，以孙家大院为中心，师直机关、抗大十分校、挺进报社、边区建设银行、战地医院、兵工厂等分布在九口堰村。2016年12月，列入全国红色旅游经典景区名录。

【安徽合肥市庐江县新四军江北指挥部旧址】
位于安徽省庐江县东汤池。新四军江北指挥部是1939年5月，根据党中央指示，张云逸、叶挺、邓子恢、罗炳辉等在安徽省庐江县东汤池组建的新四军指挥部，下辖第四支队、第五支队和江北游击纵队，张云逸任指挥，徐海东、罗炳辉任副指挥，赖传珠任参谋长，邓子恢任政治部主任。于1940年3月撤离。新四军江北指挥部成立后，整编了江北各部队，积极东进抗日，开展了艰苦卓绝的反"围剿"和反"摩擦"斗争，创建和发展了抗日根据地，为开创华中地区革命的新局面作出了重要贡献。2016年12月，列入全国红色旅游景点景区名录。

【安徽安庆市岳西县红二十八军鄂豫皖边区国共和谈旧址】 位于安徽省安庆市岳西县城西北35千米青天乡汪氏宗祠。1937年，坚持在鄂豫皖边区开展游击战争的红二十八军政委高敬亭，遵照中共中央"停止内战、国共合作、一致抗日"的指示，不计前嫌，主动与国民党卫立煌部取得联系，双方进行了为期6天的艰难谈判。此次谈判，首开南方八省国共两党地方谈判成功之先河，比国共两党发布联合抗日公告还早54天，在我党我军历史上具有里程碑式意义。2016年12月，列入全国红色旅游经典景区名录。

【安徽六安市舒城县新四军第四支队纪念馆】
位于安徽省六安市舒城县高峰乡东港村，利用新四军四支队政治部旧址（韦家大屋）修缮建立，是新四军四支队东进抗日的历史见证物。2016年12月，列入全国红色旅游景点景区名录。

【安徽六安市裕安区独山革命旧址群】 位于安徽省六安市裕安区独山镇。独山暴动，打响了六霍起义的第一枪，独山名字和它对中国革命的伟大贡献，同时载入光荣史册，如今遗留在镇上的九处革命旧址，作为土地革命战争初期我党一个县级机构集中在一个地方，是全国罕见、安徽唯一完整保存着苏维埃时期集党、政、军、经济、文化、教育、司法于一体的县级机构旧址。为缅怀革命先辈的英雄业绩、昭示后人，镇政府自筹资金在镇区南头山兴建了邓小平亲笔题字的六霍起义纪念塔，徐向前元帅为纪念塔题词——六霍起义中牺牲的烈士永垂不朽。2016年12月，列入全国红色旅游景点景区名录。

【安徽六安市裕安区苏家埠战役纪念园】 位于安徽省六安市裕安区横排头水库边，占地160亩，纪念园分为徐向前元帅广场、苏家埠战役纪念馆等。1932年3月22日到5月8日，徐向前元帅在六安市苏家埠镇指挥红四方面军与国民党军队展开了浴血奋战，为鄂豫皖地区的革命战争奠定了胜利的基础。2016年12月，列入全国红色旅游景点景区名录。

【安徽金寨县革命烈士陵园】 位于安徽省六安市金寨县，鄂豫皖3省交界处大别山腹地，包括革命烈士纪念塔、金寨县革命博物馆、金寨县红军纪念堂、洪学智将军纪念碑、红军烈士墓园、红军广场6部分。现已形成以烈士纪念塔为中心，融塔、馆、堂、碑、墓、村为一体、具有山区特色的大型革命烈士陵园。2016年12月，列入全国红色旅游经典景区名录。

【安徽红二十五军军政机构旧址】 位于安徽省六安市金寨县麻埠镇。1931年，鄂豫皖根据地整顿发展地方武装，扩大正规红军。10月25日，中国工农红军第二十五军在金寨县麻埠镇成立。为加强党的领导，将1930—1931年在金家寨成立的皖西北特区苏维埃政府、中共皖西北特委、皖西北苏维埃银行、造币厂等单位，在红二十五军成立后迁至麻埠镇，并创建彭杨军政学校，培训红军官兵。红二十五军长征历时10个月，成为长征到达陕甘革命根据地的第一支红军，被誉为"长征先锋"。2016年12月，列入全国红色旅游经典景区名录。

【安徽六安市霍山县诸佛庵镇革命遗址】 位于安徽省六安市霍山县诸佛庵镇，是皖西革命根据地和鄂豫皖革命根据地的重要组成部分。1929年，土地革命时期安徽省第一次民团起义——诸佛庵变，打响皖西地区武装斗争的第一枪，拉开六霍起义序幕。霍山县委和苏维埃政府在此成立，刘邓大军挺进大别山在此留有战绩，涌现出刘淠西、查茂德等一大批革命先烈。2016年12月，列入全国红色旅游经典景区名录。

【安徽岳西县及金寨县红二十八军军政及重建旧址】 中国工农红军二十八军于1933年1月初组建，1933年10月在金寨县南溪吕家大院重建，军长徐海东，政委郭述申，下辖第一、二、三路游击师和两个游击队及洪家大山、赤南两个战斗营。红二十八军坚持以金寨为中心，开辟了广大游击根据地和游击区，在红军主力转移后最艰苦的历史阶段，保证了革命红旗始终飘扬在大别山区。1935年2月，在原太湖县凉亭坳（今属岳西县河图镇）汪胡氏宗祠第二次重建中国工农红军第二十八军，开始了以岳西县鹞落坪为大本营的鄂豫皖3年游击战争，建立了舒霍潜边区苏维埃政府。2016年12月，列入全国红色旅游经典景区名录。

【安徽安庆市太湖县刘家畈高干会议旧址】 位于安徽省安庆市太湖县刘畈乡刘畈村。1947年，刘伯承、邓小平率领中原野战军挺进大别山在刘家畈胡家祠堂召开重要的军事会议，史称刘家畈会议。2016年，列入全国红色旅游经典景区名录。

【安徽六安市金安区张家店战役纪念馆】 位于安徽省六安市金安区，是纪念刘邓大军千里挺进大别山的"第一馆"，是六安市九大重点红色旅游建设项目之一。纪念馆布置在毛坦厂镇的涂公祠。1947年9月9—10日，刘邓大军第三纵队在皖西地方武装配合和群众支援下，在张家店与敌人展开激烈战斗，并取得胜利。这场战役是刘邓大军进入大别山后，首次取得消灭敌人一个正规旅以上兵力的重大胜利，被写入中国人民解放军军史。张家店战役开始时，刘邓大军第三纵队指挥部设在距张家店20千米毛坦厂镇内涂氏祠堂。2016年12月，列入全国红色旅游经典景区名录。

【四川巴中市通江县红四方面军总指挥部旧址纪念馆】 位于四川省巴中市通江县红军广场，展馆以中国工农红军四方面军在川陕苏区重大活动为主线，通过局部复原和辅助陈列，展示红四方面军三总部和苏区人民无私奉献的史实，再现中国共产党缔造领导的中国工农红军第四方面军和川陕苏区人民的丰功伟绩。2016年，列入全国红色旅游经典景区名录。

【四川川陕革命根据地红军烈士陵园】 位于四川省巴中市通江县沙溪镇王坪村，原名王坪红军烈士墓。陵园由铁血丹心广场、千秋大道、陵园核心区、散葬墓区、纪念馆等部分组成，是全国安葬红军烈士最多、规模最大的红军烈士陵园。2016年，列入全国红色旅游经典景区名录。

【四川南江县巴山游击队纪念馆】 位于四川省巴中市南江县桃园镇北7千米铁炉坝村。巴山游击队是中国工农红军四方面军西渡嘉陵江前组建的一支留守川陕革命根据地的正规武装力量。1935年2月—1940年春，这支队伍在刘子才、赵明恩等领导下，以南江县桃园为中心，坚持战斗5年之久。2003年12月，巴中市人民政府公布为"近现代重要史迹"类文物保护单位，是光雾山重要的旅游景点。2016年12月，列入全国红色旅游经典景区名录。

【四川达州市万源市万源保卫战战史陈列馆】 位于四川省达州市万源市红军公园（原驻山公园）内，1986年3月建成开放，是为纪念中国工农红军第四方面军在第二次国内革命战争时期，为保卫全国第二大苏区——川陕革命根据地，进行的一场"时间最长、规模最大、战斗最艰苦、战绩最辉煌"的"万源保卫战"而建立的专题性纪念馆。2016年12月，列入全国红色旅游经典景区名录。

【四川旺苍县红军街】 位于四川省广元市旺苍县东河镇，由文昌街、王庙街、龙潭街和木市巷、何家巷共三街二巷构成，为川北清代、民国时期典型的木架穿斗建筑风格。这里会集了川陕省委、川陕省苏维埃政府、西北革命军事委员会和中国工农红军四方面军总指挥部等46处党政军主要领导机关旧址，是全国现存面积最大、保存最好、遗址点最多的红军遗址群之一。2016年12月，列入全国红色旅游经典景区名录。

【四川达州市宣汉县红三十三军纪念馆】 位于四川省达州市宣汉县巴山红军公园，纪念馆共2层，展馆建筑面积400余平方米，由序厅和"星星之火、辉煌战绩、艰苦岁月、悲壮赞歌"4个篇章以及缅怀厅6个部分组成，塑造了以红三十三军为主体的川东无产阶级革命者群像，完整地再现了红三十三军辉煌而悲壮的历史。2016年12月，列入全国红色旅游经典景区名录。

【四川青川县东河口地震遗址公园】 位于四川省广元市青川县。该地震遗址公园是由汶川大地震中地球应力爆发形成的，也是地质破坏形态最全面、体量最大，地震堰塞湖数量最多最为集中、伤亡最为惨重的地震遗址群。2008年11月12日开园，是汶川大地震第一个地震遗址保护纪念地。2016年12月，列入全国红色旅游经典景区名录。

【重庆开县刘伯承故居及纪念馆】 位于重庆市开州区汉丰街道盛山公园内。1990年12月奠基，1992年12月4日刘伯承诞辰100周年纪念日正式开放，邓小平题写"刘伯承同志纪念馆"馆名。纪念馆内的陈列布展按历史轨迹，陈列着珍贵图片630张，实物和文献资料约358件，通过声光电科技手法生动再现了刘伯承元帅的一生。2016年12月，列入全国红色旅游经典景区名录。

【重庆川陕苏区城口县苏维埃政权遗址】 位于重庆市城口县。城口县是重庆市唯一成建制建立了各级苏维埃政权政府的革命老区。李先念、徐向前、许世友、王维舟、李家俊等老一辈无产阶级革命家曾转战城口，留下了光辉的革命足迹。遗址内建成苏维埃政权纪念馆，通过纪念碑、纪念馆，展出革命路线、战斗场景、先烈遗像、革命遗物、历史文献等，充分反映城口老区的红色文化形成、发展和走向，展现老区政治、经济、文化等各方面发展情况。2016年12月，列入全国红色旅游经典景区名录。

国家级旅游度假区

【概述】 国家级旅游度假区是指符合国家标准《旅游度假区等级划分》（GB/T26358）相关要求，经文化和旅游部认定的旅游度假区。国家级旅游度假区更注重于度假旅游目的地建设，在对度假旅游市场进行充分调研的基础上，准确定位、科学规划、合理布局，注重软开发，适度硬开发，同时更注重"供给侧"的旅游项目开发。截至2020年12月，全国有国家级旅游度假区45个，分布在全国23个省、区、市，涵盖多种度假类型，其中河湖湿地类16个，山林类8个，温泉类6个，海洋类5个，冰雪类3个，主题文化类5个，古城古镇类1个，沙漠草原类1个。

【陕西太白山温泉旅游度假区】 位于陕西省宝鸡市眉县汤峪口。度假区依托自然景观、自然资源及人文历史景观，分别建设"一河两岸"综合商业服务区、温泉主题公园、国际酒店会议区、休闲度假、关中民俗体验展示区、山地运动休闲区、生态农业示范区和重点示范镇模块区8大主题，已成为陕西西线旅游的重要集散地及目的地。2020年11月，列入文化和旅游部发布的第四批国家级旅游度假区名录。

【河南尧山温泉旅游度假区】 位于中国温泉之乡——河南省平顶山市鲁山县西部，伏牛山东麓。度假区以"佛、山、汤"打造完整的产业链条，力促旅游产业转型升级，成为拉动地方经济的有力引擎。从自然角度来看，尧山特有的温泉资源，最适宜观光度假；从建设发展角度来看，度假区内产品结构完整。有特色鲜明的主题资源尧山和上汤温泉，有旅游观光、避暑、疗养、科研、探险等休闲度假功能。2015年10月，列入原国家旅游局发布的首批17家国家级旅游度假区名录。

【湖北武当太极湖旅游度假区】 位于世界文化遗产、中国国家重点风景名胜区、道教文化圣地武当山下。总面积近60平方千米，分为太极湖新区和太极湖旅游区两大版块，集旅游观光、休闲娱乐、养生度假于一体。太极湖新区由管理服务组团、商业娱乐组团和生活居住组团组成，重点建设旅游发展中心、武当国术馆、武当艺术馆、太极剧场、太极湖学校、太极湖医院和高尚居住区等一系列项目。太极湖旅游区由水上游乐组团、旅游配套组团、休闲养生组团、休闲度假组团、山地运动组团、户外休闲组团组成，重点建设蓝湾、太极小镇、武当功夫城、太极养生谷、山地运动公园，以及武当国际会议中心、超五星级文化主题酒店、老子学院、武当山旅游码头、游艇俱乐部等一系列生态文化旅游项目。2015年10月，列入原国家旅游局发布的首批17家国家级旅游度假区名录。

国家地理标志产品和风味美食

【概述】 地理标志产品是指产自特定地域，所具有的质量、声誉或其他特性本质上取决于该产地的自然因素和人文因素，经审核批准以地理名称进行命名的产品。秦岭涵盖区域广泛，生态环境良好，不同的地域和气候特点，也使各地农作物、土特产、饮食习惯等出现了较大差别，诞生了数量众多的国家地理标志产品，也形成了极具特色的饮食文化。本章节地理标志产品和风味美食，是对秦岭山系关联城市代表性产品和地方饮食风味的总体呈现。

国家地理标志产品

陕西区域城市国家地理标志产品

【西安市】 西安黄桂稠酒 临潼石榴 临潼火晶柿子 阎良甜瓜 阎良相枣 灞桥葡萄 灞桥樱桃 蓝田樱桃 蓝田大杏 蓝田玉 蓝田神仙粉 蓝田白皮松 蓝田饸饹 周至猕猴桃 周至山茱萸 老堡子鲜桃 户县黄酒 户县葡萄 王莽鲜桃 华胥大银杏 长安草莓 秦岭土蜂蜜

【渭南市】潼关酱笋 华州皮影 华县大葱 临渭葡萄

【宝鸡市】宝鸡辣椒 太白酒 眉县猕猴桃 太白贝母 太白甘蓝 凤县大红袍花椒 太白山药王茶 陈仓核桃

【汉中市】汉中附子 汉中仙毫 汉中冬韭 汉水银梭 褒河蜜橘 西乡牛肉干 子午仙豪 镇巴腊肉 秦巴雾毫 洋县黑米 洋县红米 佛坪山茱萸 略阳黄精 略阳杜仲 略阳天麻 略阳乌鸡 略阳猪苓 宁强华细辛 宁强雀舌 留坝黑木耳 留坝白果 留坝板栗 留坝蜂蜜 城固蜜橘

【安康市】紫阳富硒茶 紫阳毛尖 紫阳红 紫阳蓝黑宝石 岚皋魔芋 平利女娲茶 平利绞股蓝 宁陕天麻 宁陕香菇 镇坪洋芋 镇坪乌鸡 镇坪黄连 旬阳拐枣 白河木瓜

【商洛市】商洛丹参 孝义湾柿饼 丹凤葡萄 丹凤葡萄酒 柞水黑木耳 商南泉茗 山阳九眼莲 山阳核桃 洛南核桃 洛南豆腐 镇安大板栗 云盖寺挂面

甘肃区域城市国家地理标志产品

【定西市】定西酿皮子 定西浆水面 临洮大丽花 临洮紫皮大蒜 临洮马铃薯 麻腐包 临洮仿古地毯 岷县当归 岷县根雕 岷县点心 漳

县手抓羊肉 陇西黄芪 陇西咸肉 陇西腊肉 陇西荞粉 陇西宴席 陇西牡丹 渭源粉条 洮砚 洮河鱼 洮绣 洮河奇石

【天水市】 秦安苹果 秦安花椒 秦安蜜桃 秦州大樱桃 花牛苹果 甘谷辣椒 甘谷大葱 清水大麻 清水粉壳蛋 武山韭菜

【陇南市】 陇南绿茶 哈达铺当归 宕昌党参 宕昌大黄 成县红川酒 成县核桃 礼县大黄 礼县苹果 徽县银杏 康县黑木耳 康县龙神茶 西和半夏 两当狼牙蜜 文县绿茶

【甘南藏族自治州】 甘南牦牛奶粉 甘加藏羊 舟曲从岭藏鸡 舟曲核桃 舟曲花椒

河南区域城市国家地理标志产品

【洛阳市】 洛阳牡丹 洛阳唐三彩 孟津葡萄 汝阳杜康 汝阳红薯 栾川豆腐 伏牛山连翘 伊川杜康酒 伊川平菇 伊河鲂鱼 伊水大鲵 嵩胡 嵩县皂角刺 嵩县银杏 洛宁上戈苹果 洛宁金珠果

【三门峡市】 灵宝苹果 灵宝香菇 灵宝杜仲 灵宝大枣 朱阳核桃 卢氏鸡 卢氏黑木耳 卢氏绿壳鸡蛋 卢氏连翘 卢氏核桃

【南阳市】 南阳玉器 南阳黄牛 方城丹参 镇平烧鸡 内乡核桃 西峡猕猴桃 西峡山茱萸 西峡六味地黄丸 西峡香菇 香花辣椒 南召辛夷 南召柞蚕 桐柏玉叶茶 桐河桐蛋 桐柏朱砂红桃 桐桔梗 唐栀子 唐半夏

【平顶山市】 鲁山张良姜 鲁山五里岭酥梨 舞钢鹁鸽

【驻马店市】 驻马店小磨香油 王守义十三香 泌阳花菇 确山板栗 确山夏枯草

【信阳市】 信阳毛尖 信阳红 商桔梗 商茯苓 商城筒鲜鱼 商天麻 商城茶油 商城黑猪 光山青虾 光山麻鸭蛋 光山麻鸭 南湾湖虾 南湾湖鲌鱼

湖北区域城市国家地理标志产品

【十堰市】 丹江口翘嘴鲌 丹江口青虾 丹江口鳙鱼 均州名晒烟 房县黑木耳 房县北柴胡 房县香菇 房县娃娃鱼 房县冷水红米 房县黄酒 竹山肚倍 竹山绿松石 竹山郧巴黄牛 圣水绿茶 竹溪贡米 竹溪黄连 竹溪豆腐乳 龙峰茶 黄龙鳜鱼 张湾汉江樱桃 郧阳白羽乌鸡 郧阳红薯粉条 郧阳乌鸡 郧阳黑猪 郧阳木瓜 郧阳胭脂米 郧县米黄玉 郧西山葡萄酒 郧西马头山羊 郧西黄姜 郧西杜仲 武当道茶 武当榔梅 武当蜜橘

【襄阳市】 襄阳大头菜 襄阳菜籽油 襄阳花生 襄阳黑猪肉 襄阳麻油 襄阳甲鱼 襄阳高香菜 襄阳花红 襄阳山药 襄阳半夏 襄阳麦冬 襄阳红 谷城黑木耳 薤山叠翠茶 茨河贡米 南漳板栗 南漳香菇 磨坪贡茶 荆山枣子 宜城板鸭 宜城米 保康黑木耳 保康绿茶 保康土蜂蜜 保康山蓝莓 枣阳梨 枣阳油茶 枣阳半枝莲 枣北黄牛肉

【随州市】 随州古银杏 随州泡泡青 随县万和兰花 随县香菇 曾都葡萄

【荆门市】 京山桥米 钟祥葛粉 钟祥云雾茶 钟祥长寿村鸡蛋 钟祥花生 钟祥香菇 钟祥皮蛋 钟祥大米 钟祥泉水柑 大口蜜桃 旧口沙梨 七里湖萝卜

【孝感市】 孝感麻糖 孝感米酒 孝感香米 孝感糯米 孝感龙剑茶 孝昌太子米 周巷凤凰茶 观音湖绿茶 大悟花生 大悟绿茶

【黄冈市】 红安苕 红安大布 老君眉茶 永河皮子 麻城茶油 麻城福白菊 木子店老米酒 龟山岩绿 夫子河鱼面 罗田板栗 罗田甜柿 罗

田苍术 罗田金银花 九资河茯苓 英山云雾茶 英山桔梗 叶路大蒜 团风荸荠 团风射干 团风苦荆菜 谢河辣椒 茅山螃蟹 望天湖胖头鱼 巴河莲藕 绿杨桥封缸酒 蕲春酸米粉 蕲春珍米 蕲艾 蕲芹 蕲春薏苡仁 蕲春夏枯草 黄梅挑花 黄梅青虾 黄梅荷叶茶 黄梅鱼面 黄州萝卜 黄梅禅茶

【武汉市】 武汉汉绣 黄陂马蹄 黄陂荆蜜 黄陂芦笋 黄陂麦地湾萝卜 黄陂泥塑 黄陂黄牛 黄陂豆腐 塔尔柿子 杨楼子湾马油 涨渡湖黄颡鱼 张店鱼面 城楼寨茶 李集香葱 南北二荡八眼藕

【宜昌市】 宜昌蜜柑 宜昌蜜橘 宜昌白山羊 宜昌红茶 宜昌百合 宜昌天麻 宜红功夫茶 兴山杨鱼 兴山石蛙 兴山薄壳核桃 兴山白茶 兴山脐橙 兴山锦橙 昭君眉豆 远安冲菜 远安黄茶 远安香菇 瓦仓大米

【神农架区】 木鱼绿茶 神农架野板栗 神农架洋芋 神农百花蜜

安徽区域城市国家地理标志产品

【六安市】 六安瓜片 六安大麻 金寨猕猴桃 金寨高山米 金寨葛粉 金寨山羊 金寨土鸡 金寨茯苓 金寨西洋参 金寨山茶油 金寨山核桃 金寨灵芝 金寨红茶 金寨花鲢鱼 金寨黄牛 金寨生姜 金寨高山茭白 金寨黑毛猪 金寨板栗 金寨翠眉 金寨天麻 金寨丝绸 金寨吊锅 霍山黄大茶 霍山黄芽 霍山石斛 霍山灵芝 漫水河百合 舒城小兰花 皖西白鹅 迎驾贡酒

【安庆市】 "桐城小花"茶 桐城水芹 岳西翠兰 岳西黑猪 岳西茭白 岳西桑皮纸 潜山舒席 雪湖贡藕 天柱山瓜蒌籽 太湖六白猪 太湖黄牛 太湖鳙鱼 天华谷尖

【合肥市】 合肥龙虾 庐江花香藕 黄陂湖大闸蟹 白云春毫

四川区域城市国家地理标志产品

【广元市】 广元橄榄油 青川天麻 青川黑木耳 青川竹笋 七佛贡茶 唐家河蜂蜜 白龙湖银鱼 清竹江娃娃鱼 旺苍杜仲 汉王山娃娃鱼 朝天核桃 朝天扯兜子花生 广元纯黄茶 麻柳刺绣 米仓山茶 曾家山甘蓝 曾家山马铃薯 曾家山土鸡

【巴中市】 巴山土鸡 巴山土鸡蛋 巴中小角楼酒 通江银耳 通江青峪猪 罗村茶 空山马铃薯 空山核桃 南江翡翠米 南江杜仲 南江金银花 南江黄羊 南江大叶茶 南江核桃 南江厚朴 南江黑木耳

【达州市】 达州脆李 万源旧院黑鸡蛋 万源旧院黑鸡 万源富硒茶 万源板角山羊 万源马铃薯 万源老腊肉 蜂桶蜂蜜 宣汉桃花米 宣汉牛肉 峰城玉米 蜀宣花牛 黄金黑木耳 老君香菇 漆碑茶

【阿坝藏族羌族自治州】 九寨沟柿子 九寨刀党 九寨沟蜂蜜 九寨猪苓

重庆区域区县国家地理标志产品

【开州区】 开县桑叶鸡 开县肉兔 开县木香 开县锦橙 开县春橙 开县龙珠茶 开县水竹凉席

【巫溪县】 巫溪独活 巫溪洋鱼 静观蜡梅 巫溪红三叶 巫溪洋芋

【巫山县】 巫山脆李 巫山粉条 巫山庙党 巫山魔芋

【城口县】 城口蜂蜜 城口核桃 城口板栗 城口太白贝母 城口洋芋 城口山地鸡

秦岭风味美食

陕西

【西安风味美食】 西安凉皮 biangbiang面 牛羊肉泡馍 葫芦头 腊汁肉夹馍 黄桂柿子饼 贾三汤包 荞面饸饹 臊子面 油茶 辣子蒜羊血 菠菜面 油泼面 烩面 蒜蘸面 石子馍 锅盔 镜糕 黄桂稠酒 腊牛羊肉 粉汤羊血 葫芦鸡 八宝饭 麻什 搅团 葱花饼 千层油酥 蜂蜜粽子

【渭南风味美食】 时辰包子 老城油糕 南七饸饹 孝义醪糟

【宝鸡风味美食】 宝鸡擀面皮 西府扯面 搅团 驴肉泡馍 烙面皮 麻酱凉皮 水煎面

【汉中风味美食】 汉中面皮 菜豆腐 粉皮子 浆水面 石门麻辣豆瓣鱼 宁强麻辣鸡 略阳罐罐茶 红豆腐 宁强核桃馍 西乡酸辣子 镇巴腊肉 米糕馍 锅贴 梆梆面

【安康风味美食】 蒸面 滋养蒸盆子 汉阴炕炕馍 石泉五香豆腐干 安康窝窝面 猪血豆腐干 白河王记黄金脆 汉阴涧池烩面片 岚皋苦荞饼 石泉鼓气馍 岚皋辣子鸡 吊罐肉 酸辣茴香小鱼

【商洛风味美食】 商芝肉 水煎包 大烩菜 黑擀面皮 香苜蓿粉蒸肉 洛源豆腐干 寺坡橡子凉粉 糍粑 洛南模糊面或糁子饭 洛南穿面 锅边饭 神仙叶子凉粉 漫川八大件 山阳羊肉泡 酸汤水饺 柞水腊肉 柞水洋芋糍粑 镇安腊肉

甘肃

【定西风味美食】 定西把把肉 定西粉汤 定西粉鱼儿 定西醪糟 定西烤小猪 口条肉 凉粉 卤鸡 麻腐角儿 定西钱儿肉 定西酿皮子

【天水风味美食】 浆水面 天水呱呱 甘谷辣椒 猪油盒 酥圈圈

【陇南风味美食】 八盘梨 陇南大红袍花椒 礼县苹果 陇南甜柿 豆花子 洋芋搅团 杠子面 陇南猕猴桃 红军锅盔

【甘南风味美食】 羊肉筏子 藏族奶茶 蕨麻米饭 杂面疙瘩 牦牛酸奶 藏包子 手抓羊肉 糌粑 火烧蕨麻猪肉 热豆腐

河南

【洛阳风味美食】 洛阳水席 洛阳燕菜 牡丹饼 炸八块 阎家羊肉汤 老浆面条 不翻汤 张家馄饨 潘金和烧鸡

【三门峡风味美食】 灵宝羊肉汤 三门峡麻花 五香豆面 观音堂牛肉 陕州糟蛋 石子馍 水花佛手糖糕 油脂烧饼 灵宝大刀面 甑糕

【南阳风味美食】 南阳蒸菜 方城烩面 水煎包 新野板面 王店火烧 唐河凉粉 油茶 羊肉烩面 烧鸡 黄牛肉 芥菜肉 桐柏豆筋

【平顶山风味美食】 手抓葱油饼 鲁山揽锅菜 鲁山羊杂汤 舞钢热豆腐 叶县烩面 张集硬

面馍 宝丰买根烧鸡 羊肉冲汤

【驻马店风味美食】 薄山湖松针野生鱼 风味热豆腐 五香松花蛋 潘记烩面

【信阳风味美食】 信阳板鸭 石凉粉 商城筒鲜鱼 商城炖菜 桂花汤圆 罗山大肠汤 大营麻花 面坑鸡 高桩馍 神仙饺 筒子麻花

湖北

【十堰风味美食】 竹溪碗糕 郧阳三合汤 瓦块鱼 五香豆腐干 郧县网油砂 酸浆面

【襄阳风味美食】 牛肉面 孔明菜 酸菜面 宜城大虾 腊肉粑粑 夹沙肉 爆炒河虾 缠蹄 三镶盘 盘鳝

【随州风味美食】 春卷 滑肉 蜜枣 酸汤鱼 随州油桃 拐子饭 奎面 土鸡汤 气泡包馍馍

【荆门风味美食】 蟠龙菜 雪枣 皮条鳝鱼 风干鸡 烟熏肉 茶花点心太师饼 矮子馅饼 钟祥米茶 万寿羹

【孝感风味美食】 孝感麻糖 孝感米酒 云梦鱼面 胡金店水汽包子 豆油藕卷 干拨才鱼 安陆翰林鸡 大悟臭豆腐 扒肉 焦切糖 鱼面 糍粑

【黄冈风味美食】 东坡豆腐 东坡牛脯 东坡扣肉 罗田板栗 黄梅鱼面 马曹庙狗肉 蟹黄鱼翅

【武汉风味美食】 热干面 三鲜豆皮 汤包 煨汤 豆丝 糊汤粉 烧麦 面窝 周黑鸭 红烧武昌鱼 麻球 糯米鸡 油粑

【宜昌风味美食】 萝卜饺子 红油小面 凉虾 凉拌节节根 炕土豆 卤水豆腐干 油脆 春卷 京果条 顶顶糕 土家蒸肉 三游神仙鸡 白汤肥鱼 榨广椒炒腊肉 白刹肥鱼 冰凉糕 秭归粽子

【神农架风味美食】 神农架腊肠 神农架腊牛肉 神农架腊排骨 神农架腊蹄子 神农架腊猪肉 神农架懒豆腐 神农架砣砣肉 香菇炖土鸡 岩耳炖土鸡 渣广椒 火烧粑

安徽

【六安风味美食】 六安酱鸭 六安水饺 六安包子 六安凉皮 六安锅贴 六安臭干子 金寨将军菜 金寨黑木耳 天堂寨泡菜 白塔畈乡大白鹅 小吊米酒 桃溪瓦罐汤 橡栗粉丝 瓦罐汤贡席 万佛湖砂锅鱼头 万佛湖鳙鱼头 白蒜 天然泡菜 王滩大棚蔬菜

【安庆风味美食】 老鸡汤泡沙米 墨子酥 俘饼油条 雪贡糕 山粉圆子烧肉 安庆粉蒸肉 鸡汤水饺 石耳炖鸡 五谷豆粑 安庆龙须酥 五香牛肉脯 岳西豆花鱼 天柱香鸭 皖贡贡糕 安庆龙须酥 安庆五香牛肉脯 墨子酥 蒿子粑粑

【合肥风味美食】 老母鸡汤 包公鱼 李鸿章大杂烩 曹操鸡 泥鳅挂面 臭鳜鱼 周贵妃凉皮 龙虾 胖姐拌面 芙蓉蛋卷

四川

【广元风味美食】 女皇蒸凉面 广元河鲜 酸菜面鱼儿 核桃脆薄饼 肉蛤蟆 曾家十大碗 酸菜豆腐 火烧馍馍 老腊肉

【巴中风味美食】 巴中串串 青峪红烧肉 川北凉粉 板桥麻花 回锅黄牛肉 通江银耳 麻饼 油茶馓子 巴中罐罐饭 巴中腊肉 巴中油茶 巴中枣林鱼 刨汤

【达州风味美食】 达州功夫肉 徐鸭子手撕鸭 大风羊肉 杜仲腰花 五香卤豆干 干烧岩鲤

顺江薄饼 石锅鱼 酸菜鱼 灯影牛肉 羊肉格格 姜葱螃蟹 红海游龙 万源老腊肉 珍珠元子 鱼香茄花 小煎仔鸡

【阿坝风味美食】羊肉血肠 和尚包子 酸菜面块 烧馍馍 九寨沟蜂蜜 糌粑 土腊肉 牦牛肉玉带酥

重庆

【开州风味美食】巴山腊瘦肉 胡安太皮蛋 开县冰薄月饼 龙须牛肉 开县香辣豆瓣酱

【巫溪风味美食】巫溪牛肉干 巫溪腊肉 芝麻酥包 巫溪薇菜 巫溪烤鱼 巫溪烤洋芋

【巫山风味美食】翡翠凉粉 巫山雪枣 巫山烤鱼 向氏包子 谭包面 巫山脆李 张氏三糕 水口钮丝面 孔洋芋 抄手 腊蹄炖洋芋果果

【城口风味美食】蓬江牛肉脯 清炖牛尾汤 石鸡 腊肉粉粑粑 格格面 城口魔芋 椒香土鸭

第四部分
秦岭旅游管理与业态发展

第四部分
秦岭旅游管理与业态发展

秦岭旅游管理

【概述】 旅游行业管理是随着中国旅游事业起步、产业成长与发展而形成的行政管理和市场行为监管体系。1978年3月,国务院成立中国旅行游览事业管理总局,秦岭关联省(市)旅游管理部门开始初设,此后普遍经历了由行政事业部门到政府组成部门的转变,管理职能也随着旅游产业化进程和产业链延伸而不断细化与加强。

【管理体制】 秦岭旅游自1978年党的十一届三中全会确定的改革开放政策之后逐渐发展起步,管理体制也随我国的旅游业管理体制变化而沿革。秦岭山系东西南北跨越甘肃省、陕西省、湖北省、四川省、河南省、安徽省和重庆市,均按不同行政区划对旅游业实施属地管理。不同行政区域范围内的国家级风景名胜区、森林公园、地质公园、自然保护区、水利风景区、文物保护单位、A级景区和其他业态等级等,按照隶属行业的国家标准、规范和规定,进行申报评定和命名。

【旅游安全】 作为以山岳型景区为主的大型旅游区域,秦岭旅游安全自旅游发展以来,始终是各级旅游部门管理的重点。除严格按照国家和省市旅游安全规定和要求执行之外,秦岭山岳型景区都成立有专门的救助组织,在户外运动常态化的地区,当地政府和社会公益救助团体也有充分合作,采取多种方式和办法,确保游客的生命和财产安全。根据国家相关规定,各景区都有游客承载量监管以及极端天气应急管理方法,每天24小时接待游客的华山景区安全管理方式是秦岭旅游安全保障方面的典型单位。

【旅游标准化】 旅游业随改革开放兴起,建立健全各类标准是实施科学管理、提高行业素质、规范行业行为、提高旅游效益、对接国际市场的保证。秦岭地区旅游标准化与全国同步,旅游饭店评量定级国家标准先行。2007年,国家旅游局等三部委下发《关于开展服务业标准化试点工作的通知》,把旅游业确定为服务业标准化试点工作重点领域,国家旅游局此后印发《全国旅游标准化发展规划(2009—2015)》,2010年又推出"全国旅游服务质量提升年",旅游服务业国家标准、行业标准、地方标准、企业标准的制定和标准化建设得以全面加强。在国家旅游局(文化和旅游部)2012—2020年连续推出四批全国旅游标准化建设试点单位中,秦岭关联的四川省、洛阳市、襄阳市、巴中市、西峡县、九寨沟、华山、华清宫、金丝峡等先后被列入试点单位,成为秦岭关联地区推动旅游标准化建设的示范单位。

【旅游信息化】 秦岭旅游业的信息化应用与中国旅游业发展相同步。2009年,国务院出台《关于加快发展旅游业的意见》,提出建立健全旅游信息服务平台,促进旅游信息化管理，以信息化为主要途径，提高旅游服务效率，积极开展旅游在线服务、网络营销、网络预订和网上支付，充分利用社会资源构建旅游数据中心、呼叫中心，全面提升旅游行业信息化水平的要求，秦岭地区旅游信息化和智慧旅游建设进入新阶段。2014年，国家旅游局推出了"智慧旅游年"主题，秦岭关联省市以及重点景区智慧旅游项目得以全面推进。至2020年，各省区旅游数据中心均已建立，重点城市和景区普遍加强了旅游信息化、数据化和智慧旅游建设与合作，由西北旅游文化产业集团联动众多涉旅行业和互联网企业筹建的大秦岭数据中心也已进入筹备阶段。

【典型引领】 在旅游业发展过程中，国家和省级旅游行政管理部门长期坚持典型示范引领发展的旅游业促进方式。典型引领方式包括国家与地方标准制定、创建与命名等；不同时期各级各部门所组织的"创佳评差""文明单位"创建、"优秀旅游城市"创建、"全域旅游示范区"创建等；社会和行业所总结的"示范经验""典型模式"宣传推广；各级各部门所表彰的先进单位与集体、个人的事迹学习等。其中，1995—2010年在全国开展的"中国优秀旅游城市"创建、2015年至今开展的"国家全域旅游示范区"创建活动，对秦岭山系城市旅游发展、县域旅游提档升级发挥了重要推动作用。秦岭关联省市也都结合各地特点，出台了不同方式的示范引领、典型模式推动旅游发展与产业升级方法，如省级旅游强县、省级旅游示范县、各级各类旅游先进称号创建方法等，有效促进了秦岭山系旅游发展水平的综合提升和旅游服务水平的不断提升。

【市场营销】 秦岭旅游市场发展和宣传促销经过20世纪80年代被动型、20世纪90年代探索型、2000年后主动型、2010年后创新型和2020年起融合型5个阶段，其中以1999年9月国务院修改《全国年节及纪念日放假办法》而形成的长、短假制度为重要转折点，旅游宣传推广和市场营销全面转入主动期。市场营销方式包括形象宣传、线路包装、产品推广、渠道建设、活动造势、媒介宣传、网络应用、文化传播、数据利用等。秦岭山系部分旅游资源的相近性、同质化和一些旅游地的交通受限，往往对客源市场构建和市场营销提出了更高要求。随着旅游市场竞争性的加剧，各省市、地区相继培育和建起各自的市场营销队伍、模式与合作体系，形成以地域或景区为中心的节会活动机制，政府、部门、企业、协会、媒体各自自主发力提高旅游影响力、知名度，开拓旅游客源市场，也形成诸如"秦岭与黄河对话"等山系文化推广性活动，确保了秦岭关联省市、市县、景区旅游接待人数、旅游综合收入的逐年稳步增长。2020年席卷全球的新冠肺炎疫情对旅游市场造成了巨大冲击，网络营销乘势而上，以"丈量大秦岭"为代表的全山系整体营销盛大启动，随着由此而发起的大秦岭文化传承与旅游联动工程全面推进，秦岭山系旅游市场营销将全面步入新时期。

【行业协会】 为规范旅游管理，加强行业自律。从20世纪90年代开始，秦岭山系各省级旅游管理部门先后主导成立省级旅游协会和旅游饭店协会。在此之后，城市、重点县区、大型旅游区等也根据需要成立旅游协会组织，各级协会良好地发挥了政府主管部门与市场主体间的桥梁和纽带作用。2000年后，随着国内旅游的迅猛发展和业态增加，省市级旅游景区、旅行社、自驾、导游、商品、教育、乡村旅游、民宿等协会或分会也相继成立，会员规模不断壮大。2015年起，根据中共中央办公厅、国务院办公厅印发的《行业协会商会与行政机关脱钩总体方案》，各级各类协会不在兼具行政化职能，全部与旅游行政管理部门脱钩，按照非营利原则，开展对会员行为引导、规划约束和权益维护作用。

秦岭旅游规划

【概述】 秦岭旅游规划是根据特定区域内旅游资源及内外部条件，对区域旅游要素进行优化配置和对未来发展进行科学谋划。秦岭区域旅游规划主要由各省（市）旅游管理部门依照国家有关法律、法规和地方要求编制，按照规划由各级政府和行业管理部门进行审批。秦岭区域旅游规划大多融入所在省、市、县总体旅游业规划之中，景区建设也遵循规划先行的原则。

【秦岭山系旅游规划】 秦岭旅游发展以及规划体系的建立在中华人民共和国成立以来的不同时期，结合我国旅游发展的大背景，进行了较长时间的不懈探索，取得明显成效，从风景名胜区的规划、旅游区的开发建设规划以及区域旅游发展规划到生态保护与开发规划等，已经有了60余年的成长历程，国家改革开放后是秦岭旅游规划重点发展的起点，根据规划内容、关注问题、形式特点等，秦岭旅游发展以及规划体系的建立，大致经历以下3个主要发展阶段。

第一阶段 1978—1985年，国家实行改革开放，带动全国经济社会全面进入新时期。在此期间，全国进行大规模的风景资源普查及相关研究工作，国务院审定公布全国第一批国家重点风景名胜区，规划工作由此全面展开。1980年5月，陕西省华山管理委员会决定设立华山风景区规划领导小组，秦岭第一个旅游规划工作启动。

1982年11月，国务院审定公布第一批44处国家重点风景名胜区，其中秦岭地区有5处国家级风景名胜区（华山风景名胜区、临潼骊山—兵马俑风景名胜区、麦积山风景名胜区、武当山风景名胜区、九寨沟—黄龙寺名胜风景区），自此国家对于旅游发展逐步建立符合中国国情的旅游发展管理体制。秦岭旅游规划也因风景名胜区的确立，积极探索，以上述5处风景名胜区为代表，开始研究编制相应的风景名胜区规划，规划中吸收国外国家公园规划理念，发扬传统文化优势，内容对于风景游览、景点组织或游览服务设施等规划内容各有侧重。

秦岭旅游规划开始了一个以现代风景名胜区规划探索的开发新时期，拉开了秦岭旅游规划编制工作的序幕。

第二阶段 1985年开始，国务院颁布《风景名胜区管理暂行条例》《风景名胜区规划与建设纲要》《风景名胜区规划内容及审批办法》等，对风景名胜区保护、利用，规划和管理提出了政策与法规要求。在国家法规指导和结合实践研究的基础上，这一时期的秦岭旅游规划研究对于秦岭的旅游开发具有助力发展作用。其中，1987年，陕西省旅游局成立陕西省旅游建筑规划设计所（陕西省旅游设计院前身），标志着陕西省的旅游管理部门开始重视规划设计对于旅游开发的指导意义。

助力秦岭旅游发展的是更多森林公园的建设与划定。森林公园的出现大多因为顺应国家生态保护和旅游观光的需求，原国有林场的性质转变为森林公园。森林公园是经过修整可供短期自由休假的森林，或是经过逐渐改造使它形成一定的景观系统的森林。建立森林公园的目的是保护其范围内的一切自然环境和自然资源，并为人们游憩、疗养、避暑、文化娱乐和科学研究提供良好的环境。

其间，围绕秦岭完成规划并成功申报国

家森林公园的有神农架国家森林公园（1986）、太白山国家森林公园（《太白山国家森林公园总体规划》1986）、长安终南山国家森林公园（《终南山国家森林公园总体规划》1992）、太平国家森林公园（《太平国家森林公园可行性研究报告》1997）、骊山国家森林公园（《骊山国家森林公园景区总体规划》1997）、朱雀国家森林公园（《朱雀国家森林公园总体规划》1999）、南阳西峡老界岭国家森林公园等。

第三阶段 进入21世纪，在国家对于旅游发展的逐步重视下，秦岭旅游开发也进入到了黄金时期。该时期的秦岭旅游规划也逐步形成规范化和体系化。

首先，2000年开始实施的《风景名胜区规划规范》是国家强制性技术规范，为秦岭旅游规划提供了有力的规划规范依据，从风景资源评价、分区与布局结构、保护培育规划、风景游赏规划、典型景观规划、游览设施规划、基础工程规划、居民社会调控规划、经济发展引导规划、土地利用协调规划、分期发展规划等方面对风景名胜区规划提出了相应的技术要求。此外，还编写了《风景规划——〈风景名胜区规划规范〉实施手册》《风景园林设计资料集——风景规划》和《城市规划资料集——风景园林绿地旅游》等书籍，总结风景名胜区规划与管理经验，完善了风景名胜区技术支撑体系。

其次，秦岭的旅游规划也由地域的大小逐步完成，形成体系。各个省市地区也出台了针对秦岭旅游发展的规划，如《陕西省秦岭旅游发展专项规划（2009—2025）》《秦岭大熊猫国家公园总体规划(2016—2025年)》《秦岭国家公园总体规划》《汉中市秦岭生态环境保护总体规划》《宝鸡市秦岭旅游发展总体规划》《伏牛山旅游总体规划（2003）》等。

最后，秦岭旅游规划还出现了很多景区规划和专项研究与设计，在满足旅游开发的基础上，为秦岭旅游的生态保护、开发建设提供了研究与政策支持。具体完成的规划设计有：《陕西省秦岭生态保护条例》《西安市秦岭生态保护条例》《秦岭北麓峪口整治规划》《大秦岭西安段生态环境保护规划（2008—2020）》《大秦岭西安段生态环境保护利用总体规划（2011—2030）》《大秦岭西安段生态环境保护规划（2011—2030)》《陕西秦岭国家级生态功能保护区规划（2020）》《陕西省秦岭旅游生态环境保护专项规划（试行）（2018—2025）》《西安市秦岭生态环境保护"十三五"规划》《眉县秦岭生态环境保护实施方案》《渭南市秦岭生态环境保护规划》《秦岭北麓渭南段生态环境保护专项工作方案》《少华山国家森林公园总体规划（2018—2025）》《商洛市秦岭生态环境保护规划(2018—2025年)》《柞水县乡村旅游及秦岭美丽乡村建设规划（2013—2018）》《陕西牛背梁国家级自然保护区总体规划》《甘山国家森林公园概念性总体规划》《神农架旅游区总体规划》《神农架林区土地利用总体规划（2016—2020）》等。

秦岭旅游业态

【概述】 秦岭旅游业态的发展与形成是中国旅游业发展历史的缩影，旅游发展方式经历了以旅行社组团为主的景区观光游、以自驾车为主的景区与其他目的地观光体验游、以多种交通工具并举的观光休闲度假自助型旅游消费3个阶段，每个阶段的出现都与旅游资源开发升级、旅游业态的不断丰富、旅游综合功能的逐渐完善和人民群众及中外游客的体验需求升级息息相关。至2020年，依托秦岭各类资源发展和形成的旅游业态已相当丰富。

【景区】 秦岭旅游景区（点）建设经历从历史文化遗址点起步，到自然景观型开发，再到历史文化、自然风光、民俗风物、古镇名村、山川河流等特色资源综合开发的过程，类别包括风景区、自然保护区、森林公园、地质公园、主题公园、湿地公园、文物保护单位、寺庙观赏、古城名村、植物园、动物园、游乐园、工农业旅游点、红色旅游点、文化艺术园区等，其中秦岭范围内的国家级森林公园、自然保护区、水利风景区的数量与密集度在全国范围内遥遥领先，在世界范围内也非常罕见。依据2020年历史上首次"丈量大秦岭"课题研究成果之一，并正在制作的《中国秦岭旅游图》显示，目前秦岭范围国家4A级以上高等级旅游景区数量超过230家。

【酒店】 酒店是宾馆、饭店、旅馆、客栈的总称。随着旅游业发展而提供住宿、餐饮、娱乐、购物、休闲、商务、停车等综合服务的场所。秦岭地区酒店业由城市起步，之后适应旅游发展之需求，逐渐向县区、景区、古镇名村等地延伸。目前，已形成了最庞大的产业规模和最齐全的产业体系。酒店业的快速发展，引领旅游消费市场细分、互联网销售、劳动力就业和休闲度假业态发展，也促进秦岭山系旅游业总体规模的提升和现代服务业的快速发展。

【农家乐】 农家乐是随着国内旅游兴起而发展起来的一种回归自然、放松身心的休闲旅游方式。秦岭山系县域众多，山村清新的空气、各个地区不同的风土人情和美食风味儿是久居都市人群的一种向往。20世纪90年代中后期，在秦岭山系交通相对便捷的农村、城乡接合部、重点景区周边，以农村家庭自住房为主，陆续掀起兴办农家乐、农家宾馆、客栈的热潮。农家乐的蓬勃发展增加了农民收入，带动了山货和当地其他特色销售，加速了农村人口脱贫致富和观念转变，也带动了秦岭的旅游新业态发展。2000年以后，各地逐渐引导农家乐向农家休闲、乡村生活、乡愁体验转型升级，规模化、特色化、产业链式的乡村旅游得以不断壮大，由农家乐起步，逐渐形成品牌化的各级各类旅游示范村、镇，已在秦岭各地开花结果。

【温泉】 秦岭温泉资源丰富，尤以秦岭北麓最为著名。骊山脚下的华清宫温泉，远在西周时期就已成为皇室御用之所。从秦岭北麓蓝田、长安、周至、眉县到天水麦积山下，温泉资源的成功开发利用已成为一条远近闻名的温泉养生旅游带。其中，秦岭主峰太白山下汤峪镇，已被命名为国家级温泉旅游度假区，依托蓝田汤峪温泉建起的休闲度假和养生消费体系，先期实现了村民共同致富的目标。在秦岭北麓栾川县、南麓勉县等地，温泉旅游业态也得到了有序开发。陕西省针对温泉开发利用和规范化运营，还特别建立了地方标准规范、行业协会和等级评定、资格认证方法，推动温泉、养生行业健康发展。

【漂流】 秦岭有着"中央水塔"之称，作为黄河、长江两大水系的分水岭和最重要的水源补给地，秦岭山区纵横交错、成千上万的江河溪流是发展漂流业态的理想之地。随着旅游业的发展，汉江、嘉陵江、洛河、丹江等秦岭发源的主要江河，以及褒河、岚河、汤峪河、伊河、乾佑河、金钱河、武当峡谷等，都相继开发了或惊险刺激、或栈道观光、或峡谷探幽的漂流项目，成为人们夏季亲水体验、运动休闲、感受秦岭的青睐业态。

【滑雪】 秦岭是我国南北地理、气候的天然分界线，也是0℃气温的分界线。冬季南温北冷的气温为滑雪旅游业态发展创造了良好条件。从秦岭北麓翠华山、太白山滑雪场的建立，到秦岭南麓紫柏山国际滑雪场的运营，再到洛阳栾川伏牛山滑雪场的景区化运营，秦岭滑雪乃至冰雪旅游业态近10多年来广受社会青睐。不同规模、不同地区滑雪场的建设和运营，在丰富秦岭旅游业态的同时，也改变了许多纯自然景区旅游传统淡旺季的客源结构，有效提高了各景区的经济效益和投资回报。

【民宿】 民宿是利用空闲宅地房间，结合当地人文、景观、生态、环境、生活所改造的个性化住宿场所。在我国起步较晚，但在秦岭地区发展很快。秦岭山区地域广阔，不同地区的风土人情和近年来的移民搬迁工作为特色化、精品化、规模化的民宿业态发展提供了得天独厚的条件。2015年之后，秦岭多地民宿开发建设如雨后春笋般活跃了起来，投资主体和开发方式也各有不同。柞水朱家湾、留坝楼房沟、黑河熊猫山舍等都已建成特色民宿集群，除社会投资、村集体投资、当地籍在外人口投资、农户众筹投资外，世界自然基金会、不同慈善团体也加盟了资助投资行列。国内诸多知名运营、管理团队也纷纷助力秦岭民宿业态发展。有些规模化的民宿集群，还引进了研学体验和农事体验等项目。快速发展的民宿业态推动了秦岭休闲度假和私人订制业务的发展，也使秦岭旅游更加显现出品质魅力。

【营地】 原意为是军队扎营的地方。伴随着旅游业发展出现的介于观光和度假产品之间，能够为人们提供充分与自然界紧密接触的同时，为车辆提供停靠，为游人提供休息、住宿、娱乐服务的场所；按照营地功能的不同，可将其分为户外营地、自驾营地和房车营地；按照资源本底不同，又可分为海滨型营地、海岛型营地、湖畔型营地、森林型营地、乡村型营地、山地型营地等；按照地理位置可分为城市中营地、郊区营地和远山区营地等。

【赛事】 秦岭多样化的地形地貌与山川河流是开展各类体育赛事和全民健身活动的理想之地，从中国登山队第一次在秦岭主峰太白山登顶，到近年活跃于秦岭各地的登山、攀岩、龙舟、马拉松、山地自行车、汽车拉力、足球、高尔夫等各类体育竞技类比赛，秦岭的赛事业态正在快速发展。作为中国中部范围最广、自然地理环境最优越的"体育+旅游"融合发展示范区域，秦岭还有待引进和培育国际化、常态化、规模化的品牌性体育赛事，让高山、河流、山地、湖泊、道路等尽快发挥竞技服务优势。

【演艺】 旅游演艺在中国诞生于20世纪80年代，初期代表作是西安唐乐宫的《仿唐乐舞》。秦岭山系旅游演艺发展于2000年之后，逐渐繁荣于2015年之后。陕西旅游集团以唐代大诗人白居易传世名作《长恨歌》为蓝本，以历史故事发生地骊山和华清宫为场景，精心打造了中国首部大型实景历史舞台剧《长恨歌》，2006年推出后逐年升级，场场火爆。2013年形成陕西省《演出服务规范》三项标准，一年后被国家标准化管理委员会正式列入实景演出国家标准修订计划，以此为蓝本编制的《实景演出服务规范》三项国家标准于2017年3月1日起正式实施。秦岭各地依据地方文化特色，先后推出了大量旅游演艺项目，西安、洛阳、十堰、南阳、宝鸡、汉中、商洛等市辖区先后推出了常态化的旅游演艺项目，天水、陇南、安康、渭南等地也在进行常态化演出试点。2020年，陕西省旅游协会专门成立旅游演艺分会，推动和促进旅游演艺产业化发展。

全域旅游示范区创建

【概述】 全域旅游是指在一定的行政区域内，以旅游业为优势产业，以大众休闲旅游为背景，以产业观光旅游为依托，通过对区域经济优化，社会资源尤其是旅游资源、产业经营、生态环境、公共服务、体制机制、政策法规、文明素质等进行全方位、系统化的优化提升，实现区域资源的有机整合、产业融合发展和全社会共建共享，通过旅游业带动和促进一个区域协调发展的一种新理念和新模式。全域旅游示范区分别以省、市、县（含县级市、区）为行政范围创建，由国家主管部委验收后命名。

2016年2月和11月，国家旅游局先后公布了两批国家全域旅游示范区创建名录，其中首批列入创建名录262个，第二批列入创建名录238个。2019年9月25日和2020年12月17日，文化和旅游部先后公布了两批创建成功并获命名单位，其中首批71个区县市入围、第二批97个区县市入围。

秦岭关联省（市）国家全域旅游示范区创建单位与命名单位

省（市）	第一批创建单位	第二批创建单位	第一批命名单位	第二批命名单位
陕西	宝鸡市* 汉中市* 韩城市 西安市临潼区* 咸阳市礼泉县 渭南市华阴市* 延安市黄陵县 延安市宜川县 榆林市佳县 安康市石泉县* 安康市岚皋县 商洛市商南县* 商洛市柞水县*	渭南市大荔县 铜川市耀州区 安康市宁陕县* 商洛市山阳县*	西安市临潼区* 渭南市华阴市*	安康市石泉县* 延安市黄陵县 商洛市柞水县*

续表

省（市）	第一批创建单位	第二批创建单位	第一批命名单位	第二批命名单位
甘肃	甘南藏族自治州* 兰州市城关区 天水市武山县* 张掖市肃南裕固族自治县 酒泉市敦煌市	嘉峪关市 张掖市 兰州市榆中县 白银市景泰县 天水市麦积区* 陇南市宕昌县* 陇南市康县* 平凉市崆峒区 临夏回族自治州永靖县	酒泉市敦煌市	平凉市崆峒区 嘉峪关市
河南	焦作市修武县 信阳市新县* 济源市		焦作市修武县 信阳市新县* 济源市	安阳市林州市 洛阳市栾川县* 信阳市浉河区* 焦作市博爱县
湖北	恩施土家族苗族自治州恩施市 神农架林区* 仙桃市 武汉市黄陂区* 黄石市铁山区 宜昌市远安县* 宜昌市秭归县 宜昌市长阳县 黄冈市麻城市* 黄冈市罗田县* 黄冈市红安县* 咸宁市赤壁市	宜昌市夷陵区 五峰土家自治县 黄冈市英山县* 咸宁通山县	武汉市黄陂区* 恩施土家族苗族自治州恩施市 宜昌市夷陵区	咸宁市通山县 神农架林区* 黄冈市英山县* 宜昌市远安县* 恩施土家族苗族自治州利川市
安徽	黄山市 池州市 合肥市巢湖市 安庆市岳西县* 安庆市太湖县*	宣城市 合肥市庐江县* 马鞍山市含山县 淮北市烈山区 淮北市相山区	黄山市黟县 六安市霍山县*	安庆市潜山市 六安市金寨县* 黄山市屯溪区

续表

省（市）	第一批创建单位	第二批创建单位	第一批命名单位	第二批命名单位
安徽	安庆市潜山县* 宣城市绩溪县 宣城市广德县 宣城市泾县 六安市霍山县* 六安市金寨县*	铜陵市枞阳县 安庆市宜秀区 滁州市南谯区 全椒县 阜阳市颍上县 宿州市砀山县	黄山市黟县 六安市霍山县*	安庆市潜山市* 六安市金寨县* 黄山市屯溪区
四川	乐山市 阿坝藏族羌族自治州* 甘孜藏族自治州 成都市都江堰市 成都市温江区 成都市邛崃市 广元市剑阁县 广元市青川县* 雅安市宝兴县 雅安市石棉县 绵阳市北川羌族自治县	成都市锦江区 蒲江县 新津县 崇州市 攀枝花市 广元市* 雅安市 凉山彝族自治州 巴中市* 绵阳市安州区 平武县 泸州市纳溪区 绵竹市 长宁县 兴文县 宣汉县* 华蓥市	成都市都江堰市 峨眉山市 广元市青川县*	德阳市绵竹市 成都市崇州市 成都市锦江区 乐山市市中区 阿坝藏族羌族自治州* 九寨沟县*
重庆	重庆市渝中区 重庆市大足区 重庆市南川区 重庆市万盛区 重庆市巫山县*	奉节县 武隆区 石柱县	巫山县* 武隆区	万盛经开区 渝中区

注：＊为秦岭山系范围城市和县（市区）

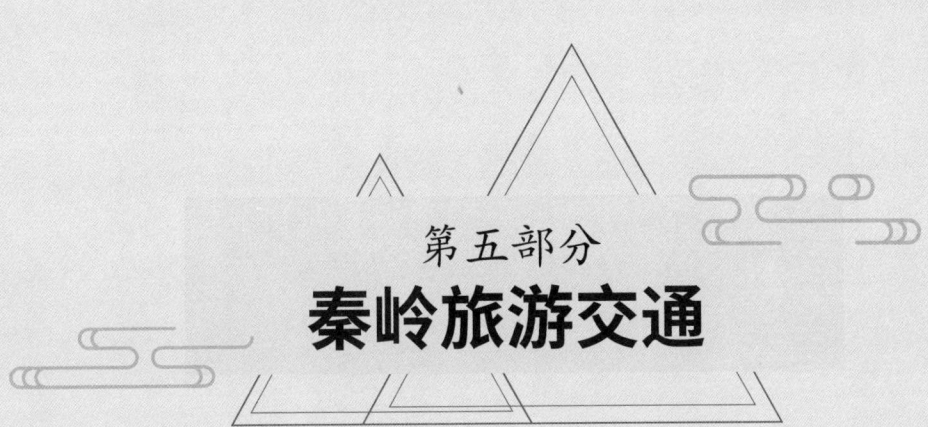

第五部分
秦岭旅游交通

第五部分
秦岭旅游交通

【综述】 旅游交通是指旅游者利用某种手段和途径，实现从一个地点到达另一个地点的空间转移过程。它既是"抵达目的地的手段，同时也是在目的地内活动往来的手段"。秦岭山体庞大，地域宽广，自古以来就是一道难以逾越的天然交通屏障。中华人民共和国建立后，秦岭交通才得到了极大改善。从古栈道到飞速发展起来的国道、高速公路、高速铁路和各种旅游交通设施，为山内外往来和区域观光游览提供了良好条件，也使人们的旅游出行变得更加方便和快捷。如今，秦岭交通的变迁和印记已成为现实版的中国交通史博物馆。

古代栈道遗迹

【概述】 栈道原指沿悬崖峭壁修建的一种道路。又称阁道、复道。秦岭的古栈道是古时候北方通往南方的重要通道。远在商周以前，山间已出现沟通南北的古代道路，周秦汉唐千余年间，秦岭驿道作为长安联结南方诸省的战略通道，在古代政治、军事、经济等多方面发挥过重要作用，如今这些蕴含着丰富历史积淀的栈道遗迹，在沿途多地仍清晰可见，成为秦岭交通变迁的历史活化石。秦岭的古栈道主要有武关道、库谷道、子午道、傥骆道、褒斜道和陈仓道等。

【武关道】 又名"商山路""商州道"，春秋战国时开辟，原本是为了秦楚相互争夺的需要，以"武"字名关、名路，古代把起自长安，经蓝田、商州，河南内乡、邓州到湖北襄阳、武汉的交通要道称作武关道，是连接关中地区与江汉地区的重要道路。

【库谷道】 库谷道为古代长安翻越秦岭通向陕南的古道之一。库谷古道经行路线为从长安东出，经引驾回（引镇）折南入库谷（库峪口），溯库峪河而上翻越秦岭，经十八里小岭、阴沟口、阎王沟、黄家店、石湾铺、拦马河、表德铺至镇安县，循乾佑河而下，经今长哨、东坪、青铜至两河关进入旬水谷道，又经赵湾、甘溪至旬阳县，折西沿汉江北岸到达金州（安康）。库谷道，历史上的记载甚少。唐时曾北口置库谷关，南口置洵关，驻兵戍守。后来逐渐荒废。后多为民间商旅行走。库峪与附近的大峪、小峪，三者相距不远，古代都有穿越秦岭的山间小道。

【子午道】 北口位于陕西省西安市长安区子午街道，南口位于陕西省汉中市西乡县子午镇。也称子午栈道。是中国古代，特别是汉、唐两个朝代，自京城长安通往汉中、巴蜀及其他南方各地的一条重要通道。因穿越子午谷，且从长安南行开始一段道路方向正南北向而得名。东汉及唐时期，均曾一度成为国家驿道。它辟为驿道的时间虽短，但其交通作用却持续不断。秦汉时期，由四川、汉中向京都咸阳或长安输运物资，多取褒斜道和故道，不取子午道。汉高祖刘邦去汉中，派张良烧子午栈道之后，到平帝元始五年时，王莽下令修凿子午道，并设置子午关。此后，子午道经常被以关中为根据地的政权用作进攻汉中、安康以至四川、湖北等地的通道。也经常被以南方为根据地的政权用作攻打北方长安的通道。

【傥骆道】 傥骆道得名于其南口位于陕西省汉中市洋县傥水河口，北口位于陕西省西安市周至县西骆峪。傥骆道长约240千米，是褒斜道、子午道、连云栈道等古道中最快捷也最险峻的一条古道。至今从西安飞往汉中的飞机航线，也是沿着历史上的傥骆道飞行。

【褒斜道】 古代穿越秦岭的山间大道。南起褒谷口（汉中市大钟寺附近），北至斜谷口（眉县斜峪关口），沿褒斜二水行，贯穿褒斜二谷，为古代巴蜀通秦川之主干道路，全程249千米。褒斜道在中国历史上开凿早、规模大、沿用时间长。栈道始于战国范雎相秦时。秦惠文王更元十一年（前314）秦派张仪、司马错伐蜀，大军即经此道，原来的谷道此时已开凿成能通过大部队和辎重的栈道了。此后，褒斜栈道一直是南北兵争军行和经济、文化交流必行之道。《史记·货殖列传》载："栈道千里，无所不通，唯褒斜绾毂其口。"当时已是"商旅联槅，隐隐展展，冠带交错，方辕接轸"，蜀汉丰富的物资源源不断地运往关中，长安三辅地区发达的文化流传蜀汉，发展了南北经济贸易和文化交流。1969年修建石门水库，褒斜道石门石刻"石门十三品"搬迁市博物馆内陈列保护。1975年，水库大坝按设计高水位蓄水，栈道石门及将军铺、褒姒铺、《栈道平歌》摩崖（即"八个碑"）等古迹和栈道遗迹都淹于水库中。

【陈仓道】 即故道、嘉陵道。因古陈仓县而得名，起点在今宝鸡市陈仓区，从陈仓出发向西南登秦岭，出大散关，沿嘉陵江上游河谷至凤县，折西南沿故道水河谷，经今两当（汉故道）、徽县（汉河池）至今略阳（汉嘉陵道）接沮水道抵汉中，或经今略阳境内的陈平道至今宁强大安驿接金牛道入川。这条古道在命名之前就已经是秦蜀沟通的重要道路，陈仓道曾演绎了无数金戈铁马的历史活剧。

【连云栈道】 古为川陕之通道。自陕西省宝鸡市凤县东北草凉驿南至开山驿，全长约235千米。据史料记载，连云栈道始修于汉。北魏正始四年（507）至永平二年（509）畅通。该道南接褒斜栈道，至姜窝子（古名膈鱼潭）向西北折沿紫柏河而上经八里关（古名小湾栈）、青龙寺（古名黑龙栈），越新开岭（古名登坡栈）、青羊铺（古名青水栈）、画眉关、大滩、安山驿（安山湾）。由安山驿（今留坝县城）向北，越柴关岭进入凤县境。经松林驿、榆林铺、连云寺、南星、留凤关（废邱关）、三岔铺、心红铺越凤岭至凤州，连接故道。连云栈道连接着数条驿道或间道，在留坝县境内长84千米。走向：从宝鸡循故道至凤州，再由凤州西门外南行，越凤岭经心红铺、三岔、留凤关、南星、连云寺、榆林铺、高桥铺，越柴关岭入留坝县境。经褒城、勉县、宁强，至四川省广元。连云栈道，凤州以北借用故道，南段，从武关驿以南沿用古褒斜道，从凤州到武休关为新线。元、明、清是关中通往西南的官驿大道。

【金牛道】 位于四川省广元市剑阁县剑门关内，全长600千米，诗人李白赞叹的"蜀道难，难于上青天"，就是指的这一段。金牛道又叫石牛道，因秦王伐蜀，有"石牛粪金、五丁开道"的故事，因说石牛能粪金，故称为金牛。石牛粪金的故事，发生在周显王扁和周慎靓王定这段时间，秦惠文王更元九年（前

316），秦惠王将金牛赠送给蜀王，西蜀五丁引金牛成道，故名金牛道。自古为中原通往西南的孔道。元朝以来，又通称蜀栈、南栈，由汉中西行过褒水，经勉县入山区至金堆铺交宁强界，经大安、烈金坝折南，过五丁关至宁强县城，再转西南，经牢固关、黄坝驿、七盘关入川界而达成都，多属险峻山径。《雍大记》记述五丁峡（或称金牛峡、宽川峡）云："连云叠嶂，壁立数百仞，幽邃逼窄，仅容一人一骑；乱石嵯峨，涧水湍激，为蜀道之最险。"金牛道另有一条线路，从剑阁县烈金坝西行经代家坝、阳平关、广坪河至金山寺青岩子（界牌）入四川界，去白水（今名沙洲）至昭化而与经宁强县城之路合。此道较坦缓，是南北朝以前秦蜀主要通道。

【米仓道】 古代陕西汉中翻越米仓山入蜀之古道，人称"米仓道"。为古代蜀道系统的重要组成部分，是多线复合的南北向交通网络。起于陕西汉中南郑，翻大、小巴山，过米仓山进入蜀地南江县境，穿越南江县150多千米后跨入巴中，又沿巴河、渠江南下重庆，是水陆交融之"米仓道"之一，又其陆路，经蓬州（蓬安）顺庆（南充），再下合州（合川），直抵江州（重州）。沿南方丝绸之路经南部、三台、中江沿线抵成都。"米仓道"入南江后又东分，经贵民关入通江"汉壁道""洋万涪道"，抵终点地重庆、成都。沿线碑文、题刻、栈道、铺递遗存遗迹等资料和传世文献记载揭示，历史上通南巴等川北地区与陕南汉中曾长期存在行政隶属关系，米仓道各重要线路承担着连接巴－汉一带各州、郡、县治所的交通功能，是官府人员往来和政令文书递送的主要通道，也是民间行旅通商路线。

【洋巴道】 萌芽于秦汉时代，初步开通于魏晋南北朝时期。在唐代，洋巴道曾作为驿道使用，在各朝中地位可谓最高，贡杨贵妃荔枝途经此道更使其名气大增。两宋时期洋巴道为汉中地区与川东地区民间往来的商旅要道，南宋以后该道还在抗金抗蒙方面发挥了一定作用。明清时期其战略地位凸显、军事功能突出，成了兵家必争的军旅孔道。清中期以后，随着秦巴山区的开发，洋巴道也走向了近现代的繁荣。在翻越大巴山的诸条蜀道中，它的地位虽次于金牛道和米仓道，但在川陕二省交通中也发挥着重要作用。

【祁山道】 春秋战国时期（前770—前221）开通，全长约300千米。从甘肃天水出发，翻越祁山，经陇南市礼县、西和县、成县、徽县，到达汉中市略阳县。祁山道因诸葛亮的"六出祁山"而闻名。祁山道见诸历史，始于《尚书·禹贡》。其中写道，当时的梁州各地（今陕西秦岭以南、子午河、任河以西，四川青川、江油、中江、遂宁和重江壁山、綦江等县以东，大溪、分水河以西及贵州桐梓、正安等地）通过祁山道往来交流，各地贡品经嘉陵江、渭河运达中原。另外，祁山道往北进入草原，向南则连接金牛道进入四川，祁山道便成为一条沟通川蜀与西方的丝绸之路，在汉代十分繁荣。唐代之后丝路中断，祁山道的地位随之下降。不过，茶马贸易开始活跃，这里成为茶马古道青藏线"唐蕃古道"的一部分。这一直持续到清代乾隆年间"边茶贸易"代替了"茶马互市"，祁山道也渐渐淹没在茫茫史迹中。

【荔枝道】 是汉中东部通往巴蜀地区的一条古道，这条古道因唐玄宗时给杨贵妃运送荔枝而著名。这条道路的走向大致是从重庆涪陵经垫江、四川的达州、万源，到陕西镇巴、西乡，接子午道到达长安，道路全长1000千米，现今荔枝道上仍保存着许多古道遗迹和传说。

高速公路与国道

【概述】 公路是连接城市之间、城乡之间、乡村之间，按照国家标准建设、验收认可的道路，包括高速公路和1~4个等级的道路。中华人民共和国成立后，国家投巨资修建了秦岭山系的交通路网，形成了国道、省道、高速公路、观光公路、景区专用路等四通八达、内外联通的旅游公路体系和配套服务系统，实现了秦岭旅游交通的基本便捷性。

【连霍高速】 连云港—霍尔果斯高速公路，全长4395千米。经过江苏、安徽、河南、陕西、甘肃、新疆6省区，是国家高速公路网东西方向主干线之一，也是联通秦岭诸省主要的高速交通路线。1995年12月25日西宝全线建成。编号G30。

【京昆高速】 北京—昆明高速公路，全长2865千米。途经北京、河北、山西、陕西、四川、云南多省，其中于2007年9月30日通车的西安至汉中段是联通秦岭南北的第一条高速公路。编号G5。

【包茂高速】 包头—茂名高速公路，全长3130千米。经过内蒙古、陕西、四川、重庆、湖南、广西、广东多省，其中于2009年5月28日正式通车的西安至安康段，穿越秦岭南北，长达18.02千米的秦岭终南山公路隧道长度为亚洲第一，世界第二。编号G65。

【福银高速】 福州—银川高速公路，全长2485千米。途经福建、江西、湖北、陕西、甘肃、宁夏等省区，是中国承东启西、穿越南北的公路大动脉，也是秦岭北部与东南诸省联通的交通要道。编号G70。

【沪陕高速】 上海—西安高速公路，是国家高速路网东西方向主干线之一，全长1490千米。途经上海、江苏、安徽、河南、陕西等，是陕西、河南、安徽秦岭地区南北联通的交通要道。编号G40。

【十天高速】 十堰—天水高速公路，简称十天高速，是福州—银川高速公路（G70）的联络线之一。东起湖北十堰市，西至甘肃天水市，连接湖北、陕西、甘肃3省，总里程约750千米。其陕西境内段自陕鄂交界的白河县，横穿陕西省白河、旬阳、汉滨、汉阴、石泉、西乡、洋县、城固、汉台、勉县和略阳11个县区，总里程约480千米。十天高速属于国家高速公路网中的横向连接线，走向与316国道大致相同。

【银昆高速】 银川—昆明高速公路，全长2322千米。途经宁夏、甘肃、陕西、四川、重庆、云南，计划于2030年全线贯通，目前汉中至陕川界米仓山段、宝鸡至坪坎段等已先期通车。

【太凤高速】 太白—凤县高速公路，是陕西省"2367"高速公路网中18条联络线之一，全长85.07千米。起于陕西省宝鸡市太白县城西侧，与甘肃省十天高速两当连接线相接。2020年10月28日建成通车。

【银百高速】 银川—百色高速公路，全长2281千米。途经宁夏、甘肃、陕西、四川、贵州、广西等省区，计划2030年全线贯通，其中安康至岚皋段已于2020年12月23日通车。编号G69。

【洛栾高速】 洛阳—栾川高速公路，全长129.239千米。与连霍高速、郑少洛高速等互联成网，于2012年12月28日建成通车，已成为拉动豫西南山区经济发展的主要道路。

【G210国道】 联通包头、西安、重庆、贵阳、南宁，全长3011千米。是陕西南北跨度最长的国道，是西安人最熟悉的一条穿越秦岭的国道。从沣峪口到广货街，从北麓到南麓。每逢天气晴好的日子，进山避暑纳凉的自驾车排起长龙，寂静的山野变得格外喧嚣。

【G108国道】 联通北京、太原、西安、成都、昆明线，全长3228千米。其中，穿越秦岭的周至—马召—佛坪—洋县—汉中，长度260千米，是连接关中与汉中的重要通道。

【G212国道】 联通甘肃、四川、重庆，全长1257千米，是甘肃跨越秦岭入川渝的主要道路。

【G213国道】 联通兰州、成都、昆明、景洪、磨憨，全长2286千米，是甘肃通过秦岭入川的主要道路。

【G310国道】 联通连云港、徐州、郑州、西安、天水，全长1222千米，是呈东西线的秦岭跨省主要公路之一。

【G312国道】 联通上海、南京、合肥、南阳、西安、兰州、固原、乌鲁木齐、霍尔果斯等，全长4451千米，是秦岭与东西部交通运输的公路大动脉之一。

【姜眉公路】 汉中市留坝县姜窝子—宝鸡市眉县，全长171.3千米。是陕西西安通往汉中、连接310、316、108国道，沟通四川北部、甘肃东南部的重要通道，也是沿褒斜古道修成的一条穿越秦岭的大通道。

火车与高铁

【概述】 秦岭山峰重峦叠嶂，地质地貌复杂，修建铁路极其不易。为了打通南山铁路通道，中华人民共和国建立后，党和政府投入了巨大财力、物力和人力进行铁路建设。1952—1956年，铁路建设者们付出巨大牺牲建成了第一条连接秦岭南北的宝成铁路。随着技术进步和国力增强，秦岭山系铁路建设大举推进，目前铁路和高铁已四通八达，便捷的交通方式为人们出行提供了极大方便。

【宝成铁路】 是联通秦岭南北陕西省、甘肃省和四川省的第一条铁路，北起陕西省宝鸡市，向南穿越秦岭到达四川省成都市，全长668.198千米，国家Ⅰ级客货干线铁路，宝鸡至阳平关段受地形限制为单线铁路，阳平关至成都段为复线铁路。1952年7月动工修建，1956年7月建成通车，1958年1月1日正式运营。1958年6月开始进行电气化改造，1975年在全国铁路中首先实现电气化。宝成铁路是一条连接中国西北地区和西南地区的交通动脉，是中国第一条电气化铁路，也是新中国第一条工程艰巨的铁路。

【西成高铁】 西安—成都高速铁路简称西成高铁，又名西成客运专线，是2016年国家修订的《中长期铁路网规划》中"八纵八横"高速铁路主通道之一，也是首条穿越秦岭的高速铁路。2012年10月27日开工建设，2014年12

月20日江油至成都段投运；2017年12月6日全线正式通车。西成高速铁路由西安北站至成都东站，全长658千米，设22个车站，设计的最高速度为250千米/小时。

【西康铁路】 北起陇海铁路西安新丰站，南至襄渝铁路安康东站，全长267.49千米，经陕西省7个县市，穿越秦岭南北。2009年12月17日开工建设，2013年10月31日建成通车，是我国中部一条贯穿南北的铁路大动脉。2020年10月11日，时速160千米的西安至安康复兴号绿动车正式载客运行。

【陇海铁路】 中国第一条串联西北、华中和华东地区的铁路大动脉，始建于1904年，全长1759千米。2004年4月18日中国铁路提速时，西安至宝鸡段最高运营时速达到每小时200千米。

【兰渝铁路】 北起兰州，南至重庆北站，穿越甘、陕、川、渝三省一市和22个市县（区），全长886千米。2017年9月29日全线开通运营，是第三条纵横中国南北的铁路大动脉。2019年1月8日，兰渝铁路全线正式开通动车组列车

民航机场

【概述】 民航飞机是最快速的交通工具，由于秦岭关联的众多城市不在省会之列，过去秦岭城市中很少建有专供民航飞机起降的机场设施。国内旅游兴起之后，发展支线航空引起了各级重视，一些重点旅游城市开始申报机场建设项目，至2020年底多个支线机场已建成并投入使用，与此同时，低空飞行项目也逐渐得到开发，秦岭山系空中进出方式和低空飞行体验也有了新视野。

【陕西汉中城固机场】 位于陕西省汉中市城固县柳林镇，西距汉中市中心18千米，为4C级军民合用支线机场。1974年11月，汉中西关机场开通民航业务；2012年8月，汉中城固机场开工建设；2014年8月，汉中城固机场开通民航业务，汉中西关机场正式关闭。2019年，运送旅客突破65万人次，货邮吞吐量突破2200吨。

【陕西宝鸡太白山机场】 位于陕西省宝鸡市眉县太白山旅游区迎宾大道2号，飞行区等级为2B级，属A3类跑道型通用机场，民用站坪设有5个机位。

【甘肃天水麦积山机场】 位于甘肃省天水市麦积区，距麦积山风景区50千米，为3C级军民合用机场。2007年6月开工建设，2008年9月正式通航。至2019年4月，共开通中国国内通航城市4个。2018年，天水麦积山机场旅客吞吐量17.96万人次，同比增长0.8%；货邮吞吐量97.5吨，同比增长86.3%。

【河南南阳机场】 位于河南省南阳市宛城区，距南阳市中心8千米。为4D民用支线机场。2019年机场完成游客吞吐量117.7895万人次，货邮吞吐量1016.9吨，飞机起降6.2205万架次，开通航线13条，通航城市20个。

【湖北十堰武当山机场】 位于湖北省十堰市白浪经济技术开发区，距离十堰市中心约15千米，距中国著名道教圣地武当山景区约25千米，为4C级民用运输机场，是中国国内支线机场。2016年2月5日正式建成通航，定名为

十堰武当山机场。2018年,运送旅客118.25万人次,货邮吞吐量0.05万吨,起降架次1.25万架次。截至2019年4月,共开通中国国内固定航线17条,通航城市26个。

【四川巴中恩阳机场】 位于四川省巴中市恩阳区兴隆镇,距巴中市中心16千米,距恩阳区6千米,为4C级民用运输机场。2019年2月,正式建成通航。2019年,运送旅客19.68万人次,货邮吞吐量0.001万吨,起降0.14万架次。至2020年5月,开通航线10条,开通中国国内通航城市10个。

观光索道

【概述】 观光索道也叫缆车,是由驱动机带动钢丝绳,牵引车厢在一定坡度的轨道上运行,实现人员或货物输送的交通设施。按照行进方式,索道可分为往复式、循环式,循环式中又分为固定抢索式和脱挂式。秦岭名山大川众多,引进观光索道较早,选用设备运行方式也多有不同。索道的引进方便了人们登山,减轻了登山的艰辛和疲劳,也增强了旅游体验感。

【华山索道】 由北峰索道和西峰索道组成。华山之险,天下闻名。作为秦岭众多索道中的先行者,1996建成的华山北峰索道(三特索道)结束了"自古华山一条道"的历史,全长1524.9米,上下站高差755米,游客乘索道10分钟可直达北峰。华山西峰索道(太华索道)则更加险要刺激,开通于2013年4月,索道线路斜长4211米,相对高差894米,单程20分钟可达华山西峰。索道下站设在瓮峪内东沟口,中间站设在仙峪白缺寺,上站设在华山西峰绝壁硐。"西峰上北峰下",是华山最经典的索道路线,既能感受徒步登山的酣畅淋漓,又能体验华山索道的速度与激情。

【太白山索道】 有天下索道、拂云阁索道以及红河谷神仙岭索道"三索联运",三条索道共同搭建起了太白山的"高空观景长廊"。天下索道线路全长2936米,上下站垂直高差1209米,是全国少见的高海拔索道。乘坐天下索道,从海拔2280米的索道下站红桦坪,15分钟就能到达海拔3511米的天圆地方,一路穿山越岭、纵横云海,红桦树、太白红杉、高山杜鹃等森林垂直带谱尽收眼底,在上站可清晰看到第四纪冰川遗迹形成的石海、太白六月积雪等奇特景象。

【金丝峡索道】 全长816米,落差368米,爬坡角度近45度。石燕寨是金丝峡的著名景点,过去游客要登上石燕寨,需要攀登3999级台阶,耗时近2个小时,对体能是一次严峻的考验。如今游客乘坐索道,只需8分钟时间就能登临海拔1369米的石燕寨,拜谒张三丰传经布道的遗址,居高临下观赏沿途青龙峡、南天门、揽月台、平妖台、玉皇顶、南天石鼓、仙人长桥等原生态山岳风光,把金丝峡的美景尽收眼底。

【天竺山索道】 位于天竺山国家森林公园,到达东山门就可以乘坐索道,索道斜长1935.4米、高差827米,乘坐索道游览天竺山可少走一万多级步行台阶,6分钟到达天竺山两大核心景区铁钟坪和大顶,可谓方便又快捷。

【老君山索道】 老君山云景索道下起寨沟,

上至中天门，是世界最先进的单线循环脱挂抱索器吊厢式索道，索道全长3327米，高差972米，沿线支架17个，八人吊箱88个，采用脱挂式抱索器，最高速度6米/秒，运力每小时2400人。2017年5月建成并投入使用。乘坐云景索道，揽云海波涛，赏峰林仙境，拜道祖老君。中灵索道（大）到中天门，索道全长2712米，从海拔800米提升到1870米仅需8分钟。峰林索道（小）从中天门到十里画廊。景色怡人，奇峰峻岭，云海无边，精华全部都集中在十里画屏。

【白云山小黄山索道】 位于白云山景区内的小黄山停车场至光明峰下平台，总长1106米，高差295.5米，于2017年6月16日建成运营。该索道引进国外先进技术，最大运量2000人/小时，最快速度6米/秒，运行时间4.05分钟，吊箱26个，每个吊箱可乘坐8人。小黄山索道的修建，解决了游客登山难的问题，使得小黄山至玉皇顶游览区形成旅游大环线，为旅客提供了便捷的游览通道。

【尧山索道】 索道全长3000米，高差1000米，每厢容量8人，单程运行时间约9分钟，每小时的单向运载量达1200人次。从海拔2020米的索道上站至主峰玉皇极顶，为一条全长1000米、掩映于险峰绝壁之间的观景长廊，沿线奇峰耸翠、云雾飘渺、移步换景、风光无限。

【武当山索道】 位于武当山天柱峰金顶的东南方向，全长1510米，上、下垂直高差645米，是连接武当山琼台景区与金顶景区的唯一交通工具，建于1997年。乘坐索道缆车，可以轻松地到达山顶，还可以俯瞰索道下的风光。一座座山峰在滚滚翻腾的云海里，随云雾沉浮，颇为壮观。

【光雾山索道】 上站位于米仓山景区香炉山游步道入口，全线斜长1941米，共15个支架，上下站标高落差577米，最快运行速度每秒6米，每小时运送游客2000人次。为巴中首条高山观光索道，2019年10月26日投入运营。香炉山索道全部采用世界领先的奥地利设备和技术，与阿尔卑斯山索道系出同门，舒适性与安全性绝佳，解决了冬季冰雪封山无法登顶观光的难题，实现了香炉山四季畅游。

【大龙窝索道】 位于天柱山大龙窝景区，与主峰景区毗邻，距离茶庄游客中心9千米，有换乘巴士直达。索道全长1341米，高差328米，配备8人座透明封闭式车厢，最快运行速度6米/秒，最大单向运量1600人/小时，于2013年4月建成运营。5分钟即可直达主峰景区，可节省2.5小时登山时间，既安全舒适快捷，又可在空中赏览景区旖旎风光。缆车沿飞来峰峡谷云雾中穿行，天柱群峰扑面而来，给人以惊险新奇体验与视觉享受。

【天堂寨大别山索道】 索道于1998年投入运营，2019年9月完成升级改造。新索道全长2300米，上下站高差630米，为单线循环脱挂式8人吊厢索道，轿厢总数量为92个，最快运行速度为6米/秒，每小时单向运量可达2500人，分别在天屏峰、泻玉瀑和虎行地分设上中下三站。新索道的安全运转，目前取得了良好的社会效益、经济效益、安全效益和生态效益。

第六部分
文化传播与旅游营销

第六部分
文化传播与旅游营销

【综述】 秦岭厚重的历史文化和不同地理、气候环境下的自然风光，以及秦岭自身所蕴藏的人文气质与万般风情，千百年来一直是文学创作的源泉，由古至今与秦岭关联的诗词歌赋及其他形式的文化艺术遗存是中华文化的宝贵财富。旅游业从起步到2020年，秦岭文化传播和文学艺术创作进入了一个全新的发展时期，逐渐繁荣的旅游业催生了关于秦岭的文学创作、影视剧目、旅游演艺的繁荣，高潮迭起的各类旅游营销活动又在推动秦岭旅游发展的同时，让秦岭文化的常态化传播全面迈进了新时代。

影视作品

【大秦岭】 第一部介绍秦岭历史文化和自然地理风貌的大型纪录片。由中共陕西省委宣传部、陕西省人民政府新闻办公室、陕西电视台联合出品，共8集。该片以纪录片的形式从中华文明、中国历史的进程中来审视、反映、介绍秦岭山脉。2010年1月1日在中央电视台科教频道（CCTV-10）《探索·发现》栏目首播，在全国产生了强大反响。文字版《大秦岭》于2010年由陕西人民出版社出版。

【大秦帝国】 长篇历史剧，根据孙皓晖同名小说改编。《大秦帝国》系列讲述战国时代的秦国经变法而由弱变强，东出与六国争霸进而一统天下以及最后走向灭亡的过程。该片分为4部作品，首播至完结历时11年，是一部以秦国为主要视点来展现战国时代波澜壮阔的史诗剧，秦岭的战争史、历时地位由此可窥一斑。

【一代枭雄】 电视连续剧，改编自陕西作家叶广芩长篇小说《青木川》。青木川位于秦岭山系陕川接合部的宁强县，现为旅游名镇。该剧以20世纪30年代贫穷落后的陕南小镇风雷镇（青木川原型）为背景，讲述留洋归来的何辅堂为报父仇，励精图治，用先进思想为家乡注入新风，并在关键时刻，投奔解放军，力促风雷镇和平解放的故事。

【秦岭花开】 电影，原名《李长庆》，由中共陕西省商洛市委组织部、宣传部、发改委、扶贫局、山阳县委、县政府、市文旅办等联合摄制，以身处秦岭腹地山阳县基层干部李长庆先进事迹为原型，以电影艺术化手法弘扬扶贫主旋律，同时展示了秦岭山区良好的生态环境和丰富的旅游资源。电影取景地全部在秦岭山区商洛市。

【智取华山】 电影，北京电影制品厂摄制，导演郭维。1949年，在人民解放军解放大西北的强大攻势下，胡宗南率部南逃，国民党部队旅长方子乔率残部逃上华山，在山口要道设下重兵，企图凭借天险负隅顽抗。解放军某团侦察参谋刘明基率领小分队潜入山区，打听到当地药农常生林曾从山后险径上北峰采药，急忙赶往常家。常生林带领小分队从后山上山，一路上攀悬崖、登峭壁，飞渡天桥险境，趁夜色摸上北峰，全歼守敌。电影真实反映了"自古华山一条路"的险状，故事原型的刘吉尧常去华山讲述当年战斗的故事。此片也一直在华山作为传统教育片播出。

【大秦赋】 电视连续剧，由延艺、顾其铭、强龙、刘永涛执导，李梦、张健编剧，张鲁一、段奕宏、李乃文、朱珠、辛柏青、邬君梅等人领衔主演的古装历史剧。讲述秦始皇嬴政在吕不韦、李斯、王翦、蒙恬等人辅佐下平灭六国、一统天下，建立起中国历史上第一个大一统中央集权国家的故事。2020年12月1日，在中央电视台电视剧频道首播，并在腾讯视频、爱奇艺同步播出。

【郎在对门唱山歌】 电影，根据李春平同名短篇小说改编。该片以秦岭山系、汉江之滨安康市紫阳县为故事发生地，讲述青年人理想与现实纠葛的青春爱情故事，展现了秦巴山区传统民歌的曲调和当地生活情趣。

旅游演艺

【长恨歌】 陕西旅游集团依托骊山为背景推出的中国首部大型实景历史舞剧。该剧以唐明皇与杨贵妃的爱情故事为主线，在故事发生地——华清宫重现长诗《长恨歌》中动人篇章，以"两情相悦""恃宠而骄""生离死别""仙境重逢"等四个层次十一幕情景，由300名专业演员组成强大阵容，以势造情，以舞诉情，将历史与现实、自然与文化、人间与仙界、传统与时尚有机交融。《长恨歌》自2007年正式公演后已成为知名品牌，提升了文物旅游景区的市场吸引力和品牌价值，开创了文化遗产保护和旅游开发利用相结合的典范。

【凤飞羌舞】 大型室内舞剧，根据宝鸡市凤县古羌文化历史记载和凤县民间羌族生活习俗提炼而成，分为迁徙、家园、祭祀、情爱、羌年和祝福六个篇章。在生动表演中，美丽的羌族少女启朱唇、拂白裙，歌儿唱得山动情，裙摆舞得水漾波，他们用歌声抒写山水情怀，用舞姿描绘美好家园，用服饰展示民族特色，充分展现了"凤凰之乡、嘉陵之源、羌族故里"的文化风情画卷。

【风云闯王寨】 以李自成（1638—1641）年在商南金钟山安营扎寨、娶妻生子、练兵备战的历史事件编排的蔚为壮观的马战实景演艺剧。本剧分为安营扎寨、厉兵秣马、喜结良缘、鏖战疆场、杀富济贫、惜别山寨等六个篇章，由50名经验丰富的专业马术演员参演，20多匹战马助阵，并加入现场烟火舞台特效，给观众带来心灵上的震撼。

【道典武当】 大型山水实景演出。整场演出由12个节目组成，如行云流水，中间无报幕，紧凑自然，时长1小时，以武当山玉虚大殿为背景，殿前400平方米道场为舞台，两侧环以高大错落的山形及投影，运用国内先进声光电技术，将传统道教文化与自然环境、地方民俗文化相融合，展示武当文化独特魅力。

【12·12西安事变】 第一部纪念、讲述西安事变的旅游演艺项目，由陕西旅游投资集团打造，在骊山华清宫景区瑶光阁剧院演出，

时长60分钟，通过烽火古城、矛盾激化、匆匆密谋、箭在弦上、枕戈待旦、大战在即、枪声破晓、统一战线、世事沧桑等十幕剧情，真实生动地再现了"西安事变"鲜为人知的历史原貌。

【天水千古秀】 大型室内情境体验剧，剧本历时3年创作完成，并依据剧本创意建造了天水大剧院，作为《天水千古秀》专属剧场。剧场内通过"天水人家""大地湾文化"为主题的上下两条通道和"天""地""人"为主题的3个区域，向观众展现8000年前先祖的超凡智慧。

秦岭文学与科普

【白鹿原】 长篇小说，作者陈忠实。以陕西关中地区秦岭脚下白鹿原上白鹿村为缩影，通过讲述白姓和鹿姓两大家族祖孙三代的恩怨纷争，表现从清朝末年到20世纪80年代长达半个多世纪的历史变化。1997年，获中国第四届茅盾文学奖。改编成同名电影、电视剧、话剧、舞剧、秦腔等多种艺术形式。2018年9月，小说《白鹿原》入选"改革开放四十年最具影响力小说"。现建有白鹿原影视城旅游景区。

【云横秦岭】 作者巴陇锋。以3人故事串联抗日战争时期秦岭脚下的风云传奇，展现出八百里秦川悲壮沧桑。这是一出气贯长虹的历史传奇，国难家仇、爱恨悲欢纠缠其中，情节紧张曲折，扣人心弦。文中地域特色鲜明，民俗描写出色，将古都西安历史一一展现。2014年出版。

【秦岭有生灵】 叶广芩与梁启慧游走秦岭二十余年，秦岭山中一草一木，一虫一兽，莫不了然于心。《秦岭有生灵》便是叶梁二人的合璧之作。书中有关大熊猫的描写，皆为二人近距离观察所得，外界难以得见。叶广芩讲秦岭野人，事虽缥缈，却如在眼前；梁启慧的生态观使人耳目一新，深蕴内涵。《秦岭有生灵》讲述的，他书从未提及，叶梁二人所写，所行，所愿，亦足以发人深省，于读者、于秦岭，均是大幸。

【青木川】 长篇小说，作者叶广芩。以古镇青木川作为小说的背景，从青木川镇中华人民共和国成立前夕战乱写至改革开放，以这片土地跨越50多年的时间变迁来见证历史变革中的功过。一个偏僻闭塞的小镇被这个"土匪"改造为一片富庶繁华的热土，情节曲折动人，蕴含着更深层的人生哲理及人性呼唤。同时，在描写历史变迁中反映现代人思想的困惑以及文物、建筑保护和开发的两难状态。后改编有《一代枭雄》电视连续剧。

【老县城】 环保题材散文作品，作者叶广芩。以秦岭陕西段佛坪为背景，揭示生命意识和生态文化的内涵，阐述人类与生态环境的关系和保护的重要性。《老县城》也为今后作者写作秦岭作品奠定了重要基础。

【走进大秦岭——中华民族父亲山探行】 作者王若冰，以行走路线为线索，采用纵横交织的结构方式，以精美的语言文字、富于激情的想象和大量图片，在追寻"中华民族父亲山"培植、塑造一个民族精神形象过程中所呈现的意义的同时，探寻梳理秦岭在中西部与东部、北方与南方政治、经济、文化上相互征服、相互影响、相互渗透的历史脉络，思考秦岭铸造一个民族精神、情感和灵魂的历程，并创造性地提出了"秦岭文化"这样一个文化学观念。

【渭河传】 作者王若冰,"秦岭三部曲"的收官之作,是一部具有史诗性质的长篇文化散文,从文化的角度探讨秦岭,以作家的眼光审视渭河,用散文的笔法将渭河文化精神史诗化的呈现。《渭河传》展示了博大精深的中国和生生不息是中华民族精神。

【寻找大秦帝国】 作者王若冰,"秦王扫六合,虎视何雄哉!"公元前221年,中国历史上一个大一统的王朝——大秦帝国屹立在地球东方,人们只了解它彪炳千秋的辉煌,却很少关注这辉煌背后一代又一代人的艰辛,诸侯林立的春秋,秦,如何从中脱颖而出,一统六合,《寻找大秦帝国》带领读者探索不为人知的帝国童年的秘密。

【走读汉江】 作者王若冰,《走读汉江》从自然生态、历史人文、地质地理等方面,全方位呈现了华夏大地最古老的河流汉江流域跨越数亿年的自然地理演变过程及自湖北郧西人到当代穿越数百万年的历史人文演变发展进程,史诗式再现了"中华多民族形成的金腰带"——汉江流域对中华多元文化及南北文化融合发展的重要作用。

【大秦帝国】 作者孙皓晖。描述了在礼崩乐坏、群雄逐鹿的春秋末年,面临亡国之祸的秦国于列强环伺之下,从秦孝公开始,筚路蓝缕,变法图强,经过几代君臣的不懈努力,最终扫六合而一统天下的艰辛悲壮历程。通过这部长篇小说巨著,可以窥视秦岭的历史地位以及军事、战争历史。

【秦岭镇】 中篇小说,作者秦岭,甘肃人。以秦岭作为笔名,以秦岭面对《秦岭镇》,大量的方言应用与秦岭当地历史文化元素相结合,使小说打印上了浓郁的地域文化色彩,引导读者在历史的真实与现实所营造故事的虚构中,触发关于地方文脉与历史的诸多记忆,进而在对传统和历史的传承与现实的发展问题上,获得关于今后农村社会如何发展的思考与启示。

【我的秦岭邻居】 散文集,作者白忠德,陕西佛坪人。讲述秦岭人与动物和谐相生的奇缘故事。2014年8月,由中国出版集团、世界图书出版公司出版发行,书中有秦岭珍稀动植物、山水风光精美图片100多张,集纪实散文、生态科普、摄影佳作、户外常识于一体,图文并茂,内容丰富。

【秦岭七十二峪】 一部关于陕西秦岭北麓风物翔实的资料和工具书。全书力图从多个方面对秦岭七十二峪自然资源和生态人文旅游资源等进行全景式描述,对秦岭的地理和气候、地形地貌、河流湿地、动植物以及各个峪道的主要景观等都有详细介绍,是研究和行游秦岭七十二峪重要的参考资料和工具书。

【秦岭简史】 作者党双忍,陕西师范大学出版总社出版发行。全书六个章节,全方位简述探索秦岭奥秘,以它的地理位置与历史定位为基础,简述秦岭人文故事以及对中华民族带来的深远影响。

【山本】 长篇小说,作者贾平凹。本书讲述20世纪二三十年代秦岭大山里一个叫涡镇的地方,在军阀混战、"城头变幻大王旗"的乱世里,其顽强自保却最终毁灭的命运。堪称缩影版的秦岭志,也是一部现代启示录。

【对话】 西北旅游文化研究院编撰,陕西旅游出版社出版。全书翔实记录了"秦岭与黄河对话"的策划创意与每届活动实施过程,解读了推进秦岭文化传播背后的各种故事。书中介绍了从凤凰卫视"名嘴"胡一虎到国内众多专家学者赞美秦岭、畅享秦岭旅游未来的语言和期待。

【秦岭野生植物图鉴】 由科学出版社出版,收录秦岭野生植物145科529属830种(含种下单位),约占秦岭维管植物的1/5。其中国家一级保护植物7种，国家二级保护植物37种，陕西省地方保护植物12种，共有彩色图片2000余幅，每种植物都配有2~3幅反映其形态特征和野生生境彩色照片，并配以简明文字描述。

【地图上的秦岭】 西安地图出版社出版。既是一本描绘秦岭的科普读物，也是一本关于秦岭的百科工具书。《地图上的秦岭》从不同角度和侧重点对秦岭全貌进行描述。全书以秦岭范围作综合研究，具体划分为大秦岭和秦岭核心段两类，相应地理底图编制也以此划分为依据。

【秦岭昆虫志】 国家出版基金资助项目。由中国科学院陕西省分院院长杨星科任总主编，汇集陕西省科学院、陕西省林业厅、陕西省动物研究所、中国科学院动物研究所、南开大学、西北农林科技大学等40余家单位273位作者，将他们近20年的采集成果历时5年编纂成书。本志系统描述秦岭昆虫系统分类学研究概况、形态学特征、生物学特性，以及地理分布等。

【秦岭鸟类野外实习手册】 作者于晓平、李金钢。在简述中国动物地理区划、鸟类生态地理类群和特有种组成基础上，概述秦岭地区自然地理、生物多样性特征，简要介绍秦岭地区鸟类研究历史。在简述中国动物地理区划、鸟类生态地理类群和特有种组成基础上，概述秦岭地区的自然地理、生物多样性特征，简要介绍秦岭地区鸟类研究历史。

【华夏龙脉·秦岭书系】 分为4册，依据秦岭地理走向，从西向东以太白山、终南山、华山为主体将全书分为三部分，综合性、全景式地描述秦岭北麓72个峪谷山水地理与人文、宗教内涵。

【道汇长安——秦岭古道文化地理之旅】 本书通过秦岭古道通议、秦蜀古道鸟瞰、秦岭褒斜古道鸿影、秦岭傥骆古道幽风、秦岭子午古道探赜、秦楚大道驿魂等六章内容记述展示沟通秦岭南北的五条古道，即秦蜀古道、褒斜古道、傥骆古道、子午谷道和秦楚古道的开通历史、相关典故、古道上所发生的著名历史事件，以及有关的诗词歌赋、神话传说，内容丰富。

【天宝物华——秦岭自然地理概览】 本书通过天台龙蟠、一揽西天、太白星映、造化神奇、终南文明、青山自然、骊山旺土、蓝田玉照和西岳神木、物化关中五部分对秦岭天台山、太白山、终南山、骊山和华山等五大山系的地质性向、地望轮廓和自然形胜，做了独具人文历史宗教意义的介绍和解读，孕璜遗璞、太白积雪、翠华山崩、骊山晚照、西岳神木点缀其中。

【终南幽境——秦岭人文地理与宗教】 本书共包含国脉秦岭、诗品秦岭和道观秦岭三编，介绍秦岭与华夏国家及周秦汉唐诸王朝的关系，并对秦岭命名、诗歌秦岭进行知识考古，解读楼观台、重阳宫、南五台和净土宗香积寺等高古深存的宗教文化与思想内涵。

【秦岭南坡考察手记】 本书以秦岭南坡的洋县、略阳、留坝等实地考察为基础，并配有大量照片，既介绍了秦岭、紫柏山、褒河等秦岭南坡的秀丽风光，又介绍了因发展旅游、修建道路等对秦岭南坡生态造成的破坏现状；既介绍栈道、张良庙等有关的人文历史和长青自然保护区等的历史变迁，又介绍峡谷里村庄的苍凉和大熊猫、朱鹮等生存环境的恶化现状。经过前后对比，作者呼吁加大对秦岭南坡自然生态环境和人文生态环境的保护，具有较强的现实意义。

【秦岭常见植物识别手册】 本书是"掌上秦岭"口袋书系列图书，参与编写和审读的人员都是秦岭植物研究领域的专家。书中物种丰富、图文并茂。以科普工具书的形式呈现，从内容到外在都务求让普通大众能够轻松受教及使用，对普及秦岭动植物知识，提高广大民众树立文明的生态意识和素养，促进秦岭生物多样性保护具有积极作用。

【秦岭四库全书】 西安曲江出版传媒、西安出版社出版发行的大型研究丛书。该书图文并茂地全面展示秦岭水文地质、动植物谱系以及中国古都、中国思想易、儒、道、释和中国诗文书画与秦岭的关系。《秦岭四库全书》分《草木人间》《文明春秋》《文心观止》《山水清音》四册。全书198万字，图片约400幅，由文化学者肖云儒担任主编，历时3年编著而成。

【掌上秦岭口袋书系列】 本书以科普工具书的形式呈现，从内容到外在都务求让普通大众能够轻松受教及使用，做到贴近实际、贴近生活、贴近群众，旨在普及秦岭野生动植物知识，加强人们对秦岭动植物及生态环境保护的认识，促进秦岭生物的多样性。

【秦岭深处】 作者阿莹，为话剧作品的文字本，是近年来少有的一部反映工人阶级形象的文学作品。话剧获得田汉戏剧奖一等奖，讲述秦岭深处一座军工厂里一群军工人研制导弹的真实故事，是工业题材的话剧。通过这部话剧告诉人们，在中国生活着一群默默无闻的英雄般的军工人，他们在和平时期依然以生命为代价谱写着一部部史诗般的旷世大作。

【仰望太白山】 作者王若冰，本书从历史与文化交融、山水和人文映照的角度介入，挖掘、梳理和重现作为秦岭主峰太白山的前世今生与文化精神，是首次对与太白山共生共荣的生灵万物全面呈现。全书分为三章，包括山上山下、万物们、人神之间。

【秦岭勉略构造带与中国大陆构造】 本书是以国家自然科学基金重点项目"秦岭勉略构造带的组成、演化及其动力学特征"为主题，对多学科综合研究成果的系统总结与理论概括。

【大秦岭纪事】 作者贾云峰、孙小荣、胡军，共2册，围绕秦岭充满质感的文化脉络，梳理并展现出12个可体验的大秦岭旅游产品集群，勾连起大秦岭"中国父亲山"深沉、博大的中国形象。

【陕西旅游1000谜】 陕西西北旅游文化研究院编著的首部独家解密陕西旅游的百科全书。陕西是文化大省，陕西厚重的历史文化资源始终散发着无与伦比的魅力，横亘陕西的秦岭山脉、纵横陕南的长江水系，更是让陕西大地充满着绿的活力和秀的灵气，《陕西旅游1000谜》就是把陕西旅游的故事讲给世界听。

秦岭地方剧目

【秦腔】 别称"梆子腔"，起于西周、源于西府[核心地区是陕西省宝鸡市的岐山（西岐）与凤翔（雍城）]，成熟于秦。秦腔成形后，流传全国各地，因其整套成熟、完整的表演体系，对各地的剧种产生了不同程度的影响。秦腔所演剧目有神话、民间故事和各种公案戏，表演技艺朴实、粗犷、豪放，富有夸张性，生活气息浓厚。2006年5月，列入第一批国家级非物质文化遗产名录。

【秦剧】 是甘肃起源最早，流传最广，影响最大的地方戏曲。源于古秦州天水，并因此而得名。它形成于秦，精进于汉，昌明于隋，完整于唐，广传于明，盛行于清，今已流传至西北广大地区。秦剧具有鲜明的地方特色，在基本腔调的基础上，吸收了青阳腔的特长，形成高亢爽朗、激昂悲壮、动人心弦、表现力强的特点，深受当地群众喜爱。

【陇剧】 流行甘肃省的新兴剧种，原名"陇东道情"，是流传在甘肃东部地区的一种皮影戏。陇东道情起源于汉代的道情说唱，唐宋时期由宫廷走向民间。扎根于陇东的渔鼓道情，逐渐吸收了当地民间音乐营养，增加二股弦等乐器，衍化为皮影唱腔音乐。1958年搬上舞台，1959年正式命名为陇剧。

【豫剧】 发源于河南省，在河南梆子基础上发展起来。中华人民共和国成立后，因河南简称"豫"，故称豫剧。与京剧、越剧、黄梅戏、评剧并称中国五大剧种。豫剧以唱腔铿锵大气、抑扬有度、行腔酣畅、吐字清晰、韵味醇美、生动活泼、有血有肉、善于表达人物内心情感著称。2006年5月，列入第一批国家级非物质文化遗产名录。

【汉剧】 旧称楚调、汉调（楚腔、楚曲），俗称"二黄"，湖北省武汉市地方戏剧，汉族传统戏曲剧种之一。清代中叶形成于湖北境内，民国时期定名汉剧。流传于湖北省，远及湘、豫、川、陕、湘、粤、皖、赣、闽、黔、晋等省部分地区。汉剧传统剧目有660余个，唱腔优美，对白雅致，文本大气，对演员文化素质要求较高，角色分为十行，腔调除西皮、二黄外，罗罗腔也用得较多。伴奏乐器有胡琴、月琴、三弦、鼓板等。2006年5月，列入第一批国家级非物质文化遗产名录。

【楚剧】 旧称哦呵腔、黄孝花鼓戏、西路花鼓戏，是湖南流行的哦呵腔与湖北省武汉市黄陂区、孝感市一带的山歌、道情、竹马、高跷及民间说唱等融合，形成一个独立的汉族地方声腔剧种之一，1926年改称楚剧，距今150余年历史。主要流行于武汉、孝感、鄂州、黄冈、荆州、咸宁、荆门、宜昌、黄石，随州10地市50余区县，是湖南、湖北地区具有广泛影响的地方剧种。2006年，列入选第一批全国非物质文化遗产名录。

【川剧】 俗称川戏，是汉族戏曲剧种之一。流行于四川东中部、重庆及贵州、云南部分地区。川剧脸谱，是川剧表演艺术中重要的组成部分，是历代川剧艺人共同创造并传承下来的艺术瑰宝。川剧由昆腔、高腔、胡琴、弹戏、灯调五种声腔组成。分小生、须生、旦、花脸、丑角五个行当，在戏剧表现手法、表演技法方面多有卓越创造，能充分体现中国戏曲虚实相生、遗形写意的美学特色。2006年5月，列入第一批国家级非物质文化遗产名录。

【徽剧】 原名"徽调""二黄调"，1949年后定名徽剧。徽剧为中国安徽省地方戏曲剧种之一。是一种重要的汉族地方戏曲，也是中国戏曲的一个重要剧种，不仅京剧是在它的基础上演变形成，中国南方的许多地方戏曲剧种，也都与它有着历史渊源关系，其影响几乎遍及全国。徽剧传统剧目有1404个，保存档案有753个。徽剧的音乐、唱腔优美、完整。主要分青阳腔、四平腔、徽昆、吹腔、拨子、二黄、西皮、花腔小调共九类。而以吹腔、拨子、皮黄为主要声腔。吹腔轻柔委婉，拨子高亢激昂，皮黄则比较通俗流畅，徽剧的表演艺术丰富多彩，技艺精湛。文戏以载歌载舞、委婉细腻其特点，武戏以粗犷、炽热、功夫精深、善于高台跌扑而震惊观众。2006年5月20日，列入第一批国家级非物质文化遗产名录。

【荆州花鼓戏】 湖北省江汉平原地区备受观众喜爱的传统戏曲剧种之一。旧称花鼓子、天沔花鼓戏。它是明末以后在江汉平原三棒鼓、踩高跷、采莲船、渔鼓、道情等传统民间演唱形式上不断吸收其他剧种的剧目、声腔和表演逐渐发展起来的一种乡土戏曲，流行于沔阳（今仙桃市）、洪湖、潜江、天门、监利、汉川、京山等县市，并逐渐推进临近的钟祥、荆门、江陵、应城、云梦、汉阳及湖南的岳阳、华容、南县、澧县、常德和鄂东南的崇阳、通城、赤壁等县市。1954年定名为"天沔花鼓戏",1981年改名为"荆州花鼓戏",2005年湖北省文化厅又将其改称为"湖北花鼓戏"。2006年5月,列入第一批国家级非物质文化遗产名录。

【黄梅戏】 旧称黄梅调或采茶戏,是安徽省的主要地方戏曲剧种,中国五大戏曲剧种之一。黄梅戏唱腔淳朴流畅,以明快抒情见长,具有丰富的表现力;表演质朴细致,以真实活泼著称。一曲《天仙配》让黄梅戏流行于大江南北,在海外亦有较高的声誉。2006年5月,列入第一批国家级非物质文化遗产名录。

【庐剧】 旧称"倒七戏",俗称"小戏""祷祭戏""小倒戏""小蛮戏"。庐剧是安徽省地方戏主要剧种之一。庐剧是在大别山一带的山歌、淮河一带的花灯歌舞的基础上吸收锣鼓书(门歌)、端公戏、嗨子戏的唱腔发展而成。2006年,列入第一批国家级非物质文化遗产名录。

【眉户】 又称眉鄠,又名迷糊,或称曲子戏、弦子戏,是陕西省主要的传统戏曲剧种之一。眉县和户县(现鄠邑区)一带位于秦岭太白山麓,自古盛行民间歌曲,眉户曲起源于这些民间歌谣,古称"清曲调"。清朝乾隆年间,随着秦腔等各地戏曲艺术的发展,眉户逐渐被搬上了舞台。盛行于关中,而山西、河南、湖北、四川、甘肃和宁夏等部分地区也有流行。因其曲调委婉动听,具有令人听之入迷的艺术魅力而得名。分为曲艺和舞台演出两种形式。2006年5月,列入第一批国家非物质文化遗产名录。

【长安道情】 陕西省说唱艺术之一。古代长安地区,通过唱词诵经、敷衍道中情理而得名。1960年,陕西省新剧种汇演后,定名为长安道情。清乾隆、嘉庆时期,道情演唱十分兴盛。除"登山行唱""围桌坐唱"外,还出现皮影形式和"广场踏席"的化妆演出。现今流传在终南山北麓太兴山脚下隶属西安市长安区杨庄街道魏家岭道情社,是迄今唯一能组班"坐唱"长安道情的原生态活体。

【商洛花鼓】 又称花鼓子、地蹦子,盛行于陕西省商洛市七县(区),尤以商州、丹凤、镇安和柞水最为普遍。商洛花鼓传统的唱腔音乐结构形式单一,音乐曲调流畅优美,历史年代久远,在戏曲音乐发展演变历史的研究中具有"活化石"的作用。2006年5月,列入第一批国家级非物质文化遗产名录。

【华阴老腔】 是明末清初,以陕西省渭南市华阴市双泉村张家户族的家族戏。其声腔具有刚直高亢、磅礴豪迈的气魄,非常追求自在、随兴的痛快感,听起来颇有关西大汉咏唱大江东去之慨,此类表演方式也被誉为黄土高坡上"最早的摇滚"。

秦岭旅游节会

【概述】 旅游节会是以旅游宣传推广和市场营销为目的,所策划、实施的各类旅游活动和节庆项目。秦岭旅游逐渐兴起后,秦岭关联地区旅游节会与日俱增,主题、类别、形式丰富多彩。由于秦岭山系地域广阔,所有旅游节会都由不同行政区域或旅游单位自行组织。各类成功的旅游节会对当地旅游营销、文化传播、品牌提升等发挥了良好作用,也不同程度地促进着当地社会经济发展。

【华山论剑】 武侠小说大师金庸，其笔下的"华山论剑"为武林盛事。2003年10月8日，陕西省邀请金庸在华山北峰举办"华山论剑"大型活动，金庸过美人、美酒、奇局三关后，于绝壁之上，与"巴蜀鬼才"魏明伦、"关中刀客"杨争光、"侠导"张纪中和"北醉侠"孔庆东在华山北峰过招，从"剑影江湖""侠旅萍踪""荧屏春秋""情为何物"四个角度大话江湖，慷慨"论剑"。翁美玲、朱茵、周迅、刘亦菲等分别参与不同项目，金庸获"华山武林盟主"称号，亲自圆梦"华山论剑"。

【秦岭与黄河对话】 陕西省旅游局为加强旅游推广、促进文旅融合、彰显陕西特色和提升陕西旅游影响力及美誉度而策划的每年"中国旅游日"陕西省主题活动。自2013年以来，以中国旅游日为契机，坚持一年一个主题，先后以"山河共舞""丝路文明""新丝路·新起点·新旅程""旅游与商贸的融合发展""长江与黄河旅游带融合发展""行走山河·诗意人生""黄土地·黄河情·小康路"等为主题在秦岭和黄河地区成功举办七届，已成为陕西乃至全国重点品牌活动之一。

【中国秦岭生态文化旅游节】 由陕西省文化和旅游厅和商洛市政府联合主办，2010年开始每年春季举办，由西北旅游文化产业集团创意策划。采取主活动与各县区活动相互动的方法，持续提升商洛旅游知名度和影响力。作家贾平凹和作曲家赵季平为首届活动创作词曲，"秦岭最美是商洛"成为城市形象宣传口号。

【安康龙舟节】 陕西安康传统民俗文化活动。端午节龙舟赛本是为了纪念战国时期因忧国忧民愤而投江的爱国诗人屈原而办。后来逐渐发展成为一种体育竞技活动。每年5月，安康龙舟节吸引着南来北往的游客和民众。活动声势浩大，现已成为品牌项目之一。地处秦巴山区的安康，因紧靠湖北，受楚文化的影响，民间自古就喜欢赛龙舟。

【秦岭红叶节】 秋季秦岭层林尽染，其中满山遍野的红叶引人注目，多地都有观赏红叶的节会活动。2019年秋季，在陕西省林业厅支持下，有着"秦岭会客厅"之称的宝鸡市凤县举办了2019首届陕西秦岭红叶节，组织秦岭山系民众和旅行商观赏红叶，发布秦岭红叶观赏线路，此后逐年举办。

【公祭伏羲大典】 祭拜人文始祖伏羲氏所进行的典礼，每年6月22日于甘肃天水市举行。天水是伏羲的诞生地和伏羲文化发祥地，境内有大量伏羲文化遗存，自古以来当地就有祭祀伏羲的传统。公祭伏羲大典被列入国家首批非物质文化遗产保护名录，成为甘肃省独具特色的重要文化品牌。

【公祭神农氏炎帝大典】 由湖北省随州市委、市政府主办，每年炎帝神农诞辰（农历四月二十六日）连续举办的祭典活动。据传，炎帝神农曾在神农架尝遍百草，并由此向南方发展，与轩辕黄帝一起开启了华夏文明史。

【甘南香巴拉旅游艺术节】 是甘南藏族自治州每年举办最大的综合性旅游节庆活动，每年盛夏季节由7县1市轮流举办，主会场设在当地风景区。旨在通过弘扬藏民族美好的文化传统和精神境界，引导人们建立起人与人、人与自然之间的美好和谐关系，进而使人们建立起热爱家园、热爱祖国、维护民族团结、维护生态文明的行为道德准则。节庆活动每年8月中旬由各县市轮流举办。

【中国古凤州生态民俗文化旅游节】 由陕西省旅游局、宝鸡市人民政府主办，宝鸡市旅游局、凤县人民政府承办，是以生态民俗文化为媒介，集民俗文化展示、旅游观光、旅游项目推介、招商引资于一体的民俗文化活动。始创于2008年9月，此后每年一届。旅游节期间，还配套举办旅游商品、美食展销、紫柏山登山节等活动，吸引来自全国各地的众多游客参与。

【中国最美油菜花海汉中旅游文化节】 由陕西省文化旅游部门和汉中市人民政府主办,是汉中市重大旅游节会。2010年起,每年相继在南郑、洋县、勉县、汉台、城固、西乡等全市各县区举行,受到国内外游客青睐,成为陕西省重要的旅游品牌节会活动。节会主题是"金色花海、真美汉中",节会定位城市的名片、旅游的盛会、百姓的节日。

【宁强羌族文化旅游节】 由汉中市宁强县委、县政府主办,通过喜闻乐见的形式,展示宁强的羌族文化、旅游特色和优质产品,展现宁强文化浓、旅游旺的盛大场景和原生态的羌族歌舞。2018年至今已举办过两届。

【陕西汉文化旅游节】 由陕西省文化和旅游厅、陕西省广播电视局、汉中市人民政府联合主办,汉中市文化和旅游局、汉中兴汉新区管委会、汉中文化旅游投资集团有限公司承办。2019年9月举办首届,以"文旅融合 山水赋能"为主题,擦亮汉中汉文化品牌,旨在与西安为中心的唐文化、宝鸡为中心的周文化共同形成陕西传承发展中华传统文化的矩阵,加强"一带一路"文化旅游品牌建设。

【汉中(城固)柑橘旅游文化月】 由汉中市人民政府主办,汉中市文化和旅游局、中共城固县委、城固县人民政府承办,每年秋季举办。城固县种植柑橘总面积15333.33公顷、产量30万吨、产值逾7亿元,年出口5万多吨。"城固柑橘"被认定为"中国驰名商标",获中国果品区域公用品牌50强,品牌评估价值达到20亿元。"城固柑橘""城固蜜橘"为国家农产品地理标志产品。

【佛坪秦岭大熊猫文化旅游节】 由陕西省音乐家协会、汉中市文化和旅游局、林业局和佛坪县委、县政府主办。佛坪是秦岭大熊猫的故乡,每年一届的"秦岭大熊猫文化旅游节"是佛坪开展旅游宣传、发展电商产业,展现脱贫攻坚成效,建设"熊猫小镇",打响"古道明珠、静美佛坪"的重要载体,深受省内外各界人士和媒体的广泛关注。

【留坝紫柏山登山节暨栈道漂流节】 简称"留坝双节",是汉中市留坝县每年最大的旅游文化系列活动,至2020年已举办14届,成为留坝展示对外形象的窗口。"双节"从6月初开始至11月30日结束。围绕"22℃的清凉夏天"主题,举办栈道漂流大赛、民俗展演、乡村旅游、文创体验、紫柏山宴美食品鉴、全民健身运动会登山比赛等一系列精彩赛事及活动,促进留坝文化旅游走进国内消费市场。

【镇巴民歌文化旅游周】 2018年5月19日,首届镇巴民歌文化旅游周在民歌广场启动,八方游客在载歌载舞和欣赏山水美景中感受镇巴人民的淳朴热情。首届民歌文化旅游周以"赛镇巴民歌、体苗族风情、观高山云湖海、品地方茗茶"为主要内容,包括镇巴民歌大赛、苗族风情观光体验、游客自助游览镇巴山城、苗乡刺绣展、剪纸艺术展、地方影片展映等系列活动,全方位、多角度、深层次展示镇巴"红军之乡、民歌之乡、苗民之乡"独特魅力,作为文化旅游推广节会,将持续举办。

【金丝峡红叶旅游节】 以"秋韵红叶季醉美金丝峡"为主题,由商南县旅游发展委员会、金丝峡景区管委会、商南金丝峡旅游发展有限责任公司联合主办。邀请各大旅行社、旅游达人、网络大V等人士参加。活动旨在展示金丝峡秋季旅游的梦幻体验与特色旅游资源,扩大金丝峡旅游品牌效应,依托金丝峡推动商南全域旅游发展,展示商南旅游"全域、全时、全季"的鲜明特点。金丝峡红叶素有"金丝红叶满天下"之美誉。随着季节变化,翠绿的金丝峡在秋色浸染下逐渐披上斑斓服装,进入红叶最佳观赏季节。

【中国秦岭金丝峡国际兰花节】 由商洛市文化和旅游局、中共商南县委、商南县人民政府主办,商南县文化和旅游局、商南县金丝峡景区管委员会、金丝峡旅游公司承办。作为商洛市春季大型活动的重点项目，2010年起逐年举办。金丝峡是秦岭兰花之都，十里长峡兰花夺目。每年兰花节，都吸引着全国多地兰友参会参展。其间，还同步举办书画创作展览、旅游商品展销、金丝峡蕙兰全球认养等系列活动。

【石泉旅游文化节】 由石泉县委、县政府主办，包括每年一届的"汉江之夏"文化旅游节和"水乡之秋"旅游文化节等系列活动，宣传推广"秦巴水乡，石泉十美"旅游品牌，让游客感受汉江之滨、后柳水乡的风景美、人文美。

【宁陕美食节】 以"品生态美食、游秦岭之心"为主旨的打造宁陕旅游品牌，弘扬宁陕美食文化，提升宁陕特色美食的知名度，推动乡村旅游发展，壮大县域经济实力，助力群众致富。

【大秦岭(宁陕)山地越野挑战赛】 由陕西省体育局、安康市人民政府主办，宁陕县人民政府承办。安康市宁陕县是秦岭山地体育运动的理想地，山路崎岖，坡陡弯急，路况有水泥路和山地土路，赛道惊险刺激，这是对运动员身体素质和运动技能的提高和考验。沿途全是森林，环境优美、空气清新，参与比赛中，可以感受大自然之美和秦岭风光。每年持续举办，已成为响亮品牌。

【中国天水伏羲文化旅游节】 2005年开始，由甘肃省人民政府主办，与公祭中华人文始祖伏羲大典同步开幕，至今举办20多届。经过多年的努力，天水伏羲文化旅游节已发展成为"中国最具发展潜力十大节庆"活动之一，公祭伏羲大典被列入国家首批非物质文化遗产保护名录，成为甘肃省独具特色的重要文化品牌之一。2013年开始由国务院台湾事务办公室、国务院侨务办公室、国务院港澳事务办公室、中国侨联和甘肃省人民政府共同主办，甘肃省文化厅（文化旅游厅）、天水市人民政府承办。

【陇南康县乡村旅游节】 由康县县委宣传部、县文体广电和旅游局主办，旨在促进文化旅游融合发展，推进乡村振兴战略，搭建文化旅游宣传营销平台，积极打造美丽乡村升级版，助推生态乡村田园创建，激活美丽经济、带动幸福产业，以此推动康县文旅产业迎来高质量发展。

【陇南文县白马人民俗文化旅游节】 由中共陇南市委、陇南市人民政府主办，中共文县委、文县人民政府承办。该节会具有很强的观赏性和参与性，广大游客可以通过观看民俗表演、欣赏文艺演出、游览秀美风光、品尝风味美食系列活动，尽情领略文县山水的雄奇壮美，体验感受浓郁的白马民俗风情和厚重深邃的白马人民俗文化。

【中国乞巧文化旅游节】 "乞巧节"起源于西和县长道及礼县盐关一带，是秦人古老遗风。西和"乞巧节"学者认同，政府认可，群众基础深厚、社会影响力大，在每年农历六月三十日至七月七日，都要举行乞巧活动。节会期间会举行具有鲜明民俗文化和山水观光特色的大型文艺演出、乞巧文化民俗展、山歌比赛、乞巧活动表演等多项文化旅游活动。

【南阳诸葛亮文化旅游节】 由南阳市人民政府主导，南阳市文化旅游管理部门承办。该活动是为纪念诸葛亮躬耕隐居南阳，采用文化旅游联姻的方式。自2004年以来，南阳市已成功举办多届，形成了诸葛亮文化品牌，成为推介和展示厚重文化南阳的重要窗口，并成为宣传卧龙岗武侯祠及诸葛亮文化的有效平台，受到海内外的广泛关注和强烈反响。

【老君山文化旅游节】 由河南省文化旅游管理部门、河南省社科联、洛阳市人民政府主办，洛阳市旅游局、栾川县人民政府承办，对老君山景区的文化品位的提升，对整个栾川旅游业的发展都具有深远的意义。该活动主要有开幕式、祭拜大典、文艺晚会、旅行商踩线、摄影家采风、老君山庙会等内容，整个节庆活动，规模宏大，形式新颖、内容丰富，得到了社会各界的大力支持。

【伏牛山滑雪旅游节】 由中国滑雪协会、河南省体育局、洛阳市人民政府主办，是洛阳市四大节庆活动之一。该活动将旅游活动与体育竞技结合，旅游节期间，举办大众高山滑雪赛、滑雪特技表演赛、冰灯冰雕展、旅游商品展销活动、冰雪摄影大赛等主题活动，为游客带来精彩的视觉盛宴和全新感受。

【武当山道教文化节】 由湖北省人民政府主办，湖北省旅游主管部门、省民族宗教事务委员会、十堰市人民政务、武当山特区承办。每年9月或10月，在武当山地区举行，会期为4天或1个月。首届旅游节于1998年举行，期间举行"道之旅"浏览活动、保平安清醮大法会、武当影视周、篝火晚会、经贸洽谈、武当自然风光、武当文化展示。整个活动为弘扬武当文化，扩大宣传，促进对外交流和武当山旅游事业的发展起到积极的作用。

【襄阳诸葛亮文化旅游节】 由湖北省人民政府、襄阳市委、襄阳市人民政府联合主办，是湖北省襄阳市举办的大规模弘扬三国文化及纪念一代伟人诸葛亮的大型文化活动。襄阳市是中国历史文化名城、三国文化之乡和楚文化的发祥地。汉末著名政治家、军事家诸葛亮曾在这里隐居躬耕十年。襄阳诸葛亮文化旅游节每年举办，不固定时间，其间配套举办系列活动。

【世界华人炎帝故里寻根节】 由湖北省政府每年农历四月二十六日前后在炎帝神农故里随州市举办，系列活动包括世界华人炎帝故里寻根节、拜祖大典、神农文化高层论坛、中国（随州）专用汽车博览会等，助推世界华侨华人的寻根热潮。炎帝是农耕文明的缔造者，是全球华人共同的祖先，农历四月二十六日为其生辰纪念日。每年活动期间，数以万计的海内外炎黄子孙都会长途跋涉来这里拜谒炎帝。

【中国黄冈大别山旅游节】 由湖北省政府主办、黄冈市政府承办，节会以"大别山水、人文黄冈"为主题，全面展现黄冈大别山神奇秀美的山水、绚丽多彩的民俗民情和光辉灿烂的文化。节会采取黄冈主会场与县市分会场"1+5"模式进行，上下结合，整体互动。主会场系列活动分九篇，以"大别山"为主线贯穿其中，五个县市分会场，县县有特色，场场有看点。

【大别山(六安)山水文化旅游节】 大别山（六安）山水文化旅游节是安徽省人民政府批准的节庆活动，自2012年开始每年连续举办。2019年4月26日，在安徽省六安市金安区南山草原，第八届大别山（六安）山水文化旅游节暨第五届六安茶谷开茶节举行开幕式活动。以"六安茶谷香四海·绿色振兴大别山"为主题，旨在以山为媒、以水结缘、以茶传情、以节搭台，广邀各界人士到六安市考察、投资，助力老区人民的脱贫致富，促进老区乡村振兴。

第七部分
秦岭旅游产业规模

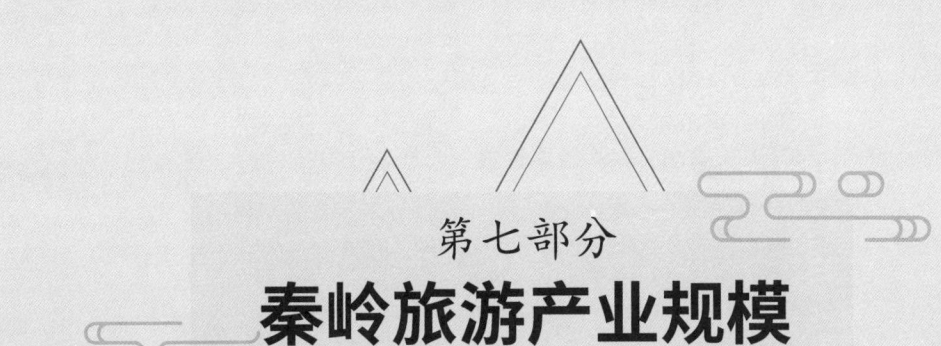

第七部分
秦岭旅游产业规模

【综述】 旅游业作为新兴的经济产业，随改革开放起步后逐渐发展壮大，旅游接待服务体系日臻完善，在吃、住、行、游、购、娱等方面消费引领作用日趋明显。在秦岭关联省市和地区旅游业相继成为主导产业、支柱产业、优先发展产业之后，旅游业对当地社会经济发展的综合带动以及各项事业的促进作用更加显现。

旅游产业规模，是因旅游而兴，并为旅游业提供服务的关联企业、业态单位、从业人员数量以及当地旅游业年度接待人数、旅游收入、财政贡献、GDP占比、对社会和关联产业带动指数等的总体表述。因此，本部分收录了2019、2020年两组数据，以便对比参考。由于各地数据利用方法不一，资料受限，加之2020年受新冠肺炎疫情影响，全年数据变化较大，表述方法会不尽一致且不完整。

陕西省

【产业规模】 截至2019年末，陕西省有国家A级以上景区460家，其中5A级景区10家，4A级景区116家；有星级酒店325家，其中五星级16家，四星级52家，三星级210家，二星级47家。旅行社862家。"十三五"期间，新增4家5A级景区、5家国家全域旅游示范区、1家国家级旅游度假区。34个村入围全国乡村旅游重点村名录乡村名单。

至2020年末，陕西省5A级景区数量增为11家，4A级景区116家。

【产业贡献】 2019年，陕西省接待境内外游客7.07亿人次，比上年增长12.2%；旅游总收入7211.21亿元，增长20.3%。其中，入境游客465.72万人次，增长6.5%，国际旅游收入33.68亿美元，增长7.7%；国内游客7.02亿人次，增长12.2%，国内旅游收入6978.87亿元，增长20.6%。

2020年，陕西省全年接待境内外游3.57亿人次，比上年下降49.5%；旅游总收入2765.55亿元，下降61.7%。其中，入境游客8.59万人次，下降98.2%，国际旅游收入0.45亿美元，下降98.6%；国内游客3.57亿人次，下降49.2%，国内旅游收入2762.33亿元，下降60.4%。

西安市

【产业规模】 2019年，西安市有国家A级景区76家（其中5A级4家，4A级25家）；星级酒店90家（其中，五星级酒店15家，四星级酒店26家）；旅行社5561家；注册民宿约3600家。

截至2020年末，西安市国家5A级景区达到 5 家。

【产业贡献】 2019 年，西安市接待海内外游客总数突破 3 亿人次，旅游业总收入 3146 亿元，分别增长 21.7% 和 23.1%，获评全球 20 个热门旅游目的地和全国夜间经济十强城市。

渭南市

【产业规模】 2019 年，渭南市有国家 5A 级景区 1 家，国家 4A 级景区 8 家；四星级酒店 13 家；旅行社 52 家。

【产业贡献】 2019 年，渭南市共接待游客 8300 万人次，比上年增长 15.3%，实现旅游综合收入 616 亿元，增长 8.1%。

截至 2020 年，渭南市全年共接待游客 5390 万人次，实现旅游综合收入 352.06 亿元。

宝鸡市

【产业规模】 2019 年，宝鸡市有国家 A 级景区 47 家，其中 5A 级景区 2 家，4A 级景区 14 家，3A 级景区 25 家，2A 级景区 6 家；创建全国工农业旅游示范点 5 个；省级特色旅游名镇 22 个，省级乡村旅游示范村 21 个；市级工业旅游示范点 10 家；国际旅行社 7 家，国内旅行社 45 家，星级宾馆饭店 19 家。

截至 2020 年末，宝鸡市共有 A 级景区 48 个，其中 5A 级景区 2 个，4A 级景区 14 个，3A 级景区 26 个，2A 级景区 6 个；创建全国工农业旅游示范点 5 个，省级特色旅游名镇 24 个，省级乡村旅游示范村 23 个；市级工业旅游示范基地 6 家，工业遗址旅游基地 2 家；国际旅行社 7 家，国内旅行社 46 家，星级宾馆饭店 17 家。

【产业贡献】 2019 年，宝鸡市共接待国内外游客 12267.3 万人次，比上年增长 20.4%，其中入境游客 35.34 万人次，增长 1.8%。实现旅游综合收入 936.596 亿元，增长 21.9%。

截至 2020 年末，宝鸡市全年共接待国内外游客 7606.4 万人次，比上年下降 37.9%，其中入境游客 40 人次，下降 99.9%。实现旅游综合收入 484.89 亿元，下降 48.2%。

汉中市

【产业规模】 2019 年，汉中市有国家 4A 级景区 12 家；四星级酒店 16 个家；旅行社 66 家。

【产业贡献】 2019 年，汉中市接待游 6786 万人次，增长 30.5%。实现旅游收入 412 亿元，增长 34.6%。

安康市

【产业规模】 2019 年，安康市有国家 4A 级景区 11 家；四星级酒店 9 家；旅行社 45 家。

【产业贡献】 2019 年，安康市接待境内外游客 5102.76 万人次，比上年增长 11.5%；旅游总收入 329.14 亿元，增长 12%。

截至 2020 年末，安康市接待海内外游客 2033.37 万人次，比上年下降 60.15%；实现旅游综合收入 75.38 亿元，比上年下降 77.1%。

商洛市

【产业规模】 2019 年，商洛市有国家 5A 级景区 1 家，国家 4A 级景区 9 家；四星级酒店 6 家；旅行社 32 家。

截至 2020 年末，"秦岭号"旅游专列开通，"一机游商洛"智游系统和文旅惠民卡上线发行，商南阳城驿晋升 4A 级景区，山阳天竺山入选首批国家森林康养基地。洛南四皓跻身省级文化旅游名镇，漫川关、棣花、金丝峡、法官被省政府授予小城镇建设先进镇。柞水获评国家全域旅游示范区，商洛市被评为中国最佳康养休闲旅游市、陕西省首个森林旅游示范市。

【产业贡献】 2019 年，商洛市接待游客 6556.28 万人次，增长 12.1%。实现旅游综合收入 380.26 亿元，增长 16%。

截至 2020 年末，全年共接待游客 3730.21 万人次，比上年下降 43.1%。实现旅游综合收入 202.12 亿元，下降 46.9%。

甘肃省

【产业规模】 2019 年，甘肃省有国家 A 级以上景区 269 家，其中 5A 级景区 4 家，4A 级景区 77 家，3A 级景区 100 家，2A 级景区 85 家，1A 级景区 2 家；有星级酒店 315 家，其中五星级酒店 2 家，四星级酒店 73 家，三星级酒店 171 家，二星级酒店 67 家，一星级酒店 2 家，旅行社 723 家。

截至 2020 年 12 月 31 日，甘肃省共有 A 级旅游景区 358 家，其中 5A 级旅游景区 6 家，4A 级旅游景区 107 家，3A 级旅游景区 172 家，2A 级旅游景区 72 家，1A 级旅游景区 1 家。

【产业贡献】 2019 年，甘肃省全年接待国内游客 3.74 亿人次，比上年增长 24%；国内旅游收入 2680 亿元，增长 30%。接待入境游客 19.82 万人次，增长 98%。其中，接待外国游客 11.37 万人次，增长 99.8%；接待港澳台同胞 8.45 万人次，增长 95.6%。国际旅游外汇收入 5904.6 万美元，增长 108.7%。旅游人均花费 716 元，比上年增加 34 元。

截至 2020 年末，甘肃省全年接待国内外游客 2.13 亿人次，比上年下降 43.1%；国内旅游收入 1454.4 亿元，下降 45.7%。接待入境游客 2.54 万人次，下降 87.2%。其中，接待外国游客 1.45 万人次，下降 87.2%；接待港澳台同胞 1.09 万人次，下降 87.1%。国际旅游外汇收入 696 万美元，下降 88.2%。旅游人均花费 683 元，比上年减少 33 元。

定西市

【产业规模】 2019 年，定西市有国家 4A 级景区 2 家；四星级酒店 4 家；旅行社 33 家；实施文化旅游产业项目 47 个，完成投资 16.8 亿元，同比增长 16.7%。

截至 2020 年末，定西市全年实施文化旅游产业项目 36 个，完成投资 10.3 亿元。创建国家 4A 级旅游景区 1 个，国家 3A 级旅游景区 4 个，国家 2A 级旅游景区 1 个，省级旅游度假区 1 个。创建省级乡村旅游示范村 10 个，其中被评为省级优秀乡村旅游示范村 4 个。

【产业贡献】 2019 年，甘肃省定西市接待境内外游客 1040 万人次，比上年增长 27.6%；实现旅游综合收入 51 亿元，增长 31.9%。

截至 2020 年末，定西市全年接待国内游客 1060.7 万人次，比上年增长 2%；实现旅游综合收入 50 亿元，下降 2%。

天水市

【产业规模】 2019 年，天水市有国家 5A 级景区 1 家，4A 级 5 家；五星级酒店 2 家，四星级酒店 16 家；旅行社 60 家。

截至 2020 年底，天水市文化旅游景区点总数 228 个，其中，5A 1 个，4A 7 个。全市拥有旅游星级饭店 31 家、社会饭店 915 家，总床位数 45617 张。全市现有旅行社 28 家，持证导游 475 人。现有旅游从业人员 31159 人，间接从业 93000 人。重点旅游商品研发、生产单位 59 家；国家级非遗项目 8 个，省级非遗项目 50 个，市级非遗项目 144 个；全市博物馆 11 家，纪念馆 1 家；全国重点文物保护单位 21 处，省级文物保护单位 50 处。"全国休闲农业与乡村旅游示范县"2 个、"全国乡村旅游重点村"1 个、"中国乡村旅游模范村"2 个、"甘肃省乡村旅游示范村"12 个、"中国乡村旅游模范户"2 家、"全国金牌农家乐"22 家、"中国乡村旅游致富带头人"25 名。

【产业贡献】 2019 年，天水市接待旅游人数 4800 万人次，比上年增长 20%；实现旅游收入 302.8 亿元，增长 21%。接待入境过夜游客 12919 人次。其中，接待外国游客 5919 人次，接待港澳台同胞 7000 人次。

截至 2020 年末，天水市接待国内游客 2290.47 万人次，实现旅游综合收入 142.36 亿元。

陇南市

【产业规模】 2019 年，陇南市有国家 4A 级景区 14 家；四星级酒店 12 家；旅行社 13 家。

【产业贡献】 2019 年，陇南市接待旅游总人数 2179.86 万人次，比上年增长 23.93%；旅游综合收入 117.37 亿元，同比增长 27.35%。

截至 2020 年末，陇南市全年旅游总人数达 1535.19 万人次，比上年下降 29.28%。旅游综合收入 75.83 亿元，同比下降 35.39%。

甘南藏族自治州

【产业规模】 2019 年，甘南藏族自治州建成观景台 8 处，旅游厕所 140 座。建设旅游专业村 60 个，设置旅游标识导示牌 328 个，全州有国家 4A 级景区 8 家；四星级酒店 8 家；旅行社 11 家。

截至 2020 年末，甘南藏族自治州 A 级景区 35 处，3A 级旅游厕所 28 座，建设文化旅游标杆村 17 个、全域旅游专业村 103 个、生态文明小康村 297 个，培育精品民宿和星级农家乐 3000 余家。

【产业贡献】 2019 年，甘肃省甘南藏族自治州共接待国内外游客 1447 万人次，比上年增长 15.0%；实现旅游综合收入 74 亿元，增长 16%。

截至 2020 年末，甘南藏族自治州全年接待国内外游客 1671 万人次，比上年增长 16.0%；实现旅游综合收入 83 亿元，增长 12.0%。

河南省

【产业规模】 2019 年，河南省有国家 A 级以上旅游景区 495 家，其中 5A 级景区 13 家，4A 景区 164 家，3A 级景区 225 家，2A 级景区 91 家，1A 级景区 2 家。有星级饭店 406 家，其中，五星级 21 家，四星级 85 家，三星级 244 家，二星级 56 家。旅行社 1156 家。

截至2020年末，河南省共有A级旅游景区519处。其中，4A级以上旅游景区185处，入选国家级非物质文化遗产名录113个。星级酒店406个，旅行社1165家。共有公有制艺术表演团体167个，文化馆205个，公共图书馆165个，博物馆359个。全国重点文物保护单位420处，省级文物保护单位1170处。

【产业贡献】 2019年，河南接待旅游人次近10亿人次，旅游收入7700多亿元。

截至2020年末，河南省共接待国内游客55064.37万人次，旅游总收入达4812.85亿元。

洛阳市

【产业规模】 2019年，洛阳市共有国家A级以上旅游景区82家。其中，4A级以上景区30家。有星级酒店48家；国际国内旅行社98家。

截至2020年末，洛阳市共有A级旅游景区63处。其中，5A级景区5处，4A级景区27处，3A级景区26处。共有星级酒店48家，国际国内旅行社97家。

【产业贡献】 2019年，洛阳市接待国内外游客1.42亿人次，比上年增长7.3%；其中接待入境游客150.1万人次，增长6.2%；旅游总收入1321.02亿元，增长15%；其中创汇收入4.48亿美元，增长3.7%。

截至2020年末，洛阳市全年共接待国内外游客9295.3万人次，比上年下降34.5%。旅游总收入795.4亿元，下降39.8%。

三门峡市

【产业规模】 2019年，三门峡市有国家A级以上旅游景区（点）27家。其中，A级旅游景区19家，4A级以上景区（点）14家。有出境旅行社、国内旅行社及分社47家，星级旅游饭店17家。

截至2020年底，城市旅游景区点总数28个。其中，4A级景区14个。全市拥有星级旅游饭店17座，旅行社32家，持证导游389人，现有旅游从业人员8630人，间接从业25300人。

【产业贡献】 2019年，河南省三门峡市共接待海内外游客5017.22万人次。其中，接待入境游客11.71万人次，接待国内游客5005.51万人次。全年旅游总收入432.87亿元。

截至2020年末，三门峡市共接待国内游客2530.561万人次，实现旅游综合收入195.1亿元。

南阳市

【产业规模】 2019年，南阳市有国家A级以上旅游景区41家。其中，4A级以上景区19家。有星级酒店70家，国际国内旅行社100家。

截至2020年末，南阳市共有A级旅游景区44处。其中，4A级以上景区21处。星级酒店69个，国际国内旅行社66家。

【产业贡献】 2019年，南阳市共接待旅游人数7478万人次，比上年增长18.9%；旅游总收入488.2亿元，比上年增长30%。

截至2020年末，南阳市全年共接待来宛旅游人数4703.04万人次，比上年下降37.1%。旅游总收入227.12亿元，下降53.4%。

平顶山市

【产业规模】 2019年，平顶山市共有A级以上景区13家。其中，5A级景区1家，4A级景区8家，3A级景区19家，2A级景区5家。

【产业贡献】 2019年，平顶山市接待国内游客5556万人次，比上年增长13.6%；入境游客31757人次，增长3.0%。国内旅游收入306.51亿元，比上年增长18.2%；旅游创汇977万美元，比上年增长4.2%。

驻马店市

【产业规模】2019年,驻马店市共有A级旅游景区30处。其中,4A级以上旅游景区6处。星级酒店26个,国际国内旅行社26家。

截至2020年末,城市旅游景区点总数34个。其中,4A级6个。全市拥有旅游饭店29座;社会饭店313座;总床位数16393张。全市现有旅行社27家,持证导游347人。现有旅游从业人员1.2万人,间接从业5万人。

【产业贡献】2019年,驻马店市接待国内外游客5024.98万人次,比上年增长22.5%。其中国内游客5020.85万人次,增长22.5%。旅游总收入365.8亿元,增长30.3%。

截至2020年末,驻马店市接待境内外游客3494.51万人次,实现旅游综合收入25亿元。

信阳市

【产业规模】2019年,信阳市共有国家A级以上旅游景区45家。其中,4A级以上景区14家。星级酒店(三星级及以上)29家,国际和国内旅行社36家。

截至2020年末,共有A级旅游景区52处。其中,4A级以上景区14处。星级酒店(三星级及以上)29家,国际和国内旅行社50家。

【产业贡献】2019年,信阳市接待游客4834.3万人次。其中,国内游客4832.3万人次,国际游客2万人次;旅游总收入402.30亿元。

截至2020年末,信阳市全年共接待游客3854.4万人次。其中,国内游客3854.2万人次,国际游客0.2万人次。旅游总收入235.9亿元,下降41.4%。

湖北省

【产业规模】2019年,湖北省有国家A级旅游景区412家。其中,5A景区12家,4A景区142家,3A景区219家,2A级景区38家,1A级景区1家。旅行社1267家。

截至2020年末,湖北省5A级景区数量增为12家,4A级景区家。

【产业规模】2019年,湖北省接待游客60593.72万人次。其中,入境旅游人数450.02万人次,同比增长11.08%;国内旅游人数60143.70万人次,同比增长12.3%。旅游行业总收入6927.38亿元,同比增长12.13%。其中,入境旅游265415.75万美元,同比增长11.53%;国内旅游6743.99亿元,同比增长12%。

截至2020年末,湖北省全年共接待游客43729.64万人次,下降27.8%,旅游总收入4379.49亿元,下降36.8%。

十堰市

【产业规模】2019年,十堰市有国家A级以上旅游景区64家。其中,5A级景区1家,4A级17家,3A级景区40家,2A级景区6

家；五星级酒店4家，四星级酒店16家；旅行社70家。

【产业贡献】 2019年，十堰市旅游接待总人数7540.3万人次，比上年增长15.8%；旅游总收入773.3亿元，增长31.8%。入境游客20.4万人次，增长2.1%；旅游外汇收入6992万美元，增长3.5%。

截至2020年末，十堰市全年旅游接待总人数8001.6万人次，比上年增长6.1%；旅游总收入822.2亿元，增长6.1%。

襄阳市

【产业规模】 2019年，襄阳市有国家A级景区36家。其中，5A级景区1家，4A级景区7家，3A级景区19家,2A级景区8家；五星级酒店2家，四星级酒店14家；旅行社203家。

【产业贡献】 2019年，襄阳市接待游客突破1500万人次，同比增长25.1%，其中唐城突破200万人次，古隆中突破100万人次。

截至2020年末，襄阳市全年共接待国内游客4074.32万人次，同比恢复67.63%；国内旅游收入256.14亿元，同比恢复57.3%。

随州市

【产业规模】 2019年，随州市有国家A级以上旅游景区13家。其中，4A级6家，3A级6家，2A级1家。

【产业贡献】 2019年，随州市接待国内旅游人数2832万人次，同比增长11%；国内旅游收入178.7亿元，增长14%。接待海外游客2.05万人次，增长6%。国际旅游（外汇）收入0.21亿元，增长7%。

截至2020年末，随州市全年接待国内旅游人数1235万人次，同比下降56%；国内旅游收入86.93亿元，下降52%。接待海外游客0.2万人次，国际旅游（外汇）收入210万元。

荆门市

【产业规模】 2019年，荆门市有A级以上景区13家。其中，4A级景区6家，3A级景区3家，2A级景区4家。星级饭店22家。

截至2020年末，荆门市共有星级饭店18家。

【产业贡献】 2019年，荆门市接待国内游客3268.57万人次，比上年增长6.9%。国内旅游收入198.46亿元，增长5.6%。

截至2020年末，荆门市全年共接待游客2047.05万人次，恢复至2019年的62.6%。国内旅游收入110.26亿元，恢复至2019年的55.6%。

孝感市

【产业规模】 2019年，孝感市有A级以上旅游景区25家。其中，4A级景区6家，3A级景区6家，2A级景区4家。

【产业贡献】 2019年，孝感市接待国内外旅游人数3021.62万人次，增长13.0%，旅游综合收入195.01亿元，增长14.7%。其中，国内旅游人数3020.07万人次，增长13.0%；国内旅游收入194.38亿元，增长14.7%。入境旅游人数1.55万人次，增长14.1%；国际旅游外汇收入905.36万美元，增长18.0%。

截至2020年末，孝感市全年共接待游客2175.43万人次，比上年下降28.0%，旅游综合收入136.01亿元，下降30.3%。

黄冈市

【产业规模】 2019年，黄冈市有A级以上旅游景区67家。其中，4A级景区20家，3A级景区42家；有星级宾馆（饭店）32家。其中，四星级7家、三星级18家。创建旅强县4个、旅游名镇4个、旅游名村15个。

截至2020年末，黄冈市有A级以上旅游景区21家。其中，4A级景区20家。全市有旅行社88家，持证导游560人。

【产业贡献】 2019年，黄冈市接待国内外旅游人数4300万人次，旅游综合收入309.15亿元，增长21.5%。

截至2020年末，黄冈市接待国内游客3491.57万人次，实现旅游综合收入241.62亿元。

武汉市

【产业规模】 2019年，武汉市有国家A级景区44家。其中，5级景区3家，4A级景区22家，3A级景区18家。旅游厕所698座，星级以上宾馆57家。

截至2020年末，武汉市A级旅游景区47个，比上年增加3个。旅游厕所673座，星级以上宾馆57家。

【产业贡献】 2019年，武汉市接待旅游客31898.31万人，比上年增长10.8%；旅游总收入3570.79亿元，增长12.9%。全年发放"武汉人游武汉"旅游惠民券103万张。全年出入境239.22万人，比上年下降29.84万人。

截至2020年末，武汉市全年旅游总人数25911.90万人，旅游总收入2906.29亿元。开展"惠游湖北 打卡大武汉"活动，30家收费A级景区实行免门票开放，活动期间入园游客1402.43万人次。其中，省外游客337.22万人次。

宜昌市

【产业规模】 2019年，宜昌市有国家A级景区46家。其中，5级景区3家，4A级景区19家，3A级景区22家，2A级景区2家。

【产业贡献】 2019年，宜昌市接待国内外旅游客8900.5万人次，同比增长15.0%。实现旅游总收入985.65亿元，同比增长13.4%。

截至2020年末，宜昌市全年接待国内外旅游人数7752.72万人次，比上年下降12.9%。国内旅游人数7752.62万人次，比上年下降12.4%；入境旅游人数0.10万人次，比上年下降99.8%。实现旅游总收入695.1亿元，比上年下降29.5%。国际旅游外汇收入41.13万美元，比上年下降99.8%；国内旅游收入695.07亿元，比上年下降28.5%。

神农架区

【产业规模】 2019年，神农架区有国家A级景区6家。其中，5A级景区1家，4A级景区3家，3A级景区2家。

【产业贡献】 2019年，神农架区实现旅游经济总收入27562万元。其中，客房收入5974万元，景区门票收入2171万元，旅行社收入2451万元，餐饮收入5336万元，旅游商品收入5449万元，交通收入3672万元，其他收入2509万元。其中，接待海外游客50059人次。

安徽省

【产业规模】 2019年，安徽省有国家A级以上旅游景点（区）607家。其中，5A级景区11家。

截至2020年末，安徽省有A级及以上旅游景点（区）625处。

【产业贡献】 2019年，安徽省接待国内游客8.2亿人次，增长13.6%。全年入境旅游人数655.8万人次，比上年增长8%。其中，外国人377.7万人次，增长6.7%；港澳台同胞278.1万人次，增长9.9%。旅游总收入8525.6亿元，增长17.7%。其中，旅游外汇收入33.9亿美元，增长6.3%；国内旅游收入8291.5亿元，增长17.9%。

截至2020年末，安徽省全年入境旅游人数69.3万人次，比上年下降89.4%。其中，外国人44万人次，下降88.4%；港澳台同胞25.3万人次，下降90.9%。国内游客4.7亿人次，下降42.6%。旅游总收入4240.5亿元，下降50.3%。其中，旅游外汇收入2.7亿美元，下降91.9%；国内旅游收入4221.5亿元，下降49.1%。

六安市

【产业规模】 2019年，六安市有国家A级以上旅游景点景区54家。其中，5A级旅游景区2家，4A级旅游景区24家，3A级旅游景区16家，2A级旅游景点(区)12家。

截至2020年末，六安市共有3A旅游景区16处，4A旅游景区24处，5A旅游景区2处。

【产业贡献】 2019年，六安市接待海外游客156407人次，增长11.0%；接待国内游客5992.92万人次，增长11.1%。旅游总收入475.53亿元，增长11.9%。其中，旅游外汇收入8149.02万美元，增长0.1%；国内旅游收入469.92亿元，增长12.4%。

截至2020年末，六安市接待海外游客1.1万人次，同比下降93.2%；接待国内游客3678.5万人次，同比下降38.6%。旅游总收入290亿元，同比下降39.0%，其中旅游外汇收入553.6万美元，下降93.2%；国内旅游收入289.6亿元，下降38.4%。

安庆市

【产业规模】 2019年，安庆市有国家级风景名胜区2处、省级风景名胜区6处，国家森林公园5个，国家历史文化名城1座、省级历史文化名城2座，世界地质公园1处（天柱山），国家地质公园1处（天柱山），国家级自然保护区(鹞落坪)1个，国家级重点文物保护单位16个、省级重点文物保护单位160个，国家级非物质文化遗产16种、省级非遗23种。

【产业贡献】 2019年，安庆市接待海外游客30.16万人次，同比增长8.2%；接待国内游客7723.9万人次，增长11.9%；旅游总收入818.4亿元，增长15.9%。其中，旅游外汇收入19137.31万美元，增长9%；国内旅游收入805.2亿元，增长15.9%。

截至2020年末，安庆市全年接待海外游客2.5万人次，同比下降91.7%；接待国内游客4267.9万人次，下降44.7%；旅游总收入394.7亿元，下降51.8%。其中，旅游外汇收入797.0万美元，下降95.8%；国内旅游收入394.2亿元，下降51.1%。

合肥市

【产业规模】 2019年，合肥市有国家A级以上旅游景点景区59家。其中，5A级旅游景区1家，4A级旅游景区24家，3A级旅游景区24家，2A级旅游景点（区）1家。有星级饭店46家。其中，五星级10家、四星级18家。

截至2020年末，合肥市有A级及以上旅游景点（区）60处。星级饭店46家。其中，五星级10家、四星级19家。

【产业贡献】 2019年，合肥市接待国内游客14606.23万人次，比上年增长13.7%；国内旅游收入2036.43亿元，增长18.3%。

截至2020年末，合肥市全年国内游客8107.88万人次，比上年下降44.5%；国内旅游收入975.97亿元，下降52.1%。

四川省

【产业规模】 2019年，四川省有国家A级以上旅游景点景区284家。其中，5A级景区13个，4A级景区202家，3A级景区48家，2A级景区20家，1A级景区1家。有旅行社1242家。

【产业贡献】 2019年接待国内旅游人数7.51亿人次，接待入境游客414.78万人次。实现旅游总收入11594.32亿元。

2020年，四川省全年实现旅游总收入7173.3亿元，比上年下降38.1%。接待国内游客4.5亿人次，下降39.9%；实现国内旅游收入7170.1亿元，下降37.4%。接待入境游客24.6万人次，下降94.1%；实现旅游外汇收入4679.1万美元，下降97.7%。旅行社组织出境游客人数为8.9万人次，下降95.2%。

广元市

【产业规模】 2019年，广元市有国家5A级景区1家，国家4A级景区20家；五星级酒店1家，四星级酒店11家；旅行社47家。

截至2020年末，广元市有5A景区1个，4A景区21个，3A景区18个，2A景区9个。

【产业贡献】 2019年，广元市接待游客5623.45万人次，增长11.8%。旅游产业总收入502.62亿元，增长19.8%。

截至2020年末，广元市全年接待游客4584.45万人次，下降18.5%。旅游产业总收入484.38亿元，下降3.6%。

巴中市

【产业规模】 2019年，巴中市有国家A级以上旅游景点（区）146家。其中，4A级景区20家。有旅行社27家，旅行社从业人员196人，导游人员340人，有旅游业从业人员8.49万人，比上年增长3%。

截至2020年末，巴中市旅游景区、景点146个。其中，5A级景区1个，4A级景区21个。

旅游业从业人员8.82万人,比上年增长3.9%;导游人员361人,增长6.2%。旅行社27个,从业人员196人。旅游住宿设施企业2937户,增长6.8%。其中,饭店、宾馆1102户,增长1.8%。旅游住宿客房5.03万间,增长4.3%。其中,饭店、宾馆3.32万间,增长3.6%。旅游住宿床位数7.65万张,增长3.1%。其中,饭店、宾馆5.02万张,增长2.9%。

【产业贡献】 2019年,巴中市接待国内旅游者3422.98万人次,比上年增长16.6%;实现国内旅游收入305.31亿元,增长22.7%。接待入境旅游者0.95万人次,增长3.8%;实现旅游外汇收入498.61万美元,增长13.1%。

截至2020年末,巴中市全年接待国内旅游者2920.53万人次,下降14.7%;实现国内旅游收入261.95亿元,下降14.2%。接待入境旅游者239人次,实现旅游外汇收入10.3万美元,下降98.0%。

达州市

【产业规模】 2019年,达州市有国家4A级景区8家,五星级酒店1家,四星级酒店12家,旅行社68家。

2020年末,达州市拥有旅游景区总数34个。其中,国家4A级旅游景区12个;全市拥有旅游饭店10个(星级),旅行社29家,持证导游117人,现有旅游从业人员3万人,间接从业20万人。

【产业贡献】 2019年,达州市接待游客4137万人次,增长46%。实现旅游收入328.11亿元,增长57%。

2020年,达州市接待国内游客3794.92万人次,实现旅游总收入302.57亿元。

阿坝藏族羌族自治州

【产业规模】 2019年末,阿坝藏族羌族自治州有A级景区45个。其中,5A级景区3个,4A级景区22个。有旅行社32家,星级饭店16个。其中,五星级3个,四星级7个。旅游从业人员6.2万人。

【产业贡献】 2019年,阿坝藏族羌族自治州全年接待游客3157.1万人次,比上年增长33.2%,实现旅游总收入227.58亿元,增长36.5%。全州A级景区共接待海内外游客1340.94万人次,实现门票收入4.74亿元,分别增长30.8%和99.9%。

2020年,阿坝州接待国内外游客3604.01万人次,实现旅游收入301.14亿元,同比分别增长14.15%和32.32%。

重庆市

【产业规模】2019年,重庆市有国家A级以上旅游景区242家。其中,5A级景区9家,4A级景区106家,3A级景区79家,2A级景区57家,1A级景区1家。旅行社673家。

截至2020年末,重庆市拥有国家A级旅游景区262个。其中,5A级景区10个,4A级景区121个,3A级景区81个,2A级景区49个,1A级景区1个。全市拥有星级旅游饭店163家。其中,五星级27家,四星级50家。全市共有旅行社714家。

【产业贡献】 2019年重庆市接待境内外游客6.57亿人次,实现旅游总收入5739.07亿元,同比分别增长10.0%和32.1%。其中,接待入境游客411.34万人次,实现旅游外汇收入25.25亿美元,同比分别增长6.0%和15.3%。在入境游客中,过夜游客297.11万人次,增长6.1%。

截至2020年末,重庆市全年接待入境旅游人数14.63万人次,旅游外汇收入1.08亿美元,分别下降96.4%和95.7%。

开州区

【产业规模】 2019年末,开州区有旅行社4个,旅行社门市部17个;星级宾馆6家;全区旅游接待床位数21000个。

截至2020年末,开州区有旅行社4个,旅行社门市部17个;星级宾馆6家;全区旅游接待床位数21050个。

【产业贡献】 2019年,开州区全年累计接待游客1069万人次,比上年增长18.4%。旅游综合收入64.57亿元,增长16%。

截至2020年末,开州区全年累计接待游客1104万人次,比上年增长3.3%。旅游综合收入65.02亿元,增长0.7%。年末有旅行社4个,旅行社门市部17个;星级宾馆6家;全区旅游接待床位数21050个。

巫山县

【产业规模】 2019年,巫山县成功创建首批国家全域旅游示范区,巫山博物馆成功创建国家4A级景区,大昌湖成功创建国家湿地公园,小三峡景区通过文化和旅游部5A级景区评定性复核,小三峡景区获重庆市绿色景区。小三峡景区、神女景区、文峰景区、巫山博物馆获重庆市智慧旅游示范景区。

【产业贡献】 2019年,巫山县全年旅游购票人数155.3万人次,比上年增长27.3%。

城口县

【产业规模】 2019年,城口县国家5A级旅游景区、国家级旅游度假区、乡村旅游集群片区建设齐头并进,基本建成乡村旅游集群片区3个。

【产业贡献】 2019年,城口县全年累计接待游客同比增长8.9%,旅游综合收入同比增长9.3%。

第八部分
附 录

中国秦岭地理范围科学考察研究报告

2020丈量大秦岭课题专家组 李方周 执笔

秦岭是横贯中国中部东西走向的巨型山系，宏伟壮丽、绵延千里，是黄河、长江的重要支流渭河、汉江和淮河的发源地。秦岭之水滋养了关中平原、华北平原、四川盆地和长江中下游平原，促进了中华原始文明的形成和以中原为中心的周秦汉唐等王朝的强盛。古往今来，无数文人墨客为秦岭留下了数不胜数的赞美诗篇；众多史学家和历史文献记录下了秦岭的山川河谷以及在其中发生的历史故事。近现代以来，特别是中华人民共和国成立以后，人们更是对秦岭进行了多学科的系统调查和研究。但是由于不同时代背景或涉猎信息有限，秦岭范围有多大？秦岭包括那些地方？从古至今，众说纷纭，从未有人给出一个确切的答案。

2020年国庆节前后，由陕西省和甘肃省文化和旅游厅指导支持，中国地名学会和《中国秦岭旅游年鉴》编纂委员会联合主办，西北旅游文化研究院组织策划，陕西地矿集团和西安地图出版社联合协办，国内地质、地理、地名、民俗、文化、旅游等方面专家和作家参加的历史上首次"丈量大秦岭"科考和文化传播活动，通过历时10多天、跋涉4000余千米、穿越多省区关联市县对秦岭全方位的考察及多学科探讨，完成了首次对秦岭范围划分的科学研究报告，从而让民族脊梁式的秦岭得到了完整的地理呈现。

一、秦岭名称的由来

秦岭亦称南山、终南山、太乙山。

最早出现"南山"的典籍是春秋时期的《诗经·小雅·天保》称："如月之恒，如日之升，如南山之寿，不骞不崩。如松柏之茂，无不尔或承。"

最早出现"终南山"的典籍《诗经·秦风·终南》称："终南何有？有条有梅。君子至止，锦衣狐裘。颜如渥丹，其君也哉。终南何有？有纪有堂。君子至止，黻（fú）衣绣裳。佩玉将将，寿考不忘。"

西汉时期仍称为"南山"，至少在西汉以前的典籍中尚未发现有关"秦岭"名称的记载。西汉司马迁《史记·秦始皇本纪》写阿房宫"乃作朝宫渭南上林苑中。先作前殿阿房……驰为阁道，自殿下直抵南山。表南山之巅以为阙。"

最早记载秦岭名称的典籍是东汉班固《西都赋》称："于是睎秦岭，晲北阜，挟酆（fēng）灞，据龙首。"另有《东都赋》称："秦岭九嵕（zōng），泾渭之川，曷若四渎五岳，带河溯洛，图书之渊？"东汉人辛氏在《三秦记》载："长安正南，山名秦岭。"说明南山即为秦岭。

唐代"秦岭"之名已经广为人知，诗人写诗时已较多使用，但很多诗人依然喜好用"南山""终南山""太乙山"。韩愈《左迁至蓝关示侄孙湘》"云横秦岭家何在？雪拥蓝关马不前。"杜甫《曲江三章,章五句》"自断此生休问天,杜曲幸有桑麻田,故将移住南山边。"祖咏《终南望余雪》"终南阴岭秀,积雪浮云端。"白居易《卖炭翁》"卖炭翁,伐薪烧炭南山中。"王维《终南山》"太乙近天都,连山接海隅。"

实际上直到现今,关中民间仍将秦岭称为南山或终南山,而书面语言多写为秦岭。

二、前人和当今学者对秦岭范围认识

战国《尚书·禹贡》"终南,惇物(太白山),至于鸟鼠。""西倾、朱圉(yǔ)、鸟鼠至于太华;熊耳、外方(嵩山)、桐柏至于陪尾(山东省泗水县)。""导嶓冢(汉王山),至于荆山;内方(章山),至于大别。"大致描述了南山的范围及汉水的流域范围。《尚书·禹贡》中终南山范围与秦岭—大别—苏鲁造山带范围大体相同。

东汉辛氏《三秦记》"秦岭东起商雒,西尽汧陇,东西八百里。"主要说明了陕西段秦岭范围,也就是狭义上的秦岭范围。

东汉班固《两都赋》长安"左据函谷、二崤之阻,表以太华、终南之山"。《汉书·东方朔列传》"夫南山,天下之阻也,南有江、淮,北有河、渭,其地从汧、陇以东,商、雒以西,厥壤肥饶。"既说明了秦岭的范围、秦岭的险峻、秦岭土地肥沃物产富饶,又说明秦岭南有长江、淮河,北有黄河,是长江、淮河和黄河的分水岭。

《百度》词条上称:"狭义上的秦岭,仅限于陕西省南部、渭河与汉江之间的山地,东以灞河与丹江河谷为界,西止于嘉陵江。广义的秦岭,西起昆仑,中经陇南、陕南,东至鄂豫皖—大别山以及蚌埠附近的张八岭,是长江和黄河流域的分水岭。"

当代学者党双忍所著《秦岭简史》的定义为:"大秦岭包含西倾山、岷山、大巴山、秦岭'四大板块',也即秦岭'四兄弟'。在四兄弟中,最杰出的是'秦岭'。而'秦岭',又由10部分组成:秦岭门、陕甘岭、玉皇山、太白山、地肺山、终南山、骊山、华山、商山、伏牛山—嵩山。"

上述所表述的秦岭范围因人而异,东西差异较大,南北界线不清晰。

三、如何科学认识秦岭

地质学上,将横亘中国中部的东西向巨型造山系称为昆仑—祁连—秦岭—苏鲁造山系,又称中央造山带。称中央造山带西起帕米尔,向东经昆仑、祁连、秦岭、大别山,跨过郯庐断裂带,再经苏北—胶南地区,最东端到达朝鲜临津江。它由西昆仑、东昆仑、阿尔金、祁连、秦岭—大别和苏鲁—临津等六个造山带组成,是塔里木地块、华北地块与扬子地块、羌塘地块的分界。

张国伟院士认为:"秦岭造山带位于中央造山带中段,是中国大陆内介于华北板块和扬子板块之间一个十分重要的复合造山带",包括积石山(藏名叫阿尼玛卿山)、秦岭、大巴山、米仓山、大别山等地区。秦岭造山带在平面上表现为三块两带的构造格局,由北而南依次为华北地块南缘、商丹构造结合带、秦岭微地块、勉略构造结合带、扬子地块北缘。扬子地块和秦岭造山带,矿产以有色金属、贵金属、磷矿为主;华北地块矿产以煤、石油、铁矿为主。

地理学上,昆仑—秦岭—大别是中国东西走向的重要山系,秦岭与昆仑之间并无严格自然界线划分。人们习惯于把青藏高原与塔里木盆地、柴达木盆地分界称为昆仑山,而把四川盆地、长江中下游平原与黄土高原、华北平原的分界称为秦岭。柴达木盆地、青藏高原、昆仑山、祁连山位于我国地形第一阶梯,黄土高原、秦岭、四川盆地、华北平原,长江中下游平原位于我国地形第二、三阶梯。

秦岭是中国南北重要的分界线，是黄河流域和长江流域的分水岭，是淮河的发源地，秦岭最高峰太白山海拔3771.2米，是我国大陆青藏高原以东第一高峰。秦岭被誉为中华祖脉，中国的中央水塔和中华文化的象征。

秦岭作为中国南北重要的分界线，具有以下八个方面的鲜明特点。

1. 秦岭—淮河是中国重要的地理分界线，以南称为南方，以北称为北方。

2. 秦岭—淮河是中国重要的气候分界线，以南属湿润温带季风气候，以北属半湿润亚热带季风气候。

3. 秦岭—淮河是中国800毫米等降水量线的界限，以南降水量大于800毫米，以北降水量小于800毫米。

4. 秦岭—淮河是中国1月0℃等温线的界限，以南1月平均气温在0℃以上，冬季基本不结冰；以北1月平均气温在0℃以下，冬季一般结冰。秦岭—淮河也是中国冬季集中供暖分界线，以南冬季未实行集中供暖，以北实行冬季供暖。

5. 秦岭—淮河是中国重要的植物分界线，以南多为亚热带常绿阔叶林，以北多为温带落叶阔叶林。所以有"橘生淮南则为橘，生于淮北则为枳"之说。

6. 秦岭—淮河是中国旱作农业和水田农业的分界线，以南以水稻为主，以北以小麦为主。

7. 秦岭—淮河南北有明显的地形地貌差异。南方主要为四川盆地和长江中下游平原，河网发达，地形复杂破碎；北方主要为黄土高原和华北平原，河流稀少，地形宽广平缓。

8. 秦岭—淮河南北有明显的人文差异。南方男子细腻柔和，女子婀娜多姿。北方男子粗犷豪放，女子英姿飒爽。

归纳起来，秦岭的南北主要差异为南热北凉、南湿北旱、南稻北麦。

四、划定大秦岭范围的基本原则

通过首次"丈量大秦岭"活动对秦岭全方位多学科的综合考察，依据地质、地理、气候、植物、文史等多方面因素，我们制定出了大秦岭范围划分的基本原则如下：

1. 符合秦岭作为我国南北地质、地理、气候、人文、植物、农作物种植和生态环境分界线特点；

2. 符合太白山作为秦岭主峰的广泛认知；

3. 大秦岭范围内的山峰必须与秦岭为同一山系，并与秦岭走向总体相同，有相同的地质演化历史；

4. 尊重历史；

5. 考虑民间习惯认知；

6. 有相对明显的地理界线。

五、大秦岭范围的研究认定

在确定大秦岭范围之前，首先根据划定原则对前人确定的秦岭范围内几个有争议的山峰进行判断分析。

西倾山，位于青藏高原东北部边缘处，属于昆仑山系巴颜喀拉山的支脉，山峰海拔多在4000~4400米之间，属于我国地形第一阶梯，也不符合秦岭作为我国南北地质、地理、气候、人文、植物、农作物种植和生态环境分界线特点和太白山是秦岭主峰的广泛认知。因此，西倾山不属于秦岭范围，迭山、白石山等属西倾山脉范围内的山峰，也不能归于大秦岭范围。

岷山山脉，北起甘肃东南岷县南部与西倾山相接，南至四川盆地西部峨眉山，大致呈南北走向，全长700多千米。龙门山为岷山山系的一个分支。地质学上岷山属松潘－甘孜褶皱系，与秦岭褶皱系有不同地质演化历史。地理学上岷山与秦岭属不同走向的山系。因此，岷山、龙门山不能归于秦岭范围。剑门关属龙门山范围，也不应归于大秦岭范围。

大巴山脉，是陕西、四川、湖北三省交界地区山地的总称，由米仓山、狭义大巴山、神农架、武当山、荆山等组成，东西绵延500多千米。走向北西西—南东东走向，长约560千米，山脊海拔一般2000米左右。地质学上大巴山属秦岭造山带，地理学上大巴山与秦岭属同一走向山系，应归于大秦岭范围。

大别山脉，位于湖北、河南、安徽三省交界处，是桐柏山、狭义大别山及其支脉和余脉的总和。桐柏山一般高度500米，主峰太白顶海拔1140米，为淮河发源地。狭义大别山海拔1000米左右，主峰白马尖1777米。地质学上大别山脉属秦岭—大别造山带。地理学上大别山脉与秦岭属同一走向的山系，是中国南北重要的分界线，应归于大秦岭范围。

张八岭，位于安徽省明光市最南部，虽然处于秦岭东延线上，但走向为北北东向，与秦岭不属于同一山系。地质学上认为，张八岭构造带位于郯庐断裂带以东，郯庐断裂带将同属于中央造山带的秦岭造山带和苏鲁造山带错断，将断裂带以东的苏鲁造山带向北平移至苏北和山东半岛。因此，张八岭构造带应属于苏鲁造山带范围，但其地质结构与大别山地区基本相同，只是受郯庐断裂带影响，构造线方面由近东西向变为北北东向。

陪尾山，位于山东省泗水县，虽然属秦岭—大别—苏鲁造山带范围，但地理学上不属于秦岭山系，也不符合民间认同，不能归于大秦岭范围。

嵩箕山脉，位于河南省中部，北边与黄土丘陵区相连，南至汝河谷地北侧，东到豫东平原，西到伊河谷地右侧边缘，呈孤立的块状突出。在嵩山与箕山之间由于有白降河和颍河宽谷的分割，形成了两个独立的山脉。其中，嵩山是中国五岳之一的中岳，走向东西，最高海拔1512米。地质学上嵩箕山脉与中条山山脉一样，属华北地台南缘断隆，称嵩箕断隆，不属于秦岭造山带。地理学上嵩箕山脉与秦岭并不相连，为秦岭东侧的一个独立山脉。因此，嵩箕山脉不归于大秦岭范围。

陇山山脉，位于陕西西部，宁夏南部和甘肃东部，主峰在宁夏固原、隆德两县境内，海拔2928米，陕西西部走向北西，宁夏段走向南北，长约240千米。地质学上，陇山山脉为古生代北秦岭—北祁连构造带与中新生代六盘山构造带的交会部位。地理学上陇山山脉虽然与秦岭相接，但走向不同，不属于秦岭山系，不归于大秦岭范围。

2020年丈量大秦岭课题专家组采用30m分辨率的DEM，并结合带有地理信息注记的1:7万的遥感影像作为制图底图数据。利用ArcGIS软件，提取DEM等高线。根据等高线与山体阴影，结合遥感影像中明显的地理实体勾绘大秦岭区域范围，从而计算得出大秦岭山域范围的重要数据。

根据以上分析，研究确定大秦岭范围界线如下：

西界：从甘肃省渭源县会川镇沿洮河自北西向南东到岷县，再从岷县向南到四川省九寨县的白水江源头。

南界：沿白水江向东到四川省广元市，再沿大巴山南坡坡脚线到湖北省荆门市，从荆门市沿大别山南坡坡脚线向东到安徽省黄梅县与郯庐大断裂相接。

东界：从安徽省黄梅县沿郯庐大断裂向北东过潜山市到庐江县。

北界：从安徽省庐江县沿大别山－秦岭北坡坡脚线向北西过河南省信阳市到渑池县，从渑池县沿秦岭北坡坡脚线过陕西省渭南市到宝鸡市，从宝鸡市沿渭河向西过甘肃省天水市到甘肃省渭源县会川镇。

基于上述科学考察与研究成果，可总体叙述为大秦岭是横贯中国中部东西走向的巨型山系，西起甘肃南部西倾山与陇南山地接壤处的甘肃岷县，经陕西南部，四川、重庆和湖北北部，河南南部，东到安徽南部郯庐断裂带上的潜山市，长度1496千米，主峰太白山海拔3771.2米，包括秦岭、大巴山、大别山等山脉。大秦岭是长江流域和黄河流域的分水岭，是淮河的发源地，是中国南北重要的分界线和生态安全屏障，被誉为中国的中央水塔，中华民族的祖脉和中华文化的重要象征。

（课题组成员：王根宝、李方周、董天印、王若冰、王殿彬、王晓民、毛腊梅等）

秦岭历史文化科学考察研究报告

著名作家、秦岭文化学者　王若冰

中华文明形成于大秦岭地区,秦岭山脉自西向东蜿蜒穿行的区域,正是长江文化和黄河文化交汇的核心地带。从远古开始,茫茫秦岭山脉就是古人类繁衍生息的家园,孕育了旧石器时代狩猎采集文化和新石器时代定居农业文化。上古夏商周时代,秦岭地区又汇聚了东亚、中亚乃至北亚、南亚、西亚青铜文化与游牧文化,形成了灿烂辉煌的三代文明。秦岭山脉横亘华夏版图中央的独特位置,也让它成为我国多元文化诞生地和南北文化聚合点,因此,秦岭也被称为中华祖脉、华夏龙脉、中华民族父亲山,是中华文化重要象征。

一、秦岭是中国远古先民最早的栖息地

人类由猿到人的进化,经历了极其漫长的过程。以打制石器为标志的旧石器时代,大约开始于距今300万年前,一直延续到距今1万年左右。秦岭是我国旧石器时代考古发现最为富集的地区,是中华古人类的古老家园。秦岭沿线发现的旧石器时代古人类活动遗址主要有:

蓝田上陈遗址。发现地:陕西省西安市蓝田县玉山镇上陈村;地史年代:212万年;价值及意义:世界上除非洲之外最古老的原始人类活动遗迹之一。

蓝田古猿人头骨化石。发现地:陕西省西安市蓝田县公王岭和陈家窝;地史年代:163万年。

郧县古猿人头骨化石。发现地:湖北十堰市郧阳区;地史年代:100万年。

巫县人化石:发现地。地重庆市巫山县龙骨坡;地史年代:200万年。

郧西古猿人化石。第一处发现地:湖北省十堰市郧西县安家乡神雾岭白龙洞;地史年代:60至100万年。第二处发现地:湖北郧西县香口乡李师关村的黄龙洞;地史年代:5至10万年。

南召古猿人牙骨化石。发现地:河南南阳南召县云阳镇;地史年代:50万年。

汉中龙岗寺遗址。发现地:陕西省汉中市南郑县龙岗寺;地史年代:120万年。

花石浪洛南人遗址。发现地:陕西省商洛市洛南县花石浪;地史年代:30至100万年。

二、秦岭是中华文明的发祥地

新石器时代是人类从混沌走向文明的关键时期。东亚人类进入新石器时代大约开始于距今1万年左右,结束于距今4000年前。这一时期,秦岭仍然是华夏先民活动最集中的地区。截至目前,我国考古工作者在全国范围发现最能反映新石器时代华夏先祖所创造文明成果的仰韶文化遗址6000余处,其中仅秦岭横穿而过的河南、陕西境内就有4000余处。在莽莽秦岭蜿蜒而过的其他地区,如甘肃、湖北、安徽、四川、重庆等地,新石器遗址也多有发现,其中最为著名的有:甘肃大地湾、马家窑;陕西北首岭、半坡、姜寨、龙岗寺、杨官、李家村;河南庙底沟、仰韶村、大河村、双槐树、灵宝西坡等。

此外，秦岭沿线还有不少与中国远古神话中华夏创世人物盘古、伏羲、女娲、黄帝、炎帝相关的地方和遗址，它们分别有：秦安女娲洞，天水卦台山、伏羲庙，清水县轩辕谷，宝鸡炎帝陵，蓝田华胥墓，灵宝黄帝铸鼎塬，平利女娲山，竹山女娲山，桐柏盘古山等。

距今4000多年前，人类文明进入青铜时代后，秦岭沿线的青铜文明更是辉煌灿烂。继夏商时代位于秦岭西端齐家文化和秦岭东端的二里头文化，率先点燃中国青铜文明的光焰后，在秦岭怀抱诞生的周秦两代王朝，将我国青铜文明推向巅峰。自汉代以来，在周人和秦人长期生活过的宝鸡境内，相继出土各类青铜器上万件，其中宝鸡中国青铜器博物馆日常展出的青铜器就达1500多件。

三、秦岭是中国文化根脉发源地

中华民族有着5000年文明史，但历史上中国和中国文化在世界范围内产生重大影响力，并对中国历史发展进程产生深远影响的时代，是在秦岭怀抱诞生的周秦汉唐。这四个朝代既是中国文化形成时期，也是中国文化和中华文明高度繁荣、全面发展时期。其中最具代表性的有：

1. 西周礼乐制度诞生于秦岭。礼乐制度由西周时期周公创立，对后世中国社会政治、文化、艺术和思想影响巨大。

2. 中国第一部诗歌总集《诗经》诞生于秦岭。《诗经》里大部分诗歌作品就是由西周采诗官采集编撰而成。

3. 中国历史上第一个统一的中央集权制国家诞生于秦岭。从秦人创业、崛起到立国，一直没有离开秦岭怀抱。秦始皇采取的一系列政治、经济和文化上的统一措施，奠定了中国统一多民族国家基础。

4. 老子《道德经》所代表的东方哲学诞生于秦岭。公元前516年老子被尹喜挽留在函谷关，写下《道德经》五千言，开启了东方哲学思想先河。

5. 秦岭是儒家文化大兴之地。孔子创立的儒家文化发源地在齐鲁，但儒家文化登上统治中国两千多年的主流文化舞台并获得大流行、大发展，则起始于汉武帝推行的"罢黜百家，独尊儒术"。

6. 中国唯一的本土宗教道教诞生于秦岭。东汉末年，张鲁在"五斗米教"基础上，借用老子《道德经》和庄子《华南经》，在汉中创立了中国唯一的本土宗教道教。

7. 秦岭是中国佛教文化落地生根并成长为参天大树的沃土。丝绸之路开通后西域佛教沿丝绸之路传入中国，并在秦岭沿线与中国文化不断融合，最终在盛唐时期形成具有世界影响的中国佛教。

8. 秦岭是"河图洛书"诞生地。发源于陕西洛南县的洛河在洛阳境内与黄河交汇，据传洛河与黄河交汇的地方，就是河图洛书诞生地。天水境内的卦台山，据说是伏羲创立八卦的地方。

9. 秦岭是东西方文化交流大通道丝绸之路起点。公元前119年，张骞从西汉都城长安出发，凿通了人类历史上首条沟通东西方文明与文化交流大通道——丝绸之路。丝绸之路不仅将中国文化影响力传播到了西方，沿丝绸之路远道东来的西方文化，也丰富了中国文化内涵。

10. 秦岭是中国汉字和中国书法艺术诞生的摇篮。大地湾陶器上发现的距今8000多年前的刻画符号，被认为是中国最为古老的文字雏形。甲骨文之后，西周和秦代创造的更便于书写大篆、小篆和隶书，使汉字从记事符号发展成为一种书写艺术。其后对中国书法艺术影响深远的楷书、行书、草书、魏碑及其历史上众多书法大家诞生于秦岭怀抱。

11. 秦岭是中国多元文化孕育和诞生地。秦岭山脉不仅是我国南北自然地理分界线，其独特的地理位置和蜿蜒雄矗的身躯，也使中国内陆语言、风俗、信仰、生活方式千差万别，形成百里不同风，十里不同俗的多样性格局。正是这种多元化和多样性的生活传统，直接孕育了秦岭沿线众多丰富多彩的地域文化。中国传统文化产生重要影响的地域文化中，关陇文化、中原文化、荆楚文化、巴蜀文化以及秦岭西段羌藏文化，就是在秦岭影响下形成的。正是由于秦岭对其山域不同地域文化这种既隔离分割，又相互交流黏合的特殊意义，才让秦岭南北东西不同地区人群生活习惯、文化形态既有差异又有大同，造就了秦岭沿线各地区生活方式的多样性和文化形态的丰富性，孕育、培植并生动展示了中华民族和中国文化多元一体的格局。

12. 中国和中国文化的影响力沿丝绸之路传播到全世界。历史上，西方人称中国为"希尼国"，称中国人为"西尼"或"赛尼"，都因秦国的影响力而来。后来，西方人称中国人为"汉人""唐人"，也因诞生于秦岭怀抱的两个伟大朝代汉朝和唐朝而来。

正是基于以上事实，我们才说秦岭是中华祖脉，是中华文化和中华民族精神的重要象征。

中华秦岭旅游科学考察与研究课题报告

"丈量大秦岭"总策划、旅游专家　王晓民

2020 年 4 月 20 日，习近平总书记来到秦岭牛背梁国家自然保护区视察，语重心长地指出：秦岭和合南北，泽被天下，是我国的"中央水塔"、中华民族的祖脉、中华文化的重要象征。保护好秦岭生态环境，对确保中华民族长盛不衰、实现"两个一百年"奋斗目标、实现可持续发展具有十分重大而深远的意义。

巍巍大秦岭横亘于中国大陆中部，地连陕西、甘肃、河南、湖北、四川、安徽、重庆 6 省 1 市，是中国南北方地理、气候和长江、黄河水系的自然分界线。秦岭不仅是世界名山、华夏祖脉、中华圣山、中央水塔，中华民族父亲山和中华民族文化、精神的重要象征，还是中国乃至亚洲生物基因库、中国内陆生态安全屏障，更是一座中国历史、民族文化、自然风景和人文景观妙趣天成、浑然一体的旅游大观园。

关于这座有着数十亿年历史的巨大山系，古往今来的历史文献中多有记载。应该说，秦岭是华夏民族的古老家园、中国历史更迭的见证者、中国传统文化的孕育者和缔造者。秦岭不仅用它高大巍峨的身躯和血脉般的江河溪流养育了中华大地万千生灵，也让古老的华夏民族生生不息，巍然屹立于世界民族之林。

集厚重历史、自然生态、民族文化、社会科学于一山的秦岭，无疑也是现代旅游业发展的资源与活力的集大成者。

一、秦岭旅游科学考察与研究的历史背景

旅游业是认识自然、享受生活、创造财富、联通世界的新生朝阳产业。秦岭所拥有的历史、人文、自然、地理、宗教、民俗、生态、动植物等丰富资源，是中国现代旅游业发展的巨大资源宝库。

作为一座东西延绵、南北纵横的中央山脉，秦岭对于中国大陆自然地理、生态平衡、国家安全、人居环境、民风习俗的价值和影响，一直以来备受重视，历代史料谈及秦岭，达官文人感怀秦岭浩瀚无数，然而，正如唐代大诗人李白所感叹的"蜀道难，难于上青天"一样，自古以来，巨龙般的秦岭山脉长期是一道无法逾越的自然界屏障。南北不能相通，东西不知边际，即使后来修筑起来的几条古栈道，也仅能在高山峡谷之间蜿蜒穿行，秦岭的史料多受局限，诗词歌赋均以作者面山叙怀而作，以至于千百年来莽莽秦岭山脉的真容，一直笼罩在浩渺的历史烟云之中，神秘、神奇而又令人遐想。

中华人民共和国成立后，随着连接秦岭南北的各类道路陆续贯通，秦岭的亘古沉寂才开始被打破。以 1995 年中国休假制度的调整为标志，蓬勃兴起的自然山水游让秦岭旅游开始异军突起。与此同时，秦岭旅游发展也带动了秦岭文化的传播，不同领域书写和研究秦岭的文字越来越多。

但由于历史的局限性和不同地区、不同领域的人们对秦岭的理解和认知不尽一致，对秦岭地域范围的界定也各执一词，这样根本无法形成秦岭文化和秦岭旅游的统一形象，秦岭所拥有的世界级旅游价值也很难整体在国际旅游市场上得以体现。

历史和现实都向我们提出了一种时不我待的责任感，这便是要从对历史和未来负责、对我们赖以生存的秦岭负责的态度出发，在秦岭山系由不同地区与不同行政区域治理和自我发展的体制下，要想实现秦岭生态保护、文化传承、旅游发展和永续利用的科学衔接，实现秦岭文化由碎片化向系统化转变，推动秦岭旅游由点状特色向总体优势转变，必须引导秦岭山系各地从局部认识到共性认知，由属地突破到全山系共建共享秦岭生命共同体，从而加速秦岭旅游由国内型向国内国际双市场、双循环发展，科学有序建设秦岭国家公园和世地。

实现上述转变，面对的首要问题和基础工程，就是要厘清现实秦岭的地理范围和地域关系，系统性梳理秦岭历史、文化、自然、旅游现状和内涵，进而形成对秦岭历史、人文、自然、山水、生态的整体认知与系列解读，以此正本清源、拨开云雾，让人们正确、全面、理性地认识、热爱、保护并利用秦岭这座为中国和中华民族带来无尽福祉的伟大山岭，这便是我们西北旅游文化研究院集全国专家资源开展秦岭旅游科学考察与秦岭旅游资源科学研究，在此基础上编纂、出版世界上首部大山旅游纪年史——《中国秦岭旅游年鉴（2021）》的初衷和愿景。

二、开展秦岭旅游科学考察方法与研究路径

2020年4月20日，始终牵挂着秦岭生态保护工作的习近平总书记走进秦岭牛背梁国家级自然保护区，面对层峦叠嶂的秦岭，首次言简意赅地阐述了秦岭与中国、中华民族前世今生的重要关系，吹响了当好秦岭生态卫士，推动秦岭文化传承和高质量发展的进军号。

为了贯彻总书记的讲话精神，在中国社会科学院、中国科学院、中国地名研究所、中国旅游研究院西部研究基地等众多单位专家、学者的支持下，2020年5月，西北旅游文化研究院主持启动了《中国秦岭旅游年鉴》的编纂筹备工作，组成了涵盖多领域专家、学者与旅游界资深人士广泛参与的编纂委员会和年鉴编辑部，同时启动了以"让世界认识中国秦岭"为主旨的历史上首次"丈量大秦岭"科学考察和文化传播行动的筹备工作。希望通过科学考察与实地调研，为年鉴确定秦岭地理范围，梳理秦岭文化内涵、地质关系、水文特点、旅游价值等提供科学依据。

2020年9月27日"世界旅游日"，在陕西和甘肃两省文化和旅游厅的支持下，由中国地名学会和《中国秦岭旅游年鉴》编纂委员会主办的"丈量大秦岭"科学考察和文化传播行动在甘肃天水世界遗产地秦岭麦积山盛大启动。来自全国的地质、地理、水文、社会、民族、考古、旅游、地名、文化、地图信息等不同领域的专家、学者、作家，从秦岭北麓向西进发，踏上了史无前例的"丈量大秦岭"科学考察征程。自此后的10余天时间里，考察队围绕秦岭山域，走丝路、上高原、穿戈壁、过草原、越盆地，追踪秦岭水域源头、探访秦岭历史遗迹、考察秦岭与中国大陆形成的前世今生，沿途查阅史料、现场勘查、实地走访、采集水样、座谈交流、举办活动，围绕秦岭边际线行走4000余公里，行程经过5省22市59县区，完成了秦岭旅游研究史上前无古人的"凿空之旅"。

"丈量"过程中，考察队相继完成了对秦岭山系发源的渭河、汉江、嘉陵江、淮河、丹江、洛河水源探访和洮河、白龙江、丹江口进不来，黄河与渭河、洛河交汇地水样采集。在此基础上，形成了近10万字的科普文字和研究成果梳理。考察活动结束后，又经过近3个月的研讨和论证，于2020年12月完成了《中国秦岭地域图》绘制；2021年1月，完成了历史上首张《中国秦岭旅游图》基本蓝图绘制；世界上首部大山旅游纪年史——《中国秦岭旅游年鉴（2021）》，也随着"丈量大秦岭"的脚步和秦岭地域范围的渐渐清晰而得以调整、梳理及编纂。

至2021年5月，在经过多达近50次专业研讨之后，汇聚无数专家、西北旅游文化研究院专业团队、陕西地矿集团和西安地图出版社专家团队、秦岭文化学者王若冰和其他各地无数人智慧与心血的秦岭旅游地域范围、旅游资源研究成果得以完成，概念上的秦岭首次得以完整呈现。

根据这一成果，秦岭界址定义为：旅游地理范围东西绵延约1496千米、南北跨度689千米，最宽处405千米，最窄处53千米，边际线周长约4795千米、总面积约418662平方千米；秦岭山系旅游地理关联陕西、甘肃、河南、湖北、四川、安徽、重庆6省1市的32座城市中的159个县（区、市），这是秦岭概念的具体化，也是大秦岭旅游资源容量、分析、研究的基本依据。

三、秦岭旅游区域组成及优质旅游资源分布现状

秦岭特殊的地质、地理、气候、生物、环境特点，以及源远流长的历史、文化，沿河而居的生存法则、自然生息的人文特点，所拥有和形成的现代旅游资源优势毋庸置疑，但长期以来并未进行过全面系统的挖掘与梳理，不能不说是一大憾事。

在2020年至2021年长达一年的时间里，西北旅游文化研究院所开展的从"丈量大秦岭"科考，到《中国秦岭旅游年鉴（2021）》编纂工作的系统推进，再到联动全国专家、学者、积极争取秦岭山系省市文旅部门、文化旅游人支持，同时依托研究院与各类社会资源的对接，我们从山峰、河流、地质、水利、森林、气候、动植物、古遗迹、大交通、民风民俗、非遗文化等方面，对大秦岭关联地理区域的世界级和国家级旅游资源进行了全面梳理，也形成了历史上第一次对秦岭世界级和国家级优质旅游资源的基本数据相对完整的采集。

（一）秦岭旅游资源的分布形态

秦岭作为一座绵延千余公里的中央山脉，其地质、地理、水文、关隘、城池、历史文化等，对中华民族史、中国发展史、中华文明史进程的影响是长期而广泛的，人文和自然类、有形与无形的遗存、可观赏或可感知的资源都是秦岭旅游资源的组成部分。

从秦岭自然形态、历史文化、山地关联、文化融合、人文一体的特征出发，我们认为划定秦岭旅游资源存在形态（即大秦岭文化旅游区）的方式是：秦岭地理生态旅游区＋秦岭边际旅游区＋秦岭历史文化旅游圈。

如图所示：

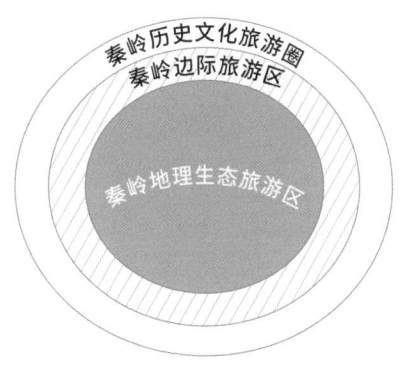

1. 秦岭地理生态旅游区：指列入秦岭地理区域范围内的名山大川、历史遗迹、自然风景、城乡风貌、文化景观、传承项目、风土人情资源等。

2. 秦岭边际旅游区：指处于秦岭生态旅游区东西南北地域边缘，根据地域文化特征、山体高度、江河特征、山地关联特点、秦岭旅游地理坡脚线、水流界址等向外延伸的过渡区域，根据当地山地文化旅游关联度，秦岭边际旅游区在不同地区带宽、范围会有所差别。

3. 秦岭历史文化旅游圈：指与秦岭关联密切的城市、景观、流域、山址、文化区，或以秦岭历史文化为核心，以秦岭关联文化和旅游资源为主要吸引物，由秦岭边际旅游区向外延伸的地区。

以上"两区一圈"共同构成了涵盖地域广泛、旅游资源极其富集、旅游资源开发利用和旅游公共服务配套相对良好的"中华大秦岭文化旅游区"。

（二）秦岭地理生态旅游区优质旅游资源分布

1. 秦岭地理生态旅游区旅游资源的价值属性

作为具有世界东方文化最鲜明特征的秦岭山脉，其地质、生态、人文、自然景观总体形态及对中国大陆的影响力等，均在世界范围内具有唯一性、至高性等特点，秦岭所蕴藏的是国家史、民族史、社会发展史和文化传承史。因此，就秦岭地理生态旅游区而言，其总体资源价值是世界级的，单体资源门类齐全，数量巨大，区域广泛，资源禀赋高，开发利用前景广阔。但是由于资源管理、规划、利用评定等存在属地性，其评价存在不充分、不平衡的现实问题。

2. 秦岭地理生态旅游区经认定的世界级和国家级旅游资源与风景地存量

西北旅游文化研究院组织专家团队经过为期一年的考察调研，在有限的条件下，对秦岭地理生态旅游区经评定的现有世界级、国家级旅游资源和风景地进行了系统梳理，完成了《秦岭地理生态旅游区世界级/国家级旅游资源（风景地）存量与分布列表》如下：

类别	数量	分布地区
世界遗产地	5	陕西、甘肃、河南、湖北
世界地质公园	6	陕西、河南、湖北、安徽、四川
国家级风景名胜区	19	陕西、甘肃、河南、湖北、安徽、四川、重庆
国家级自然保护区	60	陕西、甘肃、河南、湖北、安徽、四川、重庆
国家森林公园	94	陕西、甘肃、河南、湖北、安徽、四川、重庆
国家水利风景区	74	陕西、甘肃、河南、湖北、安徽、四川、重庆
国家湿地公园	61	陕西、甘肃、河南、湖北、安徽、四川、重庆
国家地质公园	24	陕西、甘肃、河南、湖北、安徽、四川
国家级旅游度假区	3	陕西、河南、湖北
国家公园	1	陕西、甘肃、四川
国家植物园	1	陕西
国家重点文物保护单位	234	陕西、甘肃、河南、湖北、安徽、四川、重庆
合计	582	因不同类别资源（风景地）评定管理方式不同，表中存在"一景多名"现象。

注：数据为不完全统计，截至2020年12月，由西北旅游文化研究院制表。

3. 秦岭地理生态旅游区国家高A级景区数量与分布

旅游景区等级评定是依据国家标准，对具备接待游客条件的景区（点）资源价值、接待价值、接待设施、旅游环境与服务的综合评定认证。经西北旅游文化研究院不完全统计，截至 2020 年底，秦岭地理生态旅游区已经国家评定认证的 5A、4A 级旅游景区数量为 274 个，基本分布情况如下表

省市 类别	陕西	甘肃	河南	湖北	安徽	四川	重庆	合计
5A	4	1	5	4	3	1	0	18
4A	65	20	62	67	17	20	5	256

注：由于各省市秦岭生态旅游区关联区域面积不同、资料来源有限，以上数据仅供参考。

4. 秦岭地理生态旅游区关联城市世界级与国家级非物质文化遗产存量和分布

非物质文化遗产是旅游文化的重要组成部分，也是重要的旅游资源。经过西北旅游文化研究院调研梳理，截至 2020 年 12 月，秦岭地理生态旅游区关联城市已获认定的世界级、国家级非物质文化遗产数量如下表：

省市 类别	陕西	甘肃	河南	湖北	安徽	四川	重庆	合计
世界非物质文化遗产	1	3	1	1	0	1	0	7
国家非物质文化遗产	32	11	34	42	11	14	10	154

四、建设秦岭世界级旅游目的地的历史必然性

秦岭与中国大陆架的地质地理关系、秦岭自然生态与整个中国乃至亚洲的重要联系在，秦岭历史文化对中华民族史、中国发展史、中华文明史的重要意义，秦岭旅游资源存量和已开发景区的国内外市场认可度、秦岭历史文化旅游区范围内城市旅游的发展实力、综合旅游业态的成熟程度，以及各级党委、政府、文化旅游行业、社会各界对旅游发展的期许和人民群众对通过发展旅游创造更多生活福祉的向往，都对秦岭文化旅游高质量发展提出了新的要求，建设秦岭世界级旅游目的地和可持续发展的中华大秦岭文化旅游区、中国最大的秦岭生态旅游示范区已成历史之必然。

秦岭地理生态旅游区、边际旅游区、历史文化旅游圈是我国旅游业起步最早、发展最快的地区之一，经过 40 多年的持续高速发展，整合共建秦岭世界级旅游目的地的内部条件已日趋成熟。

1. 文化旅游资源价值高：秦岭"两区一圈"文化和旅游资源具有世界范围唯一性、多元性的鲜明特征，仅在秦岭地理生态旅游区范围内已被列入《联合国世界遗产名录》的遗产地就有 5 处，被命名的世界地质公园有 6 处，秦岭边际旅游区和历史文化旅游圈内世界遗产数量更大。

2. 已开放景区数量大、级别高、市场影响力大：据不完全统计，截至 2020 年底，秦岭地理生态旅游区已有 A 级景区 1000 家以上，其中 5A、4A 级近 300 家，华山、武当山、麦积山、华清宫、神农架、太白山、伏牛山、大别山等，旅游客源逐年高速增长，秦岭边际旅游区中兵马俑、剑门关、嵩山少林寺、九寨沟等景区在全国排位靠前，国内外旅游市场知名度、向往度极高。

3. 多元化、高品位休闲度假业态异军突起：秦岭核心旅游区地处中国南北方地理、气候过渡

带和长江、黄河水系分流地带，多样性的气候、生态、动植物资源，以及由秦岭发源的汉江、渭河、淮河、嘉陵江、丹江等血脉般的干流、支流等水资源条件，为秦岭休闲、度假、康养等业态发展提供了先天优势。据初步统计，目前仅秦岭地理生态旅游区已被命名的国家级度假区有3处、国家级重点风景名胜区19处、国家森林公园94处、国家水利风景区74处，各类休闲度假设施、特色民宿等都具备一定规模和档次。

4.大交通为秦岭国际旅游发展保驾护航：秦岭历史上"蜀道难，难于上青天"的交通阻隔早已成为历史，目前高速公路、高铁在秦岭地域范围的东西南北中均已基本实现全覆盖，核心区、边际线、历史文化圈内机场、航线众多，西安、成都、武汉、郑州、重庆、合肥、兰州等省会城市都可以提供国际航线保障。

5.区域城市旅游产业成熟，县区配套日趋完善：秦岭地理生态旅游区内32个城市大多早年已是中国优秀旅游城市，如今正在创建国家全域旅游示范城市的数量过半，旅游业发展条件良好，产业规模日趋壮大；生态旅游区关联县区近200个，大都是本省旅游业相对先进地区；边际线和历史文化旅游圈范围内的城市、县区，与秦岭核心区市县旅游优势互补，市场互动，可在国际旅游目的地建设方面互为依托、相互支持。

6.区域人口众多，消费需求旺盛：秦岭关联省市总人口近4亿，秦岭山系不同地区良好的自然生态和相对成熟的旅游业态，都是关联地区人口最直接的旅游消费去处；促进秦岭山系互动往来，可以形成扩内需、促消费的直接效应；推动农特产、乡村农舍、农村人口与旅游融合，可以带动乡村振兴、民众致富；推动客源结构的全国化、国际化，可以带动秦岭区域人流、物流、投资流、技术流和消费流，让城乡和百姓共享旅游发展红利。

7.秦岭范围特色区域、主题片区可优势互补：经过多年开发建设和旅游发展，目前秦岭地理生态旅游区已基本形成以省境为区域、以主题文化和线路产品为特色的旅游发展格局，如秦岭北麓旅游区、陕南生态旅游区、陇东南旅游片区、大巴山旅游区、伏牛山旅游区、武当山旅游区、大别山旅游区等，川陕甘、鄂豫皖等都有大秦岭关联区域旅游协作机制。共建秦岭世界级旅游目的地，可以整合已有优势，扩大合作效益，实现更大的社会效益和经济效益。

8.政府、行业、社会和民众充满期待：依托资源优势，在统筹做好秦岭生态保护的前提下，做大秦岭旅游、做火旅游市场、做活秦岭文化、做强产业经济，是各级党委、政府、社会各界、文化旅游行业、投资主体和广大人民群众的共同需求，也是实现旅游业供给侧结构性改革，促进秦岭文化和旅游高质量发展，推动大秦岭与世界名山接轨、与国际旅游潮流接轨的历史必然。可称为"天时、地利、人和，正当其时！"

五、加强秦岭山系合作，推动秦岭文化旅游高质量发展

巍巍大秦岭是我国中部的中央山系，西接青藏高原，南连四川盆地，北接关中平原、黄土高原，东接华北平原和黄淮平原。在中国地理上承东启西、贯通南北；在水文上对接长江、黄河两大流域；在经济上联通全国多个经济合作区；在文化上属于多元融合交汇区；在旅游上属于我国内陆地区业态相对发达、产业规模相对较大的旅游发展先行区。

大力推动秦岭山系的文化旅游合作，有利于集中资源、人口、市场、文化产业优势，塑造"中华大秦岭"文化旅游品牌，讲好中华故事，促进中华优秀文化保护与传承，也有利于东西南北理念、模式、经验、业态、信息互鉴，民众互动、客源互动、市场共享、业态互促、产业合作，共同做强文化旅游优势和旅游经济规模，促进文化和旅游高质量发展。

根据对秦岭文化旅游资源、产业规模和发展现状的调研分析，"丈量大秦岭"科学考察和文化传播行动课题组提出如下建议：

1. 建立秦岭旅游协同发展机制：由文化和旅游部牵头建立秦岭旅游跨省际协调机制，从国家层面共同研究秦岭文化旅游跨地区合作、全山系联动事项，启动秦岭国际旅游目的地建设策划和规划，使其与国家战略和国民经济发展"五年计划"相衔接。通过制定统一行动纲领和计划，逐步改善目前属地统筹、各自为政、同一风景分行政区域开发、部分景区同质化缺精品的秦岭文化旅游片状和点状开发经营的现状。

2. 构建秦岭文化传播体系：从整体讲述秦岭故事、保护和传承秦岭文化、引导秦岭文化社会认同与共鸣的角度出发，引导和加强新闻宣传以及影视、图书、动漫、文创的开发，以中央广播电视总台《中华秦岭》大型人文地理纪录片拍摄、播出、国际交流和《中国秦岭旅游年鉴》纪年史编纂、首张《中国秦岭旅游图》出版和"送你一个大秦岭"整体营销为开端，引入数字技术应用，持续性塑造、推广秦岭文化品牌。

3. 建立秦岭文化旅游产业合作机制：政府、协会、业态、市场主体、研究机构与传播单位合作，联合组建大秦岭文化旅游合作联盟，形成政企合作、共建共享的秦岭文化和旅游发展共同体，研究和规范市场行为，搭建产业合作与交流平台，使秦岭东西南北中的产业交流和互动发展实现常态化。

4. 构建立体化的秦岭文旅节会互动体系：以政府间协同发展机制和产业间市场合作联盟为双向平台，总体策划和协调关联大秦岭山系、覆盖秦岭地理生态旅游区直至秦岭历史文化旅游圈的大型促销、展览、推介、赛事活动，搭建中华秦岭互动营销和融合发展节会平台，支持区内联动性、主题性、参与性、市场化活动落地，以节会营销促进秦岭旅游发声、交流和立体合作。

5. 革新观念、突破地域、倡导"站上秦岭之巅"谋全局的战略思维：从传承中华文化、促进旅游发展、做大秦岭旅游、拉动文旅消费的要求出发，建议秦岭关联区域政府、部门依据旅游业跨地域、重体验、求品质的特征，推动本行政区域与大秦岭的全面合作互动，将跨界合作和客源引流纳入目标责任考核，营造大格局、大智慧推动山系合作的大氛围。

6. 坚定不移地推动秦岭国家公园和秦岭世界级旅游目的地建设：秦岭旅游关联面宽、地域东西南北纵横相关多省，形成合力建设国家公园、世界级旅游目的地、中国最大的生态旅游示范区，可以充分调动各级行政资源，协调一致为此努力，这是突破瓶颈加速全山系合作的有力抓手。习近平总书记2020年4月20日视察秦岭时的重要讲话精神，为这一抓手启动提供了条件和机遇，秦岭山系各省市和有关各方推动上述工作恰逢时机，应努力尽力而为之。

秦岭地区国家全域旅游示范区典型示范模式

一、文旅融合发展型

陕西省西安市临潼区：精耕文旅融合 助力全域发展（第一批）

临潼是兵马俑的故乡，位于西安市以东 25 千米，面积 915 平方千米，常住人口 72 万。素有"华夏源脉"的美誉，是中华精神文明标识地之一，文化旅游资源丰富，其中包括秦始皇帝陵·兵马俑世界文化遗产 1 处，秦始皇陵、秦东陵、康家遗址、扁鹊墓、周幽王墓、褒姒墓、蔺相如墓等国家重点文物保护单位 6 处，省级文物保单位 4 处，市（县）级文物保护单位 42 处，文物保护点 487 处。临潼也是女娲补天、抟土造人等神话传说和骊山烽火、商鞅变法、鸿门一宴、西安事变等历史典故的诞生地。同时拥有关中道情皮影戏、马踏青器社火、十面锣鼓、龙灯社火、铁炉油馍制作工艺、木刻、背芯子等一系列非物质文化遗产。现有国家 5A 级景区 2 处，4A 级景区 2 处，3A 级景区 3 处。2018 年，全区接待游客 8500 万人次，实现旅游综合收入 256 亿元。

模式特点：一是坚持需求导向，打造高品质文化旅游演艺项目；二是坚持以人为本，优化文化和旅游服务质量；三是坚持开发开放，壮大文化和旅游产业效益；四是坚持文化挖掘，助推文化和旅游产业集群化；五是坚持品牌营销，讲好独具特色的"临潼故事"。

陕西黄陵县：守护中华文明精神标识（第二批）

黄陵县位于陕西省中部、延安市南端，是"中华文明精神标识"——黄帝陵所在地。生态环境优美、人文景观独特，现有 5A 级景区黄帝陵、4A 级景区黄陵国家森林公园，万安禅院石窟、中华始祖堂、峡谷寨 3 个 3A 级景区及全国红色旅游经典景区小石崖革命旧址等。

创建过程中，黄陵县以全幕影像系统为核心，辅以 LED 珠帘及两侧联动成像系统，打造光离子黄帝形象墙，以"高科技、全景式、立体感"的方式和声光电现代科技模式系统化、完整化展示黄帝文化，建成让黄帝故事可看可知的"中华始祖堂"，使"旅游＋文化＋科技"高度融合；"工业＋旅游"创新融合助推黄陵矿业集团工业旅游可持续化发展，串联黄陵矿业集团企业文化中心、矿山公园、应急救援演练中心，打造现代工业旅游。

二、旅游扶贫富民型

安徽六安市霍山县：激发内生动力 走可持续旅游扶贫之路（第一批）

安徽省霍山县在创建国家全域旅游示范区工作过程中，大力发展乡村旅游，助力乡村振兴，并把旅游与扶贫工作结合起来，特别是位于该县南部的堆谷山村，充分利用境内丰富的旅游资源，激发内生动力，走出了一条可持续的旅游扶贫之路。

堆谷山村地处大别山主峰白马尖南坡脚下，磨子潭水库上游。总面积 57.45 平方千米，人口 510 户 1968 人。境内山峰雄峻，白马尖、多云尖、天河尖 3 座海拔 1700 米以上山峰环绕，龙井峡、狼牙谷、广家河壁立千仞、幽深险奇，是原始生态的"天然氧吧"。先后被评为"中国最美乡村""美丽中国十佳旅游村""安徽省特色旅游名村""省级乡村旅游示范村"，是全国知名的户外徒步探险地。

因处于大别山区腹地，历史上受自然环境等条件制约，堆谷山村是全县首批贫困村，直到 1999 年才摘去贫困村的帽子。但到 2016 年，仍有 95 户贫困户，284 名贫困人口。

自 21 世纪初开始，凭借得天独厚的旅游资源，堆谷山村因地制宜大力发展乡村旅游。按照中央全面建成小康社会"一个都不能少"的目标和精准扶贫要求，通过党政主导、能人带动、协会互助，走上了一条旅游扶贫的金光大道。到 2018 年年底，用 3 年时间实现旅游脱贫 63 户，236 人。

模式特点：一是能人创业，萌发乡村旅游；二是景区带动，集聚式发展；三是协会自治，规范化发展。

河南省信阳市新县：发展全域旅游 助力脱贫攻坚（第一批）

近年来，新县立足丰富的旅游资源，坚定"旅游兴县、旅游富民"理念，将旅游作为脱贫攻坚的主抓手，把乡村作为旅游发展的主战场，走出了一条农业文化旅游"三位一体"、生产生活生态良性循环、一二三产业深度融合的旅游扶贫新路径，探索形成了全域旅游助推脱贫攻坚的"新县实践"。2018 年，全县共接待游客 636.3 万人次，实现旅游综合收入 33.1 亿元，旅游及相关产业对 GDP 贡献率达 23.5%。全县 81.34% 的建档立卡贫困群众在旅游发展各环节受益。旅游扶贫相关经验被央视《焦点访谈》、新华社专题报道。2019 年 9 月 16 日，习近平总书记考察新县并指出，依托丰富的红色文化资源和绿色生态资源发展乡村旅游，搞活了农村经济，是振兴乡村的好做法。

模式特点：一是坚持全域联动强保障；二是推动乡旅共建促增收；三是深化产业融合扩成效。

安徽金寨县：红遍全域 美遍全乡 富满全县（第二批）

金寨县地处大别山腹地，区位交通条件优越，"红、绿、蓝"三色旅游资源禀赋独特。这里走出了 59 位开国将军，享有"红军摇篮 将军故乡"之美誉，森林覆盖率达 74.6%，负氧离子含量极高，坐拥华东最后一片原始森林——天马自然保护区。

近年来，县委、县政府秉承"绿水青山就是金山银山"的发展理念，大力实施"旅游富县"战略，积极探索旅游企业"1＋N"精准扶贫模式，指导旅游企业、农家小院业主等与 5 户以上贫困户建立密切合作关系，在用工、餐桌食品供应、旅游商品加工等方面签订收购协议，带动贫困户实现增收。2020 年 4 月，金寨县实现国家级贫困县摘帽。

金寨县以改革创新引领旅游经济高质量发展，进而带动区域经济增长之路，形成了"红遍全域、美遍全乡、富满全县"的"金寨实践",对革命老区、红色绿色旅游目的地融合发展具有十分重要的示范意义。

湖北英山县:打好"特色牌"念好"农字经"(第二批)

英山县位于湖北省东北部、大别山腹地南麓。该县文化底蕴深厚,吴楚文化、民俗文化、红色文化交相辉映。宋代活字印刷术发明家毕昇在这里诞生;英山是革命老区,是鄂豫皖革命根据地的重要组成部分,红二十七军在这里诞生,红二十五军在这里开始长征,红二十八军、红四方面军、刘邓大军曾在此浴血奋战;英山人杰地灵,走出了熊召政、刘醒龙两位"茅盾文学奖"获得者。

创建过程中,英山县深入推进全域旅游与脱贫攻坚互融互促,利用土地流转、岗位就业发展种养业、开办农家乐民宿等方式,增加贫困群众收入,带动近10万人吃上旅游饭,1.8万贫困户实现了脱贫致富。2019年4月份,英山县以综合贫困发生率0.15%的成绩通过贫困县退出专项评估,被省政府批准退出贫困县行列。神峰山庄创新发展"旅游+有机农业+文化+康体养生经营"模式,荣获全国产业扶贫"十佳典型案例""第二届中国产业扶贫优秀案例"。

陕西石泉县:创新"四带"模式 助力脱贫攻坚(第二批)

陕西省安康市石泉县立足生态资源优势和全域贫困实际,以创建国家全域旅游示范区为契机,创新推行"四带"模式,走出了一条旅游脱贫富民的新路子。

一是突出全链条,探索旅游脱贫实施新途径。制定了《石泉县旅游扶贫三年行动方案(2018－2020年)》,以建设核心景区、发展乡村旅游、开展行业培训、开发旅游商品为重点,使旅游产业成为贫困群众脱贫致富新途径。

二是突出全要素,创新旅游脱贫"四带"新模式。积极发挥旅游产业在脱贫攻坚工作中带动性强、关联度高、产业链长突出优势,创新实施"景区带片、景点带村、企业带户、服务带人"的旅游"四带"模式,促进贫困户增收。

三是突出全保障,实施旅游脱贫扶持新机制。出台《石泉县促进旅游产业发展奖励办法(试行)》等一系列政策文件,在增加客流、激发动力、增加收入上持续发力,推动旅游产业助力增收。

陕西柞水县:旅游脱贫 旅游富民 旅游强县(第二批)

近年来,陕西省商洛市柞水县积极探寻旅游产业与脱贫攻坚的有效契合点,以旅游业统筹引领农村经济发展,通过"四联"模式,走出了一条旅游脱贫、旅游富民、旅游强县的新路子。

模式特点:一是坚持全域联动,增强脱贫动力。坚持把旅游作为战略性支柱产业,把全县作为一个大景区来打造,确立了"产业围绕旅游转、产品围绕旅游造、结构围绕旅游调、功能围绕旅游配、民生围绕旅游兴"的全域旅游工作推进机制。二是坚持产业联接,强化帮扶功能。按照"抓三产、促一产、带二产"的思路,建立生产初端和消费终端有效联接机制。三是坚持景区联带,促进就业创业。优先支持贫困群众在景区灵活创业,找到了全域旅游与脱贫攻坚的最大公约数。四是坚持入股联营,共享发展红利。通过入股联营,为贫困群众提供了持续稳定的增收渠道,确保全面小康路上一个也不落下。

三、城乡统筹型

湖北远安县:以全域旅游之力 助推城乡统筹发展(第二批)

湖北省宜昌市远安县将全域旅游富民作为全县高质量发展的四大战略之一,统筹城乡发展,推动全产业融合。

模式特点:一是优化顶层设计。坚持以全域旅游的理念和标准统领经济社会发展全局。定位城市功能,明确"旅游向西、工业向东、城市居中、整体向南"的发展布局。打破行政界限,将全域划分为县城转移核心区、城郊融合区、梯次转移弹性区、过渡安置区、逆城镇化康养预留区"五大区域"。二是统筹城乡发展。在保护生态、发展生产、提升生活质量方面坚持城乡协同发展,用旅游带动乡村振兴。把县城建成客厅,把集镇变成展馆,把农村绘成风景,用道路串联全域。三是推进产业融合。以发展全域旅游为强劲抓手,形成旅游业助推工业、带动农业、主导三产的新局面,使传统产业链条得以加粗延长,实现"一业带百业",有效激发旅游业的"乘数效应"。

四、生态依托型

重庆市巫山县:生态振兴引领全域旅游大发展(第一批)

重庆市巫山县以建成山清水秀美丽之地为目标,以创建国家全域旅游示范区为抓手,秉承"绿水青山就是金山银山"的发展理念,坚持实施生态优先绿色发展行动,推动人与自然和谐发展,闯出了一条生态振兴引领全域旅游创新发展之路。3年来,接待游客从1100万人次增长到1598万人次,年均增长24.3%;旅游业对全县GDP的综合贡献率达25%以上。

巫山在春秋战国时期属楚国巫郡,秦汉改郡为巫县,距今2296年,辖区面积2958平方千米,辖26个乡镇(街道)、339个村(居),总人口65万。基本县情可概括为"一户五县"。一户:地处三峡库区腹心,是渝东门户、重庆向东开放桥头堡。五县:一是文化名县。204万年前的龙骨坡"巫山人"是最早的亚洲人类,5000年前的大溪文化遗址是新石器文化代表。巫文化、巴楚文化、神女文化交相辉映。流传"汉水波浪远,巫山云雨飞""曾经沧海难为水,除却巫山不是云"等名诗名赋6000余首。二是旅游强县。可观"一江碧水,两岸青山,三峡红叶,四季云雨",可探"千年古镇,万年文明",是中国旅游强、全国森林旅游示范县,荣获"海外游客最想去的旅游目的地"。三是移民大县。属三峡工程重庆库区首淹首迁县,淹没陆地面积49.3平方千米,县城整体搬迁,移民9万人。四是国家生态文明示范县。地处长江三峡生态屏障核心区,是国家淡水资源战略储备基地、全国文明县城、国家卫生县城、国家园林县城。五是国家扶贫开发重点县。本轮脱贫攻坚贫困村120个、建卡贫困户24620户90642人,有市级深度贫困乡镇1个,2018年6月通过国家验收,目前已高质量"脱贫摘帽"。

四川省广元市青川县：发展全域旅游 实现绿色崛起（第一批）

青川县是秦巴生物多样性重点生态功能区，全域自然保护区、风景名胜区、水利风景区、地质公园等受保护的国土空间占辖区面积76%，森林盖达到72.99%，空气质量在川东北地区长期保持第一，地表出境断面水质全面达到Ⅰ类。

青川是大熊猫国家公园重要组成部分，是大熊猫及川金丝猴、羚牛、岩羊、黑熊、红腹锦鸡等伴生物种的重要栖息地；唐家河自然保护区入选IUCN首批绿色名录第一名，是IUCN常驻会址，有动植物3711种，被誉为"天然基因库"，是全球低海拔地区野生动物遇见率最高的地方。

青川是"5·12"特大地震极重灾区，近年来高举绿色高质量发展旗帜，积极推进全域旅游，走出了独具特色的全域旅游发展之路，不仅促进了多样化绿色资源的保护利用，开发出多元化的绿色产品，而且提高了全域生态空间的复合价值。2018年接待游客605万人次，省外和境外游客占比18.3%，旅游综合收入65.5亿元，近3年游客接待量增速在20%以上。

模式特点：一是体制机制围绕旅游"改"，建成统筹全局的管理体系；二是公共服务围绕旅游"建"，提升全域便捷的接待能力；三是业态产品围绕旅游"供"，提供丰富多样的生态体验；四是市场监管围绕旅游"立"，营造安全和谐的市场秩序；五是资源环境围绕旅游"抓"，坚守绿色青山的生态底色；六是市场营销围绕旅游"转"，彰显绿色生态的品牌特色。

安徽潜山市："串珠成链"做美线路（第二批）

潜山位于安徽西南部、大别山东南麓，素有"皖国古都、二乔故里、安徽之源、京剧之祖、黄梅之乡"的美誉。近年来，潜山始终坚持"生态立市、旅游兴市"战略，以全域旅游为抓手，做美景区链，做新业态链，做强配套链，"串珠成链"打造全域旅游"潜山路径"。

创建过程中，潜山市以景区的标准规划全市、以景点的要求建设城乡，"串珠成链"形成"一核两区三带四板块"全域旅游发展格局。一是以"美丽乡村"为依托，做优全域旅游底色。二是以"核心景区"为引领，做强全域旅游龙头。三是以"基础建设"为基石，做实全域旅游配套。四是以"串珠成链"为目标，做美全域旅游线路。

下一步，潜山市将秉承"创新、协调、绿色、开放、共享"的发展理念，以天柱山为龙头，以"旅游+""+旅游"为路径，将潜山建设成长三角生态健康后花园，国家康养旅游示范基地和国内一流、国际知名旅游目的地。

河南栾川县：城市乡村景区化 旅居福地品质化（第二批）

栾川县地处豫西伏牛山腹地，森林覆盖率82.7%，环境空气优良天数常年保持在310天以上，是生态旅游和矿产资源大县。近年来，栾川县以创建国家级全域旅游示范区为抓手，坚持"生态为基、旅游引领、产业融合、绿色发展、扶贫富民、乡村振兴"的发展理念，持续推进经济社会转型发展，走出了一条"绿水青山就是金山银山"的栾川路径。

创建过程中，栾川县把全域旅游作为引领全县经济社会发展的核心抓手，将生态资源优势转化为经济社会发展优势，实现了城市乡村景区化、景区发展全域化、旅居福地品质化，走出了一条符合栾川实际的全域旅游带动脱贫攻坚的新路子。

栾川县 15 个乡镇中有 13 个乡镇拥有旅游景区，每个乡镇均有一个乡村旅游示范村和一条沟域经济示范带。"栾川印象"区域农产品品牌叫响全国，使山区土特资源转化为附加值更高的旅游商品，群众增收效果明显。

湖北神农架林区：立足生态保护 发展全域旅游（第二批）
湖北省神农架林区全域旅游创建中最关键的做法，是走"生态保护型"全域旅游发展之路。
模式特点：一是理念引领。树立"保护就是发展、绿色就是财富、文明就是优势"的理念，构建生态保护引领下的多规合一模式，严格划分保护区、生态保育区、游憩展示区、传统利用区，在严格保护前提下，传承性进行游憩展示。二是体制引领。建立党政一把手统筹的全域旅游工作机制，连续 18 年召开全区旅游发展大会，形成齐抓共管的旅游良好格局。三是路径引领。大力发展以旅游为主导的绿色、健康、服务产业，旅游融合业态呈现高质量可持续发展的良好态势。四是项目引领。全区实施生态环境修复 63 处 21 万平方米，打好蓝天碧水净土保卫战。实施国家公园旅游特许经营。打造科普设施，培养专业队伍，讲好神农架生态故事。鼓励原住民优先参与国家公园特许经营活动。

四川九寨沟县：全域发展 绿色崛起（第二批）
四川省阿坝藏族羌族自治州九寨沟县紧扣国家全域旅游示范区创建要求，着力构建"一主两核三带"绿色发展新布局，成效显著。
模式特点：一是创造性提出"全域发展·绿色崛起"新路径。大力推动生态文明建设科学化、规范化、制度化，坚持规划引领，率先在全国出台了首个县级生态文明建设评估指标体系，着力构建生态保护长效工作机制，为全域旅游提供了坚强保障。二是创新推进"旅游＋产业"发展新模式。坚持让旅游发展红利惠及广大群众，把自身的品牌、资源优势与绵竹、嘉善、平湖等地的区位优势结合起来，共建 3 个飞地园区，开创了省内对口帮扶、东西扶贫协作的"旅游＋产业"发展新模式。三是创新提出"旅游高峰期应急管理"新理念。实行游客限量措施，建立"县、局、司、镇"四方旅游高峰应急响应机制，成功应对每年旅游高峰。

五、休闲度假型

河南浉河区：茶旅融合领航革命老区振兴（第二批）
河南省信阳市浉河区按照全域旅游助力乡村振兴的总要求，依托丰富的茶资源、红色资源、生态资源，以茶旅融合为抓手，大力实施"革命老区、信阳毛尖、生态环境"三大品牌战略，积极探索"茶区变景区、茶园变公园、茶山变金山"实践路径，实现了乡村经济由"一产为主"转变为"三产共融"，由单一供给转变为多元供给，把生态优势转化为经济优势，探索出了一条以"茶旅融合领航革命老区振兴"的浉河道路。
模式特点：一是拓展产业链条，创新茶旅业态。精心打造茶文化品牌，深入打造茶体验项目，塑造提升"信阳菜"特色餐饮，做强做大民宿经济。二是强化要素配置，丰富旅游供给。着力夯实公共服务，全面丰富产品供给，持续丰富要素供给。三是突出生态优势，坚持绿色发展。强力推进乡村绿化，全面提升城市品质，实施生态治理和景观提升工程，致力推动绿色发展。

六、景城共建共享型

湖北省武汉市黄陂区：有一个景区叫黄陂（第一批）

大江大湖大武汉，好山好水好黄陂。黄陂区位于湖北省武汉市以北，面积 2661 平方千米，常住人口 113 万，森林面积约 773 平方千米，约占武汉市 1/2，是武汉市景区面积最大、人口最多、生态最优的新城区。近年来，黄陂区发挥大都市近郊、大交通枢纽、大山水生态以及木兰文化优势，通过景城一体化建设，把全域旅游作为区域发展支柱产业、城乡建设的重要引擎、乡村振兴核心支撑，把全域作为完整旅游目的地整体规划布局和营销，形成景城共建共享、全域生态、全域景观、全域旅游、景城融合、村景融合、产业融合的发展局面，游客一致点赞"有个景区叫黄陂"。

目前，黄陂拥有木兰文化主题系列景区 21 个，其中国家 5A 级旅游景区 1 个（含 4 个景区）、4A 级景区 5 个、3A 级景区 7 个，其他 5 个景区都有条件申报国家 3A 级景区、4A 级景区，A 级景区数量位居全国区县前列。2018 年接待游客 2400 万人次，实现旅游综合收入 143.1 亿元，旅游对就业贡献率 22%，36 万人吃上了旅游饭，旅游业成为名副其实的美丽产业、生态产业、支柱产业、富民产业。先后荣获"全国休闲农业与乡村旅游示范区""中国最具活力的老区生态旅游示范区""美丽中国十佳旅游县（区）""中国最美生态文化旅游名区""全国旅游标准化示范区""全国旅游系统先进集体"和"全国厕所革命十大典型景区"等称号。

模式特点：一是"五主"模式提升景城共建新动能；二是景城一体推动城旅融合更全面；三是惠民工程提升百姓幸福感；四是厕所革命树立景城共建新典范。

陕西省华阴市：景城一体 融合发展 建设全域旅游"华阴模式"（第一批）

华阴市地处关中平原东部，华山脚下，南依秦岭，北邻黄河，总面积 817 平方千米，人口 27 万。华阴是山水形胜之地，华山被誉为"奇险天下第一山"。华阴历史悠久，源远流长，"中华"之华因华山而得名。华阴老腔、华阴迷胡等非遗文化遗产蜚声中外。杨氏文化、武侠文化、道教文化影响深远。现有国家级文物保护单位 4 家、省级文物保护单位 17 家，自然人文景观多达 210 余处。独特的自然资源和深厚的人文底蕴，为华阴市创建国家全域旅游示范区提供了不可多得的有利条件。

作为 2019 年 9 月被文化和旅游部命名的首批国家全域旅游示范区，华阴市在系统推进全域旅游创建工作中，坚持"景城共建、发展共享"的思路，围绕"大华山"旅游目的地发展目标，以全域旅游引领全市高质量发展的超前理念，加快旅游供给侧结构性改革，将山上山下统一规划布局，推进产城融合、优化公共服务、创新综合管理、实施系统营销，推动旅游业从单一景区建设向综合目的地服务转变。通过 3 年的快速发展，一个具有现代化、集约化、品质化、国际化水平的大华山旅游目的地雏形初具，形成了景城一体、融合发展的"华阴模式"，为 5A 级景区带动城市发展全域旅游提供了借鉴。

模式特点：一是景城一体化建设，树立现代化大华山旅游目的地新形象；二是产城一体化发展，打造集约化大华山旅游区新型经济体系；三是山上山下一体化服务，构建品质化旅游综合服务环境。

在"景城共建，发展共享"的全域旅游理念引领下，华阴市旅游产业量质齐升，2018年共接待游客1137万人次，较"十二五"末增长50.4%；旅游综合收入92亿元，较"十二五"末增长65.5%。旅游业对国民经济和社会发展的综合贡献不断提升，旅游业综合增加值占本地GDP比重16.2%；旅游从业人数占就业总数的21.5%；旅游税收占地方财政税收的10.26%，三类产业结构比率为7:34:59，旅游业已成为支撑市域经济社会发展的龙头产业和支柱产业。

秦岭山系城市世界级/国家级非物质文化遗产名录
（2006—2020年）

序号	名称	所属地区	非物质文化遗产等级
1	西安鼓乐	陕西省西安市	2006年5月列入第一批国家级非物质文化遗产名录；2009年列入联合国教科文组织《保护非物质文化遗产公约》人类非物质文化遗产代表作名录
2	格萨（斯）尔	甘肃省	2006年5月列入第一批国家级非物质文化遗产名录；2009年列入联合国教科文组织《保护非物质文化遗产公约》人类非物质文化遗产代表作名录
3	剪纸（定西剪纸）	甘肃省定西市	2014年7月列入第四批国家级非物质文化遗产扩展项录；2009年列入联合国教科文组织《保护非物质文化遗产公约》人类非物质文化遗产代表作名录
4	花儿（二郎山花会）	甘肃省岷县	2006年5月列入第一批国家级非物质文化遗产名录；2009年列入联合国教科文组织《保护非物质文化遗产公约》人类非物质文化遗产代表作名录
5	灵宝剪纸、卢氏剪纸	河南省灵宝市、卢氏县	2008年6月列入第一批国家级非物质文化遗产拓展项目录；2009年列入联合国教科文组织《保护非物质文化遗产公约》人类非物质文化遗产代表作名录
6	端午节（屈原故里端午习俗）	湖北省宜昌市	2006年5月列入第一批国家级非物质文化遗产名录；2009年列入联合国教科文组织《保护非物质文化遗产公约》人类非物质文化遗产代表作名录
7	格萨（斯）尔	四川省	2006年5月列入第一批国家级非物质文化遗产名录；2009年列入联合国教科文组织《保护非物质文化遗产公约》人类非物质文化遗产代表作名录
8	秦腔	陕西省	2006年5月列入第一批国家级非物质文化遗产名录
9	木偶	陕西省	2006年5月列入第一批国家级非物质文化遗产名录
10	红拳	陕西省	2008年6月列入第二批国家级非物质文化遗产名录
11	幻术（周化一术）	陕西省	2014年7月列入第四批国家级非物质文化遗产名录
12	木偶戏（陕西杖头木偶戏）	陕西省	2014年7月列入第四批国家级非物质文化遗产扩展项目录
13	眉户	陕西省	2014年7月列入第四批国家级非物质文化遗产扩展项目录
14	高腔	陕西省西安市	2006年5月列入第一批国家级非物质文化遗产名录
15	同盛祥牛羊肉泡馍制作技艺	陕西省西安市	2008年6月列入第二批国家级非物质文化遗产名录
16	民间信俗（迎城隍）	陕西省西安市	2014年7月列入第四批国家级非物质文化遗产扩展项目录
17	民间社火	陕西省宝鸡市	2006年5月列入第一批国家级非物质文化遗产名录

续表

序号	名称	所属地区	非物质文化遗产等级
18	民间绣活（西秦刺绣）	陕西省宝鸡市	2008年6月列入第二批国家级非物质文化遗产名录
19	炎帝祭典	陕西省宝鸡市	2008年6月列入第一批国家级非物质文化遗产拓展项目录
20	华县皮影戏	陕西省渭南市	2006年5月列入第一批国家级非物质文化遗产名录
21	汉调桄桄	陕西省汉中市	2006年5月列入第一批国家级非物质文化遗产名录
22	蔡伦造纸传说	陕西省汉中市	2011年6月列入第三批国家级非物质文化遗产名录
23	汉调二簧	陕西省安康市	2006年5月列入第一批国家级非物质文化遗产名录
24	商洛花鼓	陕西省商洛市	2006年5月列入第一批国家级非物质文化遗产名录
25	商洛道情戏	陕西省商洛市	2011年6月列入第三批国家级非物质文化遗产扩展项目录
26	楮皮纸制作技艺	陕西省西安市长安区	2008年6月列入第二批国家级非物质文化遗产名录
27	牛郎织女传说	陕西省西安市长安区	2011年6月列入第三批国家级非物质文化遗产扩展项目录
28	蓝田普化水会音乐	陕西省蓝田县	2006年5月列入第一批国家级非物质文化遗产名录
29	华阴老腔	陕西省华阴市	2006年5月列入第一批国家级非物质文化遗产名录
30	眉户	陕西省华阴市	2008年6月列入第二批国家级非物质文化遗产名录
31	紫阳民歌	陕西省紫阳县	2006年5月列入第一批国家级非物质文化遗产名录
32	镇巴民歌	陕西省镇巴县	2008年6月列入第二批国家级非物质文化遗产名录
33	烟火爆竹制作技艺	陕西省洋县	2008年6月列入第一批国家级非物质文化遗产拓展项目录
34	民间社火	陕西省洋县	2008年6月列入第一批国家级非物质文化遗产拓展项目录
35	佛教音乐	陕西省洋县	2011年6月列入第三批国家级非物质文化遗产扩展项目录
36	弦子腔	陕西省平利县	2011年6月列入第三批国家级非物质文化遗产名录
37	洛南静板书	陕西省洛南县	2011年6月列入第三批国家级非物质文化遗产名录
38	仓颉传说	陕西省洛南县	2014年7月列入第四批国家级非物质文化遗产名录
39	旬阳民歌	陕西省旬阳县	2014年7月列入第四批国家级非物质文化遗产名录
40	道情戏（陇剧）	甘肃省	2006年5月列入第一批国家级非物质文化遗产名录
41	秦腔	甘肃省	2008年6月列入第一批国家级非物质文化遗产拓展项目录
42	太昊伏羲祭典	甘肃省天水市	2006年5月列入第一批国家级非物质文化遗产名录

续表

序号	名称	所属地区	非物质文化遗产等级
43	武都高山戏	甘肃省陇南市	2008年6月列入第二批国家级非物质文化遗产名录
44	雕漆技艺	甘肃省天水市秦州区	2008年6月列入第一批国家级非物质文化遗产拓展项目录
45	地毯织造技艺（天水丝毯织造技艺）	甘肃省天水市秦州区	2014年7月列入第四批国家级非物质文化遗产扩展项目录
46	民间信俗（岷县青苗会）	甘肃省岷县	2014年7月列入第四批国家级非物质文化遗产扩展项目录
47	巴当舞	甘肃省岷县	2011年6月列入第三批国家级非物质文化遗产名录
48	多地舞	甘肃省舟曲县	2008年6月列入第二批国家级非物质文化遗产名录
49	傩舞	甘肃省文县	2008年6月列入第一批国家级非物质文化遗产拓展项目录
50	七夕节（乞巧节）	甘肃省西和县	2008年6月列入第一批国家级非物质文化遗产拓展项目录
51	豫剧	河南省	2006年5月列入第一批国家级非物质文化遗产名录
52	曲剧	河南省	2006年5月列入第一批国家级非物质文化遗产名录
53	河南坠子	河南省	2006年5月列入第一批国家级非物质文化遗产名录
54	古筝艺术（中州筝派）	河南省	2014年7月列入第四批国家级非物质文化遗产扩展项目录
55	河洛大鼓	河南省洛阳市	2006年5月列入第一批国家级非物质文化遗产名录
56	唐三彩烧制技艺	河南省洛阳市	2008年6月列入第二批国家级非物质文化遗产名录
57	真不同洛阳水席制作技艺	河南省洛阳市	2008年6月列入第二批国家级非物质文化遗产名录
58	关公信俗	河南省洛阳市	2008年6月列入第二批国家级非物质文化遗产名录
59	洛阳牡丹花会	河南省洛阳市	2008年6月列入第二批国家级非物质文化遗产名录
60	洛阳宫灯	河南省洛阳市	2008年6月列入第一批国家级非物质文化遗产拓展项目录
61	中医正骨疗法	河南省洛阳市	2008年6月列入第一批国家级非物质文化遗产拓展项目录
62	河图洛书传说	河南省洛阳市	2014年7月列入第四批国家级非物质文化遗产名录
63	板头曲	河南省南阳市	2006年5月列入第一批国家级非物质文化遗产名录
64	三弦书	河南省南阳市	2008年6月列入第二批国家级非物质文化遗产名录
65	大调曲子	河南省南阳市	2008年6月列入第二批国家级非物质文化遗产名录
66	信阳民歌	河南省信阳市	2008年6月列入第二批国家级非物质文化遗产名录
67	绿茶制作技艺（信阳毛尖茶制艺）	河南省信阳市	2014年7月列入第四批国家级非物质文化遗产扩展项目录

续表

序号	名称	所属地区	非物质文化遗产等级
68	宛梆	河南省内乡县	2006年5月列入第一批国家级非物质文化遗产名录
69	马街书会	河南省宝丰县	2006年5月列入第一批国家级非物质文化遗产名录
70	盘古神话	河南省桐柏县、泌阳县	2008年6月列入第二批国家级非物质文化遗产名录
71	桐柏皮影戏	河南省桐柏县	2011年6月列入国家级非物质文化遗产扩展项目名录
72	西坪民歌	河南省西峡县	2008年6月列入第二批国家级非物质文化遗产名录
73	方城石猴	河南省方城县	2008年6月列入第二批国家级非物质文化遗产名录
74	镇平玉雕	河南省镇平县	2008年6月列入第二批国家级非物质文化遗产名录
75	蒸馏酒传统酿造技艺	河南省宝丰县	2008年6月列入第二批国家级非物质文化遗产名录
76	打铁花	河南省确山县	2008年6月列入第二批国家级非物质文化遗产名录
77	罗山皮影戏	河南省罗山县	2008年6月列入第一批国家级非物质文化遗产拓展项目录
78	老子传说	河南省灵宝市	2014年7月列入第四批国家级非物质文化遗产名录
79	汝瓷烧制技艺	河南省汝州市、宝丰县	2011年6月列入第三批国家级非物质文化遗产名录
80	越调	河南省邓州市	2011年6月列入国家级非物质文化遗产扩展项目名录
81	窑洞营造技艺（地坑院营造艺）	河南省陕县	2011年6月列入国家级非物质文化遗产扩展项目名录
82	锣鼓艺术（大铜器）	河南省遂平县	2014年7月列入国家级非物质文化遗产扩展项目名录
83	花鼓戏（光山花鼓戏）	河南省光山县	2014年7月列入国家级非物质文化遗产扩展项目名录
84	罗卷戏	河南省邓州市	2014年7月列入国家级非物质文化遗产扩展项目名录
85	楚剧	湖北省	2006年5月列入第一批国家级非物质文化遗产名录
86	京剧	湖北省	2008年6月列入第一批国家级非物质文化遗产拓展项目名录
87	三国传说	湖北省	2014年7月列入第四批国家级非物质文化遗产名录
88	汉剧	湖北省武汉市	2006年5月列入第一批国家级非物质文化遗产名录
89	湖北评书	湖北省武汉市	2008年6月列入第二批国家级非物质文化遗产名录
90	湖北大鼓	湖北省武汉市、团风县	2008年6月列入第二批国家级非物质文化遗产名录
91	湖北小曲	湖北省武汉市	2008年6月列入第二批国家级非物质文化遗产名录
92	伯牙子期传说	湖北省武汉市	2014年7月列入第四批国家级非物质文化遗产名录

续表

序号	名称	所属地区	非物质文化遗产等级
93	武当武术	湖北省十堰市	2006年5月列入第一批国家级非物质文化遗产名录
94	武当山庙会	湖北省十堰市	2008年6月列入第二批国家级非物质文化遗产名录
95	董永传说	湖北省孝感市	2006年5月列入第一批国家级非物质文化遗产名录
96	楚剧	湖北省孝感市	2014年7月列入国家级非物质文化遗产扩展项目名录
97	炎帝神农传说	湖北省随州市、神农架林区	2008年6月列入第二批国家级非物质文化遗产名录
98	花鼓戏	湖北省随州市、麻城市	2008年6月列入第二批国家级非物质文化遗产名录
99	炎帝祭典（随州神农祭典）	湖北省随州市	2011年6月列入第三批国家级非物质文化遗产扩展项目名录
100	锣鼓艺术	湖北省宜昌市	2008年6月列入第二批国家级非物质文化遗产名录
101	宜昌薅草锣鼓	湖北省宜昌市	2008年6月列入第一批国家级非物质文化遗产拓展项目名录
102	襄阳花鼓戏	湖北省襄阳市	2011年6月列入国家级非物质文化遗产扩展项目名录
103	苏东坡传说	湖北省黄冈市	2014年7月列入国家级非物质文化遗产扩展项目名录
104	下堡坪民间故事	湖北省宜昌市夷陵区	2006年5月列入第一批国家级非物质文化遗产名录
105	黄梅戏	湖北省黄梅县	2006年5月列入第一批国家级非物质文化遗产名录
106	黄梅挑花	湖北省黄梅县	2006年5月列入第一批国家级非物质文化遗产名录
107	禅宗祖师传说	湖北省黄梅县	2011年6月列入第三批国家级非物质文化遗产名录
108	岳家拳	湖北省黄梅县	2014年7月列入国家级非物质文化遗产扩展项目名录
109	兴山民歌	湖北省兴山县	2006年5月列入第一批国家级非物质文化遗产名录
110	王昭君传说	湖北省兴山县	2008年6月列入第二批国家级非物质文化遗产名录
111	兴山薅草锣鼓	湖北省兴山县	2008年6月列入第一批国家级非物质文化遗产拓展项目录
112	伍家沟民间故事	湖北省丹江口市	2006年5月列入第一批国家级非物质文化遗产名录
113	吕家河民歌	湖北省丹江口市	2008年6月列入第二批国家级非物质文化遗产名录
114	老河口丝弦	湖北省老河口市	2008年6月列入第二批国家级非物质文化遗产名录
115	老河口木版年画	湖北省老河口市	2011年6月列入国家级非物质文化遗产扩展项目名录
116	锣鼓艺术（老河口锣鼓子）	湖北省老河口市	2014年7月列入国家级非物质文化遗产扩展项目名录

续表

序号	名称	所属地区	非物质文化遗产等级
117	红安绣活	湖北省红安县	2008年6月列入第二批国家级非物质文化遗产名录
118	汉调二簧	湖北省竹溪县	2008年6月列入第一批国家级非物质文化遗产拓展项目名录
119	李时珍传说	湖北省蕲春县	2011年6月列入第三批国家级非物质文化遗产名录
120	黑暗传	湖北省保康县、神农架林区	2011年6月列入第三批国家级非物质文化遗产名录
121	武当神戏	湖北省丹江口市	2011年6月列入第三批国家级非物质文化遗产名录
122	民间信俗（嫘祖信俗）	湖北省远安县	2011年6月列入国家级非物质文化遗产扩展项目名录
123	尹吉甫传说	湖北省房县	2014年7月列入第四批国家级非物质文化遗产名录
124	灯舞（郧阳凤凰灯舞）	湖北省十堰市郧阳区	2014年7月列入国家级非物质文化遗产扩展项目名录
125	越调	湖北省谷城县	2014年7月列入国家级非物质文化遗产扩展项目名录
126	七夕节（郧西七夕）	湖北省郧西县	2014年7月列入国家级非物质文化遗产扩展项目名录
127	徽剧	安徽省	2006年5月列入第一批国家级非物质文化遗产名录
128	岳西高腔	安徽省岳西县	2006年5月列入第一批国家级非物质文化遗产名录
129	庐剧	安徽省合肥市、六安市	2006年5月列入第一批国家级非物质文化遗产名录
130	大别山民歌	安徽省六安市	2008年6月列入第二批国家级非物质文化遗产名录
131	黄梅戏	安徽省安庆市	2006年5月列入第一批国家级非物质文化遗产名录
132	桐城歌	安徽省桐城市	2008年6月列入第二批国家级非物质文化遗产名录
133	文南词	安徽省宿松县	2008年6月列入第二批国家级非物质文化遗产名录
134	绿茶制作技艺（六安瓜片）	六安市裕安区	2008年6月列入第二批国家级非物质文化遗产名录
135	竹编（舒席）	安徽省舒城县	2008年6月列入第一批国家级非物质文化遗产拓展项目名录
136	桑皮纸制作技艺	安徽省潜山县、岳西县	2008年6月列入第一批国家级非物质文化遗产拓展项目名录
137	孔雀东南飞传说	安徽省潜山县	2014年7月列入第四批国家级非物质文化遗产名录
138	川剧	四川省	2006年5月列入第一批国家级非物质文化遗产名录
139	川江号	四川省	2006年5月列入第一批国家级非物质文化遗产名录
140	四川扬琴	四川省	2008年6月列入第二批国家级非物质文化遗产名录

续表

序号	名称	所属地区	非物质文化遗产等级
141	四川清音	四川省	2008年6月列入第二批国家级非物质文化遗产名录
142	石雕（白花石刻）	四川省广元市	2008年6月列入第二批国家级非物质文化遗产名录
143	民间绣活（麻柳刺绣）	四川省广元市	2008年6月列入第二批国家级非物质文化遗产名录
144	巴山背二歌	四川省巴中市	2006年5月列入第一批国家级非物质文化遗产名录
145	羌族瓦尔俄足节	四川省阿坝藏族羌族自治州	2006年5月列入第一批国家级非物质文化遗产名录
146	藏族编织、挑花刺绣工艺	四川省阿坝藏族羌族自治州	2011年6月列入第三批国家级非物质文化遗产名录
147	川北薅草锣鼓	四川省青川县	2006年5月列入第一批国家级非物质文化遗产名录
148	㒲舞	四川省九寨沟县	2006年5月列入第一批国家级非物质文化遗产名录
149	南坪曲子	四川省九寨沟县	2008年6月列入第二批国家级非物质文化遗产名录
150	登嘎甘（熊猫舞）	四川省九寨沟县	2014年7月列入第四批国家级非物质文化遗产名录
151	川东土家族薅草鼓	四川省宣汉县	2008年6月列入第一批国家级非物质文化遗产拓展项目录
152	川剧	重庆市	2006年5月列入第一批国家级非物质文化遗产名录
153	川江号子	重庆市	2006年5月列入第一批国家级非物质文化遗产名录
154	龙舞	重庆市	2006年5月列入第一批国家级非物质文化遗产名录
155	四川竹琴	重庆市	2008年6月列入第二批国家级非物质文化遗产名录
156	车灯	重庆市	2008年6月列入第二批国家级非物质文化遗产名录
157	漆器髹饰技艺	重庆市	2008年6月列入第二批国家级非物质文化遗产名录
158	豆豉酿制技艺	重庆市	2008年6月列入第二批国家级非物质文化遗产名录
159	四川扬琴	重庆市	2008年6月列入国家级非物质文化遗产扩展项目名录
160	四川清音	重庆市	2008年6月列入国家级非物质文化遗产扩展项目名录
161	搬运号子	重庆市巫山县	2008年6月列入第二批国家级非物质文化遗产名录

秦岭关联地区国家4A级以上旅游景区列表

省市	序号	景区名称	级别	地址
陕西省	1	华清宫文化旅游景区	5A	西安市临潼区华清路038号
	2	华山景区	5A	渭南市华阴市玉泉路南段
	3	太白山旅游度假区	5A	宝鸡市眉县汤峪镇
	4	金丝大峡谷	5A	商洛市商南县金丝峡镇庙台子村
	5	陕西翠华山国家地质公园	4A	西安市长安区太乙宫镇翠华山
	6	太平国家森林公园	4A	西安市鄠邑区沣京路26号
	7	西安秦岭野生动物园	4A	西安市长安区滦镇街道
	8	西安关中民俗艺术博物院	4A	西安市长安区五台街道
	9	西安半坡博物院	4A	西安市灞桥区半坡路
	10	西安曲江楼观道文化展示区	4A	西安市周至县集贤镇楼观道文化展示区
	11	西安黑河旅游景区	4A	西安市周至县
	12	王顺山景区	4A	西安市蓝田县蓝桥镇
	13	西安金龙峡风景区	4A	西安市周至县石井镇
	14	朱雀国家森林公园	4A	西安市鄠邑区涝峪
	15	周至水街沙沙河景区	4A	西安市周至县
	16	白鹿原影视城景区	4A	西安市蓝田县107省道附近
	17	白鹿原·白鹿仓景区	4A	西安市灞桥区狄寨北路
	18	凤凰湖景区	4A	宝鸡市凤县县城
	19	通天河景区	4A	宝鸡市凤县唐藏镇
	20	中华石鼓园	4A	宝鸡市渭滨区石鼓镇
	21	红河谷景区	4A	宝鸡市眉县营头镇
	22	青峰峡森林公园	4A	宝鸡市太白县桃川镇
	23	大水川旅游景区	4A	宝鸡市陈仓区香泉镇
	24	金台太极源文化景区	4A	宝鸡市金台区陵塬路
	25	九龙山景区	4A	宝鸡市渭滨区高家镇桑园铺村
	26	扶眉战役纪念馆	4A	宝鸡市眉县常兴镇
	27	渭南葡萄产业园	4A	渭南市临渭区下邽镇
	28	少华山国家森林公园	4A	渭南市华州区莲花寺镇
	29	渭华起义纪念馆	4A	渭南市华州区高塘镇
	30	张良庙—紫柏山	4A	汉中市留坝县留候镇闸口石村
	31	长青华阳景区	4A	汉中市洋县华阳镇
	32	黎坪景区	4A	汉中市南郑区黎坪镇
	33	青木川	4A	汉中市宁强县青木川镇
	34	朱鹮梨园	4A	汉中市洋县洋州街道办牛头坡
	35	石门栈道风景区	4A	汉中市河东店镇前进街23号
	36	武侯墓	4A	汉中市勉县定军山镇元坪村

续表

省市	序号	景区名称	级别	地址
陕西省	37	武侯祠	4A	汉中市勉县武侯镇武侯村
	38	古汉台	4A	汉中市汉台区东大街
	39	五龙洞风景区	4A	汉中市略阳县五龙洞镇
	40	熊猫谷景区	4A	汉中市佛坪县长角坝镇
	41	栈道水世界景区	4A	汉中市留坝县武关驿镇
	42	骆家坝景区	4A	汉中市西乡县骆家坝镇
	43	兴汉胜境	4A	汉中市汉台区兴汉新区
	44	南宫山景区	4A	安康市岚皋县溢河镇、花里镇
	45	燕翔洞景区	4A	安康市石泉县熨斗镇
	46	瀛湖旅游景区	4A	安康市汉滨区瀛湖镇
	47	香溪洞风景区	4A	安康市汉滨区张滩镇
	48	中巴大峡谷景区	4A	安康市石泉县后柳镇
	49	宁陕筒车湾休闲景区	4A	安康市宁陕县筒车湾镇
	50	汉滨双龙景区	4A	安康市汉滨区双龙镇
	51	飞渡峡	4A	安康市镇坪县曙坪镇阳安村
	52	天书峡景区	4A	安康市平利县千家坪
	53	石泉古城景区	4A	安康市石泉县
	54	秦巴文化生态旅游区	4A	安康市汉滨区
	55	鬼谷岭景区	4A	安康市石泉县云雾山镇
	56	白河天宝梯彩农园景区	4A	安康市白河县仓上镇天宝村
	57	牛背梁景区	4A	商洛市柞水县营盘镇
	58	天竺山景区	4A	商洛市山阳县法官镇僧道关
	59	柞水溶洞景区	4A	商洛市柞水县石瓮镇
	60	塔云山景区	4A	商洛市镇安县柴坪镇
	61	丹江漂流景区	4A	商洛市丹凤县江滨北路
	62	商於古道棣花文化旅游景区	4A	商洛市丹凤县棣花镇
	63	漫川古镇景区	4A	商洛市山阳县漫川镇
	64	木王山景区	4A	商洛市镇安县黄杨路
	65	金台山文化旅游景区	4A	商洛市镇安县
	66	九天山风景区	4A	商洛市柞水县下梁镇
	67	音乐小镇	4A	商洛市洛南县四皓街道南沟社区
	68	秦岭江山景区	4A	商洛市商州区腰市镇
	69	天蓬山寨景区	4A	商洛市山阳县
甘肃省	1	麦积山景区	5A	天水市麦积区
	2	水帘洞	4A	天水市武山县
	3	甘谷大像山	4A	天水市甘谷县大像山镇五里铺村
	4	伏羲庙景区	4A	天水市秦州区伏羲路110号
	5	南郭寺景区	4A	天水市秦州区
	6	玉泉观景区	4A	天水市秦州区上庵沟
	7	遮阳山/贵清山旅游景区	4A	定西市漳县大草滩乡
	8	渭河源景区	4A	定西市渭源县五竹镇
	9	渭源首阳山	4A	定西市渭源县莲峰镇

续表

省市	序号	景区名称	级别	地址
甘肃省	10	阳坝旅游景区	4A	陇南市康县阳坝镇
	11	西狭颂旅游景区	4A	陇南市成县小川镇政府东北方向
	12	官鹅沟旅游景区	4A	陇南市宕昌县城关镇官鹅村
	13	晚霞湖旅游景区	4A	陇南市西和县姜席镇
	14	云屏三峡旅游景区	4A	陇南市两当县云屏乡
	15	兵变红色旅游景区	4A	陇南市两当县
	16	花桥村旅游景区	4A	陇南市康县
	17	文县天池旅游景区	4A	陇南市文县
	18	哈达铺红色旅游景区	4A	陇南市宕昌县哈达铺
	19	王坝生态民俗旅游区	4A	陇南市康县
	20	岸门口古村康养旅游区	4A	陇南市康县岸门口镇朱家沟
	21	拉尕山景区	4A	甘南藏族自治州舟曲县
河南省	1	白云山	5A	洛阳市嵩县
	2	老君山·鸡冠洞	5A	洛阳市栾川县
	3	老界岭—恐龙遗迹园景区	5A	三门峡市西峡县丹水镇-太平镇
	4	尧山—大佛景区	5A	平顶山市鲁山县西部
	5	嵖岈山风景区	5A	河南省遂平县境内
	6	重渡沟风景区	4A	洛阳栾川县洛阳栾川重渡沟
	7	龙峪湾风景区	4A	洛阳市栾川县庙子镇
	8	伏牛山滑雪度假乐园	4A	洛阳市栾川县伏牛山老界岭北坡
	9	养子沟景区	4A	洛阳市栾川县
	10	抱犊寨景区	4A	洛阳市栾川县三川镇
	11	木札岭旅游区	4A	洛阳市嵩县车村镇
	12	天池山景区	4A	洛阳市嵩县德亭镇
	13	神灵寨国家森林公园	4A	洛阳市洛宁县涧神路
	14	西泰山旅游风景区	4A	河南省汝阳县
	15	恐龙谷漂流	4A	洛阳市汝阳县靳村
	16	天河大峡谷	4A	洛阳市栾川县叫河镇
	17	二程文化园	4A	洛阳市伊川县
	18	画眉谷	4A	平顶山市鲁山县
	19	石漫滩景区	4A	平顶山市宝丰县闹店镇
	20	尧山大峡谷漂流	4A	三门峡市湖滨区大安街道
	21	天鹅湖景区	4A	三门峡市陕州区
	22	函谷关历史文化旅游区	4A	三门峡市灵宝市函谷关镇
	23	豫西大峡谷	4A	三门峡市卢氏县
	24	汉山景区	4A	三门峡市灵宝市故县镇
	25	燕子山生态旅游景区	4A	三门峡市灵宝市
	26	娘娘山景区	4A	三门峡市灵宝市
	27	黄河公园	4A	三门峡市湖滨区
	28	双龙湾风景区	4A	三门峡市卢氏县双龙湾镇
	29	甘山国家森林公园	4A	三门峡市陕州区西张村镇
	30	陕州地坑院景区	4A	三门峡市陕州区张汴乡北营村

续表

省市	序号	景区名称	级别	地址
河南省	31	豫西百草园	4A	三门峡市卢氏县
	32	龙潭沟生态景区	4A	南阳市西峡县双龙镇化山村
	33	老鹳河漂流	4A	南阳市西峡县老鹳河
	34	南召宝天曼景区	4A	南阳市南召县乔端镇
	35	内乡县衙博物馆	4A	南阳市内乡县县衙路88号
	36	内乡宝天曼峡谷漂流景区	4A	南阳市内乡县七里坪乡
	37	大宝天曼原始森林生态旅游景区	4A	南阳市内乡县夏馆镇
	38	丹江香严寺风景名胜区	4A	南阳市淅川县
	39	卧龙岗武侯祠	4A	南阳市卧龙区卧龙路766号
	40	国际玉城	4A	南阳市镇平县石佛寺镇
	41	七峰山生态旅游区	4A	南阳市方城县杨集乡
	42	云露山景区	4A	南阳市内乡县马山口镇石庙村
	43	寺山国家森林公园	4A	南阳市西峡县
	44	桐柏山淮源风景区	4A	南阳市桐柏县城关镇312国道南侧
	45	七十二潭景区	4A	南阳市方城县杨集乡大河口村
	46	五朵山旅游区	4A	南召县四棵树乡
	47	山陕会馆	4A	南阳市社旗县赊店镇永庆街9号
	48	老君洞景区	4A	南阳市西峡县二郎坪镇
	49	花洲书院	4A	南阳市邓州市
	50	二龙山风景区	4A	南阳市内乡县板场乡让河村
	51	大苏山国家森林公园	4A	信阳市光山县
	52	鄂豫皖红色首府景区	4A	信阳市新县文博新村首府路004号
	53	金刚台猫耳峰风景区	4A	信阳市商城县金刚台镇
	54	鸡公山风景区	4A	信阳市浉河区
	55	南湾湖风景区	4A	信阳市浉河区南湖大街
	56	灵山风景区	4A	信阳市罗山县灵山镇
	57	西河风景区	4A	信阳市商城县金刚台镇
	58	灵龙湖生态文化旅游区	4A	信阳市浉河区东双河镇杜河村
	59	许世友将军故里	4A	信阳市新县
	60	黄柏山国家森林公园	4A	信阳市商城县长竹园乡
	61	大别山露营公园	4A	信阳市新县
	62	金兰山森林公园	4A	信阳市新县连康路
	63	鸡公山桃花寨景区	4A	信阳市浉河区李家寨镇
	64	金顶山风景区	4A	驻马店市驿城区蚁蜂镇
	65	铜山风景名胜区	4A	驻马店市泌阳县
	66	确山竹沟革命纪念馆	4A	驻马店市确山县
	67	老乐山旅游景区	4A	驻马店市确山县瓦岗镇
湖北省	1	武当山	5A	十堰市丹江口市武当山特区永乐路14号
	2	神农架生态旅游区	5A	神农架林区
	3	古隆中	5A	襄阳市襄城区隆中路461号
	4	黄陂木兰文化生态旅游区	5A	武汉市黄陂区王家河街道
	5	黄陂区木兰清凉寨景区	4A	武汉市黄陂区

续表

省市	序号	景区名称	级别	地址
湖北省	6	黄陂锦里土家风情谷旅游区	4A	武汉市黄陂区蔡店街道
	7	大余湾旅游区	4A	武汉市黄陂区木兰乡梳店花竹园特1号
	8	木兰胜天风景区	4A	武汉市黄陂区王家河街道
	9	黄陂区木兰花乡景区	4A	武汉市黄陂区葛家湾
	10	房县野人洞（谷）旅游区	4A	十堰市房县
	11	五龙河旅游景区	4A	十堰市郧西县安家乡五龙河旅游区
	12	郧西龙潭河旅游区	4A	十堰市郧西县羊尾镇
	13	十堰市博物馆	4A	十堰市茅箭区北京北路91号
	14	太极峡景区	4A	十堰市丹江口市石鼓镇
	15	净乐宫	4A	十堰市丹江口市丹赵路151号
	16	天河旅游区	4A	十堰市郧西县悬鼓观路
	17	九龙瀑旅游区	4A	十堰市郧阳区大柳乡
	18	赛武当旅游区	4A	十堰市茅箭区茅塔乡东沟村
	19	观音洞旅游区	4A	十堰市房县城关镇
	20	十堰市人民公园	4A	十堰市张湾公园路48号
	21	武当山南神道旅游区	4A	十堰市丹江口市官山镇吕家河村
	22	上津文化旅游区	4A	十堰市郧西县上津古镇
	23	虎啸滩旅游区	4A	十堰市郧阳区大柳乡
	24	竹山县女娲山旅游区	4A	十堰市竹山县宝丰镇新茶村
	25	丹江口沧浪海旅游区	4A	十堰市丹江口市石岸新城区武当大道1号
	26	武当山快乐谷旅游区	4A	十堰市武当山特区瓦房河村
	27	中国唐城景区	4A	襄阳市襄城区胜利街
	28	春秋寨旅游区	4A	襄阳市南漳县东巩镇
	29	尧治河旅游区	4A	襄阳市保康县马桥镇尧治河村
	30	五道峡风景区	4A	襄阳市保康县（五道峡大桥）
	31	九路寨生态旅游区	4A	襄阳市保康县歇马镇
	32	香水河风景区	4A	襄阳市南漳县薛坪镇
	33	中国汉城景区	4A	襄阳市枣阳市建设路
	34	高岚朝天吼漂流景区	4A	宜昌市兴山县
	35	昭君村古汉文化游览区	4A	宜昌市兴山县宝坪村
	36	鸣凤山景区	4A	宜昌市远安鸣凤山路
	37	武陵峡口生态旅游区	4A	宜昌市远安县洋坪镇
	38	明显陵旅游景区	4A	荆门市钟祥市明显陵管理处
	39	黄仙洞	4A	荆门市钟祥市客店镇
	40	绿林山景区（原大洪山鸳鸯溪）	4A	荆门市京山县绿林镇
	41	彭墩乡村旅游世界	4A	荆门市钟祥市石牌镇彭墩村
	42	漳河风景名胜区	4A	荆门市东宝漳河路
	43	汤池温泉旅游景区	4A	孝感市应城汤池镇
	44	双峰山旅游度假区	4A	孝感市孝昌县周巷镇
	45	观音湖旅游度假区	4A	孝感市孝昌县
	46	中原军区旧址景区	4A	孝感市大悟县宣化店镇
	47	黄麻起义和鄂豫皖苏区纪念园	4A	黄冈市红安县城关镇陵园大道

续表

省市	序号	景区名称	级别	地址
湖北省	48	三角山旅游风景区	4A	黄冈市浠水县三角山
	49	龟峰山景区	4A	黄冈市麻城市龟峰山风景区
	50	麻城市烈士陵园	4A	黄冈市麻城市陵园大道75号
	51	李先念故居纪念园	4A	黄冈市红安县高桥镇长丰村
	52	大别山主峰旅游风景区	4A	黄冈市英山县吴家山林场
	53	桃花冲旅游风景区	4A	黄冈市英山县草盘地镇
	54	天堂寨景区	4A	黄冈市罗田县九资河镇
	55	天台山风景区	4A	黄冈市红安县
	56	大别山薄刀峰风景区	4A	黄冈市罗田县胜利镇薄刀峰景区
	57	四祖寺禅宗文化旅游区	4A	黄冈市黄梅县大河镇四祖寺
	58	五脑山森林公园	4A	黄冈市麻城市
	59	李时珍医道文化旅游区普阳观	4A	黄冈市蕲春漕河镇南阳四路11号
	60	孝感乡文化园	4A	黄冈市麻城市湖广大道
	61	雾云山生态旅游景区	4A	黄冈市蕲春县林镇雾云村
	62	五祖寺景区	4A	黄冈市黄梅县吴祖镇禅定大道
	63	四季花海景区	4A	黄冈市英山县温泉镇金石路18号
	64	西游记公园	4A	随州市随县洪山镇
	65	炎帝故里风景名胜区	4A	随州市曾都区历山镇大同街72号
	66	西游记漂流	4A	随州市随县淮河镇
	67	大洪山风景名胜区	4A	随州市随县长岗镇
	68	千年银杏谷景区	4A	随州市曾都区洛阳镇
	69	天燕旅游区	4A	神农架林区红坪镇
	70	红坪景区	4A	神农架林区木鱼镇
	71	巴桃园景区	4A	神农架林区松柏镇花朵村
安徽省	1	天堂寨	5A	六安市金寨县
	2	万佛湖	5A	六安市舒城县
	3	天柱山	5A	安庆市潜山市
	4	红军广场	4A	六安市金寨县
	5	燕子河大峡谷	4A	六安市金寨县
	6	佛子岭风景区	4A	六安市霍山县
	7	大别山主峰景区	4A	六安市霍山县
	8	南岳山景区	4A	六安市霍山县衡山南路
	9	铜锣寨景区	4A	六安市霍山县上土市镇
	10	东石笋景区	4A	六安市金安区
	11	皖西大裂谷景区	4A	六安市金安区
	12	独山革命旧址群景区	4A	六安市裕安区
	13	横排头景区	4A	六安市裕安区苏埠镇
	14	花亭湖景区	4A	安庆市太湖县寺前镇麒林村
	15	五千年文博园景区	4A	安庆市太湖县
	16	明堂山景区	4A	安庆市岳西县河图镇
	17	天峡景区	4A	安庆市岳西县
	18	大别山彩虹瀑布	4A	安庆市岳西县黄尾镇

续表

省市	序号	景区名称	级别	地址
	19	石莲洞景区	4A	安庆市宿松县
	20	嬉子湖生态旅游区	4A	安庆市桐城市嬉子湖镇双店村
四川省	1	光雾山景区	5A	巴中市南江县
	2	清溪古镇	4A	广元市青川县
	3	战国木牍文化生态园	4A	广元市青川县
	4	东河口地震遗址公园	4A	广元市青川县
	5	唐家河景区	4A	广元市青川县
	6	木门景区	4A	广元市旺苍县
	7	红军城景区	4A	广元市旺苍县
	8	鼓山城-七里峡景区	4A	广元市旺苍县
	9	龙门阁	4A	广元市朝天区
	10	明月峡景区	4A	广元市朝天区
	11	曾家山景区	4A	广元市朝天区
	12	最美玉湖-七彩长滩旅游景区	4A	巴中市南江县
	13	米仓山景区	4A	巴中市南江县
	14	王坪旅游景区	4A	巴中市通江县
	15	唱歌石林旅游景区	4A	巴中市通江县
	16	空山天盆旅游景区	4A	巴中市通江县
	17	诺水河景区	4A	巴中市通江县
	18	巴山大峡谷旅游景区	4A	达州市宣汉县渡口土家族乡
	19	红军公园旅游景区	4A	达州市万源市太平镇
	20	洋烈水乡景区	4A	达州市宣汉县君塘镇
	21	八台山旅游景区	4A	达州市万源市八台镇
重庆市	1	红池坝森林旅游景区	5A	重庆巫溪县
	2	巫山神女景区(神女峰·神女溪)	4A	重庆市巫山县宁江路
	3	巫山文峰景区	4A	重庆市巫山县
	4	巫山博物馆	4A	重庆市巫山县巫峡镇平湖西路369号
	5	城口亢谷景区	4A	重庆市城口县

秦岭北麓陕西段72峪口名称及所在地

【概述】 秦岭是中华地理的自然标识之一,是中国南北气候的分界线和重要的生态安全屏障,具有调节气候、保持水土、涵养水源、维护生物多样性等诸多功能。在地质构造上,秦岭是一个掀升的地块,陕西段秦岭北麓为一条大断层崖,山脉主脊偏于北侧,北坡短而陡峭,河流深切,形成许多峡谷,通称"秦岭72峪",主要峪口分布在北麓的陕西省渭南市潼关县、华阴市、华州区、渭南市城区,西安市蓝田县、长安区、鄠邑区、周至县,宝鸡市眉县、陈仓区等境内。

秦岭北麓(陕西境内)72个主要峪口名录

序号	所在区域	峪口(个)	峪 口 名 称
1	潼关县	7	善车峪、西峪、太公峪、桐峪、麻峪、蒿岔峪、潼峪
2	华阴市	10	蒲峪、杜峪、黄甫峪、仙峪、瓮(翁)峪、竹峪、大敷峪、方山峪、葱峪、柳峪
3	华州区	6	东涧峪、西涧峪、小夫峪、桥峪、沟峪、石堤峪
4	渭南市城区	1	箭峪
5	蓝田县	7	东汤峪、大洋峪、小洋峪、岱峪、辋峪、道沟峪、清峪
6	长安区	16	库峪、扯袍峪、大峪、白道峪、小峪、土门峪、太乙峪、石砭峪、天子峪、抱龙峪、子午峪、白石峪、皇峪、沣峪、祥峪、高冠峪
7	鄠邑区	11	甘峪、乌桑峪、黄柏峪、化羊峪、涝峪、紫阁峪、潭峪、栗峪、鸽勃峪、太平峪、曲峪
8	周至县	7	耿峪、赤峪、田峪、就峪、黑峪、西骆峪、竹峪
9	眉县	6	斜峪、大黑峪、小黑峪、滑峪、西汤峪、泥峪
10	陈仓区	1	晁峪

编后记
AFTERWORD

《中国秦岭旅游年鉴（2021）》作为中华大秦岭旅游发展史记录者，从2020年5月开始编纂，历时超1年时间，经过反复研讨、修订，终于正式出版。首先，我们衷心感谢参与评审、提供指导帮助的各级领导、专家学者、社会各界人士，特别是秦岭山系各省、市文化旅游部门及承编单位、提供资料的各单位和供稿、编纂参与人员。这是世界名山旅游史上的首部年鉴，也是秦岭山系首次合作、众人参与、集体劳动的成果。

《中国秦岭旅游年鉴（2021）》是关于秦岭山系旅游业的首部年鉴。由于此前秦岭范围概念模糊，缺乏编纂基本条件和资料，我们采取了研究、科考、编纂、绘图、游说等多措并举的方法，以求让巍巍大秦岭在历史上第一次有相对清晰的表达和资源梳理。在此期间，2020年5月，成立了涵盖关联领域专家学者和业务精英等在内的《中国秦岭旅游年鉴》编纂委员会（以下简称编委会），组建了以主编单位陕西西北旅游文化研究院为主体的编纂团队，在反复听取编委会成员意见的基础上形成《中国秦岭旅游年鉴（2021）》编纂大纲初稿；制订《中国秦岭旅游年鉴编纂工作实施方案》《中国秦岭旅游年鉴行文规范》《中国秦岭旅游年鉴大事记收录范围、标准和注意事项》；6月，编纂委员会召开年鉴编纂工作动员会，向秦岭山系关联省、市、区（县）和景区发出征集资料函，举办《中国秦岭旅游年鉴（2021）》业务培训班。先后召开编纂工作专题研讨会12次、推进会18次，对秦岭旅游发展做系统梳理。编委会组织编纂人员查阅有关档案，收集相关史料，并在秦岭山系关联省、市文化和旅游部门官网上查阅有关资料；先后收到陕西、甘肃、河南、湖北等省文化和旅游厅及陕西省西安市，甘肃省天水市、定西市、甘南藏族自治州和相关区（县）、景区发来的函件和资料。同时，策划组织了历史上首场"丈量大秦岭"主题文化活动，20多名专家学者和媒体人历时10天，车行与徒步共4000多千米，穿越5省22市59个区（县），通过科普、走访、调研等，依据史料和地质、地理、水文特点，研究秦岭范围和"边际线"资源，在此基础上又经过专家团队百余天研究论证、西安地图出版社鼎力相助，绘制出历史上首张《中国秦岭旅游图》，以此按行政区域填入旅游资源，并依据各类国家级资源评定资料，加入了年鉴各部分需要的内容和参数，这也是《中国秦岭旅游年鉴（2021）》编纂与出版的最艰难之处。

《中国秦岭旅游年鉴（2021）》编纂工作在艰难推进中，得到了社会各界的重视和关注。陕西、甘肃、河南、湖北省文化和旅游厅表示大力支持；编委会主任吴前进多次关心年鉴编纂工作进度；编委会副主任辛建伟、杨新波、常梦春、王晓民多次主持编纂工作会议，讨论编纂大纲，提出修改意见和完善方法；著名学者肖云儒和专家马耀峰、王根宝、崔宁、张燕、亢大麟、杨芳、毛腊梅等多次参加编纂工作研讨会，为年鉴编纂工作出谋划策；国务院发展研究中心研究员李国强、民政部地名所研究员王殿彬、中国社会科学院舆情调查实验室首席专家刘志明、中国人民大学中国经济改革与发展研究院高级研究员陶利明等积极为编纂工作提供服务，并参与审核年鉴稿件；著名作家、秦岭文化学者王若冰自始至终参与编纂工作，地质专家王根宝、李方周等对秦岭地域范围和主要山峰进行了多次论证和地图校正；西安地图出版社社长毛腊梅、总编辑韩小武、责任编辑王静等长达半年时间参与丈量与绘图工作；宝鸡、天水、渭南、十堰等市文旅局，华山风景名胜区管委会、太白山旅游区管委会、陕西省旅游设计院、陕西地矿集团等对年鉴编纂和丈量大秦岭活动提供了多方面支持，所有这些，都让我们深受感动，在此，一并表示谢忱！

面对这部时间跨度长、地域范围广、关联领域多、各方配合极度不易的旅游年鉴，我们坚持求真、求实、求全的原则，既注重年鉴的史料性，又注重时代特征和行业特色，努力做到体例规范，史料翔实，表述准确，但由于秦岭这座巨大山体的关联范围太广，没有相应统一的管理和信息对应体系，各类资料的收集很有局限性，加之编纂人员初次编纂秦岭年鉴，缺乏经验，错讹遗漏之处在所难免，敬请大家理解和批评指正，以便下年度编纂工作逐步完善。在此，《中国秦岭旅游年鉴》编委会以及全体工作人员也强烈呼吁各级部门、旅游单位、社会各界积极参与秦岭生命共同体建设，通过各种方式抢救、挖掘、利用秦岭博大精深的文化资源，尽快建立大秦岭数据中心和旅游合作体系，以历史上首部《中国秦岭旅游年鉴》编纂出版为起点，让秦岭旅游日新月异，为美丽中国建设和满足人民群众对秦岭旅游的美好向往添彩助力。

《中国秦岭旅游年鉴》编纂委员会

2021 年 5 月

陕西太白山秦岭旅游股份有限公司
探秘秦岭主峰太白山奇观美景

陕西太白山秦岭股份公司成立于2015年9月,公司位于秦岭主峰太白山国家5A级旅游景区暨太白山国家旅游度假区。2016年,正式改制挂牌上市（股票代码870256）,公司集山水与文化旅游、大型索道开发与旅游客运、医药与医疗养生、传统文化开发与文化产业为一体,旗下拥有陕西太白山索道管理有限公司、陕西太白山旅游交通运输有限公司、眉县横渠书院和陕西横渠书院文化产业有限公司。

● 太白山天下索道

天下索道是全国较大的客运索道之一,索道设备采用奥地利多贝玛亚公司设计制造的单线循环脱挂抱索器8人吊厢式缆车,索道全长2936米,上下站高差1209米,索道下站海拔2280米,上站海拔3511米,这里奇峰怪石林立、悬崖密布,素有"神州南北界,华夏分水岭"的美誉,游人可以充分领略"双脚踏南北,江河自分流"的自然奇观。

● 红河谷神仙岭索道

红河谷神仙岭索道位于红河谷森林公园内,是一条观光双承载单牵引往复式索道。索道全长918米,最大运行速度8米/秒。游客乘坐缆车便可快速登临四嘴山顶,欣赏太白八景之一的"红河丹崖""斗母奇峰""平安云海"等地理奇观,体验令人心跳的凌云栈道。

● 陕西太白山旅游交通运输有限公司

陕西太白山旅游交通运输有限公司是承担太白山旅游区内及周边地区游客接送的一家运输公司。公司拥有各类进口及国产客车150余辆,公司以优质的服务、完善的管理制度为各界人士提供安全舒适的用车服务。

太白山秦岭旅游官方微信

联系电话:0917-5717889

国家地质公园
国家森林公园
国家水利风景区
金丝峡 国家AAAAA级旅游区

金丝大峡谷

黑龙峡 摄影|周半

　　金丝峡景区位于陕西省商南县，鄂豫陕三省八县结合部，是镶嵌在秦岭东南麓的一颗璀璨的生态旅游明珠，陕南三市28县唯一的国家5A级旅游景区、国家森林公园、国家地质公园、国家水利风景区。

　　景区有白龙峡、黑龙峡、青龙峡、石燕寨、丹江源五大核心景区一百多个景点，风光秀丽，风格独特，风景如画。景区具有有窄、长、秀、奇、险、幽的特点，集峰、石、洞、林、禽、兽、泉、潭、瀑等自然景观于一体，步移景异，景象万千。被誉为"峡谷奇观，生态王国"。先后荣获中国最美十大峡谷、中国王牌景区、生态中国贡献奖等二十多项殊荣。

　　景区内有万米奇峡古栈、13级流泉飞瀑、森林氧吧、马刨神泉等自然景观，有国家级地质遗迹6处、省级地质遗迹25处，其中石灰岩嶂谷地貌、13级流泉瀑布和薄层灰岩、典型连续褶皱等地质现象，在我国已命名的国家地质公园中独一无二。景区森林覆盖率达98%，有各类珍禽异兽60多种、林木树种200多种、奇花异草1690种，有斑羚、红豆杉等国家保护动植物50多种，有百万株珍稀兰科植物群落，有秦岭地区规模最大、面积最多、林相树种最多的短柄枹栎林带，被誉为"中国最窄、世界罕见"的大峡谷。

　　景区冬无严寒，夏无酷暑，呈大陆季风性康乐气候。这里峡幽水清，云白天蓝，山泉似甘露，空气溢芬芳，每立方厘米负氧离子含量高达21万个。来到金丝峡，等于来到一处从未被污染过的净土，3000多种生物，2000多种植物，100多种动物在这里繁衍生息。这里有亚热带地区完整的森林生态系统，有秦岭地区面积最大、被誉为植物"活化石"的短柄枹栎林带，有百万株珍贵春兰、蕙兰等兰科植物，数十万亩"石上森林"和奇花异草。被誉为秦岭地区的"物种基因库""天然氧吧""康养秘谷"和"养生天堂"。

彩虹瀑布

景区地址：陕西省商洛市商南县金丝峡镇
电　话：0914-6566888 0914-6324666

康养秘谷 天然氧吧

锁龙瀑布 摄影|肖军

旅游线路推荐：

● 陕西西安方向：西安—沪陕高速G40—金丝峡出口—金丝峡景区

● 河南郑州方向：郑州—郑尧高速—沪陕高速G40—金丝峡出口—金丝峡景区

● 河南洛阳方向：洛阳—西峡—沪陕高速G40—金丝峡出口—金丝峡景区

● 湖北武汉方向：武汉—襄阳互通—二广高速G55—沪陕高速G40—金丝峡站出口—金丝峡景区

● 湖北十堰方向：十堰—福银高速G70—商洛—沪陕高速G40—金丝峡站出口—金丝峡景区

● 其他低速线路：湖北十堰—郧县—商州—商南-金丝峡、湖北襄樊—陕西商南—金丝峡

月牙峡 摄影|景鑫

白龙湖 摄影|高洁

景区视频观看二维码　微信二维码

金丝峡风光 摄影|马菲

乘三特索道 览华山胜景

陕西华山三特索道有限公司

陕西华山三特索道有限公司位于我国著名的旅游风景区——西岳华山东麓，是由武汉三特索道集团股份有限公司（股票代码002159）、新加坡高技术公司及华阴市公路索道总公司共同兴建的中外合作企业。总投资8909万元人民币，于1996年4月10日建成运营，为单线循环脱挂式6人吊厢索道。索道全长1524.9米，上下站高差755米，拥有多重安全保护系统，以其建设难度之大、投资规模之大、设备之精良被业内专家誉为"亚洲第一索"。

华山三特索道的开通，彻底打破了"自古华山一条道路"的历史与艰难的交通状况，开创了华山旅游的新局面，带动了整个华山旅游的全面蓬勃发展，使得地方经济依托旅游发展的战略得到全面实现。华山索道的开通，为各个年龄层次的人们攀登华山提供了安全、舒适、便捷的交通工具，增加了游客总量，使更多的人都能够轻松领略到华山雄伟、挺拔、奇险、峻秀的独特神韵。

华山三特索道自建成运营以来，始终坚持"安全生产、优质服务"的宗旨，以华山旅游发展为己任，创下了一个又一个辉煌，为地方经济及华山旅游做出了巨大贡献。运行25年来，华山三特索道累计接待中外游客2400余万人次，未出现一起重大安全责任事故与游客投诉事件，受到社会各界及广大游客的广泛赞誉。先后被评为全国安康杯竞赛"优胜单位"、全国"十佳"索道、首批全国"5S（五星级）索道企业"、首批全国客运索道"企业文化"先进单位、"安全生产标准化一级企业"，荣获陕西省"工人先锋号"，陕西省国税、地税"A级纳税人"，陕西省劳动关系"和谐企业"、渭南市"安全生产标兵单位"、华阴市"安全生产管理优秀企业"等众多荣誉，成为中国索道行业的示范单位。

图片摄影｜许建文

七彩凤县——大秦岭的会客厅

游七彩凤县·醉秦岭花谷·享健康生活

凤县地处秦岭腹地，嘉陵江源头，全县总面积3187平方千米，辖9镇66个行政村4个社区，总人口11万。

凤县是一方人居福地。南宋祝穆编撰的《方舆胜览》载：凤鸣于岐，翔于雍，栖于凤，故有凤州之名。全县林地面积2600多平方米，森林覆盖率80.4%，人均绿地面积36.4平方米，2020年空气质量优良天数达到361天，连续四年荣登全国百佳深呼吸小城榜单，是全国第一批国家生态文明建设示范县和陕西省首个国家生态县，2019年被中国民协评为中国福寿文化之乡，2020年荣获"中国天然氧吧"称号。

凤县是一方资源宝地。这里资源富集，是全国四大铅锌基地之一和全省黄金吨产县。农产品特色鲜明、品质优良，是中国花椒之乡、中国林麝之乡、陕西省山地苹果基地县和陕西省中蜂养殖示范县。旅游资源丰富，有国家AAAA级和AAA级景区各3处，生态观光、红色研学、康体养生、羌族文化体验等旅游板块特色鲜明、优势明显，先后荣获"中国最美红县""中国旅游百强县""中国康养休闲名县"等诸多荣誉，成功跻身首批省级全域旅游示范区，年均接待游客500万人次以上。

凤县是一方交通要地。一方面，凤县扼川陕、秦陇要冲，自古就是兵家必争之地，有"秦蜀咽喉，汉北锁钥"之称。另一方面，凤县地处西北—西南黄金旅游通道之上，是西安前往九寨沟等黄金线路的重要节点。太凤高速横贯东西，宝坪高速将于2021年底建成通车，与京昆、银昆、十天高速相连，凤县将融入宝鸡、汉中1小时经济圈，西安、天水3小时经济圈，1小时即可到达陇南成县机场。

凤县是一方精神高地。这里是"两当兵变"策源地、工合运动发祥地、宝成精神体验地和航天精神纪念地。"努力干、一起干"的工合精神、"战天斗地"的宝成铁路建设精神、"艰苦创业、无私奉献"的三线精神一直鼓舞着凤县的党员干部，全县上下坚定信心，迎难而上，始终保持干事创业激情，在加快绿色转型发展的道路上取得了一个个新突破。

凤县旅游咨询热线：0917-4800000
凤县文化和旅游局电话：0917-4764665

《彩凤新声·梦幻凤凰湖》山水实景剧 摄影｜柏雨果

凤县革命纪念馆 摄影｜亓德州

大型民族山水舞蹈诗《凤飞羌舞》 摄影｜柏雨果

灵官峡秋色 摄影｜张新华

凤县文化旅游
官方微信二维码

乐游凤县
微信小程序二维码

大秦岭度假旅游目的地
全域留坝 四季旅游

张良庙

留坝县地处秦岭南麓腹地,陕西省西南,汉中市北部,全县总面积1970平方千米,总人口4.7万。境内森林覆盖率高达91.23%,林木绿化率达92.97%,素有"绿色宝库""天然氧吧"之美誉。境内生态环境优越,自然风光宜人,两汉三国历史文化积淀丰厚,自然景观与人文景观交相辉映,旅游资源独具特色,张良庙—紫柏山国家4A级旅游景区、栈道水世界国家4A级旅游景区、紫柏山国际滑雪场、中国最美山村、秦岭最美小镇等多张旅游名片倍受青睐。先后荣膺了国家级生态示范县、全国休闲农业与乡村旅游示范县、全国首批"绿水青山就是金山银山"(两山论)实践创新基地,陕西省首批旅游示范县、首批陕西省全域旅游示范区等荣誉称号。

栈道水世界

近年来,留坝县顺应大众旅游、品质旅游发展趋势,按照休闲度假、养生养老的方向,积极引进民宿这一新兴业态,着力打造中高端休闲度假产品。通过探索发展,共建成投用特色精品民宿15家,以"田园观光+民宿"为主题的云溪·阿凌客栈,以"读书+民宿"为主题的留坝书房,以"时代文化记忆+民宿"为主题的走读秦岭,以"木工研学+民宿"为主题的木工学堂,以"风情体验+民俗"为主题的星月空间民俗酒店,以"文化创意+民宿"为主题的山坡上文创集群,以"康养+民宿"为主题的紫柏康养旅居中心,以"原乡生活体验+民宿"为主题的楼房沟、道班宿,以"艺术+民宿+读书"为主题的秦岭·宿集等多家中高端精品民宿,及一批"乡村田园+农事体验"风格的乡村民宿,形成了精品高端民宿、特色主题民宿和乡宿互为支撑的产品体系。

最美山村公路

当前,留坝县正深入实施旅游"全产业融合"战略,围绕秦岭旅居、研学、康养、文创等,丰富和完善度假旅游产品体系,全力打造大秦岭度假旅游目的地,建设陕西省文化旅游名县。

拜谒张良神庙、感悟心灵之旅;攀登紫柏仙山、享受浪漫情怀;细品小城韵味、漫步古朴老街;畅游最美山村、体验休闲生活。走进留坝,享受22℃清凉夏日!走进留坝,让自己的心灵复位归零!

紫柏山国际滑雪场

楼房沟精品民宿

秦岭宿集·「飞蔦集×空山九帖」

道班宿

山坡上文创集群

关注留坝文化旅游公众号
了解更多资讯

旅游咨询热线
0916-3922777/3922786

留坝,留下吧!

紫柏天坦

秦岭封面 灵秀商南

5A金丝峡 风云闯王寨 品商南鹿茗茶

金丝峡

商南，依秦岭而居，源丹江而兴，衔豫接楚，地联八县。气候温和，风光旖旎，物阜民淳。全县辖10个镇（办），126个行政村（社区），总面积2307平方千米，总人口24.6万。

商南，历久弥新，人文荟萃。初建于北魏景明元年的商南已有1500年的历史，李白、白居易、韩愈曾在此借景抒怀，诗韵犹存；汉刘邦、明闯王曾在此挥戈跃马，奠基帝业；李先念、徐海东等老一辈革命家曾在此创建革命根据地。

闯王寨

商南，资源丰富，生态醉美。境内森林茂密，有国家5A级景区金丝峡，重点景区古道驿站阳城驿、仙莲宝地闯王寨、浪遏飞舟丹江漂、高山揽胜文碧峰、城市会客厅鹿城公园，美丽乡村国际慢村后湾、秦岭原乡太子坪、名茶之乡北茶小镇、革命遗址前坡岭、人间仙境丹江画廊；有药用植物1192种，素有"秦岭天然药库"之称；已探明矿产资源270余种；水能蕴藏丰富，极具开发潜力。被命名为"中国名茶之乡"、全国"绿化模范县"、陕西"十佳旅游县"和全域旅游示范县。

商南茶园

商南，交通便利，环境优越。沪陕高速公路、西南铁路和312国道与四通八达的农村公路纵横交错，已进入西安、南阳、襄樊、十堰等周边城市两小时经济圈，交通优势日益显现。通信、电视、网电遍布城乡，城市功能日臻完善。

灵秀商南，旅游之都，创业新城！

商南县文化和旅游局官方二维码
扫一扫了解更多相关旅游信息

旅游咨询电话：
0914-6322290

（摄影：石宏伟）

暮光山院高端民宿

金丝峡丹江漂流

莲花湖

鹿城公园

后湾

华山 西峰索道

跨越天险之道 峰景西边更好

秦岭是华夏的龙脉，它横亘陕西中南部，在八百里秦川的东端，华山目送渭河汇入黄河，咆哮东去。"女娲娘娘补了天，剩块石头成华山，太上老君犁了地，豁出条犁沟成黄河。"华山是华夏之"华"的来源，是秦岭的代表，是中华龙脉的骨干。走进华山，微风拂过，翻开的是厚重的中国历史书页，在每座奇峰中都洒落着历代文化名人的足迹，飘荡着千古文脉的袅袅余音。

山高人为峰，人类挑战与征服天险的脚步从未停歇，华山西峰索道的开通为华山旅游插上了腾飞的翅膀，圆了所有人"会当凌绝顶，一览众山小""举头红日近，回首白云低"的梦想，展开了华山主峰西隅尘封已久的恢宏画卷，在秦岭群山的环抱中，让我们倾听到了铿锵有力的中华龙脉的搏动。白云卷舒，俯瞰黄渭，东仰太华，乘西峰索道登顶华山，更多的体验是人文之旅，是历史之旅，是科技之旅。

贾平凹在《山本》的题记中说，"一道龙脉，横亘在那里，提携了黄河长江，统领着北方南方。它就是秦岭，中国最伟大的山"。而华山便是这最伟大山的形象大使，西峰索道是诠释与解读这座山魂的一把钥匙，

它是见证道家天人合一绝想的奇迹，是东仰华山壁立千仞传奇的大道，是传播自然人文历史长空的使者。

在中外旅游及索道行业，知名专家与学者给予了华山西峰索道极高的评价。国际索道协会秘书长曼克德乘坐后由衷地感叹：我从来没有见过这样一个山区环境，这样一座山峰，建造这样一条高难度的复杂工程，非常震撼！德国专家瑞思曼发出同样的震撼：这条索道举世无双，沿途景色非常美，这是我在世界上见到的最神奇的索道！中国著名旅游学者、专家魏小安教授这样评价：西峰索道有三绝。一绝是从另一个角度欣赏了华山的绝景；二绝是索道走势随谷就岭，感受到了与自然环境融合的绝境；三绝是上站开凿了一个石洞站房，体现了华山"天人合一"的绝想。

闪耀着科技与人文之光的西峰索道，为新时代的华山旅游注入了活力，在华山乃至陕西旅游高质量发展进程中发挥着举足轻重的作用，它已超越了旅游观光交通代步工具的自身价值，从某种意义上讲，它已经成为一种文化与精神的符号。

陕西太华旅游索道公路有限公司
联系电话：0913-4655288

守护青山绿水
促进旅游发展

陈宏伟/摄

合作伙伴
SERVICE CUSTOMER

 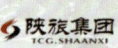

  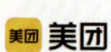

陕旅设计
SHAANXI TOURISM DESIGN

文旅全产业链规划设计领航者

陕西省旅游设计院是陕旅集团的全资子公司，始建于1987年，是国内成立最早、西北规模最大的旅游专业设计和研究机构，具有国家旅游规划甲级、城市规划、工程设计、风景园林等资质。

成立30年以来，陕西省旅游设计院成功完成了近千项的规划和设计任务，先后承担了多项省部级重大文化旅游项目的设计咨询及重点研究课题，全程参与国内多个5A、4A级旅游景区的策划咨询、规划设计、设计管理、建设运营工作，是目前国内被市场高度认可、勇于创新、强于实战的全产业链式的智力型文旅咨询和设计企业。

创意梦想·点染江山

专业资质
DESIGN QUALIFICATION

服务内容
SERVICE CONTENT

- 咨询+策划
  文化研究　市场研究　投资分析　文旅策划　商业策划　可行性研究

- 规划+设计
  旅游规划　城乡规划　乡村振兴　村庄规划　建筑设计　景观设计
  装修装饰　VI设计　民宿设计　文创设计

- 建设+运营
  设计管理　工程管理　工程建设　业态规划
  品牌招商　营销推广　活动策划　业务培训

地址：西安市 航天基地 航创路1号
　　　陕旅豪布斯卡A座11层
联系方式：029-853 97 894
　　　　　1590 2908 015

西北旅游文化产业集团

西北旅游文化产业集团是专注于大区域旅游目的地品牌设计、活动策划、旅游营销、产品运营、智库服务、图书出版、文化传播的旗舰型文化企业，建有西北旅游文化研究院、秦岭主题文化酒店、联动丝绸之路的国际智库等，拥有"华夏龙脉""秦黄风""秦岭与黄河对话"等多个著名商标和连续性大活动及出版物知识产权，是陕西省旅游协会、西安市旅游协会副会长单位。

面对大秦岭地区主要承接：旅游目的地品牌包装和形象策划；全域旅游示范区创建顾问指导；高A级景区创建服务；典型发展模式研究与宣传推广；大型活动策划与执行；《中国秦岭旅游年鉴》后期的发行与广告宣传；《中国秦岭旅游图》编制与发行；市县文化创意产品策划与包装设计委托；"中华秦岭大讲堂"组织与传播等。

专注创意，添彩旅游。请与我们一起携手，助力于秦岭文化传播和国际旅游目的地建设，努力让世界爱上中华大秦岭！

地址：中国西安·雁塔区雁环中路名都大厦19层
电话：029-85265738/85265739
邮箱：xbly029@126.com

驰骋西北·创意天下